Co,

QUERIDA H cara mo.. ,
disfrute y que le Japues
Provecho!

Tu Hermano En Cristo
Brun

LO QUE QUISO SABER DE NUESTRA IGLESIA CATÓLICA Y NO SE ATREVIÓ A PREGUNTAR.

Ing. Orlando Hernández

Copyright © 2013 por Orlando Hernández

hernandezorlando@yahoo.com

Editado por: La Norma Editores Bogotá - Colombia

lanormaeditores@hotmail.com

Diseño de portada: Gustavo Millán

ISBN: 978-0-692-78192-0

"Si alguien les pregunta acerca de la esperanza cristiana que tienen, estén siempre preparados para dar una explicación; pero háganlo con humildad y respeto." 1 Pedro 3:15-16

A todos aquellos que durante mis conferencias me pidieron que pusiera por escrito este material.

Y

A mi esposa que me acompañó durante todo este caminar.

ARCHDIOCESE OF MIAMI

Office of the Archbishop

Decreto

THOMAS G. WENSKI

por la gracia de Dios y el favor de la Sede Apostólica
Arzobispo de Miami

El texto del libro *"Lo que quiso saber de nuestra Iglesia Católica y no se atrevió a preguntar"* ha sido revisado cuidadosamente y está exento de todo aquello contrario a la fe o la moral tal como lo enseña la Iglesia Católica Romana.

Por lo tanto, de acuerdo con el canon 824 del *Código de Derecho Canónico*, otorgo el *approbatio* necesario para la publicación del libro *"Lo que quiso saber de nuestra Iglesia Católica y no se atrevió a preguntar."*

Este *imprimatur* es una declaración oficial de que el texto está exento de error doctrinal o moral, y puede ser publicado. Esto no implica que la concesión de este sello signifique estar de acuerdo con el contenido, opinión o declaración expresadas por el autor del texto.

Dado en Miami, Florida, el ocho de junio en el año de Nuestro Señor dos mil diez y seis.

Arzobispo de Miami

Attestatio et Nihil Obstat

Cancellarius

9401 Biscayne Boulevard, Miami Shores, Florida 33138
Telephone: 305-762-1233   Facsimile: 305-757-3947

Tabla de Contenidos

Introducción

No soy diácono, ni teólogo, ni miembro alguno de la jerarquía de nuestra Iglesia católica. Soy un laico comprometido que estudie ingeniería de sistemas y luego hice una maestría en administración de empresas. Toda mi experiencia profesional ha girado en torno a los sistemas de información, a los computadores, a la docencia y la administración de empresas.

Después de haber recibido mis sacramentos de iniciación cristiana, mi vida religiosa se fue extinguiendo con mi paso por la universidad hasta hacerse prácticamente nula en mi vida adulta. No acepte a Dios ni lo negué ya que simplemente no me interesaba para nada ese tema. Mi conocimiento cristiano se limitaba a lo que escuchaba a manera de queja de mi familia, amigos y lo que los medios de comunicación contaban cada vez que un escándalo golpeaba la Iglesia. Pero todo cambio en junio del 2003 cuando realicé un retiro espiritual de un fin de semana llamado Emaús, organizado por los hombres de la parroquia católica de Nuestra Señora de Los Lagos en el sur de La Florida, Estados Unidos.

Este fue el principio de un largo camino que me ayudó a reencontrarme con esa Iglesia católica en la que había sido bautizado y que como muchos otros fieles había abandonado en forma displicente, para más tarde recurrir de nuevo a ella solo por la conveniencia de celebrar mi matrimonio bajo su bendición.

Durante muchos años escuche de boca de familiares y amigos las mismas críticas y argumentaciones respecto a nuestra Iglesia y religión; "¿Por qué la Iglesia católica no vende todas sus riquezas y reparte esos dineros a los más necesitados?". "Los evangelios fueron escritos muchísimos años después que pasaron los hechos, así que no hay que tomarlos como fidedignos". "La Eucaristía es una representación simbólica del cuerpo y sangre de Jesús", "¿Confesarse? ¿Por qué habría de hacerlo con otro hombre igual o más pecador que yo?", etc.

En mi total ignorancia, encontraba válidos esos argumentos y concordaba con el resto de las personas que sostenían: "Yo no necesito ir a misa para tener una relación personal con Dios". Uniendo mi pensamiento al de aquellos que piensan de esta forma, encontré muchas puertas de escape que me permitieron huir del compromiso que se crea, cuando nos enamoramos de ese Hombre que entregó su vida por nosotros.

"Entren por la puerta estrecha. Porque es ancha la puerta y espacioso el camino que conduce a la destrucción, y muchos entran por ella. Pero estrecha es la puerta y angosto el camino que conduce a la vida, y son pocos los que la encuentran." (Mateo 7:13-14).

Las personas por naturaleza no queremos comprometernos, no queremos que nos digan cómo debemos vivir nuestras vidas; cómodamente encontramos un cierto estado de paz y un sentido del bien en la medida en que no matamos, no robamos y no lastimamos físicamente a nadie. Esta inapetencia por el compromiso es una de las razones por las que los movimientos espirituales orientales, que tienen a la madre naturaleza como su centro, han encontrado tantos adeptos en nuestros días ya que no exigen ningún compromiso; estas corrientes religiosas basan el desarrollo espiritual de la persona exclusivamente en el yo, mientras que el cristianismo la basa en el prójimo.

Después de hacer ese retiro mi perspectiva comenzó a cambiar, de igual forma lo hicieron mis hábitos, La Biblia se convirtió en mi libro de cabecera, La iglesia dejo de ser ese edificio extraño y desconocido, para convertirse en el lugar donde diariamente visito a mi Padre para darle los buenos días en persona; mi biblioteca se llenó de libros religiosos; diferentes traducciones de las Sagradas Escrituras ocuparon un lugar de relevancia en mis estanterías, la confesión se hizo frecuente y me convertí en un servidor activo del ministerio de Emaús de mi parroquia, donde empecé a dar mis primeras conferencias de crecimiento espiritual.

Las personas a mí alrededor me empezaron a percibir como una persona "religiosa" y me vi más frecuentemente enfrentado a discusiones sobre las riquezas de la Iglesia, la existencia de Dios, la teoría de la evolución de las especies, las permanentes apariciones de la virgen y sus mensajes, los hermanos de Jesús, las constantes expresiones de que la Iglesia debe evolucionar, la reencarnación, la inquisición, las cruzadas, el origen y la conformación de la Biblia, etc., en mi ignorancia era poco lo que podía aportar o argumentar, así que en el mejor de los casos respondía que eso era un acto de fe y daba por terminada la discusión, es decir, sustituí la palabra ignorancia por la palabra fe. Lo que desconocía y me daba pereza investigar o preguntar, lo agregaba a mí ya larga lista de actos de fe que había coleccionado desde mi infancia, pero en mi interior siempre me quedaba un sin sabor por no haber encontrado razones que me ayudaran a argumentar con propiedad el tema que estuviera tratando.

Así que empecé a estudiar de manera sistemática todos esos temas y en la medida en que pasaba el tiempo, fui descubriendo una Iglesia muy diferente a la que por tantos años equivocadamente, había imaginado; esa Iglesia que había dibujado con mi desinterés e ignorancia de lo religioso, se fue transformando en una institución hermosa, que con aciertos y desaciertos ha ayudado al hombre en su crecimiento espiritual y ha servido con valentía de instrumento y de vehículo, para conocer del amor de Dios y de su palabra; poco a poco fui fijando más y más mi atención en la inmensa hoja blanca y no en sus manchas.

Por mi formación como ingeniero, fui educado en la demostración de los teoremas y en la recopilación de información para construir sistemas que obedecieran a un planteamiento matemático, de manera que tuve que sobreponerme a aceptar mis principios religiosos como simples actos de fe, y acudí a la razón, muchos de mis valores cristianos los fui sometiendo a la prueba de la historia, de la ciencia y de la lógica, y encontré mucha información que me ayudó a darle respuesta a todas esas preguntas que me fueron surgiendo en el camino, mi amor por Dios fue creciendo en la medida en que fui descubriendo la fuente del amor divino contenido en su Palabra y en la Iglesia, nuestra Iglesia.

Esos mitos y mentiras que a fuerza de repetirlos y de escucharlos, se me habían convertido en hechos y verdades, se desmoronaron y me dejaron ver y apreciar una realidad bien diferente a la que me había mantenido alejado de la Iglesia; mis ataques se convirtieron en defensas, que esta vez fueron contando con pruebas, históricas, científicas o lógicas.

Después de varios años de dictar conferencias en distintas parroquias, grupos de oración y otros ministerios católicos del sur de La Florida sobre apologética y otros temas de crecimiento espiritual, recopilé las preguntas que con mayor frecuencia me hacían y son las que escogí para desarrollar esta obra; espero que mi lista coincida con la suya y que a través de estas páginas encuentre alguna luz que le ayude a sentir que pertenece a una religión que no le pide un acto de fe sin fundamento alguno, sino que por el contrario, acompañando la fe con la razón, nuestra Iglesia ha desarrollado esas enseñanzas de Jesús a través de los tiempos, para que las podamos conocer y ejercer en beneficio propio y en nuestro mundo actual.

La apologética busca hacer explicar nuestra fe a través de argumentos racionales, así que sin pretender escribir un tratado de apologética, logré profundizar en cada uno de los temas sin hacer uso de la palabra fe, tarea no siempre fácil, ya que en más de una ocasión me vi atrapado en un callejón sin salida al prohibirme esta palabra; esta limitación me implicaba profundizar en mis investigaciones, buscar otras fuentes, leer otros autores, mirar el tema desde un ángulo diferente o volver a comenzar desde el principio.

El lector no encontrará en este libro mi opinión personal en cuanto a creencias, o una teoría carente de todo sustento demostrable, como tampoco ningún aporte teológico nuevo, sino respuestas a preguntas muy comunes en nuestros días, basadas en hechos documentados que el lector puede corroborar por sus propios medios acudiendo a diversas fuentes que gocen de buena reputación. He procurado emplear siempre un lenguaje accesible y fácil de entender, casi como el dialogo entre dos amigos. Acudí a historias que todos conocemos para que a manera de parábolas, me ayudaran a enfatizar o a clarificar la idea que estuviera exponiendo.

A diferencia de la mayoría de libros que se han de leer en orden, de principio a fin, no es este el caso, aunque algunos de los capítulos guardan cierta relación con otros, cada capítulo es autónomo y se explica por sí mismo, el orden en que está dispuesto cada tema guarda cierta relación de secuencialidad, pero puede ser leído en cualquier orden, empezando por los temas que más le interesen o que le despierten alguna curiosidad.

Finalmente, también busco despertar la capacidad de hacer preguntas y buscar sus respuestas a través de la investigación seria, sobre todos esos temas que nunca nos atrevimos a preguntar y que siempre quisimos saber sobre nuestra Iglesia católica y su doctrina. Sigamos ese ejemplo de María que cuando el ángel San Gabriel le dijo: "*Concebirás en tu vientre y darás a luz un hijo*" ella sin pena, le hace saber al ángel con una pregunta que no entiende lo que le está diciendo: "*Entonces María preguntó al ángel: ¿Cómo será esto?*", formulemos esas preguntas que tenemos guardadas en nuestros corazones y que por temores infundados no nos atrevemos a hacer.

Capítulo I

¿Qué significa el nombre de nuestra iglesia?

Generaciones y generaciones de personas a lo largo del tiempo han repetido el nombre de nuestra Iglesia, sin prestarle mayor atención a su nombre: *Católica, Apostólica y Romana*.

Pocos se han detenido a profundizar en el significado que estas tres palabras conllevan y que encierran en sí misma los pilares de nuestra religión.

Pero antes de entrar a conocer sobre su nombre de pila, detengámonos un momento en el origen de la Iglesia y de su misión.

La palabra Iglesia significa *"convocación"* y hace un llamado a aquellos a quienes la palabra de Dios llama a formar su pueblo, que somos todos. Con respecto a su origen, el Concilio Vaticano II en su documento *Lumen Gentium* declara en su artículo segundo:

> *"El Padre Eterno creó el mundo universo por un libérrimo y misterioso designio de su sabiduría y de su bondad, decretó elevar a los hombres a la participación de la vida divina y, caídos por el pecado de Adán, no los abandonó, dispensándoles siempre su auxilio,.... Determinó convocar a los creyentes en Cristo en la Santa Iglesia...."*

Dicho de otra manera: desde la creación del hombre, quiso Dios que compartiéramos eternamente de su vida divina, pero el pecado de Adán quebrantó esa posibilidad y para remediar esa situación, fundó la Santa Iglesia.

La Iglesia se preestableció en la Antigua Alianza con la elección del pueblo de Israel quien representaría a toda la humanidad, luego Jesucristo la estableció y consumó con su muerte redentora, convirtiéndose en misterio de salvación mediante la efusión del Espíritu Santo en pentecostés.

Respecto a la misión de la Iglesia, el ateniense San Clemente de Alejandría[1] en su obra *Protrepticus* la sintetiza de la siguiente manera:

"Así como la voluntad de Dios es un acto y se llama mundo, así su intención es la salvación de los hombres y se llama Iglesia*".*

Entonces podemos decir que la Iglesia es para los pecadores que buscan la salvación. Si pudiéramos ubicar en un solo sitio a todos los enfermos, heridos y moribundos del mundo ¿en dónde los pondríamos?, el lugar correcto sería en el hospital, si pudiéramos ubicar en un solo sitio a todos los que tienen unos kilos demás, a los que están fuera de forma, a los que se ahogan subiendo las escaleras ¿en dónde los ubicaríamos?, el lugar correcto sería en el gimnasio, y ¿dónde colocaríamos a todos los farsantes, calumniadores, infieles y mentirosos?, el lugar correcto sería en la Iglesia; que no es un museo de santos, sino un hospital de pecadores.

Católica

La palabra *Católica* según el diccionario de la Real Academia Española proviene de la palabra latina *catholicus,* y ésta a su vez proviene del griego *kaqolikoj* que significa: universal. Todos los hombres están bienvenidos a la Iglesia fundada por Cristo; la universalidad de la Iglesia nace del mandato de Jesús a sus Apóstoles de *"Vayan y prediquen el evangelio a toda criatura"* (Marcos 16:15).

El pueblo judío tenía la idea errónea que Dios los había escogido para que solo ellos tuvieran la oportunidad de ganar la salvación, con este manda-

---

[1] Padre de la Iglesia griega que nació en Atenas en 150 y murió en Palestina en el 217.

to, Jesús aclara que la salvación es posible para todos los hombres y que todos necesitan conocer su evangelio, así la Iglesia es católica porque anuncia todo el evangelio que ha traído Cristo a todos los hombres para la salvación de todos.

El adjetivo *católica* referente a la Iglesia aparece en la literatura Cristiana con San Ignacio de Antioquía (discípulo del apóstol Juan), por el año 110 d.C. En su epístola *Ad Smyrnaeos* 8:2 dice:

> *"Donde esté el Obispo, esté la muchedumbre así como donde está Jesucristo está la Iglesia católica".*

Cuando el emperador romano Constantino I trasladó la capital del imperio romano a Bizancio en el 324, fundando Constantinopla, convocó el primer Concilio Ecuménico en Nicea, donde se organizó la Iglesia en patriarcados y diócesis, quedando en el mismo rango de autoridad las sedes patriarcales de Roma, Alejandría, Antioquia y Jerusalén; esta decisión fue revisada y modificada varias veces en los siguientes concilios que se llevaron a cabo en un periodo de cien años, donde finalmente se reconoció la superioridad del obispo de Roma sobre el resto de los patriarcados y adquirió el título de *Pontifex Maximus*.

A pesar de ciertas diferencias doctrinales entre la sede occidental y las sedes orientales, y del fortalecimiento de la primera y del debilitamiento de las segundas ante el avance musulmán, la Iglesia conservó su unidad y nombre hasta el año 1054 cuando ocurre el Gran Cisma[1]. Fruto de esta división, la Iglesia romana adoptó el nombre de *Católica* mientras que la Iglesia oriental el de *Ortodoxa*[2].

Apostólica

La palabra *Apostólica* aporta el carácter de una Iglesia fundamentada en los apóstoles que compartieron sus vidas con Jesús y que fueron testigos de

---

[1] Conocido también como el Cisma de Oriente. Conflicto ocurrido en 1054 donde se produjo la separación y excomunión entre el obispo de Roma (papa) y los jerarcas de las iglesias de oriente en especial del Patriarca ecuménico de Constantinopla. Cisma quiere decir división o separación en el seno de una iglesia o religión.

[2] Ver parágrafos 830 al 856 del Catecismo de Nuestra Iglesia Católica.

su resurrección; la palabra proviene del griego *"apostoloi"* que significa *enviado*.

> *"Subió Jesús a una montaña y llamó a los que quiso, los cuales se reunieron con él. Designó a doce, a quienes nombró apóstoles, para que lo acompañaran y para enviarlos a predicar y ejercer autoridad para expulsar demonios." Marcos 3:13-15.*

Gracias a una sucesión ininterrumpida desde los apóstoles hasta nuestros actuales obispos, esa prédica y las costumbres que se desarrollaron a partir de esas enseñanzas, han llegado hasta nuestros días. Sí yo le pregunto al sacerdote de mi parroquia por el nombre del obispo que lo ordenó, me dirá que fue el obispo Carlos; sí voy a donde el obispo Carlos y hago la misma pregunta, me dirá que fue el obispo Alberto; ya sea de manera directa o por medio de los registros escritos que se conservan de estas ordenaciones, si continúo mi búsqueda, llegaré hasta la persona del apóstol Pedro en quien se fundó nuestra Iglesia:

> *"Yo te digo que tú eres Pedro, y sobre esta piedra edificaré mi iglesia, y las puertas del reino de la muerte no prevalecerán contra ella. Te daré las llaves del reino de los cielos; todo lo que ates en la tierra quedará atado en el cielo, y todo lo que desates en la tierra quedará desatado en el cielo." Mateo 16:18-19.*

Para la mayoría de las personas de nuestra época, las palabras de Jesús dándole las llaves del reino a Pedro, no pasan de ser unas palabras simbólicas con cierto tono poético, pero en la época en que estas palabras se dijeron, su interpretación carecía de todo simbolismo; era costumbre de la época entregar las llaves de la casa a otra persona como forma de transferir la propiedad y la autoridad sobre ella.

> *"En aquel día llamaré a mi siervo Eliaquín hijo de Jilquías. Le pondré tu túnica, le colocaré tu cinto, y le daré tu autoridad. Será como un padre para los habitantes de Jerusalén y para la tribu de Judá. Sobre sus hombros pondré la llave de la casa de David; lo que él abra, nadie podrá cerrarlo; lo que él cierre, nadie podrá abrirlo." Isaías 22:20-22*

En este pasaje —que nos ayuda a entender las palabras que Jesús le dirigió a Pedro— el profeta Isaías nos cuenta que al mayordomo Sedna le serán quitadas las llaves de la casa física de David y le serán entregadas a Eliaquín, quien al contar con ellas, pasa a ejercer plena autoridad en el palacio.

La historia nos cuenta de muchos conquistadores que al regresar de sus extenuantes jornadas guerreras, le hacen entrega a su respectivo rey de las llaves de los palacios conquistados.

"Estas son, señor, las llaves de este paraíso. Ésta ciudad y reino te entregamos pues así lo quiere Alá". Con estas palabras Boabdil, último rey árabe de España, rindió Granada a los reyes católicos en 1492, después de ocho siglos de dominio musulmán en la península.

El apóstol Pedro entendió muy bien lo que Jesús quería decir cuando le dijo: *"Te daré las llaves del reino de los cielos".* Era un claro traspaso de autoridad y no como se ha llegado a pensar, que Pedro actúa de "portero" del cielo, decidiendo quién entra y quién no.

En el primer capítulo del libro de los Hechos de los Apóstoles, Pedro convoca a un grupo de discípulos de Jesús para realizar la sustitución de Judas Iscariote (Hechos 1:15-16); Matías fue electo y volvieron a ser doce apóstoles. Así como fue necesario reemplazar al apóstol Judas, cabe pensar que también la sucesión de Pedro como "roca" de la Iglesia era necesaria. En nuestra Iglesia se ha continuado esta sucesión (reemplazo) sin interrupciones hasta nuestros días.

"El que los escucha a ustedes, me escucha a mí; el que los rechaza a ustedes, me rechaza a mí; y el que me rechaza a mí, rechaza al que me envió." *Lucas 10:16.*

Pedro y los demás apóstoles transmitieron las enseñanzas de Jesús a sus sucesores, quienes a su vez lo hicieron con los suyos y así hasta nuestros actuales obispos y ellos a nosotros, su feligresía.

Romana

La palabra *Romana* fue introducida después del cisma de oriente para distinguirla de la ortodoxa. Después de este cisma quedaron dos claras ramificaciones: la Iglesia católica, apostólica, romana –la porción occidental o latina– conocida comúnmente como la *católica* y la Iglesia católica, apostólica y ortodoxa –la porción oriental– conocida comúnmente como la *ortodoxa*.

La Iglesia romana a diferencia de la ortodoxa, reconoce al papa (obispo de Roma) cómo el máximo jerarca de la Iglesia fundada por Cristo y le confiere el título de *vicario* de Cristo en la tierra, tal y como fue declarado en 1438 por el Concilio Ecuménico de Florencia:

> *"La Santa Sede Apostólica y el Romano Pontífice mantienen un primado sobre todo el orbe, y que el mismo Romano Pontífice es sucesor del bienaventurado Pedro, príncipe de los apóstoles, y que es verdadero vicario de Cristo, cabeza de toda la Iglesia, y padre y maestro de todos los cristianos; y que a él, en el bienaventurado Pedro, le ha sido dada, por nuestro Señor Jesucristo, plena potestad para apacentar, regir y gobernar la Iglesia universal; tal como está contenido en las actas de los concilios ecuménicos y en los sagrados cánones".*

Esta palabra *vicario* que generalmente la gente la asocia con las jerarquías eclesiásticas, tiene un significado que aplica a cualquier organización. Según el diccionario de la Real Academia Española quiere decir: *"Que tiene las veces, poder y facultades de otra persona o la sustituye"*.

El papa al ser el vicario de Cristo, lo pone al mismo nivel de Jesucristo en su temporal ausencia terrena, y de manera práctica para nosotros los cristianos católicos, se traduce en un reconocimiento del papa como máxima autoridad en materia de interpretación de las Sagradas Escrituras, máximo maestro en su enseñanza y su aplicación al comportamiento humano actual.

Capítulo II

¿Qué evidencia histórica hay de la existencia de Jesús?

Muchas personas, cristianas y no cristianas, tienen la firme convicción que Jesús solo existe dentro de la Biblia, limitando su presencia a un contexto completamente religioso.

Le he preguntado a varias personas que se autodenominan ateas o agnósticas si creen en Jesús, y todas me han contestado que no. Luego les pregunto si creen en Cleopatra, y todas me han contestado que sí.

La pregunta que hago después que me responden afirmativamente a la "existencia" de Cleopatra, es: ¿Y por qué crees en la existencia de Cleopatra?

Me responden que por la abundante evidencia histórica de su paso por la tierra, existen muchos papiros que nos hablan de sus obras, en las paredes de las pirámides de Egipto se encuentran varias referencias a su reinado, en documentos romanos de la época también se hace mención de su periodo de gobierno, y muchas otras pruebas documentarias que comprueban su existencia.

De igual forma, existen documentos históricos que avalan la existencia de Jesús.

En el año 67 d.C. el emperador Nerón envió al general Tito Flavio Vespasiano a Palestina para sofocar una larga rebelión judía, como resultado de esta campaña, muchas ciudades fueron arrasadas incluyendo Jerusalén, epicentro de la vida conocida de Jesús, perdiéndose para siempre mucha de la información histórica de la época; sin embargo nos sobrevive una gran cantidad de información escrita de fuentes no cristianas que nos hablan de su existencia y de sus obras; y que a diferencia de la Biblia que nos hablan de Jesús como el hijo de Dios y como hombre, estos documentos nos hablan de Jesús como hombre, del Jesús histórico.

El registro histórico de los acontecimientos políticos, sociales y religiosos de una determinada época es tan antiguo como la escritura misma.

Del antiguo Egipto se han encontrado registros históricos que datan del año 3000 a.C. y dan cuenta de acontecimientos políticos del momento; con el pasar del tiempo esta práctica fue haciéndose más común en todo el mundo civilizado, como lo demuestran la enorme cantidad de registros históricos hallados por los arqueólogos en sus excavaciones.

Jesús de Nazaret fue ciertamente un personaje que no pudo escapar a los ojos de los historiadores de su época, porque independiente de su aceptación de ser el hijo de Dios, generó una revolución que dividió la historia de la humanidad en dos: antes y después de su nacimiento.

Excluyendo la Biblia, actualmente contamos con una gran cantidad de escritos de la época que nos narran la historia de Jesús y que aportan aspectos de su vida, que incluso la Biblia carece. Podríamos reconstruir muchos de los aspectos más destacados de su vida: su nacimiento, su apostolado, lo que sus seguidores llamaron milagros, su invitación a llevar una vida muy diferente a la que la jerarquía suprema judía proponía o a la que los romanos vivían, su pasión, su muerte, y de la cantidad de testigos que cuentan haberlo visto vivo, días después de su muerte en la cruz.

Muchos de los autores de esos escritos, fueron personas abiertamente cristianas, pero otros no, al contrario, fueron abiertamente enemigos de ellos. Para reforzar el punto del que trata este capítulo, me limitaré a citar fuentes de estos últimos.

Josefo Flavio

Josefo Ben Matityahu, mejor conocido como Josefo Tito Flavio nació en Jerusalén en el año 37, procedente de una familia real judía perteneciente a la tribu de los asmoneos.

A muy temprana edad comenzó a ganar una gran reputación de erudito que lo acompañaría el resto de su vida. Podemos leer en su autobiografía "*La vida de Josefo*":

> "*Alrededor de la edad de catorce años, logré una fama universal por mi amor a las letras, tanto que los principales de la ciudad acudían a mí con regularidad para tener una información exacta acerca de algunos particulares de nuestras leyes*" (Vita, 9)

Este prolífico escritor es el autor de "*Antigüedades de los Judíos*", obra escrita en griego hacia los años 93 y 94. La obra pretende narrar en 20 libros toda la historia del pueblo judío, desde su origen en el paraíso hasta la revuelta anti romana que se inició en el año 66.

El libro dieciocho contiene un testimonio de Jesús de Nazaret que ha llegado a llamarse *Testimonio Flaviano*, en los párrafos 63 y 64 del capítulo 3 podemos leer:

> "*Ahora, había alrededor de este tiempo un hombre sabio, Jesús, si es que es lícito llamarlo un hombre, pues era un hacedor de maravillas, un maestro tal que los hombres recibían con agrado la verdad que les enseñaba. Atrajo a sí a muchos de los judíos y de los gentiles. Él era el Cristo, y cuando Pilatos, a sugerencia de los principales entre nosotros, le condenó a ser crucificado, aquellos que le amaban desde un principio no le olvidaron, pues se volvió a aparecer vivo ante ellos al tercer día; exactamente como los profetas lo habían anticipado y cumpliendo otras diez mil cosas maravillosas respecto de su persona que también habían sido preanunciadas. Y la tribu de cristianos, llamados de este modo por causa de él, no ha sido extinguida hasta el presente.*"

Cornelio Tácito

El historiador, senador, cónsul y gobernador romano Cornelio Tácito, nació al parecer en el año 55 d.C., dedicó sus últimos años a escribir diversas obras de carácter histórico.

En la obra *"Libros de anales desde la muerte del divino Augusto"*; en el capítulo quince, Cornelio Tácito da testimonio del incendio de Roma por parte del emperador Nerón en el año 64 d.C.:

> *"Nerón, para deshacer el rumor que le acusaba del incendio de Roma, inculpó e infringió refinadísimos tormentos a aquellos que por sus abominaciones eran odiados, y que la gente llamaba cristianos. Este nombre les viene de Cristo, a quien, bajo el imperio de Tiberio, el procurador Poncio Pilato había mandado al suplicio. Esta execrable superstición, reprimida de momento, se abría paso de nuevo, no sólo en Judea, donde el mal había tenido su origen, sino también en Roma, en donde todas las cosas abominables y vergonzosas de todos los lugares del mundo encuentran su centro y se popularizan". Capítulo 44.*

Cayo Plinio Cecilio Segundo

Cayo Plinio Cecilio Segundo nació en Bitinia, hoy territorio turco. En el año 62 d.C. perdió a sus padres siendo todavía un infante, quedando bajo la tutela de Virginio Rufo, influyente general del ejército romano, posteriormente fue adoptado por su tío materno Plinio el Viejo, quien lo envió a estudiar a Roma bajo la supervisión de profesores como Quintiliano, gran orador de la época y Nices Sacerdos.

A la temprana edad de 19 años, comenzó su carrera política y llego a ocupar importantes cargos en el senado, como cuestor, pretor y cónsul; fue abogado, científico y escritor, codeándose con autores tan destacados como Marcial, Tácito o Suetonio.

Desde su ciudad natal entre los años 112 y 113 d.C. le escribió al emperador Trajano una carta en la que le pide la aprobación sobre su manera de lidiar con los llamados cristianos. En su escrito nos deja ver cómo algunas personas de esta naciente comunidad llegan a entregar sus vidas en la defensa de Cristo.

Describe cómo igualaban a Cristo a la categoría de un Dios y se reunían una vez por semana para adorarlo, después de esta reunión se congregaban a compartir unos alimentos[1], cuyo propósito era el de fortalecer su voluntad para llevar una vida alejada de las costumbres paganas de la época:

"Señor, es regla mía someter a tu arbitrio todas las cuestiones en las que tengo alguna duda. ¿Quién mejor para encauzar mi inseguridad o para instruir mi ignorancia? Nunca he llevado a cabo investigaciones sobre los cristianos: no sé, por tanto, qué hechos ni en qué medida deban ser castigados o perseguidos. Y harto confuso me he preguntado si no se debería hacer diferencias a causa de la edad, o si la tierna edad ha de ser tratada del mismo modo que la adulta; si se debe perdonar a quien se arrepiente, o bien si a quien haya sido cristiano le vale de algo el abjurar; si se ha de castigar por el mero nombre (de cristiano), aun cuando no hayan hecho actos delictivos, o los delitos que van unidos a dicho nombre. Entre tanto, así es como he actuado con quienes me han sido denunciados como cristianos. Les preguntaba a ellos mismos si eran cristianos. A los que respondían afirmativamente, les repetía dos o tres veces la pregunta, amenazando con suplicio; a quienes perseveraban, les hacía matar. Nunca he dudado, de hecho, fuera lo que fuese lo que confesaban, que tal contumacia y obstinación inflexible merece castigo al menos. A otros, convictos de la misma locura, he hecho trámites para enviarlos a Roma, puesto que eran ciudadanos romanos. Y muy pronto, como siempre sucede en estos casos, propagándose el crimen al igual que la indagación, se presentaron numerosos casos distintos. Me fue enviada una denuncia anónima que contenía el nombre de muchas personas. Quienes negaban haber sido cristianos, si invocaban a los dioses conforme a la fórmula que les impuse, y si hacían sacrificios con incienso y vino a tu imagen, que a tal efecto hice instalar, y maldecían además de Cristo —cosas todas ellas que, según me dicen, es imposible conseguir de quienes son verdaderamente cristianos— consideré que debían ser puestos en libertad. Otros, cuyo nombre me había sido denunciado, dijeron ser cristianos pero poco después lo negaron; lo habían sido, pero después habían dejado de serlo, algunos al pasar tres años, otros más, otros incluso tras veinte años. También todos estos han adorado tu imagen y las estatuas de nuestros dioses y han maldecido a Cristo. Por otro lado, ellos afirmaban que toda su culpa o error había consistido en la costumbre de reunirse un día fijo antes de salir el sol y cantar a coros sucesivos un himno a Cristo como a un dios, y en comprometerse bajo juramento no ya a perpetuar cualquier delito, sino a no cometer hurtos, fechorías o adulterios, a no faltar a nada prometido, ni a negarse, a hacer un préstamo del depósito. Terminados esos ritos, tienen por costumbre separarse y volverse a reunir para tomar alimento, por lo demás común e

---

[1] *"El primer día de la semana nos reunimos para partir el pan. Como iba a salir al día siguiente, Pablo estuvo hablando a los creyentes, y prolongó su discurso hasta la medianoche."* Hechos 20:7

inocente. E incluso de estas prácticas habían desistido a causa de mi decreto por el que prohibí las asociaciones, siguiendo tus órdenes. He considerado necesario arrancar la verdad, incluso con torturas, a dos esclavas que se llamaban servidoras. Pero no conseguí descubrir más que una superstición irracional y desmesurada. Por eso, tras suspender las indagaciones, acudo a ti en busca de consejo. El asunto me ha parecido digno de consultar, sobre todo por el número de denunciados: Son, muchos, de hecho de toda edad, de toda clase social, de ambos sexos, los que están o estarán en peligro. Y no es sólo en las ciudades, también en las aldeas y en los campos donde se ha difundido el contagio de esta superstición. Por eso me parece necesario contenerla y hacerla acallar. Me consta, de hecho, que los templos, que habían quedado casi desiertos, comienzan de nuevo a ser frecuentados, y que las ceremonias rituales que hace tiempo habían sido interrumpidas, se retoman, y que se vende en todas partes la carne de las víctimas que hasta la fecha tenían escasos compradores. De donde puede deducir qué gran cantidad de hombres podría enmendarse si se aceptase su arrepentimiento". (Epístolas 10: 96)

El Talmud

Se conoce por el Talmud a un conjunto de decretos escritos por los judíos después de la destrucción del templo de Jerusalén en un periodo de más de trescientos años, que recopila la forma en que las generaciones fueron interpretando todas y cada una de las leyes que se encuentran en la Tora (los cinco primeros libros de la Biblia).

El Talmud contiene el desarrollo oral de la evolución, ajuste y aplicabilidad de todo ese conjunto de leyes que Dios entregó a Moisés en el monte Sinaí.

Dos grandes divisiones de este libro han llegado hasta nuestra época: el Talmud de Jerusalén y el Talmud Babilónico, de este último encontramos en el libro del *Sanedrín* en la sección 43:

"La víspera de la Pascua ha sido colgado Jesús de Nazaret. Durante cuarenta días un pregonero ha ido gritando delante de él: ....Debe ser apedreado, porque ha ejercido la magia, ha seducido a Israel y lo ha arrastrado a la apostasía. El que tenga algo que decir para justificarle, que venga a hacerlo constar. Pero nadie se presentó a justificarle, y se le colgó la víspera de Pascua".

Capítulo III

¿Cómo razonar el misterio de la encarnación de Jesús?

E ste gran misterio, que toma forma en lo que conocemos como la Anunciación, es el comienzo de ese hermoso viaje del nacimiento de nuestro Salvador. Él tomó forma humana para habitar entre nosotros.

Los evangelios de Mateo y Lucas nos cuentan este grandioso suceso, sin embargo Lucas lo hace con más detalles:

"Al sexto mes, el ángel Gabriel fue enviado por Dios a una ciudad de Galilea llamada Nazaret, a una virgen desposada con un varón que se llamaba José, de la casa de David; y el nombre de la virgen era María. Entrando el ángel a donde ella estaba, dijo:
— ¡Salve, llena de gracia! El Señor es contigo; bendita tú entre las mujeres.
Pero ella, cuando lo vio, se turbó por sus palabras, y pensaba qué salutación sería ésta. Entonces el ángel le dijo:
—María, no temas, porque has hallado gracia delante de Dios. Concebirás en tu vientre y darás a luz un hijo, y llamarás su nombre Jesús. Éste será grande, y será llamado Hijo del Altísimo. El Señor Dios le dará el trono de David, su padre; reinará sobre la casa de Jacob para siempre y su Reino no tendrá fin.
Entonces María preguntó al ángel:
— ¿Cómo será esto?, pues no conozco varón.
Respondiendo el ángel, le dijo:

—El Espíritu Santo vendrá sobre ti y el poder del Altísimo te cubrirá con su sombra; por lo cual también el Santo Ser que va a nacer será llamado Hijo de Dios. Y he aquí también tu parienta Elizabeth, la que llamaban estéril, ha concebido hijo en su vejez y éste es el sexto mes para ella, pues nada hay imposible para Dios.
Entonces María dijo:
—Aquí está la sierva del Señor; hágase conmigo conforme a tu palabra. Y el ángel se fue de su presencia." Lucas 1:26-38

En este texto el evangelista utiliza una palabra clave y es preciso explicar su significado, en especial en el contexto histórico del autor; en el libro *"Usos y costumbres de las tierras bíblicas"* de Fred H. Wight, en el capítulo concerniente a las costumbres matrimoniales se aclara el significado de estar *"desposado"*:

"Los desposorios se celebraban de la siguiente manera: Las familias del novio y de la novia se reunían con algunas otras que servían de testigos. El joven daba a la joven ya un anillo de oro o algún otro artículo de valor, o simplemente un documento en el que le prometía casarse con ella. Entonces él le decía: "Veis por este anillo (o esta señal) que tú estás reservada para mí, de acuerdo con la ley de Moisés y de Israel".

Respecto a la diferencia entre el desposorio y el matrimonio, este mismo libro nos lo esclarece:

"Los desposorios no eran lo mismo que el matrimonio. Por lo menos pasaba un año entre uno y otro. Estos dos eventos no deben confundirse. La ley dice: "¿Y quién se ha desposado con mujer y no la ha tomado?" (Deuteronomio. 20:7). Estos dos eventos se diferencian: desposar a una esposa, y tomarla, es decir, en matrimonio efectivo. Era durante este periodo de un año, entre el desposorio y el matrimonio, que María se halló haber concebido un hijo por el Espíritu Santo (Mateo. 1:18)".

Hasta ahora tenemos claro que José y María eran lo que hoy día llamaríamos novios y que se encontraban bajo un contrato llamado desposorio —lo que hoy llamaríamos estar comprometidos— por eso los evangelistas dicen que María estaba *"desposada con un varón que se llamaba José"* Lucas. 1:26, que los obligaba a casarse en una fecha no mayor al año siguiente de haber celebrado dicho contrato.

Si bien es cierto que en aquella época la escogencia de la esposa era prerrogativa de los padres del futuro esposo, también es cierto que se daban los casos en que era el hombre el que escogía a su futura esposa, aun en contra de la voluntad de sus padres. (Génesis 26:34-35)

En el libro de Jan Dobraczynski, *"La sombra del Padre"*, el autor nos recrea de manera exquisita la forma en que José y María se conocieron y enamoraron, así que esta relación, fruto del amor y que contaba con la aprobación de sus padres, fue una relación un poco fuera de lo común, aunque no extraña del todo, a la costumbre de la época, y no podría serlo de otra manera. En la primera carta de Juan 4:28, leemos: *"... Dios es Amor"*. Sería entonces inconcebible que el hijo de Dios hubiera nacido en un hogar que no fuera fruto del amor entre los esposos.

Una predicción

Asumamos por un momento que una familia tiene una hija bastante joven que no está en edad de casarse; yo le digo a sus padres que les voy a predecir el futuro: *"¡Pronto su hija quedará embarazada!"*. Seguramente ellos responderán algo así: *"Imposible, ella está muy joven y ni siquiera tiene novio"*.

Otra familia tiene una hija mucho mayor y después de un largo noviazgo ha decidido contraer nupcias en una fecha determinada. Ya sus familiares y amigos han recibido las invitaciones para la boda.

Haciendo la misma predicción a sus padres, les digo: *"¡Pronto su hija quedará embarazada!"*. Seguramente ellos dirán algo así: *"Naturalmente que sí, con el favor de Dios, eso es lo que todos esperamos que pase"*.

La situación de María era la misma que la de esta segunda pareja que esta próxima a casarse.

Podríamos hacernos las siguientes preguntas: ¿Por qué María se sorprende ante la predicción que le hace el ángel Gabriel de que quedará embarazada? ¿Por qué María no encontró natural esta profecía, si ya ella estaba desposada con José y en poco menos de un año estarían casados?

Siguiendo este mismo análisis ¿Por qué María no contestó: ¡Claro!, eso es lo que esperamos que pase, ya que estoy próxima a casarme con mi novio José?

Por el contrario, da a entender que eso no puede ser posible.

Las escrituras no nos dan en forma directa la respuesta a este interrogante tal y como estamos acostumbrados, pero es válido concluir que por alguna razón desconocida María[1] habría pactado con José un matrimonio célibe[2], un matrimonio sin relaciones sexuales entre ellos, ya en sus corazones y en sus mentes, había una firme decisión de no consumar esa unión.

La palabra "conocer" no traduce lo que la mayoría de personas podría pensar, "No *conozco* un buen restaurante cercano", "No *conozco* a esa persona"; Génesis 4:1 nos ayuda a entender este significado: "*Conoció Adán a su mujer Eva, la cual concibió y dio a luz a Caín*", conocer en la Biblia hace referencia al máximo conocimiento sobre una persona: la íntima, equivale a esa relación íntima de pareja, este es el "*no conozco*" de María, porque en una interpretación apurada, ella sí conocía a un varón llamado José, pero no lo conocía en esta interpretación de relación íntima que la condujera a recibir la noticia del ángel de forma natural y esperada.

De esta forma, las palabras de María "*no conozco varón*" es un presente que traspasa el futuro, es decir que expresa un hábito, un modo de vivir comenzando en el pasado, pero con la voluntad de conservarlo en el presente y de extenderlo hasta el futuro. Sería como cuando yo digo "no fumo", "no bebo", "no uso drogas", son frases que expresan un hábito y transmiten mi estilo de vida.

Es por esa firme decisión[3] que había en su corazón, ella se atreve a decirle al ángel que ese embarazo no puede ser posible, a lo que el ángel le responde: "*...El Espíritu Santo vendrá sobre ti y el poder del Altísimo te cubrirá con su sombra...*" Lucas 1:35.

---

[1] El Concilio Vaticano II declara en su *Lumen Gentium*, 56: "(*María fue) dotada por Dios con dones a la medida de una misión tan importante*", razón por la cual el ángel la llama "*llena de gracia*".

[2] Ya en el Antiguo Testamento encontramos cómo Dios le había dado a Moisés normas que regían la vida de una persona que decidiera hacer un voto especial de consagración al Señor. Ver Números 6:1-21.

[3] Números 30:3-4 nos instruye de la manera en que una persona se obligaba a cumplir un voto que hubiera expresado a su padre, como el que hizo María de pequeña: "*Cuando una joven, que todavía viva en casa de su padre, haga un voto al Señor y se comprometa en algo, si su padre se entera de su voto y de su compromiso pero no le dice nada, entonces ella estará obligada a cumplir con todos sus votos y promesas.*"

Es decir que podemos estar seguros que los Evangelios nos narran la historia de la encarnación tal y cómo sucedió, porque de los evangelistas haberla "acomodado" para darle el carácter divino a la escena, la pregunta que hizo María no hubiera sido necesaria.

El voto de castidad en el pueblo judío

Algunas personas contra argumentan el voto de castidad de María, citando el mandato divino de "*Creced y multiplicaos*", más que en varios pasajes del Antiguo Testamento encontramos que el no casarse era considerado una desgracia, como nos lo refiere el profeta Jeremías:

> "*«Tampoco entres en una casa donde haya un banquete, a sentarte con ellos a comer y beber. Porque yo, el Señor todopoderoso, el Dios de Israel, declaro: Yo haré que terminen en este país los cantos de fiesta y alegría, y los cantos de bodas. Esto pasará en sus propios días, y ustedes mismos lo verán.» Cuando comuniques al pueblo este mensaje, te van a preguntar: "¿Por qué ha ordenado el Señor contra nosotros este mal tan grande? ¿Qué mal hemos hecho? ¿Qué pecado hemos cometido contra el Señor nuestro Dios?"" 16:8-10.*

Igualmente otros pasajes nos dejan saber que la esterilidad era señal de desgracia ante Dios:

> "*Cuando Elcaná ofrecía el sacrificio, daba su ración correspondiente a Peniná y a todos los hijos e hijas de ella, pero a Ana le daba una ración especial, porque la amaba mucho, a pesar de que el Señor le había impedido tener hijos. Por esto Peniná, que era su rival, la molestaba y se burlaba de ella, humillándola porque el Señor la había hecho estéril." 1 Samuel 1:4-6*

Por estas razones y otras similares, encuentran imposible la posibilidad que una judía tomara la decisión de no unirse a hombre alguno, ya que con ello desobedecería la orden del Señor.

Pero la decisión de María, si bien es cierto no era muy común, tampoco era del todo una novedad para el pueblo judío. Al profeta Jeremías, Dios le manda que no se case ni que tenga hijos (Jeremías 16:1-2). En grandísima estima, el pueblo judío tuvo a Judith por sus obras y por su férrea disciplina en la oración y ayuno. Mujer hermosa, educada y adinerada, rechazó numerosos pretendientes y mantuvo su viudez hasta los ciento cinco años (Judith 8:1-8). La profetiza Ana que se encontró con María cuando fueron a presentar al niño Jesús en el templo, al igual que Judith que vivió pocos años casada y enviudó, conservó ese estado por ochenta y cuatro años, para dedicarse de lleno a la oración y al ayuno (Lucas 2:36-38).

Los esenios fueron un movimiento judío, establecido desde mediados del siglo II a.C. —tras la guerra de los macabeos contra los griegos— hasta el siglo I d.C. que se concentraron principalmente en la región de Judea. Varios historiadores antiguos escribieron sobre este pueblo: Filón de Alejandría (45 d.C.), Flavio Josefo (finales del siglo I d.C.) y Plinio el Viejo (77 d.C.), este último escribió una enciclopedia de 37 libros titulada "*Naturalis Historia*". En el quinto libro se puede leer una de las características de estos esenios:

> *"Es un pueblo único en su género y admirable en el mundo entero más que ningún otro: no tiene mujeres, ha renunciado enteramente al amor, carece de dinero, es amigo de las palmeras. Día tras día renace en número igual, gracias a la multitud de los recién llegados. En efecto, afluyen en gran número los que, cansados de las vicisitudes de la fortuna, orientan su vida a la adopción de sus costumbres. Y así, durante miles de siglos, hay un pueblo eterno en el cual no nace nadie: tan fecundo es para ellos el arrepentimiento que tienen los otros de la vida pasada [...]" Numeral 15.73.*

De los esenios se conformó otro movimiento llamado los terapeutas. Filón de Alejandría en la obra "*Vida Contemplativa*" habla sobre las mujeres que se unen al grupo:

> *"son vírgenes de edad avanzada, que no han observado la castidad por imposición, como cierto número de sacerdotisas griegas, sino por libre elección, atraídas por un deseo vehemente de la sabiduría, según la cual intentan modelar su vida. Han renunciado a los placeres del cuerpo, han perseguido no el deseo de una descendencia mortal, sino el de otra inmortal, que solamente el alma amada por Dios puede engendrar" Numeral 68.*

Muy bien pudo María, "*llena de gracia*", imitar alguno de los estilos de vida de estas comunidades, al encontrarlas ajustadas a las Sagradas Escrituras.

Capítulo IV

¿Jesús tuvo hermanos?

Este tema ha sido la causa de interminables discusiones entre católicos y no católicos. Desafortunadamente la gran mayoría de los católicos solo han encontrado como argumentación la misma respuesta que usan para otros temas: *"La Iglesia nos enseña que María no tuvo más hijos y punto"*. Los no católicos responden: *"Pero si la misma Biblia los menciona"* y citan Mateo 12:47, Mateo 13:55, Marcos 3:31-35, Marcos 6:3, Lucas 8:20, Juan 2:12, Juan 7:3-10, Hechos 1:14, 1 Corintios 9:5 o Gálatas 1:19 donde se mencionan a unos hermanos de Jesús.

Este es un debate que no encontraría combustible entre dos judíos, ya que ellos tendrían claro el significado de la palabra hermano en los contextos señalados en los citados pasajes bíblicos.

Pero como muy seguramente usted vive en occidente y los defensores de la afirmación que esos hermanos mencionados en la Biblia son hermanos de sangre de Jesús, son igualmente occidentales, veamos algunas razones que nos ayudarán a establecer con certeza que María no tuvo más hijos.

No olvidemos que basados en la interpretación literal de las Sagradas Escrituras, que es donde se fundamenta dicho argumento, tampoco se menciona en ninguna parte que María hubiera tenido más hijos. En ninguna parte dice *"los hijos de María"*.

En el capítulo anterior expuse una serie de argumentos que nos permiten afirmar que María no tenía ningún deseo de tener relaciones con su futuro esposo, ellos habían acordado llevar un matrimonio célibe, no temporalmente sino permanentemente. Ellos sabían que su matrimonio estaba reservado para algo especial, así que nada nos deja pensar que hubiera habido el advenimiento de un hijo posterior al de Jesús, adicional a esta razón, podemos agregar otros argumentos que nos pueden ayudar a sustentar este tema.

Jesús entrega su madre a Juan

El hecho que José, padre putativo de Jesús, nunca aparezca mencionado en los evangelios durante el apostolado de Jesús, es una indicación clara de que él ya había fallecido para ese momento. En el libro *"La Sombra del Padre"* Jan Dobraczynski plantea esta muerte al poco tiempo del episodio de la pérdida y hallazgo de Jesús en el templo cuando tenía doce años de edad.

Fuera a esta corta edad o más adelante, lo cierto es que al momento del apostolado de Jesús y más específico, al momento de su muerte, José ya había fallecido, es decir que María era viuda al momento de la crucifixión de su hijo.

Las viudas pasaban en la mayoría de los casos a descender al rango más bajo de la escala social ya que por su incapacidad para trabajar, perdían rápidamente cualquier propiedad que tuvieran al no poder hacerse cargo de las deudas contraídas por su esposo.

En el libro del Deuteronomio 25:5-10, en el libro del Levítico 21:14 y en el libro de Ezequiel 44:22 están las normas que regulan el segundo matrimonio de una viuda, el libro del Deuteronomio 16:11, 24:19-22 y 26:12, establece que el sustento de la viuda debe depender de la caridad de la comunidad.

En Marcos 12:44 encontramos a Jesús haciendo referencia a la ofrenda de la viuda, como una ofrenda proveniente de la más pobre de los pobres, por su condición de abandono, de ahí que encontremos legítima la preocupación de Jesús en sus últimas horas de vida, de dejar a su madre bajo la protección de su discípulo amado:

"Cuando Jesús vio a su madre, y junto a ella al discípulo a quien él quería mucho, dijo a su madre:
—Mujer, ahí tienes a tu hijo.
Luego le dijo al discípulo:
—Ahí tienes a tu madre.
Desde entonces, ese discípulo la recibió en su casa." Juan 19:26-27.

En la sociedad judía de la época la mujer debía pertenecer a alguien. De pequeña era su padre quien ostentaba su "propiedad", más tarde su esposo y si enviudaba sería alguno de sus hijos el que tomaría esa responsabilidad.

Es por esta razón que en numerosos pasajes bíblicos encontramos los nombres de las mujeres indicando que son esposas de tal persona[1]. En caso de extrema soltería se le "asociaba" con su ciudad natal como es el caso de María Magdalena, llamada así por ser oriunda de la región de Magdala, ciudad localizada al occidente del lago de Tiberíades.

Sí María hubiese tenido más hijos, Jesús no hubiera tenido que dejar a su madre encargada al discípulo Juan, sino que alguno de sus supuestos hijos se hubiera hecho cargo de ella, o si Jesús hubiera tenido más hermanos, cualquiera de ellos hubiera asumido esta responsabilidad y no una persona fuera de la familia, como lo era este discípulo que ciertamente no era hijo de José ni de María:

"Un poco más adelante, Jesús vio a Santiago y a su hermano Juan, hijos de Zebedeo, que estaban en una barca arreglando las redes." Marcos 1:19.
"La madre de los hijos de Zebedeo, junto con sus hijos, se acercó a Jesús y se arrodilló delante de él para pedirle un favor." Mateo 20:20

José no cometería adulterio

En el libro de Isaías 7:14 leemos:

"Por eso el Señor mismo os dará un signo. Mirad, la doncella quedará encinta y dará a luz un hijo, y lo llamará con el nombre de Emanuel.".

El profeta Oseas en el capítulo segundo, nos narra en forma muy cruda cómo Dios hace de la idolatría un símil con el adulterio, y describe lo despre-

---

[1] Jueces 4:4, 2 Samuel 11:2-4, 1 Reyes 9:16, 2 Crónicas 32:22, Lucas 8:3, Juan 19:25, etc.

ciable que era este pecado entre el pueblo judío, llama prostituta a esa mujer casada que tiene relaciones con otro hombre diferente a su marido.

Con un lenguaje no menos duro, el profeta Jeremías en el capítulo quinto, también hace la comparación de la adúltera con la prostituta.

En el capítulo veinte del libro del Levítico y en el veintidós del Deuteronomio encontramos toda una serie de castigos para los hombres y mujeres casados que cometieran el pecado del adulterio.

Nunca en la historia de nuestra salvación, se había dado una relación más profunda entre Dios y un ser humano, como lo fue con María la madre de Jesús, la relación de ella con la Santísima Trinidad, nos lleva a pronunciar las palabras de San Francisco de Asís:

> *"Santa María Virgen, no hay ninguna igual a ti, nacida en el mundo, entre las mujeres; hija y esclava del altísimo Rey, el Padre celeste, Madre del Santísimo Señor nuestro Jesucristo, esposa del Espíritu Santo; ruega por nosotros".*

Este concepto de María esposa del Espíritu Santo, de ninguna manera es una novedad traída por el santo de Asís, era ya del dominio de José, inmerso en una pesada tradición judía donde los hijos solo se tenían con el esposo.

Ese *"hágase conmigo conforme a tu palabra."* la unió en una relación de entrega tan profunda con el Espíritu Santo que se hizo su "esclava". Así que José, llamado por los evangelios un hombre justo, sabía que de llegar a tener relaciones con María, estaría cometiendo pecado de adulterio en contra del Espíritu Santo que había concebido a Jesús, haciéndolo su esposo.

Los parentescos en la Biblia

Los evangelistas Mateo y Lucas nos hacen una narración del nacimiento de Jesús; pero sobre todo, nos dejan claro que los padres de Jesús eran José y María[1]. Este hecho es corroborado en varios pasajes bíblicos donde la gente del pueblo lo identifica como el hijo del carpintero José[2] y María.

---

[1] Lucas 2:1-6. Mateo 1:18-25.

[2] Mateo 13:55. Marcos 6:3.

Si para los que conocían a Jesús era bien conocido el nombre de sus padres, ¿cómo es que en Mateo 9:27, Mateo 15:22, Mateo 20:30-31, Mateo 21:9-15, Marcos 10:47-48 y Lucas 18:38-39, la gente lo llama "hijo de David"? ¿Entonces interpretaremos de manera literal el término hermano pero de manera figurativa el término hijo?

La respuesta a esta aparente contradicción la encontramos en el hecho que los judíos de esa época eran una sociedad tribal. Es decir, grupos de familias —en el término occidental— que se mantenían unidas por el fuerte vínculo de la sangre, uniendo sus esfuerzos en la búsqueda del bien común de todos sus miembros, asegurando su protección y seguridad. El miembro más relevante o más anciano tomaba el lugar del padre de la tribu, todos los demás miembros eran vistos como sus hijos y por consiguiente, hermanos entre ellos.

En el caso que nos ocupa, donde Jesús es llamado hijo de David, es en referencia a esa tribu liderada por el rey David, todos los descendientes de su linaje eran considerados hermanos entre sí.

En el Antiguo Testamento podemos ver cómo el término "hermano" es usado para determinar una relación de parentesco en los términos de esa tribu que expliqué en el punto anterior, ya que el hebreo al ser un lenguaje escaso de palabras descriptivas, no tiene "hermano" entre ellas. Cuándo querían describir a una persona como hermano de sangre, se referían a él en términos de "hijo de su madre" o "hijo de su padre": *"Y alzando José sus ojos vio a Benjamín su hermano, hijo de su madre, y dijo: ¿Es éste vuestro hermano menor, de quien me hablasteis?"* Génesis 43:29, o *"Y a la verdad también es mi hermana, hija de mi padre, mas no hija de mi madre, y la tomé por mujer."* Génesis 20:12.

En Génesis 12:5 dice *"Al encaminarse hacia la tierra de Canaán, Abram se llevó a su esposa Saray, a su **sobrino** Lot,...."* Y en Génesis 14:12 dice: *"Y como Lot, el **sobrino** de Abram,..."*. Sin embargo en ese mismo libro Abram llama a Lot su hermano, en referencia a ese vínculo de unión tribal entre ellos: *"Abram le dijo entonces a Lot: No debe haber altercados entre nosotros dos, ni entre mis pastores y los tuyos, pues somos **hermanos**"*. No estamos ante un aparente error o si acaso una contradicción, sino ante una realidad social del pueblo hebreo.

Igual sucede cuando leemos en la primera carta de Pedro 5:13: *"Saludos de parte de la que está en Babilonia, escogida como ustedes, y también de mi hijo Marcos.",* acá el Apóstol Pedro está hablando de Marcos el evangelista. En el libro de los Hechos de los Apóstoles encontramos que no es su hijo:

> *"Entonces Pedro volvió en sí y se dijo: «Ahora estoy completamente seguro de que el Señor ha enviado a su ángel para librarme del poder de Herodes y de todo lo que el pueblo judío esperaba.» Cuando cayó en cuenta de esto, fue a casa de María, la madre de Juan, apodado Marcos, donde muchas personas estaban reunidas orando." Hechos 12:11-12*

Otro ejemplo lo encontramos entre Jacob y su tío Labán. En Génesis 29:10 queda claro que Labán era el tío de Jacob *"Y sucedió que cuando Jacob vio a Raquel, hija de Labán hermano de su madre, y las ovejas de Labán el hermano de su madre, se acercó Jacob y removió la piedra de la boca del pozo, y abrevó el rebaño de Labán hermano de su madre.",* sin embargo más adelante Labán llama a Jacob su hermano *"Entonces dijo Labán a Jacob: ¿Por ser tú mi hermano, me servirás de balde? Dime cuál será tu salario."* (Génesis 29:15)

Jesús hace una aclaración

En uno de esos pasajes que se menciona a los hermanos de Jesús, podemos leer:

> *"Todavía estaba Jesús hablando a la gente, cuando acudieron su madre y sus hermanos, que deseaban hablar con él. Como se quedaron fuera, alguien avisó a Jesús:*
> *—Tu madre y tus hermanos están ahí fuera, y quieren hablar contigo.*
> *Pero él contestó al que le llevó el aviso:*
> *— ¿Quién es mi madre, y quiénes son mis hermanos?*
> *Entonces, señalando a sus discípulos, dijo:*
> *—Éstos son mi madre y mis hermanos. Porque cualquiera que hace la voluntad de mi Padre que está en el cielo, ése es mi hermano, mi hermana y mi madre." Mateo 12:46-50*

Sí estos hermanos a los que alude el pasaje, fueran hermanos de sangre de Jesús, ¿No sería acaso ésta una escena totalmente normal en la vida de un hombre público como Jesús? ¿Por qué Jesús hubiera tenido que hacer aclaración alguna?

Es claro que Jesús está usando la palabra "hermano" en sentido figurado y no en un sentido carnal, por ello vemos que en Juan 20:17 Jesús llama a sus apóstoles "hermanos".

Medio hermanos de Jesús

Desde hace muchos siglos se extendió la historia que los supuestos hermanos de Jesús, eran hijos de un matrimonio anterior de José, así que estos hermanos eran en realidad medio hermanos. De esta forma explicaron el término "hermano" en los referidos pasajes bíblicos sin mancillar la virginidad de María.

En el evangelio de Marcos, en uno de los pasajes en los que se mencionan estos supuestos hermanos de Jesús, se lee:

"¿No es éste el carpintero, el hijo de María y hermano de Santiago, José, Judas y Simón? ¿Y no viven sus hermanas también aquí, entre nosotros? Y no tenían fe en él." Marcos 6:3

En occidente ha sido común la práctica de darles a los hijos varones el mismo nombre de su padre, y para diferenciarlos agregan la palabra "junior", o el ordinal "segundo" o "tercero" al final del nombre del menor.

Esto nunca, e incluso hasta nuestros días, ha sido una práctica judía. Al hijo le ponen el nombre de un antepasado de la familia que deseen honrar[1], en algunos casos le cambian una letra o le adicionan un acento, o le agregan otro nombre al nombre del padre, pero no usan exactamente el mismo nombre.

Así que este hermano de Jesús llamado José, no puede ser hijo de José el padre de Jesús, ya que llevan exactamente el mismo nombre.

Respecto a Santiago, san Pablo nos aclara que este hermano de Jesús es uno de los apóstoles *"Pero no vi a ningún otro de los apóstoles, aunque sí a Santiago el hermano del Señor."*(Gálatas 1:19).

En la lista de los apóstoles según el evangelio de Mateo hay dos Santiagos:

"Éstos son los nombres de los doce apóstoles: primero Simón, llamado también Pedro, y su hermano Andrés; Santiago y su hermano Juan, hijos de Zebedeo; Felipe y Bartolomé; Tomás y Mateo, el que cobraba impues-

---

[1] Entre los judíos de origen europeos (Ashkenazim) el nombre del familiar ha de corresponder con el de un familiar ya fallecido, mientras que para los demás (Sefaradim) el familiar ha de estar vivo.

tos para Roma; Santiago, hijo de Alfeo, y Tadeo; Simón el cananeo, y Judas Iscariote, que después traicionó a Jesús." Mateo 10:2-4

Vemos que ninguno de los padres de los dos Santiagos es José, el de uno es Zebedeo y el del otro es Alfeo.

Capítulo V

¿Podemos probar la resurrección de Jesús?

P odría decir que para la mayoría de los creyentes, esta es una pregunta que tal vez nunca se la hubieran formulado a sí mismos, ya que les basta saber que los evangelios nos cuentan que el Señor resucitó al tercer día de entre los muertos, que se apareció a los apóstoles al menos en una ocasión y se presentó ante un grupo de más de quinientas personas como nos lo relata san Pablo en su primera carta a los Corintios en el capítulo quince.

El diccionario de la Real Academia Española incluye entre sus definiciones de la palabra *probar* la siguiente:

"Justificar, manifestar y hacer patente la certeza de un hecho o la verdad de algo con razones, instrumentos o testigos."

San Pablo nos dice:

"Y si Cristo no ha resucitado, nuestra predicación no sirve para nada, como tampoco la fe de ustedes." 1 Corintios 15:14

Estas palabras nos hacen ver la importancia fundamental que representó este hecho para los primeros predicadores de la Iglesia primitiva.

La resurrección de Jesús constituyó el cimiento sobre el que se fundó la cristiandad, y que sucedió "... *según las escrituras*" como nos lo dice san Pablo en su Primera Carta a los Corintios en el capítulo quince.

Mucha gente piensa hoy en día que la resurrección de Jesús fue una invención de los apóstoles para poder convertir a los judíos y no dejar que la naciente religión desapareciera con la muerte de su Maestro, de hecho, un evangelio nos cuenta el origen que dio base a esta versión que ha llegado hasta nuestros días:

> *"Mientras las mujeres iban de camino, algunos de los guardias entraron en la ciudad e informaron a los jefes de los sacerdotes de todo lo que había sucedido. Después de reunirse estos jefes con los ancianos y de trazar un plan, les dieron a los soldados una fuerte suma de dinero y les encargaron: «Digan que los discípulos de Jesús vinieron por la noche y que, mientras ustedes dormían, se robaron el cuerpo. Y si el gobernador llega a enterarse de esto, nosotros responderemos por ustedes y les evitaremos cualquier problema.» Así que los soldados tomaron el dinero e hicieron como se les había instruido. Esta es la versión de los sucesos que hasta el día de hoy ha circulado entre los judíos." (Mat. 28, 11-14)*

Pero veamos una serie de argumentos que nos ayudarán a confirmar nuestra creencia en la resurrección de nuestro Señor Jesucristo, tal y como nos lo cuentan las Sagradas Escrituras y que, por supuesto, trasciende más allá del simple acto de fe que nos enseñaron en nuestros primeros años de catequesis.

La tumba vacía

Los cuatro evangelistas nos cuentan que el sepulcro donde fue puesto el cadáver de Jesús estaba vacío al tercer día.

¿Qué paso con el cuerpo de Jesús?

Tendríamos básicamente tres posibilidades: Los enemigos de Jesús se lo robaron y lo escondieron, los amigos de Jesús se lo robaron y lo escondieron o que Jesús resucitó.

Que los enemigos de Jesús se hubieran robado su cuerpo no tendría mucho sentido, porque precisamente la ausencia de su cuerpo era una gran evidencia de la resurrección que proclamaban sus discípulos, con las primeras conversiones en masa como la descrita en el capítulo dos del libro de los

Hechos de los Apóstoles, los que tuvieran su cuerpo lo habrían exhibido para así acabar con ese nuevo movimiento que tanto les molestaba.

Que los amigos de Jesús se lo hubieran robado tampoco tendría mucho sentido. Los evangelistas nos cuentan como los discípulos huyeron del lado de Jesús cuando él fue apresado y crucificado por temor a correr la misma suerte; los evangelistas también nos cuentan que los apóstoles se encerraron y permanecieron escondidos por miedo a los judíos que los buscaban para matarlos. ¿Así que de donde habrían sacado la valentía para robar su cuerpo y salir a predicar su evangelio?

¿Cómo hubieran evitado que a donde quiera que lo hubieran sepultado, no se les hubiera convertido en el mayor centro de peregrinación y veneración de su época?

¿Qué hizo que este grupo de temerosos y asustados apóstoles, escondidos y tristes, pasaran a predicar con valor y alegría las enseñanzas de su maestro?

No cabe explicación diferente a la de haberlo visto vivo nuevamente, el haber visto personalmente a Jesús con las heridas de sus manos, de sus pies y de su costado todavía frescas, los convenció sin lugar a dudas que en verdad Jesús sí era el Mesías. El Emanuel. El Dios con nosotros.

Los evangelistas

¿Qué tan ajustada a la verdad es la narración que nos hacen los evangelistas de la resurrección de Jesús?

Veamos la narración que nos hace Lucas:

"Las mujeres que habían acompañado a Jesús desde Galilea, fueron y vieron el sepulcro, y se fijaron en cómo habían puesto el cuerpo. Cuando volvieron a casa, prepararon perfumes y ungüentos. Las mujeres descansaron el sábado, conforme al mandamiento, pero el primer día de la semana regresaron al sepulcro muy temprano, llevando los perfumes que habían preparado. Al llegar, se encontraron con que la piedra que tapaba el sepulcro no estaba en su lugar; y entraron, pero no encontraron el cuerpo del Señor Jesús. No sabían qué pensar de esto, cuando de pronto vieron a dos hombres de pie junto a ellas, vestidos con ropas brillantes. Llenas de miedo, se inclinaron hasta el suelo; pero aquellos hombres les dijeron:
— ¿Por qué buscan ustedes entre los muertos al que está vivo? No está aquí, sino que ha resucitado. Acuérdense de lo que les dijo cuando todavía

estaba en Galilea: que el Hijo del hombre tenía que ser entregado en manos de pecadores, que lo crucificarían y que al tercer día resucitaría.
Entonces ellas se acordaron de las palabras de Jesús, y al regresar del sepulcro contaron todo esto a los once apóstoles y a todos los demás. Las que llevaron la noticia a los apóstoles fueron María Magdalena, Juana, María madre de Santiago, y las otras mujeres. Pero a los apóstoles les pareció una locura lo que ellas decían, y no querían creerles.
Sin embargo, Pedro se fue corriendo al sepulcro; y cuando miró dentro, no vio más que las sábanas. Entonces volvió a casa, admirado de lo que había sucedido." 23:56 y 24:1-12

Pensemos por un momento que fuera cierto que Jesús no resucitó, que por razones de supervivencia del legado del Maestro se hacía necesario inventar la historia de su resurrección, y así dar cumplimiento a lo que se había profetizado cientos de años atrás.

De ser cierta esta posibilidad, yo podría decir que además de mentirosos los apóstoles fueron torpes; para poder justificar esta afirmación, explicaré el rol de la mujer en la sociedad judía de la época y algunos detalles relevantes de dos personajes que conocieron a Jesús: Nicodemo y José de Arimatea.

El rol de la mujer

La mujer judía en tiempos de Jesús era considerada inferior al hombre por tener menos ventajas que él. Existía en aquel entonces una expresión que se repetía frecuentemente, y que decía: "mujeres, esclavos y niños".

Como el esclavo y el niño menor de 13 años, la mujer se debía por completo a su dueño y señor: al padre si era soltera; al marido si era casada; al cuñado si era viuda sin hijos (Deuteronomio 25:5-10).

La mujer no recibía instrucción religiosa porque se suponía que era incapaz de comprenderla; las escuelas eran solamente para varones.

Las mujeres no podían ser testigos en un tribunal dado que su testimonio carecía de valor por su inclinación a la mentira[1].

¿Por qué poner en boca de un grupo de mujeres, la primicia de un evento tan importante como la resurrección del Señor?

---

[1] Esta tesis nació cuando Sara, la esposa de Abraham, le mintió al mismo Dios. Ver Génesis 18:15.

¿Cómo consignar en los evangelios el anuncio de la buena nueva por parte de quienes ofrecían la menor credibilidad posible?

¿Cómo incluir entre el grupo de estas mujeres a María Magdalena que gozaba de muy mala reputación por los "demonios" que poseía y que Jesús había expulsado (Lucas 8:2)?

Es claro que los evangelistas se ajustaron a la verdad de los hechos, les era más conveniente omitir a las mujeres de la historia que divulgarlo. La noticia en boca de ellas restaba credibilidad cómo lo expresaron los dos caminantes de Emaús, que tuvieron que verificarlo con sus propios ojos ya que a ellas no les creyeron:

"Aunque algunas de las mujeres que están con nosotros nos han asustado, pues fueron de madrugada al sepulcro, y como no encontraron el cuerpo, volvieron a casa. Y cuentan que unos ángeles se les han aparecido y les han dicho que Jesús vive. Algunos de nuestros compañeros fueron después al sepulcro y lo encontraron tal como las mujeres habían dicho, pero a Jesús no lo vieron." Lucas 24:22-23.

Nicodemo y José Arimatea

Nicodemo fue un fariseo adinerado, miembro del sanedrín que a tan solo seis meses después de haberse iniciado el ministerio de Jesús, reconoce que es un *"Maestro que ha venido de Dios"*.

Impresionado por sus milagros, lo visita de noche y le confiesa que cree en Él.

Gobernante de los judíos y maestro de Israel, posee un gran conocimiento de las escrituras, también evidencia un gran discernimiento pues reconoce que Jesús es un maestro enviado por Dios.

Le interesan los asuntos espirituales y hace gala de una humildad poco común, pues no es fácil que un miembro del más alto tribunal judío admita que el hijo de un carpintero sea un hombre enviado por Dios.

El interés que manifiesta Nicodemo en Jesús no pasa con el tiempo, Dos años y medio después, durante la fiesta de Las Tiendas, asiste a una sesión del sanedrín pues en aquel entonces todavía es *"uno de ellos"*.

Los miembros de ese sanedrín despachan oficiales para detener a Jesús y regresan con el siguiente informe: *"Jamás ha hablado otro hombre así"*. *Los fariseos comienzan a menospreciarlos: "— ¿Así que también ustedes se han dejado engañar? —Replicaron los fariseos—. ¿Acaso ha creído en él alguno de los gobernantes o de los fariseos? ¡No! Pero esta gente, que no sabe nada de la ley, está bajo maldición.".*

Nicodemo tomó la palabra y dijo: *"Nuestra ley no juzga a un hombre a menos que primero haya oído de parte de él y llegado a saber lo que hace, ¿verdad?".*

Con esto se convierte en el centro de las críticas de los demás fariseos: *"Tú no eres también de Galilea, ¿verdad? Escudriña, y ve que de Galilea no ha de ser levantado ningún profeta"* (Juan 7:1, 10, 32, 45-52).

Seis meses más tarde en la Pascua de ese año, Nicodemo contempló cuando bajaron el cuerpo de Jesús de la cruz junto a José de Arimatea, otro miembro ilustre del sanedrín y discípulo oculto de Jesús (Juan 19:38).

José de Arimatea estuvo en desacuerdo con su ejecución (Lucas 23:50) y preparó el cuerpo para el entierro. Para tal fin lleva *"un rollo de mirra y áloes"* que pesa 100 libras romanas (33 kilogramos), lo que representaba un considerable desembolso de dinero. Hombre de valor ya que no teme que lo relacionen con "ese impostor", como llamaban a Jesús los demás fariseos.

San Agustín nos revela que el cadáver de Nicodemo fue encontrado junto al del mártir San Esteban en el año 415 d.C., lo que hace suponer que fue venerado por las primeras comunidades cristianas.

Volviendo a la hipótesis que lo narrado por los evangelistas no hubiera sido cierto, preguntémonos: ¿No hubiera sido más contundente la noticia de la resurrección, si en vez de haberla puesto en boca de María Magdalena (Juan 20:11-18) lo hubieran puesto en boca de Nicodemo y/o de José de Arimatea? ¿Qué judío hubiera puesto en duda la palabra de alguno de estos importantes hombres?

Es claro que a pesar de su "inconveniencia" narraron la historia tal y como sucedió, no la modificaron. No la adaptaron según sus propios intereses.

Las resurrecciones en la Biblia

Otra razón para confirmar que los apóstoles transmitieron este magno acontecimiento exactamente como lo vivieron, es un hecho curioso que paso a explicar.

De acuerdo con las Escrituras, durante el apostolado de Jesús los apóstoles presenciaron tres episodios de resurrección de algún muerto: La hija de Jairo (Marcos 5:21-42), el hijo de la viuda de Naín (Lucas 7:11-17) y finalmente la de su amigo Lázaro de Betania (Juan 11:1-43).

En todos estos casos, los que están alrededor del recién resucitado lo reconocen inmediatamente. El hecho de haber muerto y vuelto a la vida no hace mella en su apariencia física, permanecen iguales. Lázaro que permaneció muerto por varios días, resucito sin cambiar su apariencia, todos lo reconocieron, era el mismo Lázaro que ellos conocían.

Inclusive en las resurrecciones practicadas por Pedro (Hechos 9:36-42) y por Pablo (Hechos 20:7-12) ocurre lo mismo, la apariencia del resucitado no se altera.

Para los discípulos, la resurrección, además de ser un hecho apoteósico no tenía efecto alguno sobre la presencia física, al menos en lo que sus ojos podían ver, la persona resucitada volvía tal y como era antes de acaecerle la muerte.

Sin embargo cuando ellos narran la resurrección de Jesús, algo curioso ha pasado con Él, no lo reconocen a primera vista. Lo confunden con otra persona. Les pasó a los dos discípulos del camino a Emaús (Lucas 24:13-35), le pasó a María Magdalena (Juan 20:11-18), y les pasó a varios de sus discípulos en el lago de Tiberíades (Juan 21:1-14).

De haber inventado esta historia, los discípulos la hubieran inventado en los términos en que ellos la comprendían, seguros que no podía ser de otra manera. No habría habido necesidad de agregar la idea extraña de no poderlo reconocer, para ellos el resucitado simplemente volvía a la vida y todo seguía como estaba antes. Y así no lo hicieron, ellos la narraron tal y como la vivieron, así en su momento no la hubieran entendido a plenitud.

Mártires

Otro hecho contundente que nos ayuda a confirmar la resurrección de nuestro Señor Jesucristo, es que para los discípulos este hecho constituyó la base de su predicación (1 Corintios 15:14) y dieron su vida defendiendo esta verdad.

Aunque la Biblia solo nos narra la muerte de dos de los discípulos, la de Judas el traidor que se ahorcó (Mateo 27:5) y la de Santiago[1] que muere decapitado por orden del rey Herodes (Hechos 12:2), la tradición nos ha dejado saber que todos los demás pasaron por el martirio.

Juan sobrevivió a una olla con aceite hirviendo y murió pacíficamente en la isla de Éfeso.

El martirio del apóstol Pedro fue profetizado por el mismo Jesús y el evangelista Juan lo consigna en su estilo alegórico al decir: "... *Jesús estaba dando a entender de qué manera Pedro iba a morir y a glorificar con su muerte a Dios...*" Juan 21:18-19. Pedro muere en Roma crucificado en una cruz invertida por orden del prefecto Agripa, funcionario del emperador Nerón.

Andrés el hermano de Pedro fue crucificado en una cruz en forma de X por orden del gobernador Aegeas en Patrae de Acaya, Grecia.

Mateo el evangelista murió martirizado al finalizar su sermón en la ciudad de Nadaver, Etiopia, por orden del rey Hitarco en el año 60.

Santiago el Menor, hijo de Alfeo, muere apedreado en Jerusalén después de haber sido arrojado al suelo desde el pináculo del templo por orden del sumo sacerdote Ananías miembro del sanedrín en el año 62.

Simón el Cananeo y Judas Tadeo, fueron martirizados en la ciudad de Suamir, Persia. Simón fue aserrado por la mitad y a Judas le aplastaron la cabeza con una maza.

Felipe fue crucificado en Escytia, Grecia.

Bartolomé fue martirizado en la ciudad de Albana en Armenia. Fue primero crucificado y antes de morir, lo descolgaron de la cruz, lo desollaron vivo y finalmente lo decapitaron.

Resulta extremadamente difícil creer que todos y cada uno de ellos hubieran dado sus vidas por defender una mentira, de no haber sido porque ellos vieron a su maestro resucitado.

---

[1] Conocido como el Mayor, hermano del Apóstol Juan, hijos de Zebedeo. Algunas Biblias lo traducen como Jacobo.

Capítulo VI

¿Los evangelios sí dicen lo que dijo Jesús?

E n mi infancia era muy común jugar en las fiestas de cumpleaños y otras celebraciones *al teléfono roto*. El juego consistía en que nuestros padres se reunían y escogían una historia inventada entre ellos, en seguida se formaba una cadena de niños uno al lado del otro; a continuación uno de los padres se acercaba y le murmuraba al niño que estuviera en uno de los extremos la historia que ellos acababan de escoger. Una vez que se aseguraban que la había entendido claramente, este primer niño le susurraba al oído al que se encontraba a su lado la historia que acababa de escuchar. A su vez, este lo hacía con el que estaba a su lado y así sucesivamente hasta que era transmitida al último de la cadena.

Los espectadores escuchaban la historia final narrada por el último niño y luego contaban la historia original para arrancar más de una risa al escuchar cómo la historia se había tergiversado con el paso de una persona a la otra.

Así, no como juego, muchas veces en nuestras rutinas diarias nos hemos encontrado más de una vez ante la situación de un mal entendido o de una situación equivocada, fruto de la tergiversación de una razón o de un mensaje que se transmitió de boca en boca. Esto nos ilustra la vulnerabilidad de la información que es transmitida de esta manera.

La poca información veraz que pareciera ser de domino público con respecto a la formación de la Biblia y en especial a los evangelios del Nuevo Testamento, es que fueron escritos muchos años después de la muerte de Jesús, es decir que los autores se basaron en las historias que les habían contado. La mayoría de los expertos consideran que los cuatro evangelios fueron escritos entre los años 65 y 100 d.C.

Basados en esa vulnerabilidad de la que hice mención anteriormente, algunas personas llegan a la rápida conclusión que los evangelios no pueden ser tomados por ciertos al estar basados en esa transmisión oral que tergiversa las cosas.

Solamente a manera de información es necesario aclarar que de los cuatro evangelios solo los de Marcos y Lucas estarían dentro de esta categoría. Los otros dos evangelistas, Mateo y Juan, dos de los doce apóstoles, fueron testigos directos de la labor apostólica de Jesús, desde su comienzo hasta su final. Por lo tanto lo que ellos escribieron fue lo que ellos personalmente vieron y escucharon.

Caperucita Roja

El famoso cuento de la Caperucita Roja tiene sus orígenes en el folklore europeo del siglo trece.

Trescientos años después, lo retoma el autor de cuentos francés Charles Perrault en la obra *"Cuentos de mamá ganso"* publicada en 1683.

Más tarde los hermanos alemanes Jacob y Wilhelm Grimm, conocidos como los hermanos Grimm, tomaron esta historia y la modificaron para ajustarla a su estilo propio de cuento con final feliz, versión que rápidamente se popularizo hasta llegar a nuestros días.

Este cuento que casi todos conocen y que pocos han leído, es un clásico ejemplo de una historia que se ha transmitido por cientos de años de manera oral y que su esencia se ha conservado intacta a pesar de la inmensa cadena humana que por generaciones la han transmitido de manera verbal.

Es muy posible que si usted le pide a cualquier persona que narre ese cuento, encontrará algunos detalles agregados a la historia, probablemente inventados por la persona que lo esté contando, pero que para nada la convierte en una historia diferente. Pueden agregar que el día del famoso encuentro entre la caperucita y el lobo, estaba lloviendo, o nevando, o que el bosque estaba lleno de pájaros, o que caperucita tuvo que atravesar un rio para llegar hasta donde su abuela. Hasta algunos se aventuraran a determinar la lista de cosas que la pequeña llevaba en su cesta, en fin, miles de detalles secundarios a la historia. Pero contarán la historia de una niña que por encargo de su madre fue a llevarle una comida a su abuela que vivía en el bosque, que se encontró con el lobo a medio camino y éste le saco el lugar de residencia de la anciana, que el lobo tomando ventaja llegó hasta donde ella y haciéndose pasar por su nieta se anunció para que le abrieran la puerta. Una vez dentro se traga de un solo bocado a la pobre vieja, se viste con sus ropas y se mete a la cama a esperar a la niña. Cuando ésta llega le pregunta a su abuela: ¿Porque tienes esos ojos tan grandes? ¿Porque tienes esas orejas tan grandes? ¿Porque tienes esos dientes tan grandes?

¿Por qué la esencia de esta historia ha sobrevivido el paso de los siglos? Porque la "masa" de personas que se la saben, se ha encargado de corregir cualquier desviación que se le haya querido introducir a la esencia de la historia. Si alguien quisiera, por ejemplo, cambiar al personaje del lobo por un oso, la "masa" inmediatamente se va a encargar de hacer la corrección a su personaje original. Así la "masa" evitará que se desvíe la historia de cómo ella la ha conocido. Esta "masa" ha actuado como salvaguarda de la historia.

Siempre en mis conferencias cuando estoy exponiendo este tema, les pregunto a algunos padres de familia que me digan los números telefónicos de su esposa o de sus hijos. La gran mayoría de las veces no los recuerdan, ya que no necesitan memorizarlos porque los tienen guardados en las agendas de sus teléfonos móviles. Pero si esa misma pregunta se hiciera cuando no se contaba con los teléfonos móviles, las personas serían capaces de decirlos ya que era necesario memorizarlos.

Muchos recuerdan más de un número telefónico de su infancia. ¿Y por qué esto?, Porque cuando somos conscientes que dependemos de nuestra memoria para preservar una información que nos resulta vital, la grabamos y la retenemos, en algunos casos, hasta por el resto de nuestros días.

Igual pasó con las historias que terminaron escritas en los evangelios. Jesús no tuvo lo que pudiéramos llamar una vida privada, toda su labor fue pública. Siempre estuvo rodeado de sus discípulos, o de sus amigos, o de las muchedumbres de sus seguidores e inclusive, estuvo rodeado de sus grandes detractores. Así que hubo muchas personas que escucharon directamente de sus labios las palabras que luego escribirían los evangelistas. Si ellos hubieran tergiversado el espíritu, el sentido o el propósito de las enseñanzas de Jesús, muchos testigos hubieran salido en defensa de la fidelidad del mensaje y el error no se propagaría, tal y como ha ocurrido con el cuento de la Caperucita Roja en sus ya más de cuatrocientos años de existencia.

Transmisión oral

La transmisión oral ha sido un instrumento vital en la historia del ser humano. Con ella se le ha dejado saber a cada generación de los héroes de sus antepasados, de los hechos históricos que determinaron los giros en las vidas de sus comunidades, de los villanos que sus tatarabuelos combatieron, de sus fábulas y leyendas; de sus recetas de cocina, de sus medicinas, de sus costumbres, etc. Tan importante ha sido este instrumento que el derecho Romano establece que a falta de una ley específica, la costumbre toma su lugar.

En cada hogar se hace uso de esa transmisión oral, pocas familias cuentan con un registro escrito de sus antepasados. No está escrito cómo se conocieron los abuelos y los abuelos de ellos, de los mayores logros y desventuras de la familia. Sin embargo las cuentan con el mismo lujo de detalles que la escucharon de sus padres, que a su vez la escucharon de los suyos.

Los indios Hopi son una tribu amerindia asentada en un pequeño grupo de poblados autónomos ubicados en tres mesetas, o próximos a ellas, en el noreste de Arizona, USA. Ocuparon esta área hace más de ocho mil años atrás y han transmitido por todo este tiempo, todas sus creencias y costumbres hasta nuestros tiempos a través de la tradición oral. Por siglos adolecieron de un sistema de escritura.

He tenido la oportunidad de asistir a charlas, conferencias y simposios de crecimiento espiritual y siempre veo a la gente tomando notas de las ideas que encuentran más interesantes e importantes.

Jesús fue un gran predicador y no faltó la gente que consignó por escrito varias de sus palabras, obras y planteamientos del plan de vida que propuso. Conocido como "documento Q" o "*Dichos de Jesús*" y que gracias a la crítica literaria se ha podido reconstruir con bastante precisión, sabemos hoy que este documento sirvió de base para los evangelios sinópticos: Mateo, Marcos y Lucas. Así que, si bien es cierto que existe un componente de tradición oral en los evangelios, no están enteramente basados en la buena memoria de sus autores, sino que también se soportan en documentos existentes antes que se escribieran los evangelios.

Para aquellas personas que usan la excusa de la tradición oral para cuestionar la validez de los evangelios, valdría la pena preguntarles cuál es exactamente la parte que dudan que sea cierta. ¿Las enseñanzas de Jesús? Puede que alguien las encuentre utópicas o románticas o poco realistas de poner en práctica, pero no las encontrará equivocadas.

Existe otro grupo de personas que aceptan en su mayoría el contenido de los evangelios, pero no su totalidad. ¿Basados en qué logran distinguir los pasajes que sí dan por ciertos de los que supuestamente no lo son?

¿Inconsistencias en la Biblia?

Hay personas que cuestionan la autenticidad de los evangelios al argumentar que existen divergencias de un hecho en particular entre un evangelio y otro, y por ello saltan rápidamente a la conclusión que existen errores entre los evangelios.

Veamos un ejemplo:

Curación del ciego de Jericó		
Mateo 20:29-34	Marcos 10:46-52	Lucas 18:35-43
Una gran multitud seguía a Jesús cuando él salía de Jericó con sus discípulos. Dos ciegos que estaban sentados junto al camino, al oír que pasaba Jesús, gritaron: — ¡Señor, Hijo de David, ten compasión de nosotros! La multitud los reprendía para que se callaran, pero ellos gritaban con más fuerza: — ¡Señor, Hijo de David, ten compasión de nosotros! Jesús se detuvo y los llamó. — ¿Qué quieren que haga por ustedes? —Señor, queremos recibir la vista. Jesús se compadeció de ellos y les tocó los ojos.	Después llegaron a Jericó. Más tarde, salió Jesús de la ciudad acompañado de sus discípulos y de una gran multitud. Un mendigo ciego llamado Bartimeo (el hijo de Timeo) estaba sentado junto al camino. Al oír que el que venía era Jesús de Nazaret, se puso a gritar: — ¡Jesús, Hijo de David, ten compasión de mí! Muchos lo reprendían para que se callara, pero él se puso a gritar aún más: — ¡Hijo de David, ten compasión de mí! Jesús se detuvo y dijo: —Llámenlo. Así que llamaron al ciego. — ¡Ánimo! —le dijeron—. ¡Levántate! Te llama. Él, arrojando la capa, dio un	Sucedió que al acercarse Jesús a Jericó, estaba un ciego sentado junto al camino pidiendo limosna. Cuando oyó a la multitud que pasaba, preguntó qué acontecía. —Jesús de Nazaret está pasando por aquí —le respondieron. — ¡Jesús, Hijo de David, ten compasión de mí! —gritó el ciego. Los que iban delante lo reprendían para que se callara, pero él se puso a gritar aún más fuerte: — ¡Hijo de David, ten compasión de mí! Jesús se detuvo y

Al instante recobraron la vista y lo siguieron.	salto y se acercó a Jesús. — ¿Qué quieres que haga por ti? —le preguntó. — Rabí, quiero ver — respondió el ciego. — Puedes irte —le dijo Jesús—; tu fe te ha sanado. Al momento recobró la vista y empezó a seguir a Jesús por el camino.	mandó que se lo trajeran. Cuando el ciego se acercó, le preguntó Jesús: — ¿Qué quieres que haga por ti? —Señor, quiero ver. — ¡Recibe la vista! — Le dijo Jesús—. Tu fe te ha sanado. Al instante recobró la vista. Entonces, glorificando a Dios, comenzó a seguir a Jesús, y todos los que lo vieron daban alabanza a Dios.

Mateo habla de dos personas, mientras que en los otros dos se hablan de una. Marcos nos da su nombre. Marcos y Lucas nos dicen que las personas eran unos mendigos, mientras que Mateo omite este detalle. En Marcos y en Lucas, Jesús usa algún intermediario para que le traigan al ciego, mientras que en la versión de Mateo Jesús habla siempre directamente con él. En Mateo y Marcos, Jesús está saliendo de Jericó cuando realiza la curación mientras que Lucas la ubica cuando Jesús está entrando a la ciudad.

¿Estamos ante un error? La equivocación no es la única respuesta aplicable. Puede ser una, pero definitivamente no es la única.

Otra explicación para esto puede ser que un evangelista está hablando de una curación y el otro evangelista está hablando de otra. Jesús estuvo varias veces en la ciudad de Jericó y pudo haber hecho muchas curaciones, entre otras, las aquí mencionadas. Las historias adolecen de fechas para poder asegurar que se trata del mismo episodio.

Otra explicación puede ser la de que un evangelista está resaltando un aspecto particular de la historia y el otro evangelista resalta otro aspecto de la misma, sin embargo los tres evangelistas narran la historia de una más de las muchas curaciones que realizó Jesús y en la que la fe que tenía la persona enferma, es la que le permite recobrar su salud.

Igual sucede con las bienaventuranzas narradas por dos de los evangelistas: Mateo (5:3-12) y Lucas (6:20-23). Si las comparamos encontraremos diferencias y semejanzas. Jesús fue un Maestro y un activo predicador, recorría pueblos hablando del Reino de Dios. Las bienaventuranzas eran una parte muy importante de su prédica, que seguramente tuvo que haberlas mencionado en muchos de los pueblos en los que predicaba. Cabe suponer que las diferencias y similitudes pueden explicarse en el hecho que cada evangelista narró uno de esos discursos pero no el mismo.

Así que no podemos emplear estas aparentes diferencias, como prueba de la inexactitud de los evangelios frente a los acontecimientos tal y como ocurrieron realmente, ya que pueden ser explicados de otra forma y no necesariamente a través del error.

Capítulo VII

¿Cómo se formó y conformó la Biblia?

E l catolicismo es una religión basada en dos fuentes: La palabra hablada; también llamada como *la palabra no-escrita* o la *Sagrada Tradición* y la palabra escrita; también llamada *Sagradas Escrituras* o la *Biblia*.

A través de la Biblia podemos apreciar que Dios no quiso permanecer oculto a los hombres sino que por el contrario, se dio a conocer de diferentes maneras:

- A través de la perfección y belleza de la naturaleza.
- A través de nuestras propias experiencias.
- A través de personas escogidas por Él, conocidas como los profetas.
- A través de Jesús de Nazaret.

Estas dos últimas son la palabra de Dios, que ciertamente parece haber preferido el lenguaje, como forma favorita de comunicación con el hombre; escrita por hombres elegidos, que usaron su propia voz, su propio idioma, y su propia forma de expresarse, para divulgar la palabra de Dios en la tierra.

"En tiempos antiguos Dios habló a nuestros antepasados muchas veces y de muchas maneras por medio de los profetas. Ahora, en estos tiempos últimos, nos ha hablado por su Hijo,..." Hebreos 1:1-2

La Constitución *Dei Verbum* del Concilio Vaticano II sobre la Revelación Divina, nos dice que:

"En la composición de los libros sagrados, Dios se valió de hombres elegidos, que usaban de todas sus facultades y talentos; de este modo, obrando Dios en ellos y por ellos, como verdaderos autores, pusieron por escrito todo y sólo lo que Dios quería" (DV 11).

Es claro que la Biblia no nos cayó del cielo, ni fue escrita y empastada en el cielo para ser entregada por un ángel a un desprevenido pastor o al gobierno de la que fuere la nación más poderosa de su época para avalar su origen. Con la guía de Dios, fue escrita del puño de seres humanos muy especiales, tan humanos como usted y como yo.

Esta constitución del Vaticano II agrega en referencia a esos libros sagrados:

"Como todo lo que afirman los hagiógrafos, o autores inspirados, lo afirma el Espíritu Santo, se sigue que los libros sagrados enseñan sólidamente, fielmente y sin error la verdad que Dios hizo consignar en dichos libros para salvación nuestra" (DV 11).

Hago énfasis en la frase *"...sin error... para salvación nuestra"*. Podemos encontrar errores (a los ojos del conocimiento del siglo XXI) de naturaleza geográfica, histórica, temporal o científica, pero no hay error en lo que respecta a la salvación de nuestra alma, por eso san Pablo afirma:

"Toda Escritura ha sido inspirada por Dios, y es útil para enseñar, para persuadir, para corregir, para educar en la rectitud, a fin de que el hombre de Dios sea perfecto y esté preparado para hacer el bien" 2 Timoteo 3,16-17.

La palabra *biblia* no aparece en la Biblia, pero se refieren a ella como *Palabra de Dios* o *Escritura*. *Biblia* es el plural de la palabra griega *"biblion"* que significa rollo para escribir o libro, así que su significado es el de *los libros*; del griego paso al latín, ya no como plural sino como singular femenino, para denotar a la Biblia como *el libro por excelencia*.

Pero la Biblia es más que una colección ordinaria de libros, es un maravilloso cofre de tesoros sagrados que ha crecido con el paso del tiempo hasta llegar a tener la estatura actual.

Cuando decimos con certeza que la Biblia es la Palabra de Dios, no estamos limitando el sentido de "palabra" a una unidad fonética, que tiene una entrada en un diccionario, ¡No! Esta palabra aunque es naturalmente humana también lo es divina, y siendo divina también lo es humana.

Muchos libros han sido escritos para nuestra ilustración, pero la Biblia fue escrita para nuestra inspiración.

Origen del Antiguo Testamento

Es imposible decir cómo o cuándo y bajo cuales circunstancias tuvo origen la Biblia, pero para entender mejor su historia, tenemos que hacer un recorrido muy largo a través del tiempo y viajar al año 1800 a.C., en esta fecha se inició una tradición oral en el pueblo hebreo sobre la vida de Abraham y de cómo Dios se le reveló para dar comienzo a una historia de repercusiones incalculables.

En esa época los hebreos eran un conjunto de tribus nómadas que no tenían un sistema de escritura propia, todo era transmitido de padres a hijos a través de la palabra hablada.

Ya para ese entonces se pasaban de generación en generación las historias de Adán y Eva, Caín y Abel, la Torre de Babel y el Arca de Noé, entre otras; junto a estas historias se pasó la de Abraham a su siguiente generación a través de su hijo Isaac, él la pasó a la siguiente generación por medio de su hijo Jacob[1], para finalmente pasarlas a la siguiente generación en cabeza de sus doce hijos varones, conocidos como las doce tribus de Israel.

Varias de estas tribus se establecieron en Egipto con sus familias (José, Rubén, Simeón, Leví, Judá, Isacar, Zabulón, Benjamín, Dan, Neftalí, Gad y Aser) y se multiplicaron por varios cientos de años hasta llegar a ser esclavizados por sus anfitriones los egipcios.

---

[1] Dios le cambiaría el nombre por el de Israel. Ver Génesis 35:9-11

Habrían de pasar entre 400 y 650 años para que haga su aparición Moisés a quien Dios le asigna la misión de liberar y conducir al pueblo hebreo (una población estimada entre los 2'500.000 y 5'000.000) hasta la tierra prometida.

Moisés fue una persona instruida por haber sido criado y educado en la corte del faraón egipcio, obedeciendo varias órdenes de Dios, escribió[1] los cinco primeros libros de la Biblia conocidos como el Pentateuco: el Génesis, el Éxodo, el Levítico, los Números y el Deuteronomio.

¿Cómo sabemos que sí fue Moisés el autor de estos libros?

Porque el mismo Jesús ratifican su autoría: *"Jesús les contestó: [...] ¿no han leído ustedes en el libro de Moisés el pasaje de la zarza que ardía?"* Marcos 12:24-26.

Con el registro escrito de esa revelación divina, era natural que se fueran adicionando otros eventos históricos y divinos. Josué, inmediato sucesor de Moisés, también escribió en el libro de la ley de Dios:

> *"Aquel mismo día Josué renovó el pacto con el pueblo de Israel. Allí mismo, en Siquén, les dio preceptos y normas, y los registró en el libro de la ley de Dios"* Josué 24:25-26.

Esto se convirtió en la práctica de otros hombres escogidos por Dios que escribieron la historia de ese pueblo y las profecías que se les habían revelado:

> *"A continuación, Samuel le explicó al pueblo las leyes del reino y las escribió en un libro que depositó ante el SEÑOR. Luego mandó que todos regresaran a sus casas."* 1 Samuel 10:25

También lo podemos apreciar en:

> *"Esta palabra del SEÑOR vino a Jeremías en el año cuarto del rey Joacim hijo de Josías: «Toma un rollo y escribe en él todas las palabras que desde los tiempos de Josías, desde que comencé a hablarte hasta ahora, te he dicho acerca de Israel, de Judá y de las otras naciones...»* Jeremías 36:1-2.

---

[1] *"El SEÑOR le dijo a Moisés: Pon estas palabras por escrito, pues en ellas se basa el pacto que ahora hago contigo y con Israel"* Éxodo 34:27. Ver también Éxodo 17:14, Éxodo 24:4, Números 33:2, Deuteronomio 31:9, Deuteronomio 31:22.

Origen del Nuevo Testamento

El Nuevo Testamento también llegó a formarse gradualmente, con menos autores involucrados y en un período de tiempo menor que el del Antiguo Testamento. Entre el año 50 y 100 d.C. aproximadamente.

Los libros eran en su mayor parte cartas escritas por hombres inspirados y dirigidas a diferentes iglesias y audiencias. Desde un principio fueron considerados como escritos inspirados por el Espíritu Santo, fueron recibidos con mucho respeto y leídos en las asambleas públicas:

"Les encargo delante del Señor que lean esta carta a todos los hermanos." 1 Tesalonicenses 5:27.

Pronto empezó el intercambio de cartas existentes entre las diversas iglesias que iban naciendo, beneficiándose de esta forma con un intercambio de instrucciones apostólicas:

"Una vez que se les haya leído a ustedes esta carta, que se lea también en la iglesia de Laodicea, y ustedes lean la carta dirigida a esa iglesia." Colosenses 4:16

Lo siguiente fue la incorporación de los eventos centrales de la vida de Jesús de Nazaret y de sus enseñanzas.

Al principio el relato oral por muchos de los testigos oculares de su vida y obra, era suficiente para esa Iglesia primitiva. Al pasar los años y como se fuera extendiendo la Iglesia a otras regiones más distantes las unas de las otras, estos relatos orales comenzaron a ser insuficientes.

Se empezó a necesitar unas narraciones escritas de gran autoridad, llevando a los cuatro evangelistas a escribir sus testimonios de la vida de Jesús. Así lo dejan saber los evangelistas Lucas y Juan:

"Muchos han intentado hacer un relato de las cosas que se han cumplido entre nosotros, tal y como nos las transmitieron los que desde el principio fueron testigos presenciales y servidores de la palabra. Por lo tanto, yo también, excelentísimo Teófilo, habiendo investigado todo esto con esmero desde su origen, he decidido escribírtelo ordenadamente, para que llegues a tener plena seguridad de lo que te enseñaron." Lucas 1:1-4
"Jesús hizo muchas otras señales milagrosas en presencia de sus discípulos, las cuales no están registradas en este libro. Pero éstas se han escrito para que ustedes crean que Jesús es el Cristo, el Hijo de Dios, y para que al creer en su nombre tengan vida." Juan 20:30-31.

Ya con esto escrito, resultaba natural la incorporación del libro de Hechos de los Apóstoles, que narraba la historia de la formación de esa Iglesia primitiva, por último el gran final a manera de clímax, el libro del Apocalipsis que nos habla de ese cielo y esa tierra nueva que heredaremos al final de los tiempos.

Agrupación de la Biblia

Podemos encontrar varias clases de Biblias que son diferentes entre sí por dos razones fundamentales, por el número de libros que contiene y por las diferentes versiones o traducciones de ellas.

En referencia al número de los libros que ella contiene podemos hablar en términos muy generales de tres clases de Biblias, las católicas y ortodoxas, las protestantes y las hebreas.

Católicas y ortodoxas: Dividida en dos secciones mayores llamadas Antiguo y Nuevo Testamento, en este contexto, el significado de testamento es el de *pacto*, es decir que la estructura de la Biblia refleja los dos pactos importantes que hizo Dios con su pueblo[1].

El Antiguo Testamento tiene el siguiente contenido[2]:

- Cinco libros de la Ley o el Pentateuco: Génesis, Éxodo, Levítico, Números y Deuteronomio.

- Diez y seis libros de Historia: Josué, Jueces, Rut, Primero de Samuel, Segundo de Samuel, Primero de Reyes, Segundo de Reyes, Primero de Crónicas o Paralipómenos, Segundo de Crónicas o Paralipómenos, Esdras, Nehemías, Tobías, Judit, Ester, Primero de Macabeos y Segundo de Macabeos.

- Siete libros Sapienciales o de Poesía: Job, Salmos, Proverbios, Eclesiastés, Cantar de los Cantares o de Salomón, Libro de la Sabiduría y Eclesiástico.

- Diez y ocho libros de Profetas:

---

[1] El primer pacto de Dios con su pueblo lo encontramos descrito en el libro del Éxodo desde el capítulo 19 hasta el 24, donde encontramos su sello con sangre en el versículo 8. El segundo pacto de Jesús con nosotros lo encontramos en las narraciones de la ultima cena por ejemplo en Lucas 22:20.

[2] Las Biblias ortodoxas cópticas incluyen el Libro de Enoc.

a. Profetas Mayores: conocidos así no por su importancia sino por la extensión de sus escritos; Isaías, Jeremías, Lamentaciones, Baruc, Ezequiel y Daniel.

b. Profetas Menores: Oseas, Joel, Amós, Abdías, Jonás, Miqueas, Nahúm, Habacuc, Sofonías, Ageo, Zacarías y Malaquías.

El Nuevo Testamento tiene el siguiente contenido:

- Cuatro Evangelios: Mateo, Marcos, Lucas (conocidos como sinópticos) y Juan.
- Hechos de los Apóstoles, que es una continuación del evangelio de Lucas.
- Nueve Cartas de san Pablo: Romanos, Primera de Corintios, Segunda de Corintios, Gálatas, Efesios, Filipenses, Colosenses, Primera de Tesalonicenses, Segunda de Tesalonicenses.
- Cinco Epístolas Pastorales: Primera de Timoteo, Segunda de Timoteo, Tito, Filemón y Hebreos.
- Siete Epístolas Católicas: Santiago, Primera de Pedro, Segunda de Pedro, Primera de Juan, Segunda de Juan, Tercera de Juan y Judas.
- El Apocalipsis.

Protestante

También está dividida en Antiguo y Nuevo Testamento o Pacto; el Antiguo Pacto tiene el siguiente contenido que lo describiré en términos de sus diferencias con respecto a la católica.

- Cinco libros de la Ley o el Pentateuco; los mismos de la católica.
- Doce libros de Historia; no contiene Tobías, Judith, finales del capítulo diez ni los capítulos once al dieciséis del libro de Ester, ni contienen los libros Primero y Segundo de Macabeos.
- Cinco libros Sapienciales o de Poesía; no contiene el Libro de la Sabiduría ni Eclesiástico.
- Diez y siete libros de Profetas:
  a. Profetas Mayores; no contiene capítulos trece ni catorce del libro de Daniel ni el libro de Baruc.
  b. Profetas Menores; contiene los mismos de la católica.

El Nuevo Pacto es igual al de la Biblia católica.

Hebrea

No contiene el Nuevo Pacto y el Antiguo Pacto está dividido de manera diferente.

- Cinco libros de la Ley o el Pentateuco; los mismos de la católica.
- Diez libros de Profetas:
    a. Profetas anteriores: Josué, Jueces, Primero de Samuel, Segundo de Samuel, Primero de Reyes y Segundo de Reyes.
    b. Profetas posteriores: Isaías, Jeremías, Ezequiel y el Libro de los Doce. Este libro de los doce es la agrupación de los profetas menores de la Biblia católica en un solo libro[1].
- Trece libros de Escritos: Salmos, Proverbios, Job, Cantar de los Cantares o de Salomón, Rut, Lamentaciones, Eclesiastés, Ester, Daniel, Esdras, Nehemías, Primera de Crónicas y Segunda de Crónicas.

En resumen, con respecto al Antiguo Testamento podemos decir que las tres Biblias contienen los mismos libros, excepto que la católica contiene los llamados Deuterocanónicos que se explicaran más adelante en este mismo capítulo.

Con respecto al Nuevo Testamento las católicas y las protestantes contienen los mismos libros, aunque difieren en la traducción de ciertos pasajes.

Materiales empleados

Los hebreos emplearon muchos materiales para consignar la Palabra de Dios que se fue revelando a lo largo de los años, entre estos materiales encontramos los siguientes:

- **Piedra**: *"Y dio a Moisés, cuando acabó de hablar con él en el monte de Sinaí, dos tablas del testimonio, tablas de piedra escritas con el dedo de Dios."* Éxodo 31:18.

- **Arcilla**: *"Y Tu, hijo del hombre, tómate un adobe, y ponlo delante de ti, y diseña sobre él la ciudad de Jerusalén"* Ezequiel 4:1.

---

[1] Oseas, Joel, Amós, Abdías, Jonás, Miqueas, Nahum, Habacuc, Sofonías, Hageo, Zacarías y Malaquías.

- **Madera y cera**: *"Hijo de hombre, toma una <u>vara</u> y escribe sobre ella: 'Para Judá y sus aliados los israelitas.' Luego toma otra vara y escribe: 'Para José, vara de Efraín, y todos sus aliados los israelitas.'"* Ezequiel 37:16.

- **Metal**: *"Haz una <u>placa de oro</u> puro, y graba en ella, a manera de sello: Consagrado al Señor."* Éxodo 28:36.

- **Papiro**: *"¿Puede crecer el <u>papiro</u> donde no hay pantano? ¿Pueden crecer los juncos donde no hay agua?"* Job 8:11.

- **Cuero y pergamino (vitela)**: *"Cuando vengas, trae la capa que dejé en Troas, en casa de Carpo; trae también los libros, especialmente los <u>pergaminos</u>."* 2 Timoteo 4:13.

Idiomas empleados

Con respecto a los idiomas empleados para escribir la Biblia, podemos afirmar que fueron tres: el hebreo, el arameo y el griego.

Hebreo: La gran mayoría de los libros que conforman el Antiguo Testamento fueron escritos en este idioma, este lenguaje resulta bastante extraño a nosotros los occidentales, ya que no posee vocales y se escribe de derecha a izquierda, es muy semejante al árabe, el acadio y el sirio.

Arameo: Este es un idioma similar al hebreo (la apariencia de su escritura es muy similar). Poco tiempo después de la conquista de Nabucodonosor II rey de los babilonios sobre los hebreos en el año 586 a.C. y su correspondiente exilio, se convirtió en el idioma oficial de la Palestina de aquel entonces. Los Levitas[1] debían de traducir al pueblo las escrituras escritas en hebreo tal como lo podemos apreciar en el libro de Nehemías 8:7-8:

> *"Los levitas Jesúa, Baní, Serebías, Jamín, Acub, Sabetay, Hodías, Maseías, Quelitá, Azarías, Jozabed, Janán y Pelaías les explicaban la ley al pueblo, que no se movía de su sitio. Ellos leían con claridad el libro de la ley de Dios y lo interpretaban de modo que se comprendiera su lectura."*

---

[1] Los levitas es el pueblo descendiente de Leví; uno de los doce hijos varones de Jacob y únicos autorizados a cuidar y servir en el tabernáculo y más tarde en el templo.

En este idioma encontramos algunas palabras en el libro del Génesis, un versículo en el libro de Jeremías, casi seis capítulos del libro de Daniel y varios capítulos del libro de Esdras.

Los hallazgos de los Rollos del Mar Muerto han corroborado la mezcla del hebreo con el arameo en los libros de Daniel y Esdras.

El Nuevo Testamento preservó algunas expresiones en este idioma, tales como: *"talita cumi"* (niña levántate) en Marcos 5:41, *"efata"* (sé abierto) en Marcos 7:34 y *"Eloi, Eloi, lama sabactani"* (Dios mío, Dios mío, porque me has abandonado) en Marcos 15:34 y Mateo 27:46. Igualmente, vemos en varios pasajes como Jesús se refiere a su padre como *"Abba"*, palabra en arameo para referirse al Padre de una forma cariñosa.

Griego: A pesar de que Jesús hablaba en arameo, los libros del Nuevo Testamento fueron escritos en este idioma.

Algunos eruditos han expresado ciertas dudas a este respecto, ya que afirman que el evangelio de Mateo fue escrito en arameo originalmente, sin embargo no se ha podido encontrar mucha evidencia que confirme esta proposición.

Los autores de este Testamento tenían claro que se debía proclamar el evangelio a todas las naciones, por lo que emplearon el griego que era el idioma universal de la época, este idioma era un griego "de la calle" conocido como helenista o *koine* (común), que difiere enormemente del griego moderno.

Igualmente fueron escritos en este idioma los libros de Tobit, Judit, Sabiduría, Eclesiástico, Baruc, 1ª y 2ª de Macabeos, y algunas adiciones al libro de Daniel (3. 24-90) y los capítulos 13 y 14 completos, y otras adiciones al libro de Esther, todos estos pertenecientes al Antiguo Testamento.

Las traducciones

Los idiomas no son inmunes a los tiempos, algunos evolucionan, otros se vuelven más populares y otros desaparecen. Aunque los libros de la Biblia fueron escritos en las lenguas más usadas en su momento, los éxodos, las migraciones y las invasiones introdujeron nuevas lenguas al pueblo judío, debilitando su idioma materno; así que las traducciones se han hecho necesarias para preservar la Palabra con el pasar de los tiempos y en la medida en que ha llegado a los diferentes rincones de la tierra donde se hablan otros idiomas.

Se le preguntó alguna vez el mexicano Alfredo Tepox Varela, consultor y traductor[1] de las Sociedades Bíblicas Unidas: *"Si es verdad que la Biblia es la Palabra de Dios, ¿cuál de todas estas versiones es esa Palabra?"*. Su respuesta fue: *"Todas en conjunto, y ninguna de ellas en particular. Cada versión aporta algo, pero ninguna es perfecta, e inmune a la crítica o no está sujeta a ser mejorada."*.

A nadie le resulta sorprendente el hecho que las palabras tienen varios significados en un momento dado, o nos transmiten una idea diferente según el contexto en que se use.

El diccionario de la Real Academia Española nos dice acerca de la Rosa de Jericó:

"Planta herbácea anual, de la familia de las Crucíferas, con tallo delgado de uno a dos decímetros de altura y muy ramoso, hojas pecioladas, estrechas y blanquecinas, y flores pequeñas y blancas, en espigas terminales. Vive en los desiertos de Siria, y al secarse las ramas y hojas se contraen formando una pelota apretada, que se deshace y extiende cuando se pone en agua, y vuelve a cerrarse si se saca de ella."

Y el poeta Abel nos dice acerca de la misma Rosa de Jericó:

"Me viene a la mente la Rosa de Jericó, ese fascinante vegetal, capaz de morir y mil veces resucitar, incansable errante de los desiertos de Arabia, el viento juega con ella, la balancea, la mece, la eleva, la hace rodar, la transporta, y como un vagabundo viaja sola, sin equipaje, y allá donde encuentra la paz del camino hace un alto, con ansia, esperará un gota de lluvia, un aire fresco, que le haga abrir sus brazos, esas hojas resecas, marchitas y arrugadas, que se abrazan a sí mismas como un asustado erizo, ante un rocío, sus ramas se entreabren y esperan el llanto de las nubes, y como magia deslumbrante exhiben su espléndido verdor, de nuevo la vida recupera y nos muestra una paradoja de la propia vida: "Para vivir, hay que rodar y sentirse morir"."

Una misma palabra trae a nuestro pensamiento dos sentimientos muy distintos construyendo ideas muy diferentes de un mismo objeto.

Cuando vemos las palabras a través del tiempo, el problema del significado se torna mucho más complicado, palabras que hoy tienen un significa-

---

[1] El doctor Alfredo Tepox hizo parte del equipo que tradujo *la Biblia Dios Habla* Hoy y la reciente *Reina Valera Contemporánea*.

do, al cabo de los años pueden adquirir un significado diferente. La palabra *sofisticar* hasta hace cien años significaba falsificar o corromper algo, a finales del siglo XX la real academia aceptó un nuevo significado más cercano al del inglés, que es el de complejo o complicado. La palabra *vicio* que antiguamente significaba rico, fértil o vigoroso, hoy tiene un significado muy diferente.

Sin entrar en demasiado detalle voy a referirme a las traducciones antiguas más importantes por su trascendencia en el desarrollo de la Biblia hasta nuestros días.

Griegas: Como vimos el Antiguo Testamento fue escrito en su gran mayoría en hebreo, el idioma oficial del pueblo judío en las épocas bíblicas.

Dado su exagerado celo por que sus hijos no se emparentaran con pueblos diferentes, por muchos siglos no se vio la necesidad de traducirlo ya que su audiencia era básicamente judía.

Poco después de la dispersión causada con la terminación de setenta años de cautiverio judío por parte del rey Nabucodonosor II en el año 586 a.C., el hebreo perdió fuerza entre sus hablantes originales, tomaría varios siglos una traducción de sus libros sagrados a otro idioma, más exactamente hasta el año 280 a.C. cuando el faraón Tolomeo II[1] ordenó a su bibliotecario Demetrio de Falero la traducción del Pentateuco al griego. El faraón quería anexarla a su ya gigante biblioteca de Alejandría y atender las necesidades de una muy numerosa población judía[2] que no sabían el hebreo sino el griego.

Demetrio de Falero encargó esta labor a Aristeas, judío alejandrino, que se desplazó hasta Jerusalén para escoger setenta y dos ancianos que hicieran la traducción en Alejandría, este número es el resultado de seis por cada uno de las doce tribus de Israel.

Después de setenta y dos días de arduo trabajo terminaron el encargo y lo leyeron a los judíos congregados en la ciudad, quienes lo aprobaron como exacto. Esta traducción es conocida como "*Según los setenta*", "*LXX*" o "*Septuaginta*".

¿Cuándo y bajo qué circunstancias se lleva a cabo el resto de los libros del Antiguo Testamento?, no se sabe con exactitud, en varios de los rollos del

---

[1] Gobernante Egipcio entre 285 y 246 a.C.

[2] Conocidos como Judíos Helenísticos.

mar muerto se han encontrado fragmentos de esta traducción y han sido fechados entre el siglo III y I antes de Cristo.

Siríacas: Tres traducciones a este idioma tuvieron cierta trascendencia en las regiones donde fueron usadas: El Diatessaron, La Antigua Siríaca y la Peshita.

El Diatessaron fue una traducción al sirio realizada por Taciano[1], nativo de Mesopotamia, quien vivió muchos años en Roma y que al final de su vida se convirtió en discípulo de Justino Mártir[2].

El sirio era muy popular en Siria y Mesopotamia, usado por los nativos de esta región y por los judíos que no conocían el griego.

La Antigua Siríaca se remonta al siglo IV d.C. y la Peshita es la versión estándar que ha estado en uso desde el siglo V d.C.

Cópticas: El cóptico es la última evolución del idioma egipcio antiguo que usa el alfabeto griego y seis caracteres adicionales tomados del alfabeto demótico egipcio.

De gran importancia la versión Sahídica cuyos orígenes se remontan al siglo III d.C. y la Bohárica del siglo IV d.C.

Latín: Con la persecución de la Iglesia primitiva, el cristianismo se fue expandiendo hacia el norte de África, Asia y el sur de Europa, ocupando regiones donde solo se hablaba latín.

Se han encontrado varios papiros de las Sagradas Escrituras en latín que se remontan al año 160 d.C., pero fue hasta el año 382 d.C. cuando el Obispo Damasus de Roma se propuso compilar las ya por entonces diferentes traducciones del latín que había hasta ese momento en una versión oficial. El encargo correspondió a Eusebius Hieronimus conocido como Jerónimo, experto en gramática latina y griega, y en los clásicos latinos.

Después de muchos años presentó una traducción oficial de ambos testamentos en este idioma, se le conoce hasta nuestros días como la *Vulgata Latina* o simplemente la *Vulgata*.

---

[1] Escritor cristiano del siglo II, conocido por ser el autor del *Discurso contra los griegos*, documento base de la apología cristiana.

[2] Santo de la Iglesia del segundo siglo y considerado uno de los primeros apologistas cristianos.

En el siglo XIII d.C. el teólogo francés Stephen Langton le introdujo la moderna división de capítulos y versículos que usamos hasta nuestros días.

Esta traducción de San Jerónimo fue la más usada en Europa durante más de mil años, y es de esta traducción que se empezaron a hacer traducciones a otras lenguas, incluyendo el español.

En el oriente Las Escrituras circularon en cóptico, griego, sirio, armenio y georgiano principalmente, mientras que en occidente se mantuvieron en su mayoría en latín, hasta casi mediados del siglo XV donde se hacen traducciones especialmente al alemán, inglés, francés, italiano y español.

En la actualidad existen disponibles múltiples traducciones que se derivan principalmente de la *Septuaginta* o de la *Vulgata Latina*. A manera de ilustración y mencionando algunas de las más populares en español, están:

Católicas y ortodoxas: la Biblia de Jerusalén, la Biblia Latinoamericana, Sagrada Biblia Guadalupana, la Biblia Nacar-Colunga, la Biblia Platense de Monseñor Juan Straubinger, Dios Habla Hoy Con Deuterocanónicos, Santa Biblia Versión Popular, Biblia del Peregrino o la Biblia Cantera-Iglesias. Estas versiones vienen con el sello *Imprimátur* (este sello indica que la obra ha sido aprobada para su impresión por el obispo de la diócesis u otra autoridad eclesiástica católica).

Protestante: La Reina Valera, la Nueva Versión Internacional, Traducción del Nuevo Mundo, la Biblia de las Américas, la Biblia Hispanoamericana o Nueva Biblia al Día.

Hebrea: También conocidas como Tana"j, tenemos: Biblia Hebraica de Rudolf Kittel, Biblia Hebraica Stuttgartensia o la Biblia Hebrea.

Formas de traducir

Existen muchas maneras de traducir la Biblia y cada versión ha optado por su propio camino. No se puede encasillar a cada versión dentro de un solo tipo, pero si se puede decir que cada versión tiene una mayor tendencia hacia una de las varias formas de traducir.

En general podemos distinguir claramente tres formas diferentes de hacer estas traducciones:

Formal o Literal: En esta forma de traducción se sacrifica la claridad por someterse a las estructuras gramaticales del griego y del hebreo.

Libre: En esta forma de traducción muchas veces se sacrifica la fidelidad de lo que dice el texto original, documentando lo que el traductor interpreta de lo que quiso decir el autor original.

Equivalencia dinámica: En esta forma de traducción, se toma las formas del idioma original para traducirlas en formas equivalentes al idioma en el que se está haciendo la traducción. Aquí se mantiene la precisión histórica de lo que se está traduciendo, pero se adapta el idioma, la gramática y el estilo.

En las tres maneras de traducción hay diferentes escalas, además que algunas de ellas combinan estos tres elementos, de acuerdo con las necesidades y con el género literario que están traduciendo.

Los papiros

La gran cantidad de papiros que se han encontrado hasta la fecha, han ayudado a los críticos literarios a convalidar la preservación de las Sagradas Escrituras a lo largo de los siglos.

De los más de cincuenta mil papiros[1] (algunos cálculos muy conservadores hablan de veinte mil) fechados desde el siglo VIII a.C. hasta el siglo XV d.C. (después del siglo XV d.C. encontramos versiones impresas), se destacan tres por su estado de preservación y antigüedad.

El Manuscrito o Códice Sinaítico: Encontrado en 1844 en el monasterio de Santa Catalina[2] al pie del monte Sinaí[3] por Constantin Von Tischendorf. Este es un manuscrito en griego que data del 350 d.C. y contiene gran parte del Antiguo Testamento (copia de la Septuaginta) y casi la totalidad del Nuevo Testamento. Actualmente en posesión de La Biblioteca Británica en Londres después de haberlo comprado al gobierno ruso

---

[1] Vale la pena contrastar este impresionante número de manuscritos antiguos de las Escrituras frente a, por ejemplo, las 457 copias antiguas encontradas de la famosa Ilíada de Homero. Obra escrita en el siglo VIII a.C. y que llegó a ser la obra más nombrada en la Grecia Antigua. (Nuevo Testamento: Su transmisión, corrupción & restauración, Bruce Metzger)

[2] En este monasterio conservan viva, lo que por tradición se ha creído que es la zarza que se incendió y no se consumió, cuando el Señor se presentó por primera vez a Moisés.

[3] La tradición nos dice que en este monte Moisés recibió la Ley.

en 100.000 libras esterlinas. Puede verse en línea en www.codexsinaiticus.org.

El Manuscrito o Códice Vaticano: Actualmente en poder de la Biblioteca Vaticana. Ya estaba registrado en 1475, cuando se realizó el primer gran inventario de obras. Este es un manuscrito en griego del siglo IV, que contiene casi la totalidad del Antiguo Testamento (copia de la Septuaginta) y casi la totalidad del Nuevo Testamento.

El Manuscrito o Códice Alejandrino: Entregado al Rey Carlos I de Inglaterra en 1627 por el patriarca de Constantinopla, se encuentra actualmente en la Biblioteca Británica en Londres. Es el más completo entre estos tres famosos manuscritos. Contiene una copia de la Septuaginta en griego y la totalidad del Nuevo Testamento. Data del siglo V de nuestra era.

No menos importantes que estos tres, vale la pena mencionar otros que si bien es cierto no están tan completos como los anteriores, sirven para que el lector pueda imaginar la cantidad de fuentes que tenemos hoy para comparar el texto de un papiro contra otro[1].

Los Papiros Bodmer: Más de una docena de papiros encontrados en la antigua ciudad de Tebas, en el alto (sur) Egipto, escritos en griego y cóptico. Hallados en 1952 y adquiridos por Martin Bodmer quien los exhibe actualmente en la Biblioteca Bodmeriana en Suiza[2]. Son de especial interés los escritos en griego del Antiguo y Nuevo Testamento que datan aproximadamente del año 175 de nuestra era. Incluyen completos los evangelios de Juan y Lucas, y la primera y segunda carta de Pedro. Este evangelio de Juan, es el más antiguo hasta ahora encontrado; estos evangelios coinciden casi en su totalidad con el Códice Vaticano.

Los Papiros de Fayum: Esta región de Egipto está situada a 113 km del El Cairo, allí fueron encontrados en 1896 por los arqueólogos B. P. Grenfell y A. S. Hunt, más de 280 cajas de papiros que datan aproximadamente desde el año 150 hasta el 300 de nuestra era.

---

[1] Esta es la forma que la crítica textual pueda determinar la proximidad de un determinado texto a su original.

[2] El Vaticano adquirió en marzo de 2007 el pairo catalogado como XIV-XV (P75), el cual contiene el fragmento escrito más antiguo del Evangelio de Lucas, el Padre Nuestro más antiguo conocido, y uno de los fragmentos escritos más antiguos del Evangelio de Juan.

Los Papiros de Qumrán: Esta región situada a orillas del Mar Muerto fue escenario del descubrimiento de más de mil manuscritos que datan del 150 a.C. hasta el 70 d.C. Escritos en hebreo y arameo[1]. Estos manuscritos, que causaron tanta especulación que harían tambalear el cristianismo, son en realidad una prueba palpable que las escrituras del Antiguo Testamento se han transmitido con fidelidad extraordinaria a lo largo de los siglos.

Los Papiros Oxyrhynchus: Miles de papiros descubiertos en 1896 en lo que hoy corresponde a la región egipcia de el-Bahnasa. Datan del siglo I hasta el VI de nuestra era, escritos en su mayoría en latín, griego y árabe, muchos de ellos pertenecen actualmente al Museo Ashmolean de la Universidad de Oxford.

Los Papiros Chester Beatty: Once manuscritos escritos en griego de los cuales ocho corresponden a escritos del Antiguo Testamento y los otros tres al Nuevo Testamento, datan del siglo III de nuestra era; actualmente unos se exhiben en la Biblioteca y Galería Chester Beatty de Arte Oriental en Dublín y el resto en la Biblioteca de la Universidad de Michigan.

Contrario a lo que muchas personas piensan que la Iglesia católica ha manipulado la Biblia agregando o quitando textos a su antojo, la inmensa mayoría de los más de cincuenta mil manuscritos hallados hasta nuestros días, no pertenecen ni han sido hallados por la Iglesia católica. La inmensa mayoría han sido encontrados por particulares o expediciones financiadas por universidades o museos alrededor del mundo.

Estos papiros son vendidos a coleccionistas privados, bibliotecas o museos dejándolos al alcance de cientos de especialistas literarios que no tienen ninguna vinculación con la Iglesia católica.

Estas manos ajenas a la Iglesia son las que han restaurado estos manuscritos para fecharlos, analizar su autoría y darle peso como fuente al cotejarlos contra otros de su misma clase. Así se enriquece el cúmulo de pruebas que ayudan a determinar la proximidad o lejanía de las actuales Biblias, de esos libros escritos por sus autores originales.

---

[1] Pueden verse en línea en el sitio de internet http://dss.collections.imj.org.il/

Algunas personas piensan erróneamente que tal cantidad de manuscritos podría ser fuente de confusión. Podríamos preguntarnos, ¿de qué sirve que se hayan encontrado tal cantidad de manuscritos?

Para responder a esta pregunta debemos hacer la siguiente suposición: Imaginemos por un momento que no contamos con ninguna edición moderna del texto de la Biblia. ¿Qué fuentes usaríamos para producir nuevamente una Biblia?

Manuscritos: La primera y más importante fuente de información serían los manuscritos en su idioma original: griego para el Nuevo Testamento, hebreo y arameo para el Antiguo Testamento, pero no todos los manuscritos tienen el mismo peso ya que a unos los podemos considerar buenos, otros como mejores y solo unos cuantos como los mejores.

Sí haciendo un estudio detallado con todos esos papiros escritos en un mismo idioma, muestra que sus textos coinciden en la mayoría, evidentemente ellos se derivan de un antepasado común que son llamados "texto tipo". Estos textos tipos han surgido en momentos diferentes y bajo condiciones variables. Con algunas limitaciones podemos rastrear su lugar de origen a básicamente tres fuentes: Alejandría (Egipto) conocidos como *Alejandrinos*, Antioquía de Siria, conocidos como *Siríacos* o *Bizantinos* y Europa Occidental conocidos como *Occidentales*.

Puesto que estos grupos representan la mayoría de las variantes textuales, es seguro concluir que siempre que varios textos importantes concuerdan en una lectura dada, esto equivale a una certeza textual.

Versiones: Como expliqué anteriormente las diferentes líneas de traducción han ocurrido en diferentes tiempos y se han basado en algún tipo de texto griego, hebreo o arameo. Encontrar de donde proviene una determinada versión nos provee una línea independiente de testigos.

Escritores cristianos primitivos: Los cristianos primitivos de finales del siglo I hasta finales del II de nuestra era, escribieron extensamente acerca de su religión y muy frecuentemente incluían citas textuales de las Sagradas Escrituras.

Estos padres de la Iglesia que escribieron cientos y cientos de volúmenes, poseían copias de las escrituras que naturalmente son más antiguas que nuestros manuscritos actuales. La manera en que sus muchas citas se leen, ciertamente nos dice mucho respecto de la Biblia antigua en la iglesia primitiva, de hecho, como el profesor Bruce Metzger[1] ha dicho:

"Esas citas son tan extensas que si todas las otras fuentes de nuestro conocimiento del texto del Nuevo Testamento fueran destruidas, ellas solas serían suficientes para la reconstrucción de prácticamente todo el Nuevo Testamento".

Los Cánones

Ya se ha explicado cómo y bajo qué condiciones el texto de la Biblia ha llegado a nosotros, y cómo podemos estar seguros que tenemos las palabras exactas de su texto.

Desde la época de Abraham hasta un siglo después de la venida de Jesús se han escrito muchos libros religiosos. ¿Cuáles de estos libros legítimamente pertenecen a la Biblia y cuales deben estar excluidos de ella? ¿Sobre qué base algunos escritos son aceptados como Escritura y otros son rechazados?

La respuesta la podemos encontrar en el estudio de lo que se conoce como el *canon* de las Escrituras.

La palabra *canon* viene de la palabra griega *kanon* que significa *caña*. Puesto que antiguamente usaban la caña para medir, la palabra *kanon* llegó a significar una norma o regla. También se usaba para referirse a una lista o índice, y cuando se aplica a la Biblia se refiere a la lista de libros que son aceptados como Santa Escritura. Cuando se habla de los escritos canónicos se está hablando de aquellos libros que poseen autoridad divina y que comprenden la Biblia.

La canonicidad de un libro y la autoridad del mismo son diferentes; la canonicidad de un libro depende de su autoridad. En la primera carta a los Corintios, san Pablo escribe en el capítulo 14:38:

"Si alguien se cree profeta, o cree estar inspirado por el Espíritu, reconocerá que esto que les estoy escribiendo es un mandato del Señor.".

---

[1] Miembro de la Sociedad Bíblica Americana y profesor por muchos años del seminario teológico de Princeton. Nació en 1914 en la ciudad de Pensilvania y falleció en 2007.

Esta carta tuvo autoridad desde el momento en que él la escribió, sin embargo solo fue considerada canónica hasta cuando fue incluida en una lista de libros aceptados muchos años después. Un libro tiene primero autoridad divina por su inspiración y después obtiene canonicidad debido a su aceptación general por el público cristiano como un producto divino.

Ningún concilio eclesiástico puede por decreto propio, hacer que los libros de la Biblia sean autoritativos, los libros de la Biblia poseen su propia autoridad y la tuvieron mucho antes que se hubiera realizado ningún concilio de la Iglesia.

Con respecto al canon, nuestro catecismo dice en su artículo 120:

"La Tradición apostólica hizo discernir a la Iglesia qué escritos constituyen la lista de los Libros Santos (cf. DV 8,3). Esta lista integral es llamada «canon» de las Escrituras. Comprende para el Antiguo Testamento 46 escritos (45 si se cuentan Jeremías y Lamentaciones como uno solo), y 27 para el Nuevo (cf. Decretum Damasi: DS 179; Concilio de Florencia, año 1442: ibíd., 1334-1336; Concilio de Trento: ibíd., 1501-1504):
Génesis, Éxodo, Levítico, Números, Deuteronomio, Josué, Jueces, Rut, los dos libros de Samuel, los dos libros de los Reyes, los dos libros de las Crónicas, Esdras y Nehemías, Tobías, Judit, Ester, los dos libros de los Macabeos, Job, los Salmos, los Proverbios, el Eclesiastés, el Cantar de los Cantares, la Sabiduría, el Eclesiástico, Isaías, Jeremías, las Lamentaciones, Baruc, Ezequiel, Daniel, Oseas, Joel, Amós, Abdías, Jonás Miqueas, Nahúm , Habacuc, Sofonías, Ageo, Zacarías, Malaquías para el Antiguo Testamento; los Evangelios de Mateo, de Marcos, de Lucas y de Juan, los Hechos de los Apóstoles, las cartas de Pablo a los Romanos, la primera y segunda a los Corintios, a los Gálatas, a los Efesios, a los Filipenses, a los Colosenses, la primera y la segunda a los Tesalonicenses, la primera y la segunda a Timoteo, a Tito, a Filemón, la carta a los Hebreos, la carta de Santiago, la primera y la segunda de Pedro, las tres cartas de Juan, la carta de Judas y el Apocalipsis para el Nuevo Testamento."

El canon del Antiguo Testamento

Existe mucha evidencia en el Nuevo Testamento que indica que para la época de Jesús, este canon ya estaba establecido. El mismo Jesús y sus apóstoles se refieren a las Escrituras de su momento —nuestro Antiguo Testamento actual—, como un libro cierto y reconocido. Ellos se refieren a ella como "la Escritura" (Juan 7:38, Hechos 8:32 y Romanos 4:3), "las Escrituras" (Mateo 21:42, Juan 5:39, Hechos 17:11), "las Sagradas Escrituras" (Romanos 1:2, 2 de Timoteo 3:15), etc. Otras veces ellos decían "está escrito"

(Lucas 4:8, Juan 6:45, Mateo 21:13), o cuando Jesús es tentado por el diablo en el desierto se lleva a cabo un duelo de citas Bíblicas. Estamos seguros que Jesús conoció escrito nuestro actual Antiguo Testamento.

En este mismo capítulo se explicó cómo la Biblia Hebrea está dividida en tres secciones: la Ley, los Profetas y los Escritos (contiene los Salmos). Jesús corrobora la extensión del Antiguo Testamento cuando cita sus tres partes en el siguiente pasaje:

> *"Luego les dijo: —Lo que me ha pasado es aquello que les anuncié cuando estaba todavía con ustedes: que había de cumplirse todo lo que está escrito de mí en la ley de Moisés, en los libros de los profetas y en los salmos." Lucas 24:44.*

Jesús confirma el contenido cuando en el siguiente pasaje menciona al primer y último mártir mencionado en la Biblia Hebrea:

> *"Pues a la gente de hoy Dios le va a pedir cuentas de la sangre de todos los profetas, que ha sido derramada desde que se hizo el mundo, desde la sangre de Abel hasta la de Zacarías,...." Lucas 11:50-51.*

Abel fue el primer mártir del Antiguo Testamento (Génesis 4) y Zacarías fue el último (2 Crónicas 24), es como si Jesús hubiera dicho "de Génesis a Crónicas". Hay que tener en cuenta que Crónicas es el último libro en el orden de la Biblia Hebrea.

El historiador Josefo Flavio escribió en su libro *Contra Apión*:

> *"Hemos dado pruebas prácticas de nuestra reverencia para nuestras propias Escrituras. Porque, aunque han pasado tan largas épocas, nadie se ha atrevido a añadir o a quitar, o a alterar una sílaba; y todo judío tiene desde el día de su nacimiento este instinto de considerar las Escrituras como decretos de Dios, sostenerse en ellas, y si es necesario, morir gozosamente por ellas"*

El canon del Nuevo Testamento

A mediados del siglo II, Justino Mártir escribió en su libro *"Primera Apología"* en el capítulo *La Asamblea Dominical* lo siguiente:

> *"El día que se llama del sol se celebra una reunión de todos los que moran en las ciudades o en los campos; y allí se leen, en cuanto el tiempo lo permite, las 'Memorias de los Apóstoles' o los escritos de los profetas."*

Esto da una indicación que varios años después del fallecimiento de los apóstoles, ya era costumbre entre las iglesias la lectura de los libros del Nuevo Testamento. En su momento no se conocían con este nombre pero estaban considerados al mismo nivel que los libros del Antiguo Testamento.

Igualmente los mismos Apóstoles hacen referencia a las cartas de san Pablo:

> *"Tengan en cuenta que la paciencia con que nuestro Señor nos trata es para nuestra salvación. Acerca de esto también les ha escrito a ustedes nuestro querido hermano Pablo, según la sabiduría que Dios le ha dado. En cada una de sus cartas él les ha hablado de esto, aunque hay en ellas puntos difíciles de entender que los ignorantes y los débiles en la fe tuercen, como tuercen las demás Escrituras, para su propia condenación." 2 de Pedro 3:15-16.*

Las iglesias líderes como Antioquía, Tesalónica, Alejandría, Corinto y Roma, fueron coleccionando con paciencia y dificultad las copias que se fueron produciendo de estos escritos apostólicos; comenzaron a mantener una lista de estos y de algunos otros no apostólicos.

Ya para la segunda mitad del siglo II hacen su aparición estas listas. Una de ellas es la Muratori, que a pesar de tener algunas diferencias con otras listas, es un gran testigo de lo que ya en esa época se consideraba canónico. Incluye algunas objeciones con respecto a algunos libros, diciendo: "*alguna de nuestra gente, no quiere que sean leídos en las iglesias*".

En el siglo III el gran teólogo y Padre de la Iglesia griega, Orígenes[1], respalda en su inmensa mayoría esta misma lista.

Sería Eusebio de Cesárea, un gran historiador cristiano, quien sobre la base de los escritos de Orígenes llegó a la siguiente clasificación incluida en su gran obra "*La Historia de la Iglesia*" escrito alrededor del año 326:

- **Los reconocidos Universalmente**: Los Cuatro evangelios, Hechos de los Apóstoles, 14 cartas de san Pablo, 1 Juan, 1 Pedro y el Apocalipsis.
- **Los libros en disputa, pero reconocidos por la mayoría**: Santiago, Carta de Judas, 2 Carta de Pedro, y 2 y 3 Cartas de Juan.

---

[1] Nació en Alejandría en 185 y falleció en Tiro, actual Líbano, en 254.

- **Los rechazados**: El pastor de Hermas, Epístola de Bernabé y Enseñanzas de los apóstoles o la Didaché.

En el 367 d.C. Atanasio de Alejandría publicó una lista de veintisiete libros del Nuevo Testamento, estos fueron aceptados en su tiempo y hasta hoy son reconocidos. El debate sobre esta lista seguiría por algún tiempo pero el consenso ya era muy grande.

No olvidemos que la Iglesia fue instruida para no creer en todo lo que se hablara de Dios y previniera sobre falsos profetas:

"Queridos hermanos, no crean ustedes a todos los que dicen estar inspirados por Dios, sino pónganlos a prueba, a ver si el espíritu que hay en ellos es de Dios o no. Porque el mundo está lleno de falsos profetas." 1 de Juan 4:1.

Cuando el sínodo de Hipona en el año 393 d.C., y el sínodo de Cartago en el año 397 y 419 d.C., redactaron la lista de los libros que habrían de usarse en las iglesias, lo que hicieron fue ratificar esa lista. Nótese la cantidad de años que duraron discerniendo el asunto.

¿Qué criterios se siguieron para su determinación?

Podemos decir que básicamente fueron cuatro:

- **El origen apostólico**: Es decir, que un libro tuviera como autor seguro a un apóstol o alguno de sus discípulos.
- **Que fueran usados en la liturgia por las Iglesias importantes**: Es decir que gozara de un reconocimiento y aprobación de ellas.
- **La coherencia**: Que la enseñanza del libro fuera coherente con el Antiguo Testamento.
- **La ortodoxia**: Que sus enseñanzas estuvieran en total alineamiento con las enseñanzas dadas en vida por los apóstoles.

Los Deuterocanónicos

La traducción del Antiguo Testamento que se hizo en el año 280 a.C. del idioma original al griego, conocida como la *Septuaginta*, incluyó unos libros que eran más recientes. Estos libros no estaban en los antiguos cánones, pero eran generalmente reconocidos como sagrados por los judíos; se trata de siete libros llamados Deuterocanónicos.

El canon de los Setenta (Septuagésima) contiene los textos originales de algunos de los Deuterocanónicos (Sabiduría y 2 Macabeos) y la base canónica de otros, ya sea en parte (Ester, Daniel y Sirac) o completa (Tobit, Judit, Baruc y 1 Macabeos).

El canon de alejandrino o de los Setenta, incluía los siete libros Deuterocanónicos y era el más usado por los judíos en la era apostólica, este canon es el utilizado por Jesús y los escritores del Nuevo Testamento. Trescientas de las trescientas cincuenta referencias al Antiguo Testamento que se hacen en el Nuevo Testamento son tomadas de la versión Alejandrina, por eso no hay duda que la Iglesia apostólica del primer siglo aceptó los libros Deuterocanónicos como parte de su canon.

Al final del primer siglo de la era cristiana, una escuela judía hizo un nuevo canon hebreo en la ciudad Palestina de Janina. Ellos querían cerrar el período de revelación siglos antes de la venida de Jesús, buscando así distanciarse del cristianismo, por eso cerraron el canon con los profetas Esdras (458 a.C.), Nehemías (445 a.C.), y Malaquías (433 a.C.), con este temprano cierre dejaron fuera del canon los últimos siete libros reconocidos por el canon de alejandrino.

Hoy poseemos evidencia histórica que el canon de los judíos alejandrinos comprendía los libros Deuterocanónicos, también existen pruebas que entre los judíos palestinos pudieron haber circulado los libros Deuterocanónicos pues entre los papiros de Qumrán (también conocidos como los rollos del mar muerto) han sido encontrados algunos fragmentos de tres libros Deuterocanónicos: del Eclesiástico (gruta 2), de Tobías (gruta 4) y de Baruc (gruta 7).

En los concilios ecuménicos de Florencia en 1442 y de Trento en 1546 se vuelven a ratificar como canónicos los siete libros que habían estado en discusión. En el siglo XVI Martin Lutero removió estos libros de la Biblia y de esta manera instituyó un nuevo canon (el canon protestante) como parte de su reforma. Así que no fue que estos concilios hubieran agregado libros a la Biblia, la realidad es que fueron removidos por Lutero.

Los términos Protocanónicos y Deuterocanónicos fueron utilizados por primera vez en el año 1566 por Sixto de Siena, teólogo católico de origen judío. Sixto consideró al canon Palestinense como la primera norma o canon (Protocanónicos) y a los textos propios del llamado canon Alejandrino de la Biblia Griega como la segunda norma o canon (Deuterocanónicos).

Capítulo VIII

¿Qué son los evangelios apócrifos?

E l 11 de septiembre del 2001 la historia moderna de los Estados Unidos quedó dividida en un antes y un después. Un ataque terrorista que dejó una huella no sólo en territorio americano, sino en el mundo entero. Muchas cosas cambiaron en la vida diaria de miles de millones de personas a raíz de este lamentable episodio. El mundo pudo ver en vivo y en directo todos los acontecimientos a través de sus televisores, por internet y de las redes sociales.

Al día siguiente *The Washington Post*, uno de los periódicos de mayor prestigio en el mundo, reportó en su primera página: *"Terroristas secuestraron 4 aviones; 2 destruyeron el World Trade Center, 1 impactó el Pentágono y el cuarto se estrelló"*.

En su edición de ese mismo día el periódico londinense *The Guardian* dijo en un reportaje titulado *"Todo apunta hacia el disidente Saudí Osama Bin Laden"* que *"A horas de los ataques a New York y Washington, los organismos de inteligencia de Estados Unidos y de otros países occidentales, colocan a Osama Bin Laden, el terrorista Saudí escondido en Afganistán, en el primer lugar de la lista de sospechosos"*.

Dos días después el Secretario de Estado de los Estados Unidos, Colin Powell, en rueda de prensa señaló a Osama Bin Laden como el principal sospechoso de ser el autor intelectual de los ataques.

El 20 de septiembre de ese mismo año, el Presidente de los Estados Unidos George W. Bush en su discurso al congreso y a la nación dijo: *"Nuestra guerra contra el terrorismo comienza con Al Qaeda, pero no termina ahí"*.

Entre el día de los ataques y el día en que Estados Unidos le declaró la guerra a este grupo terrorista, los medios de comunicación fueron reportando diariamente los avances de la investigación y se fueron mostrando todas las piezas del rompecabezas hasta que lo vimos terminado.

El diario madrileño *El País* en su edición de septiembre 20 del 2001 publicó en su primera página una noticia que tituló *"Los ulemas 'invitan' a Bin Laden a salir del país"* y en la que dice *"En un giro inesperado, la asamblea de ulemas afganos pidió ayer a Osama Bin Laden que abandone Afganistán de forma voluntaria. Los clérigos intentan así evitar el anunciado ataque estadounidense sin ceder a las presiones de Washington."*.

La revista *TIME* en su edición de octubre 1 del 2001 colocó una foto de Osama Bin Laden acompañada de un titular que decía: *"Objetivo: Bin Laden"*.

Años más tarde, el lunes 2 de mayo del 2011 la agencia internacional de noticias *Reuters* contó al mundo entero la siguiente noticia:

> *"El líder de Al Qaeda, Osama Bin Laden, murió el domingo en un tiroteo con fuerzas estadounidenses en Pakistán y su cuerpo fue recuperado, anunció Barack Obama. "Se ha hecho justicia", dijo Obama en un dramático mensaje transmitido al mundo desde la Casa Blanca, en el que confirmó la noticia que ya estaba dando vueltas al planeta: la muerte del cerebro de los ataques del 11 de septiembre del 2001 en Nueva York y Washington."*.

Este evento que quedó grabado en la memoria de millones de personas e insertó un nuevo capítulo en los libros de texto, fue extensamente cubierto por la prensa mundial, miles de horas de especiales de televisión fueron transmitidos, cientos de libros en varios idiomas fueron publicados, las revistas de todo el mundo dedicaron sus portadas a los momentos cumbres, muchos otros medios apoyaron el hecho que Osama Bin Laden fue el autor de estos atentados.

Los organismos de inteligencia del gobierno de los Estados Unidos ofrecieron innumerables pruebas que identificaban a Osama Bin Laden como el autor de los atentados.

Sin embargo, pocos meses después de la fatídica fecha empezaron a circular rumores de lo que se conoce como la *Teoría de la Conspiración*, dicha teoría sostiene que fue el propio gobierno de los Estados Unidos quien perpetró dichos ataques con el fin de justificar, entre otras, una guerra contra Afganistán. Se pueden encontrar varios sitios en internet donde hablan extensamente de esta teoría e incluso varios libros han salido al mercado defendiéndola y varios otros lo han hecho desvirtuándola.

Ahora lo invito a que se acomode en una cápsula del tiempo y viajemos al futuro, más exactamente al año 4000 y aterricemos en un lugar cercano a Chicago, Estados Unidos. Allí hay un grupo de arqueólogos que han estado trabajando en una excavación y van a anunciar un importante hallazgo: el encuentro de algunos libros en muy buen estado de conservación, que defienden esta teoría de la conspiración. Estos libros, según los arqueólogos, sostienen con gran acervo probatorio, que lo que por más de dos mil años se ha venido enseñando en los colegios de los ataques del famoso 11 de septiembre ¡es falso! Esos libros demuestran que fue el entonces presidente de los Estados Unidos, George W. Bush y no Osama Bin Laden, el verdadero cerebro y ejecutor de esos ataques.

Ahora yo le pregunto a éste viajero del tiempo: ¿Cree usted que por este hallazgo se va a reescribir la historia de los Estados Unidos? ¿Cree usted que a partir de ese momento en los colegios se va a enseñar a los estudiantes que no fue Osama Bin Laden sino George W. Bush el autor de esos ataques? ¿Cree usted que aunque sea, va a ser adicionado un nuevo capítulo en los libros de texto sobre esta teoría, para que el estudiante conozca las dos versiones? ¿Cree usted que en ese momento los cientos de miles de documentos, libros, videos, estudios y ensayos de fuentes que ellos tendrán como muy serios tales como *The New York Times*, la revista *TIME*, *CNN*, el diario *El País*, *The Guardian*, etc., van a quedar desvirtuados por la aparición de estos pocos libros y documentos?

A menos que usted sea una de esas personas a las que Cervantes se refiere en su *Quijote* como aquellos que le buscan tres pies al gato, habrá contestado negativamente a todas esas preguntas. Los ciudadanos de esa época al igual que los de nuestra época no son tontos y encontraran esa teoría tan equivocada y absurda que poca atención le prestarán.

No faltarán los medios que le gasten unas horas a transmitir varios especiales sobre ese nuevo hallazgo y serán anunciados como *"La gran verdad de los ataques del 11 de septiembre del 2001"* o *"Conozca al verdadero autor de los ataques del 11 de septiembre del 2001"*.

En el diccionario de la Real Academia Española encontramos como uno de los significados de apócrifo: Fabuloso, supuesto o fingido. Así que podremos decir que la historia de la Teoría de la Conspiración es una historia apócrifa.

Igual ocurre con los evangelios apócrifos que nos cuentan historias de la vida de Jesús muy diferentes (como veremos más adelante) a las que encontramos en los cuatro evangelios canónicos. Historias que rayan en lo absurdo, en lo increíble y hasta en lo ofensivo. Tristemente la gente se deja llevar por los medios y piensan que el nuevo material encontrado en una excavación debería volverse la nueva "verdad revelada" y que por lo tanto ha de ser incluido inmediatamente en la Biblia y cambiar o adicionar lo que por más de dos mil años la Iglesia ha enseñado, por el solo hecho de llamarse "evangelio de..." y ser antiguo.

Jesús nos reveló de forma simple y clara la forma en la que hemos de vivir para ganarnos esa vida eterna a su lado, así que aun encontrándose hoy un evangelio nuevo que pudiera comprobarse que fue escrito por algún otro de sus apóstoles (es decir que contaría con esa autoridad que se requiere para otorgársele la canonicidad) este nuevo evangelio no contendría ninguna novedad en lo que a nuestra salvación se refiere, así que su inclusión (canonicidad) en la Biblia seria irrelevante. De Génesis a Apocalipsis, las Sagradas Escrituras nos revelan de forma extraordinariamente consistente, el plan de salvación que ofrece Dios a nosotros los hombres, su creación favorita.

Libros apócrifos

Hoy en día no se discute sobre la lista de los libros que conforman la Biblia. Su canon está plenamente establecido, sin embargo como vimos en el capítulo VII, existen diferencias entre la lista de libros incluidos en una Biblia católica y una protestante, por lo que un protestante consideraría como apócrifos aquellos libros incluidos en la Biblia católica y que están excluidos en la de él.

En este contexto la palabra apócrifo adquiere el significado de *no canónico*. Un católico no se referiría a ellos usando este término, como sí lo usaría un protestante, sino que emplearía la palabra *deuterocanónicos*. En lo que sí ambos coincidirían en llamar como apócrifos, es a una serie de escritos de los primeros siglos de la cristiandad que trataron de imitar la clase de libros del Nuevo Testamento; en estilos literarios tales como Evangelios, Hechos, Epístolas y Apocalipsis. Algunos de ellos gozaron de cierta popularidad en los primeros siglos por lo que sabemos de su existencia desde entonces y otros que solo supimos de su existencia al haber salido a la luz después de un hallazgo arqueológico o fortuito.

Su número resulta muy difícil de precisar ya que permanentemente los arqueólogos descubren manuscritos o fragmentos de la Iglesia primitiva, pero según como se cuenten pueden ir desde el medio centenar hasta el millar. Fechados en el siglo II –ya para este período todos los apóstoles habían fallecido– y con el objetivo de ganar popularidad, fueron escritos con títulos tales como: Evangelio de Pedro, Protoevangelio (que significa "primer evangelio") de Santiago, el Evangelio de Tomás, el Evangelio de Bernabé, la Historia de la Infancia de Jesús según Tomás, el Evangelio de Nicodemo, los Hechos de Pedro, los Hechos de Pablo, Evangelio de María y así sigue la lista.

No podemos desconocer que hoy en día los medios de comunicación han ejercido un papel importante en crear un manto de misterio y sensacionalismo a cada uno de esos hallazgos, en especial si el papiro pretende tener la autoría de uno de los apóstoles o de cualquiera que haya pertenecido al círculo más cercano de Jesús.

En el 2006 la organización *National Geographic Society* hizo un gran despliegue publicitario sobre los trabajos de restauración y traducción de un evangelio atribuido a Judas[1]. Dicho evangelio fue descubierto en la ciudad egipcia de Menia en 1978 por unos campesinos y posteriormente fue vendido a una fundación privada suiza. Este manuscrito es una traducción al copto realizada entre el siglo III y IV, correspondiente al original escrito en grie-

---

[1] En el año 180 d.C. el obispo de Lyon, san Ireneo, clasificó este supuesto evangelio como un texto apócrifo perteneciente a una escuela gnóstica llamada cainita. Dice san Ireneo en su libro *Contra los hereje*: "*Y dicen [los gnósticos de la escuela cainita] que Judas el traidor fue el único que conoció todas estas cosas exactamente, porque sólo él entre todos conoció la verdad para llevar a cabo el misterio de la traición, por la cual quedaron destruidos todos los seres terrenos y celestiales. Para ello muestran un libro de su invención, que llaman el Evangelio de Judas.*"

go por algún miembro de la escuela gnóstica de los cainitas[1] hacia el año 150, poco más de cien años después de la muerte de Judas Iscariote.

Hago mención a este caso para resaltar el hecho que, contrario a como con gran sensación quiso presentar el programa de televisión, el hecho de que un papiro lleve el nombre de uno de los apóstoles o incluso de la misma madre de Jesús, no lo hace verídico. Tampoco le da la autoridad divina que expliqué en el capítulo VII.

Como documento de la antigüedad, pueden poseer un valor histórico y es gracias a ellos que hoy conocemos ciertos detalles de la vida y costumbres de Jesús y de sus más cercanos seguidores. Sabemos que los abuelos de Jesús por parte de María, se llamaban Joaquín y Ana; que los ladrones que acompañaron a Jesús en su pasión se llamaban Dimas y Gestas[2], pero en ningún momento estos libros nos pueden aportar doctrina teológica, como lo hacen los libros canónicos.

Hoy en día los libros apócrifos más conocidos provienen de los llamados papiros de Nag Hammadi.

Los papiros de Nag Hammadi

En diciembre de 1945, en un pueblo egipcio llamado Nag Hammadi un campesino encontró una jarra de barro de más o menos medio metro de altura. En su interior había una colección de 53 textos en papiro conformando trece manuscritos, que se remontan hacia el siglo IV d.C. Aunque algunas de esas páginas fueron quemadas por la madre del campesino para calentar la estufa, la mayoría de ellas fueron rescatadas y se encuentran actualmente exhibidas en el Museo Copto de El Cairo.

No fue sino hasta 1972 que se tradujeron y publicaron con un halo de misterio, como si por primera vez en la historia del cristianismo se diera a conocer un libro apócrifo. Estos son tan antiguos como la Biblia misma.

---

[1] Los cainitas era una secta del siglo II de carácter gnóstico, que rendía veneración a todos los personajes bíblicos del Antiguo Testamento que habían sido rechazados por Dios, como Caín, Esaú, los habitantes de Sodoma, entre otros.

[2] En el siglo IV apareció un libro apócrifo llamado "Los Hechos de Pilato" que describía el juicio, muerte y resurrección de Cristo, visto a través de los ojos de Poncio Pilato. El libro destaca los acontecimientos que se encuentran en los cuatro evangelios y añade algunos detalles de índole histórico. La fiesta de San Dimas se celebra el 25 de marzo.

Hoy en día los libros apócrifos se encuentran disponibles en la mayoría de las grandes librerías y su lectura no está prohibida por la Iglesia como comúnmente se cree. Claro que si usted es una de esas personas que cree todo lo que está en un libro, no los lea porque se va a encontrar con un Jesús muy diferente al que nos narran los evangelios canónicos de la Biblia como veremos más adelante.

Poseen por supuesto un valor histórico, ya que de una u otra forma nos pueden aportar cierta información sobre nombres, lugares y otra clase de eventos de la época, pero por carecer de la autoridad divina necesaria, nada nos pueden aportar a lo que necesitamos saber para nuestra economía de la salvación.

Veamos algunos ejemplos de estos textos.

Evangelio del seudo-Mateo

Este evangelio viene presidido por una carta dirigida a Jerónimo –traductor de la *vulgata latina*– y a los obispos de Cromacio y Heliodoro que dice:

"Habiendo encontrado, en libros apócrifos, relatos del nacimiento y de la infancia de la Virgen María y de Nuestro Señor Jesucristo, y, considerando que dichos escritos contienen muchas cosas contrarias a nuestra fe, juzgamos prudente rechazarlos de plano, a fin de que, con ocasión del Cristo, no diésemos motivo de júbilo al Anticristo. Y, mientras nos entregábamos a estas reflexiones, sobrevinieron dos santos personajes, Parmenio y Virino, y nos informaron de que tu santidad había descubierto un volumen hebreo, redactado por el bienaventurado evangelista Mateo, y en el que se referían el nacimiento de la Virgen Madre y la niñez del Salvador. He aquí por qué, en nombre de Nuestro Señor Jesucristo, suplicamos de tu benevolencia seas servido de traducir aquel volumen de la lengua hebrea a la latina, no tanto para hacer valer los títulos del Cristo, cuanto para desvirtuar la astucia de los herejes. Porque éstos, con objeto de acreditar sus malvadas doctrinas, han mezclado sus mentiras funestas con la verdadera y pura historia de la natividad y de la infancia de Jesús, esperando ocultar la amargura de su muerte, al mostrar la dulzura de su vida. Harás, pues, una buena obra, acogiendo nuestro ruego, o enviando a tus obispos, en razón de este deber de caridad que tienes hacia ellos, la respuesta que juzgues más conveniente a la presente carta. Salud en el Señor, y ora por nosotros."

Veamos unos apartes de este evangelio:

"Habiendo llegado a una gruta, y queriendo reposar allí, María descendió de su montura, y se sentó, teniendo a Jesús en sus rodillas. Tres muchachos hacían ruta con José, y una joven con María. Y he aquí que de pronto salió de la gruta una multitud de dragones, y, a su vista, los niños lanzaron gritos de espanto. Entonces Jesús, descendiendo de las rodillas de su madre, se puso en pie delante de los dragones, y éstos lo adoraron, y se fueron. Y así se cumplió la profecía de David: Alabad al Señor sobre la tierra, vosotros, los dragones y todos los abismos. Y el niño Jesús, andando delante de ellos, les ordenó no hacer mal a los hombres. Pero José y María temían que el niño fuese herido por los dragones. Y Jesús les dijo: No temáis, y no me miréis como un niño, porque yo he sido siempre un hombre hecho, y es preciso que todas las bestias de los bosques se amansen ante mí." Capítulo 18.

"Después de su vuelta de Egipto, y estando en Galilea, Jesús, que entraba ya en el cuarto año de su edad, jugaba un día de sábado con los niños a la orilla del Jordán. Estando sentado, Jesús hizo con la azada siete pequeñas lagunas, a las que dirigió varios pequeños surcos, por los que el agua del río iba y venía. Entonces uno de los niños, hijo del diablo, obstruyó por envidia las salidas del agua, y destruyó lo que Jesús había hecho. Y Jesús le dijo: ¡Sea la desgracia sobre ti, hijo de la muerte, hijo de Satán! ¿Cómo te atreves a destruir las obras que yo hago? Y el que aquello había hecho murió.

Y los padres del difunto alzaron tumultuosamente la voz contra José y María, diciendo: Vuestro hijo ha maldecido al nuestro, y éste ha muerto. Y, cuando José y María los oyeron, fueron en seguida cerca de Jesús, a causa de las quejas de los padres, y de que se reunían los judíos. Pero José dijo en secreto a María: Yo no me atrevo a hablarle, pero tú adviértelo y dile: ¿Por qué has provocado contra nosotros el odio del pueblo y nos has abrumado con la cólera de los hombres? Y su madre fue a él, y le rogó, diciendo: Señor, ¿qué ha hecho ese niño para morir? Pero él respondió: Merecía la muerte, porque había destruido las obras que yo hice. Y su madre le insistía, diciendo: No permitas, Señor, que todos se levanten contra nosotros. Y él, no queriendo afligir a su madre, tocó con el pie derecho la pierna del muerto, y le dijo: Levántate, hijo de la iniquidad, que no eres digno de entrar en el reposo de mi Padre, porque has destruido las obras que yo he hecho. Entonces, el que estaba muerto, se levantó, y se fue. Y Jesús, por su potencia, condujo el agua por unos surcos a las pequeñas lagunas." Capítulo 26.

Historia de la infancia de Jesús según Tomas

"Y, unos días después, yendo Jesús con José por la ciudad, un niño corrió ante ellos, y, tropezando intencionadamente con Jesús, lo lastimó mucho en un costado. Mas Jesús le dijo: No acabarás el camino que has comenzado a recorrer. Y el niño cayó a tierra, y murió." Capítulo 5.

"Subiendo un día Jesús con unos niños a la azotea de una casa, se puso a jugar con ellos. Y uno cayó al patio y murió. Y todos los niños huyeron, más Jesús se quedó. Y, habiendo llegado los padres del niño muerto, decían a Jesús: Tú eres quien lo has tirado. Y lo amenazaban. Y Jesús, saliendo de la casa se puso en pie ante el niño muerto, y le dijo en voz alta: Simón, Simón, levántate y di si yo te he hecho caer. Y el niño se levantó, y dijo: No, Señor. Y viendo sus padres el gran milagro que había hecho Jesús, lo adoraron y glorificaron a Dios." Capítulo 7.

El evangelio armenio de la infancia de Jesús

"Más tarde, Jesús fue un día al sitio en que los niños se habían reunido, y que estaba situado en lo alto de una casa, cuya elevación no era inferior a un tiro de piedra. Uno de los niños, que tenía tres años y cuatro meses, dormía sobre la balaustrada del muro, al borde del alero, y cayó de cabeza al suelo de aquella altura, rompiéndose el cráneo. Y su sangre saltó con sus sesos sobre la piedra y, en el mismo instante, su alma se separó de su cuerpo. Ante tal espectáculo, los niños que allí se encontraban, huyeron, despavoridos. Y los habitantes de la ciudad, congregándose en diferentes lugares y lanzando gritos, decían: ¿Quién ha producido la muerte de ese pequeñuelo, arrojándolo de tamaña altura? Los niños respondieron: Lo ignoramos. Y los padres del niño, advertidos de lo que ocurriera, llegaron al siniestro paraje, e hicieron grandes demostraciones de duelo sobre el cadáver de su hijo. Después, se pusieron a indagar, y a intentar saber cuál era el autor de tan mal golpe. Y los niños repitieron con juramento: Lo ignoramos. Mas los padres respondieron: No creemos en lo que decís. Luego, reunieron a viva fuerza a los niños, y los llevaron ante el tribunal donde comenzaron a interrogarlos, diciendo: Informadnos sobre el matador de nuestro hijo y sobre su caída de sitio tan elevado. Los niños, bajo la amenaza de muerte, se dijeron entre sí: ¿Qué hacer? Todos sabemos, por nuestro mutuo testimonio, que somos inocentes, y que nadie es el causante de esa catástrofe. Y se da crédito a nuestra palabra sincera. ¿Consentiremos que se nos condene a muerte a pesar de no ser culpables? Uno de ellos dijo: No lo somos, en efecto, mas no tenemos testigo de nuestra inculpabilidad, y nuestras declaraciones se juzgan mentirosas. Echemos, pues, la culpa a Jesús, puesto que con nosotros estaba. No es de los nuestros, sino un extranjero, hijo de un anciano transeúnte. Se lo condenará a muerte y nosotros seremos absueltos. Y sus compañeros gritaron a coro: ¡Bravo! ¡Bien dicho! Entonces la asamblea del pueblo hizo detener a los niños, les planteó la cuestión y les dijo: Declarad quién es el autor de tan mal golpe y el causante de la muerte prematura de este niño inocente. Y ellos contestaron, unánimes: Es un muchacho extranjero, llamado Jesús e hijo de cierto viejo. Y los jueces ordenaron que se lo citase. Mas cuando fueron en su busca, no lo encontraron, y, apoderándose de José, lo condujeron ante el tribunal, y le dijeron: ¿Dónde está tu hijo? José repuso: ¿Pa-

ra qué lo queréis? Y ellos respondieron a una: ¿Es que no sabes lo que tu hijo ha hecho? Ha precipitado desde lo alto de una casa a uno de nuestros niños y lo ha matado. José dijo: Por la vida del Señor, que no sé nada de eso. Y llevaron a José ante el juez, que le preguntó de dónde venía y de qué país era. A lo que José respondió: Vengo de Judea y soy de la ciudad de Jerusalén. El juez añadió: Dinos dónde está tu hijo, que ha rematado por muerte cruel a uno de nuestros niños. José repuso: ¡Oh juez!, no me incriminéis con semejante injusticia, porque no soy responsable de la sangre de esa criatura. El juez dijo: Si no eres responsable, ¿por qué temes la muerte? José dijo: Ese niño que buscas es mi hijo según el espíritu, no según la carne. Si él quiere, tiene el poder de responderte. Y, aún no había acabado José de hablar así, cuando Jesús se presentó delante de las gentes que habían ido a buscarlo y les dijo: ¿A quién buscáis? Le respondieron: Al hijo de José. Les dijo Jesús: Yo soy. El juez entonces le dijo: Cuéntame cómo has dado tan mal golpe. Y Jesús repuso: ¡Oh juez, no pronuncies tu juicio con tal parcialidad, porque es un pecado y una sinrazón que haces a tu alma! Mas el juez le contestó: Yo no te condeno sin motivo, sino con buen derecho, ya que los compañeros de ese niño, que estaban contigo, han prestado testimonio contra ti. Jesús replicó: Y a ellos ¿quién les presta testimonio de que son sinceros? El juez dijo: Ellos han prestado entre sí testimonio mutuo de ser inocentes y tú digno de muerte. Jesús dijo: Si algún otro hubiese prestado testimonio en el asunto, habría merecido fe. Pero el testimonio mutuo que entre sí han prestado no cuenta, porque han procedido así por temor a la muerte, y tú dictarás sentencia de modo contrario a la justicia. El juez dijo: ¿Quién ha de prestar testimonio en favor tuyo, siendo como eres, digno de muerte? Jesús dijo: ¡Oh juez, no hay nada de lo que piensas! Ellos, y tú también, a lo que se me alcanza, consideráis tan sólo que yo no soy compatriota vuestro, sino extranjero e hijo de un pobre. He aquí por qué ellos han lanzado sobre mí un testimonio de mortales resultas. Y tú para complacerlos, supones que tienen razón, y me la quitas. El juez preguntó: ¿Qué debo hacer, pues? Jesús respondió: ¿Quieres obrar con justicia? Oye, de una y de otra parte, a testigos extraños al asunto y entonces se manifestará la verdad, y la mentira aparecerá al descubierto. El juez opuso: No entiendo lo que hablas. Yo pido testimonio lo mismo a ti que a ellos. Jesús repuso: Si yo doy testimonio de mí mismo, ¿me creerás? El juez dijo: Si juras sincera o engañosamente, no lo sé. Y los niños clamaron a gran voz: Nosotros sí sabemos quién es, pues ha ejercido todo género de vejaciones y de sevicias sobre nosotros y sobre los demás niños de la ciudad. Pero nosotros nada hemos hecho. El juez dijo: Notando estás cuántos testigos te desmienten, y no nos respondes. Jesús dijo: Repetidas veces he satisfecho a tus preguntas, y no has dado crédito a mis palabras. Pero ahora vas a presenciar algo que te sumirá en la admiración y en el estupor. Y el juez repuso: Veamos lo que quieres decir. Entonces Jesús, acercándose al muerto, clamó a gran voz: Abias, hijo de Thamar, levántate, abre los ojos, y cuéntanos cuál fue la causa de tu muerte. Y, en el mismo instante, el muerto se incorporó, como quien sale de un sueño y, sentándose, miró en derredor suyo, reconoció a cada uno de los presentes, y lo llamó por su nombre. Ante lo cual, sus padres lo tomaron en sus brazos, y lo apretaron contra su pecho, preguntándole: ¿Cómo te encuentras? ¿Qué te ha ocurrido? Y el niño respondió: Nada. Jesús repitió: Cuéntanos cuál fue la causa de tu muerte. Y el niño repuso: Señor, tú no eres responsable de mi sangre, ni tampoco los niños que estaban contigo. Pero éstos tuvieron miedo a la muerte y te cargaron la culpa. En realidad, me dormí, caí de lo alto de la casa y me maté. El juez y la multitud del pueblo, que tal vieron, exclamaron: Puesto que niño tan pequeño ha hecho tamaño prodigio, no es hijo de un hombre, sino que es un dios encarnado, que se muestra a la tierra. Y Jesús preguntó al juez: ¿Crees ya que soy inocente? Mas el juez, en su confusión, no respondía. Y todos se maravillaron de la tierna edad de Jesús y de las obras que realizaba. Y los que oían hablar de los milagros operados por él se llenaban de temor. Y el niño permaneció con vida durante tres horas, al cabo de las cuales, Jesús le dijo: Abias, duerme ahora, y descansa hasta el día de la resurrección general. Y, apenas acabó de hablar así, el niño inclinó su cabeza, y se adormeció. Ante cuyo espectáculo, los niños, presa de un miedo vivísimo, empezaron a temblar. Y el juez y toda la multitud, cayeron a los pies de Jesús y le suplicaron, diciéndole: Vuelve a ese muerto a la vida. Mas Jesús no consintió en ello y replicó al juez: Magistrado indigno e intérprete infiel de las leyes, ¿cómo pretendes imponerme la equidad y la justicia, cuando tú y toda esta ciudad, de común acuerdo, me condenabais sin razón, os negabais a dar crédito a mis palabras, y estimabais verdad las mentiras que sobre mí os decían? Puesto que no me habéis escuchado, yo tampoco atenderé a vuestro ruego. Y, esto dicho, Jesús se apartó de ellos precipitadamente, y se ocultó a sus miradas. Y, por mucho que lo buscaron, no consiguieron encontrarlo. Y, yendo a postrarse de hinojos ante José, le dijeron: ¿Dónde está Jesús, tu hijo, para que venga a resucitar a nuestro muerto? Mas José repuso: Lo ignoro, porque circula por donde bien le parece y sin mi permiso." Capítulo 16:7-15

El evangelio de Pedro

"Empero, en la noche tras la cual se abría el domingo, mientras los soldados en facción montaban dos a dos la guardia, una gran voz se hizo oír en las alturas. Y vieron los cielos abiertos, y que dos hombres resplandecientes de luz se aproximaban al sepulcro. Y la enorme piedra que se había colocado a su puerta se movió por sí misma, poniéndose a un lado, y el sepulcro se abrió. Y los dos hombres penetraron en él. Y, no bien hubieron visto esto, los soldados despertaron al centurión y a los ancianos, porque ellos también hacían la guardia. Y, apenas los soldados refirieron lo que habían presenciado, de nuevo vieron salir de la tumba a tres hombres, y a dos de ellos sostener a uno, y a una cruz seguirlos. Y la cabeza de los sostenedores llegaba hasta el cielo, más la cabeza de aquel que conducían pasaba más allá de todos los cielos. Y oyeron una voz, que preguntaba en las alturas: ¿Has predicado a los que están dormidos? Y se escuchó venir

de la cruz esta respuesta: Sí. Los circunstantes, pues, se preguntaban unos a otros si no sería necesario marchar de allí, y relatar a Pilatos aquellas cosas. Y, en tanto que deliberaban todavía, otra vez aparecieron los cielos abiertos, y un hombre que de ellos descendió y que entró en el sepulcro." Capítulo 10.

Otros escritos de interés

Después de leer los apartes que he presentado, estoy seguro que usted volverá con gusto a leer los libros del Nuevo Testamento y los amará más, no sólo por lo que dicen sino también por lo que no dicen.

Existen sin embargo una gran cantidad de cartas, epístolas y documentos de los denominados Padres Apostólicos[1] escritos entre el 95 d.C. y el 155 d.C. que no deben ser considerados como apócrifos. Estos escritos no pretenden autoridad ni sabiduría apostólica. Son documentos edificantes que narran la vida de los primeros cristianos. Sí pretendieran esa autoridad divina, sí se les considerarían como apócrifos.

Dentro de los que no pretenden autoridad divina esta la Epístola a Diogneto. Descubierta en 1436 en la ciudad de Constantinopla por Tomas de Arezzo en un códice que tenía 22 obras griegas. El documento original fue destruido por un incendio en Estrasburgo durante la guerra franco-prusiana. Afortunadamente se sacaron tres copias; una de ellas realizada en 1579 que actualmente se exhibe en la biblioteca de la Universidad de Tubinga, Alemania.

Esta Epístola ha servido de referencia en muchas homilías por su gran valor como ejemplo del ideal de una comunidad cristiana, veamos algunos de sus apartes:

"Los cristianos no se distinguen de los demás hombres, ni por el lugar en que viven, ni por su lenguaje, ni por sus costumbres. Ellos, en efecto, no tienen ciudades propias, ni utilizan un hablar insólito, ni llevan un género de vida distinto. Su sistema doctrinal no ha sido inventado gracias al talento y especulación de hombres estudiosos, ni profesan, como otros, una enseñanza basada en autoridad de hombres.
Viven en ciudades griegas y bárbaras, según les cupo en suerte, siguen las costumbres de los habitantes del país, tanto en el vestir como en todo su

---

[1] Autores cristianos que tuvieron contacto con uno o varios de los Apóstoles de Jesús.

estilo de vida y, sin embargo, dan muestras de un tenor de vida admirable y, a juicio de todos, increíble. Habitan en su propia patria, pero como forasteros; toman parte en todo como ciudadanos, pero lo soportan todo como extranjeros; toda tierra extraña es patria para ellos, pero están en toda patria como en tierra extraña. Igual que todos, se casan y engendran hijos, pero no se deshacen de los hijos que conciben. Tienen la mesa en común, pero no el lecho.

Viven en la carne, pero no según la carne. Viven en la tierra, pero su ciudadanía está en el Cielo. Obedecen las leyes establecidas, y con su modo de vivir superan estas leyes. Aman a todos, y todos los persiguen. Se los condena sin conocerlos. Se les da muerte, y con ello reciben la vida. Son pobres, y enriquecen a muchos; carecen de todo, y abundan en todo. Sufren la deshonra, y ello les sirve de gloria; sufren detrimento en su fama, y ello atestigua su justicia. Son maldecidos, y bendicen; son tratados con ignominia, y ellos, a cambio, devuelven honor. Hacen el bien, y son castigados como malhechores; y, al ser castigados a muerte, se alegran como si se les diera la vida. Los judíos los combaten como a extraños y los gentiles los persiguen, y, sin embargo, los mismos que los aborrecen no saben explicar el motivo de su enemistad."

Capítulo IX

¿La Iglesia ocultó la Biblia, para limitar el acceso a ella?

L a obra del escritor italiano Umberto Eco: *El nombre de la rosa*[1] se desarrolla en una abadía benedictina en 1327. El personaje principal Guillermo de Baskerville debe resolver una serie de misteriosos asesinatos.

Al ir avanzando en la trama, se va descubriendo que las muertes están relacionadas con una sección oculta de la biblioteca, en la que se guardan unos libros que el Abad considera debe mantener ocultos.

En uno de sus párrafos se puede leer:

"Mirad, fray Guillermo -dijo el Abad-, para poder realizar la inmensa y santa obra que atesoran aquellos muros -y señaló hacia la mole del Edificio, que en parte se divisaba por la ventana de la celda, más alta incluso que la iglesia abacial- hombres devotos han trabajado durante siglos, observando unas reglas de hierro. La biblioteca se construyó según un plano que ha permanecido oculto durante siglos, y que ninguno de los monjes es-

---

[1] Premio Strega en 1981 y *Editors' Choice* de 1983 del *New York Times*.

tá llamado a conocer. Sólo posee ese secreto el bibliotecario, que lo ha recibido del bibliotecario anterior, y que, a su vez, lo transmitirá a su ayudante, con suficiente antelación como para que la muerte no lo sorprenda y la comunidad no se vea privada de ese saber. Y los labios de ambos están sellados por el juramento de no divulgarlo. Sólo el bibliotecario, además de saber, está autorizado a moverse por el laberinto de los libros, sólo él sabe dónde encontrarlos y dónde guardarlos, sólo él es responsable de su conservación. Los otros monjes trabajan en el scriptorium y pueden conocer la lista de los volúmenes que contiene la biblioteca. <u>Pero una lista de títulos no suele decir demasiado: sólo el bibliotecario sabe, por la colocación del volumen, por su grado de inaccesibilidad, qué tipo de secretos, de verdades o de mentiras encierra cada libro. Sólo él decide cómo, cuándo, y si conviene, suministrarlo al monje que lo solicita, a veces no sin antes haber consultado conmigo. Porque no todas las verdades son para todos los oídos, ni todas las mentiras pueden ser reconocidas como tales por cualquier alma piadosa,</u> y, por último, los monjes están en el scriptorium para realizar una tarea determinada, que requiere la lectura de ciertos libros y no de otros, y no para satisfacer la necia curiosidad que puedan sentir, ya sea por flaqueza de sus mentes, por soberbia o por sugestión diabólica."

El autor de este libro logró recoger muy bien el pensamiento generalizado de muchas personas en torno a la pregunta de este capítulo.

Durante siglos y aun en nuestros días, muchas personas han pensado que la Iglesia ha tenido el poder de controlar los cientos, miles e inclusive millones de ejemplares de la Santa Biblia y decidir a su antojo quién sí o quién no puede tener acceso a la misma.

No pongo en duda que personajes como este Abad usado por Umberto Eco no hayan existido en realidad, pero su comportamiento no obedece a una política o norma emanada del Código del Derecho Canónico, sino a su criterio particular y movido por su propio entender.

El numeral 86 del Catecismo de la Iglesia Católica dice:

"El Magisterio no está por encima de la palabra de Dios, sino a su servicio, para enseñar puramente lo transmitido, pues por mandato divino y con la asistencia del Espíritu Santo, lo escucha devotamente, <u>lo custodia celosamente</u>, lo explica fielmente; y de este único depósito de la fe saca todo lo que propone como revelado por Dios para ser creído".

Así que no debemos confundir ese enorme celo que la Iglesia ha ejercido sobre la Palabra de Dios, con manipulación u ocultamiento como escandalosamente se ha querido presentar; este celo ha sido más ferviente en unas épocas que en otras.

La labor de custodiar intacta la preservación de esa palabra es una labor que la Iglesia ha ejercido, ejerce y ejercerá hasta el fin de los tiempos. Es el mismo caso de cualquier obra literaria que sea publicada, en la cual la casa editorial que lo hace, cela que nadie copie, ni mucho menos tergiverse cualquiera de sus obras.

A diferencia de la casa editorial que ante una violación a los derechos de autor puede llegar a acudir a los tribunales de justicia para alcanzar una compensación o sacar de circulación la obra plagiada, la Iglesia no cuenta con este poderoso instrumento.

La Biblia en su esencia carece de unos derechos de autor que la protejan.

Hoy en día vemos como una persona puede tomar una Biblia y hacer un supuesto trabajo de traducción como a él bien le parezca, imprimirla y venderla bajo el título de Biblia de XYZ.

Así es como vemos hoy en las librerías, biblias empleadas por ciertos grupos religiosos que han introducido una serie de interpretaciones que van en total contravía con la teología católica y con una correcta traducción e interpretación de los textos originales.

En la constitución dogmática *Dei Verbum* del concilio vaticano II, en su capítulo VI versículo 21 dice:

"La Iglesia ha venerado siempre las Sagradas Escrituras al igual que el mismo Cuerpo del Señor..."

Esta veneración a las Sagradas Escrituras se hace más evidente en algunas Iglesias orientales, en donde la adoración al Santísimo se hace con la Biblia en vez de hacerlo con el cuerpo de Cristo en la hostia consagrada.

Al igual que la Iglesia cuida con extremo celo que en las celebraciones eucarísticas nadie vaya a salir con una hostia consagrada sin la debida aprobación del sacerdote, ha celado con el mismo rigor hasta donde le ha sido posible que las Sagradas Escrituras no caigan en las manos indebidas.

No se puede negar que dicho control ha sido más y más difícil de ejercer en proporción al número de copias antes de la aparición de la imprenta y por supuesto, después de ella.

La edad media, donde nace el mito

Es la caída del imperio romano a mano de los bárbaros en el siglo V la que da comienzo a la edad media, extendiéndose hasta el siglo XV.

Durante este período nace y toma fuerza la falsa idea de la manipulación, aduciendo entre otras razones que la Iglesia se aprovechó del analfabetismo de la gente y a la falta de traducciones a lenguas vernáculas[1].

La parte occidental de ese antiguo imperio romano hablaba el latín. Es en este lenguaje en el que estaba la traducción conocida como *La Vulgata Latina*. La parte oriental hablaba entre otros el griego. Es en este lenguaje en el que estaba la traducción conocida como la *Septuaginta*. Es claro que el idioma no fue un impedimento para que los que supieran leer tuvieran acceso a las Sagradas Escrituras.

Pese a esto, conocemos de algunas traducciones que se hicieron a lenguas vernáculas durante la alborada de este período. Veamos algunos ejemplos:

- Los santos católicos Cirilio y Metodio tradujeron la Biblia al búlgaro antiguo en el siglo IX.
- El obispo Ulfilas, evangelizador de los godos de Dacia y Tracia, tradujo la Biblia al gótico pocos años antes que San Jerónimo acabará *La Vulgata Latina*.
- El monje católico Beda el Venerable tradujo al anglosajón o inglés antiguo el Evangelio de San Juan poco antes de su muerte, acaecida en el año 735.
- El gran historiador Giuseppe Ricciotti (1890–1964), nos informa en su introducción a la Sagrada Biblia que en Italia *"la Biblia en lengua vulgar era popularísima en los siglos XV y XVI"*, y que *"desde el siglo XIII se poseen"* traducciones italianas de la Biblia aunque *"se trata de traducciones parciales"*.
- Guyart Desmoulins hizo una traducción al francés a finales del siglo XIII.
- En el siglo XIV se hizo en Baviera una traducción total que el impresor alsaciano Juan Mentelin hizo estampar en Estrasburgo en 1466,

---

[1] Traducciones en el lenguaje propio de cada país o región.

y que con algunas modificaciones fue reimpresa trece veces antes que apareciese la de Lutero, llegando a ser como una Vulgata alemana.

- En 1280 por orden del rey Alfonso el Sabio, vio la luz la traducción al español de la que llegará a conocerse como la Biblia Alfonsina.

El dinero ciertamente fue una gran limitación en la divulgación de la Palabra entre más miembros de la Iglesia. Copiar una Biblia era un proceso extremadamente dispendioso y costoso que involucraba muchas manos, materiales y tiempo. Antes de la imprenta, e inclusive varios siglos después, los papiros eran copiados a mano tras un gravoso trabajo manual de transcripción, revisión e ilustración. Un monje debía prepararse por muchos años antes que se le permitiera participar en las labores de copiado en los *scriptoriums*.

"El que no sepa escribir puede pensar que esto no es una gran hazaña. Basta con intentarlo para comprender cuán ardua es la tarea del amanuense[1]. Cansa la vista, produce dolor de espalda y comprime el pecho y el estómago: es un auténtico suplicio para el cuerpo" Prior Petrus, Monasterio Español, Siglo XII.

El costo físico de los materiales empleados era sumamente elevado, y la Biblia no era el único libro que se copiaba en los monasterios, aunque era el que tenía mayor preferencia, también se copiaban los libros litúrgicos, los libros de los Padres de la Iglesia, obras de teología dogmática o moral, crónicas, anales, vidas de los santos, historias de la iglesia o monasterios y, finalmente, autores profanos. Las copias de la Biblias disponibles para los laicos eran escasas ya que el principal objetivo al hacer estas copias, era el de difundirlos entre la comunidad clerical, y no se acostumbraba hacer copias completas de la Biblia. Generalmente quien poseyera una Biblia completa era porque había obtenido sus diversos libros en diferentes épocas y lugares.

Para producir un libro de 340 páginas, como la obra maestra del arte celta, el Libro de Kells (siglo VIII), se requerían unas 200 pieles de ternera. Un catálogo Urbino (siglo XV) menciona un manuscrito tan grande que se

---

[1] Persona que tiene por oficio escribir a mano, copiando o poniendo en limpio escritos ajenos, o escribiendo lo que se le dicta.

necesitaba de tres hombres para su traslado[1]; y en Estocolmo se conserva una Biblia gigantesca escrita en piel de burro del siglo XIII, cuyas dimensiones le han dado el nombre de "Codex Gigas"[2].

Índice Romano

En 1934 la Asociación de Productores Cinematográficos de Estados Unidos —actualmente la *Motion Picture Association of America MPAA*— publicó un código conocido como el *"Código Hays"* en donde se determinaba qué era lo que se podía y lo que no se podía proyectar en las salas de cine de los Estados Unidos. Este sistema de censura se abandonó en 1967 para darle paso al sistema de clasificación por edades que existe hasta nuestros días.

El Departamento de Estado de los Estados Unidos en su portal IIP DIGITAL, publicó en su boletín del 7 de mayo del 2013 un artículo titulado *"Una mirada a la libertad de expresión"* en el que dice:

"Si bien la Primera Enmienda dispone protecciones muy amplias para la libertad de expresión en Estados Unidos, esta libertad no es absoluta. Por lo general, el gobierno tiene mayor arbitrio para imponer restricciones neutras en cuanto al contenido que restricciones en función del contenido...Aunque las restricciones en función del contenido generalmente son inadmisibles, existen algunas excepciones muy específicas. De conformidad con la Primera Enmienda, entre las categorías de expresión que pueden restringirse figuran la incitación a actos violentos inminentes, amenazas reales, expresiones difamatorias y obscenidad...En Estados Unidos, las expresiones difamatorias consisten en declaraciones falsas que vulneran el carácter, la fama o la reputación de una persona...Las obscenidades se pueden restringir de conformidad con la Primera Enmienda, pero se ha producido un prolongado debate sobre qué se considera obscenidad y cómo se debe regular."

Con esto he querido mostrar que, siendo Estados Unidos el país que ostenta el título del *"País de las libertades"*, cuenta con una política de censura. Igualmente nuestra Iglesia ha censurado cierto material.

Cuando san Pablo logró a través de sus prédicas la conversión de muchos paganos en Éfeso, ellos hicieron una quema de libros de brujería.

---

[1] Edmond Henri Joseph Reusens, "Paléographie", P. 457.

[2] Su tamaño es de 92 x 50,5 x 22 cm, contiene 624 páginas y pesa 75kg.

"También muchos de los que creyeron llegaban confesando públicamente todo lo malo que antes habían hecho, y muchos que habían practicado la brujería trajeron sus libros y los quemaron en presencia de todos. Cuando se calculó el precio de aquellos libros, resultó que valían como cincuenta mil monedas de plata." Hechos 19:18-19

En el año 325 d.C. el emperador Constantino ordenó, por determinación del primer concilio ecuménico de Nicea, la quema de todas las copias del libro titulado *Thalia* del presbítero de Alejandría llamado Arrio. En su obra sostenía que Dios había creado a su Hijo de la nada, lo que implicaba que hubo un tiempo en el que el Hijo no existía. Esto dio nacimiento a la doctrina herética conocida como *arrianismo*.

El papa Inocencio I redactó en el 405 la primera lista de libros prohibidos que por su contenido eran condenados por la santa sede. Esta lista se conoce como el *"Índice Romano"* o *"Index librorum prohibitorum et expurgatorum"*. Nunca existió una prohibición general, sino solamente la de las obras que se incluyeran en esta lista.

No fue sino hasta 1897 que el papa León XIII volvió a abordar este tema de una forma más profunda y extensa. Antes de eso y en términos generales, la santa sede solo se había limitado a mantener actualizada esta lista.

En la bula[1] conocida como *"Officiorum Ac Munerum"* el papa incluye libros heréticos, supersticiosos, inmorales, escritos insultantes contra Dios, contra la Virgen María, contra los santos o contra la Iglesia. Igualmente incluye todas las ediciones y versiones de las Sagradas Escrituras, del misal y de los breviarios que no han sido aprobadas por las autoridades eclesiásticas competentes. Se incluyen también libros y escritos que contengan nuevas apariciones, revelaciones, visiones, milagros o los que tratan de introducir devociones nuevas, públicas o privadas, que carezcan de aprobación eclesiástica legítima.

La encíclica de Pío X *"Pascendi Dominici Gregis"* publicada en 1907, no sólo confirma los decretos generales de León XIII sino que pone especial

---

[1] Una bula es un documento sellado con plomo sobre asuntos religiosos expedidos por la Cancillería Apostólica papal sobre determinados asuntos de importancia dentro de la administración clerical e incluso civil.

énfasis en los párrafos que tratan de la censura previa que debe hacerse antes que una publicación vea la luz pública.

Jamás la Iglesia ha prohibido o censurado la lectura de las Sagradas Escrituras a los laicos, todo lo contrario, la ha fomentado y exhortado como veremos a continuación.

El Concilio Vaticano Segundo

En épocas más recientes la Iglesia ha emitido una serie de documentos exhortando a su feligresía a la lectura de las Sagradas Escrituras y encargando a la cúpula eclesiástica la vigilancia de las traducciones. Nuevamente citando la constitución dogmática *"Dei Verbum"* del Concilio Vaticano II, en su capítulo VI versículo 22 titulado *"Se recomiendan las traducciones bien cuidadas"* se lee:

> *"Es conveniente que los cristianos tengan amplio acceso a la Sagrada Escritura... Pero como la palabra de Dios debe estar siempre disponible, la Iglesia procura, con solicitud materna, que se redacten traducciones aptas y fieles en varias lenguas, sobre todo de los textos primitivos de los sagrados libros."*

Y en su versículo 25 titulado *"Se recomienda la lectura asidua de la Sagrada Escritura"* dice:

> *"De igual forma el Santo Concilio exhorta con vehemencia a todos los cristianos en particular a los religiosos, a que aprendan "el sublime conocimiento de Jesucristo", con la lectura frecuente de las divinas Escrituras. "Porque el desconocimiento de las Escrituras es desconocimiento de Cristo". Lléguense, pues, gustosamente, al mismo sagrado texto, ya por la Sagrada Liturgia, llena del lenguaje de Dios, ya por la lectura espiritual, ya por instituciones aptas para ello, y por otros medios, que con la aprobación o el cuidado de los Pastores de la Iglesia se difunden ahora laudablemente por todas partes. Pero no olviden que deben acompañar la oración a la lectura de la Sagrada Escritura para que se entable diálogo entre Dios y el hombre; porque: a El hablamos cuando oramos, y a El oímos cuando leemos las palabras divinas.*
> *Incumbe a los prelados, "en quienes está la doctrina apostólica", instruir oportunamente a los fieles a ellos confiados, para que usen rectamente los libros sagrados, sobre todo el Nuevo Testamento, y especialmente los Evangelios por medio de traducciones de los sagrados textos, que estén provistas de las explicaciones necesarias y suficientes para que los hijos de la Iglesia se familiaricen sin peligro y provechosamente con las Sagradas Escrituras y se penetren de su espíritu.*

Háganse, además, ediciones de la Sagrada Escritura, provistas de notas convenientes, para uso también de los no cristianos, y acomodadas a sus condiciones, y procuren los pastores de las almas y los cristianos de cualquier estado divulgarlas como puedan con toda habilidad."

Exhortaciones

A continuación expongo algunas exhortaciones hechas por prominentes figuras de nuestra Iglesia a través de los años, en dónde desvirtuando la falsa creencia de una política de mantener a los fieles alejados de las Sagradas Escrituras, invitan a los fieles a leerlas, conocerlas, profundizarlas y meditarlas.

Siglo	Autor	Exhortación
II	San Ireneo	Leed con mayor empeño el Evangelio que nos ha sido transmitido por los apóstoles.
III	San Cipriano de Cartago	El cristiano que tiene fe se dedica a la lectura de las Sagradas Escrituras.
IV	San Ambrosio de Milán	No deje nuestra alma de dedicarse a la lectura de las Letras Sagradas, a la meditación y a la oración, para que la Palabra de Aquel que está presente, sea siempre eficaz en nosotros.
V	San Jerónimo	Cultivemos nuestra inteligencia mediante la lectura de los Libros santos: que nuestra alma encuentre allí su alimento de cada día.
VI	San Benito de Nursia	Qué página o qué sentencias hay en el Antiguo y Nuevo Testamento, que no sean una perfectísima norma para la vida humana.
VII	San Gregorio Magno	¿Cómo te descuidas de leerlas y no manifiestas ardor y prontitud en saber lo que en ellas se contiene? Por lo cual, te encargo que te apliques a ese estudio con la mayor afición y que medites cada día las palabras de tu Creador.
VIII	San Beda	Te ruego encarecidamente que te dediques en primer lugar a la lectura de los Libros Sagrados, en los cuales creemos encontrar la vida eterna.

IX	San Nicolás	Exhorta a los fieles al descanso dominical para que el cristiano pueda dedicarse a la oración y ocuparse de la Sagrada Escritura.
XI	San Pedro Damián	Siempre dedícate a la lectura de la Sagrada Escritura. A esto entrégate enteramente y persevera y vive con ella.
XII	San Bernardo	Tenemos necesidad de leer la Sagrada Escritura, puesto que por ella aprendemos lo que debemos hacer, lo que hay que dejar y lo que es de apetecer.
XIII	Gregorio IX	Siendo probado, como lo es, que la ignorancia de la Escritura ha originado muchos errores, todos tienen que leerla o escucharla.
XV	Tomás de Kempis	Así me diste, oh Señor, como a enfermo, tu sagrado Cuerpo para recreación del ánima y del cuerpo, y pusiste para guiar mis pasos una candela que es tu Palabra. Sin estas dos cosas ya no podría yo vivir bien, porque la Palabra de tu boca, luz es de mi alma, y tu Sacramento es pan de vida
XVI	Adriano VI	Todo hombre peca...si estima más las ciencias profanas que las divinas, y lee más los libros mundanos que los sagrados.
XVII	San Francisco de Sales	De la misma manera que el apetito es una de las mejores pruebas de salud corporal, al gustar de la Palabra de Dios, que es un apetito espiritual, es también señal bastante segura de la salud espiritual del alma.
XVIII	Pío VI	Es muy loable tu prudencia, con la que has querido excitar en gran manera a los fieles a la lectura de las Santas Escrituras, por ser ellas fuentes que deben estar abiertas para todos, a fin de que puedan sacar de allí la santidad de las costumbres y de la doctrina.
XIX	Gregorio XVI	Son muchos los testimonios de la más absoluta claridad que demuestran el singular empeño que los Romanos Pontífices y por mandato suyo los demás obispos de la cristiandad, han puesto en los últimos tiempos para que los católicos de todos los países traten de posesionarse con afán de la pala-

		bra divina.
XX	Benedicto XV	¿Quién no ve las ventajas y goces que reserva a los espíritus bien dispuestos la lectura piadosa de los Libros santos? Jamás cesaremos de exhortar a todos los cristianos a que hagan su lectura cotidiana de la Biblia.
XXI	Francisco	Y con esto nosotros hacemos crecer la esperanza, porque tenemos fija la mirada sobre Jesús. Hagan esta oración de contemplación. '¡Pero tengo tanto que hacer!'; 'pero en tu casa, 15 minutos, toma el Evangelio, un pasaje pequeño, imagina qué cosa ha sucedido y habla con Jesús de aquello. Así tu mirada estará fija sobre Jesús, y no tanto sobre la telenovela, por ejemplo; tu oído estará fijo sobre las palabras de Jesús, y no tanto sobre las charlas del vecino, de la vecina...

Capítulo X

¿Por qué la Iglesia no nos enseña más de la Biblia?

Esta pregunta que está en la mente de muchos católicos, nace básicamente del sentimiento generalizado de ver que personas de otras religiones cristianas citan de memoria pasajes enteros de la Biblia cuando estamos argumentando sobre un determinado tema. Nuestro hermano cristiano apoya su argumentación en la Biblia, dice *"En Mateo capítulo 4, versículos del 6 al 10 dice tal y tal cosa, y en el libro del Éxodo, capítulo 12, versículos del 11 al 17 dice tal y tal otra cosa"* y recitan de memoria los mencionados pasajes bíblicos, pero nuestros argumentos tienden a ser débiles, poco profundos y dejan al descubierto nuestra ignorancia. Sentimos que a ellos su Iglesia si les enseña de la Biblia y a nosotros no.

Pregunto: ¿Alguien está impidiendo a estos católicos que lean la Biblia y se memoricen algunos pasajes de ella?

Los testigos de Jehová tienen por obligación asistir como mínimo dos veces por semana a lo que ellos llaman *El Salón del Reino*. Una vez durante el fin de semana; que dura entre dos y tres horas y la otra entre semana; que dura poco más de dos horas. En ambas reuniones emplean más de la mitad del tiempo en la lectura y estudio de la Biblia.

Por mi parte, conozco muchos católicos que escasamente asisten a la misa los domingos y se molestan si el sacerdote se extiende por más de una hora en ella. Imagino la deserción tan grande que habría donde el sacerdote decida emplear una hora o más, solo a la profundización de la Biblia durante la misa en vez de los cinco minutos que emplean actualmente.

Según el departamento de estadísticas laborales de los Estados Unidos, un americano entre los 25 y 54 años de edad con hijos gasta en promedio: 54 horas a la semana durmiendo, 44 trabajando, 34 practicando alguna actividad recreativa (deportes, ver televisión, etc.) o al descanso, 11 interactuando con la familia y amigos, 10 transportándose, 9 alimentándose y 7 haciendo tareas domésticas.

En una misa dominical se emplean 45 minutos en los ritos, 10 minutos en la homilía y cinco minutos a la lectura de la Biblia. ¿Ósea que con tan solo esos cinco minutos semanales queremos aprender mucho de las Sagradas Escrituras? ¿Pretendemos adquirir el mismo o mayor nivel de conocimiento empleando tan solo cinco minutos semanales frente al que emplea tres horas o más?

Algunas personas tienen la falsa idea de pensar que porque una persona diga de memoria un pasaje bíblico, es porque sabe mucho de la Biblia, alguien que recita pasajes de la Biblia, solo indica que tiene buena memoria, otras personas dicen haber leído la Biblia desde la primera página hasta la última, eso indica que son muy buenos lectores.

Acá estoy hablando de conocer en profundidad la Palabra de Dios, de meditarla, de grabarla en el corazón, de entender su propósito y significado y finalmente de hacer viva esa palabra en todas nuestras actividades del día.

El Leccionario

El Leccionario es el libro que contiene las lecturas bíblicas que han de ser leídas durante la misa de cada día del año según el calendario litúrgico. A diferencia de las iglesias cristianas en que es el pastor quien decide autónomamente las lecturas para cada servicio religioso, en la Iglesia católica es la jerarquía romana quien lo determina y se consigna en este libro.

Esta podría ser una de las razones por las cuales hay personas que encuentran tan atractivas estas iglesias, porque obviamente el pastor selecciona aquellas lecturas que nos muestran el lado amoroso y misericordioso de nuestro Señor Jesucristo, pero no escogen aquellas que nos hablan de una cruz que hay que cargar para poder seguir a Jesús[1].

No tenemos una fecha exacta de cuándo se escribió por primera vez un leccionario.

San Juan Crisóstomo, doctor de la Iglesia nacido en Antioquía en el año 347 d.C. en una homilía[2] pronunciada en su ciudad natal, exhortó a sus oyentes a que lean con anterioridad los pasajes de la Escritura que van a ser leídos y comentados en la misa del día siguiente. Es decir que ya para esa época existía una referencia escrita y de conocimiento público de lo que sería un leccionario primitivo.

El Leccionario solo contiene lecturas bíblicas pero ordenadas de una forma diferente a las de la Biblia. Al principio de la Biblia nos encontramos con el Génesis y al final con el Apocalipsis. El Leccionario comienza con las lecturas: una del Antiguo Testamento, un salmo, una Epístola del Nuevo Testamento y un Evangelio para el primer día del año litúrgico del primer ciclo y termina con las del último día del año litúrgico del último ciclo.

Estos ciclos que son tres y que duran un año cada uno: A, B y C, son la forma en que el Concilio Vaticano II escogió para dividir la lectura de la Biblia en la misa dominical durante tres años. En el ciclo A, la mayoría de las lecturas son del evangelio de Mateo, en el B son de las de Marcos y en el C son las de Lucas. El de Juan se utiliza a lo largo del año en las fechas y fiestas especiales de la Iglesia tales como la cuaresma, pascua, navidad, etc.

Para la misa entre semana solo hay dos ciclos: I (uno en números romanos) para los años impares y II (dos en números romanos) para los años pares, cubriendo los tres evangelios sinópticos (Mateo, Marcos y Lucas).

Es decir que si una persona asiste a misa todos los domingos, en tres años habrá escuchado aproximadamente toda la Biblia. Y si una persona asiste a misa entre semana la habrá escuchado casi toda en dos años. Así que contrario a la falsa creencia que la Iglesia no nos enseña la Biblia, lo hace

---

[1] *"Luego Jesús dijo a sus discípulos: —Si alguno quiere ser discípulo mío, olvídese de sí mismo, cargue con su cruz y sígame"* Mateo 16:24

[2] Esta homilía se conoce como la *Homilía de Lázaro.*

leyéndonosla en su totalidad en la Santa misa y nos la explica a través de las homilías del sacerdote.

Cursos bíblicos

Uno de los recursos que tiene un católico para conocer y aprender más de la Biblia, son los cursos bíblicos. Hoy en día prácticamente en todas las parroquias se ofrecen cursos y talleres de Biblia; algunas ofrecen cursos bíblicos para niños, adolescentes, mujeres, para toda la familia y para diversos grupos con perfiles diferentes.

En internet las posibilidades se multiplican por cientos. Se pueden encontrar una variedad de cursos para todas las audiencias, en diversos niveles y en diferentes idiomas. Puede en algunos casos inscribirse en las clases y recibir en su correo electrónico las lecciones que debe estudiar y los cuestionarios que debe llenar.

En las librerías católicas también se pueden encontrar una gran variedad de estos cursos.

Audiolibros y videos son otra fuente grande de posibilidades para aquellos que quieren aprender y dominar la Biblia como lo hacen otras personas de otras religiones. Haciendo énfasis en el dominio más que en la memoria, porque para memorizar solo se necesita tener el pasaje Bíblico y repetirlo hasta aprendérselo.

Según una encuesta realizada en junio del 2010 por el CARA –organización sin ánimo de lucro afiliada a la Universidad Georgetown de Washington– entre los católicos nacidos después de 1981 solamente el 1% había leído un libro de carácter religioso durante el último año.

El problema no es que la Iglesia no nos enseñe sobre la Biblia –que sí lo hace–, sino que no queremos hacer un esfuerzo adicional por aprender más de ella.

Espero en este punto del libro haber despertado un poco más su interés y que empiece lo más pronto posible a buscar la mejor alternativa para conocer y meditar más sobre la Palabra de Dios.

Capítulo XI

¿Esta Cristo realmente presente en la eucaristía?

U na encuesta realizada en el 2010 en los Estados Unidos por el Centro de Investigaciones PEW[1], mostró que más del 45% de los católicos en este país no saben que la Iglesia enseña que el pan y el vino una vez se consagran, se transforman en el cuerpo y la sangre; real, verdadera, efectiva y sustancialmente; del cuerpo, la sangre, el alma y la divinidad de Cristo.

No se trata de un asunto simbólico, ni alegórico, ni metafórico o simplemente espiritual.

¿Qué quieren decir en éste contexto el adjetivo real, verdadero, efectivo y sustancial? En éste contexto, real quiere decir que su presencia no está sujeta a mi creencia. Verdadera quiere decir que su presencia no es figurativa como la de una foto. Efectiva quiere decir que produce lo que significa, es decir carne y sangre. Sustancial quiere decir que no es una presencia virtual.

Cuando la encuesta se extendió al público en general, es decir católicos y protestantes, el 52% dijo –incorrectamente– que la Iglesia enseña que aun

---

[1] Institución sin ánimo de lucro fundada en 1948 con sede en Washington DC, USA.

después de la consagración, el pan y el vino es un símbolo del cuerpo y la sangre de Cristo. Centrando la encuesta entre los católicos que asisten a misa regularmente, los resultados arrojaron un escalofriante número: solo el 61% cree en la presencia real de Cristo en ese pan y vino consagrado. Casi el mismo porcentaje que mostró la encuesta realizada por la ANES –American National Election Study– en el 2008 entre los protestantes: el 59% de ellos creen en la presencia real de Cristo en la eucaristía, a pesar que esto no forma parte de su dogma.

Claramente existe una diferencia por reconciliar entre las enseñanzas de la Iglesia y lo que un católico cree de ellas, con respecto a esa presencia real de Cristo en la eucaristía, un católico podría caer en una de las siguientes cuatro categorías:

- Creyente informado: Cree y está informado que ésta es la enseñanza de la Iglesia.
- No creyente informado: Sabe que ésta es la enseñanza de la Iglesia, pero no la cree.
- Creyente desinformado: Cree pero no sabe que ésta es una de las enseñanzas de la Iglesia.
- No creyente desinformado: No cree ni sabe que ésta es la enseñanza de la Iglesia.

Esta es la enseñanza de la Iglesia: que el pan y vino consagrado se transforman en el cuerpo y la sangre; real, verdadera, efectiva y sustancial; del cuerpo, la sangre, el alma y la divinidad de Cristo. Es decir que las dos naturalezas de Cristo están presentes en ese pan y vino consagrados: la humana y la divina.

Dice el Catecismo de la Iglesia Católica en su artículo 1375: *"Mediante la conversión del pan y del vino en su Cuerpo y Sangre, Cristo se hace presente en este sacramento."*. Como precisamente el propósito de esta obra es brindar una serie de argumentos que nos ayuden a entender la razón detrás de la enseñanza, veamos algunas.

La diferencia entre *trógo* y *fágo*

Como vimos anteriormente, los evangelios fueron escritos en griego y en este idioma existen dos palabras que significan comer. La primera de ellas es *fágo*, que tiene un significado literal o figurativo de la acción de comer. Y la segunda es *trógo*, que tiene el significado de masticar con la asociación del sonido crujiente que se produce al efectuar esta acción.

Es correcto decir que yo *fágo* o *trógo* un delicioso postre. También es correcto decir que yo *fágo* un libro, para significar que leí muy rápido un libro que me gustó mucho, porque *fágo* tiene ese significado figurativo. Pero es incorrecto decir que yo *trógo* un libro, porque esta palabra no ofrece un significado figurativo, solo literal.

Usando la *Concordancia Exhaustiva de La Biblia* de James Strong, podemos ver el uso que le dieron los evangelistas a estas palabras.

El evangelio de Mateo usa 26 veces la palabra *fágo* en alguna de sus conjugaciones: 6:25, 6:31, 9:11, 11:18, 11:19, 12:1, 12:4 (dos veces), 13:4, 14:15, 14:16, 14:20, 14:21, 15:2, 15:20, 15:27, 15:32, 15:37, 15:38, 24:49, 25:35, 25:42, 26:17, 26:21, 26:26 (dos veces) y una sola vez la palabra *trógo*: 24:38.

El evangelio de Marcos usa 29 veces la palabra *fágo* en alguna de sus conjugaciones: 1:6, 2:16 (dos veces), 2:26 (dos veces), 3:20, 4:4, 5:43, 6:31, 6:36, 6:37 (dos veces), 6:42, 6:44, 7:2, 7:3, 7:4, 7:5, 7:28, 8:1, 8:2, 8:8, 8:9, 11:14, 14:12, 14:14, 14:18 (dos veces), 14:22 y no usa la palabra *trógo*.

El evangelio de Lucas usa 39 veces la palabra *fágo* en alguna de sus conjugaciones: 3:11, 4:2, 5:30, 5:33, 6:1, 6:4 (dos veces), 7:33, 7:34, 7:36, 8:5, 8:55, 9:13, 9:17, 10:7, 10:8, 11:37, 11:38, 12:19, 12:22, 12:29, 12:45, 13:26, 14:1, 14:15, 15:2, 15:16, 15:23, 17:8 (dos veces), 17:27, 17:28, 22:8, 22:11, 22:15, 22:16, 22:30, 24:41, 24:43 y no usa la palabra *trógo*.

El evangelio de Juan usa 20 veces la palabra *fágo* en alguna de sus conjugaciones: 4:8, 4:31, 4:32, 4:33, 6:5, 6:13, 6:23, 6:26, 6:31 (2 veces), 6:49, 6:50, 6:51, 6:52, 6:53, 6:58, 18:28, 21:5, 21:12, 21:15 y cinco veces la palabra *trógo*: 6:54, 6:56, 6:57, 6:58 y 13:18. Veamos en qué contexto es que este evangelista usa una y otra vez la palabra *trógo* en su sexto capítulo (recuerde que *fágo* es comer en sentido literal o figurativo y que *trógo* es masticar produciendo el ruido que se genera cuando se mastica):

> *"54 El que come (**trógo**) mi carne y bebe mi sangre, tiene vida eterna; y yo le resucitaré en el día postrero. 55 Porque mi carne es verdadera comida, y mi sangre es verdadera bebida. 56 El que come (**trógo**) mi carne y bebe mi sangre, en mí permanece, y yo en él. 57 Como me envió el Padre viviente, y yo vivo por el Padre, asimismo el que me come (**trógo**), él también vivirá por mí. 58 Este es el pan que descendió del cielo; no como vuestros padres comieron (**fágo**) el maná, y murieron; el que come (**trógo**) de este pan, vi-*

virá eternamente. [59] Estas cosas dijo en la sinagoga, enseñando en Capernaúm."

El evangelista quiso dejar claro y eliminar cualquier posibilidad de un sentido figurativo[1] a esa acción de comer su carne.

En el versículo 51 Jesús dice: *"Yo soy ese pan vivo que ha bajado del cielo; el que come de este pan, vivirá para siempre. El pan que yo daré es mi propia carne. Lo daré por la vida del mundo".*

¿Cuándo nos dio Él su carne para darle vida al mundo?

En la cruz. Su entrega en ese madero no fue simbólica, así que sus palabras *"El pan que yo daré es mi propia carne"* no se pueden tomar como simbólicas.

Jesús no tiene nada que aclarar

Después que Jesús le dice varias veces a la multitud que deberían masticar su carne para alcanzar la vida eterna, ellos empezaron a murmurar aterrados por lo que habían escuchado. Y no era para menos. Las palabras de Jesús les han debido sonar ciertamente repugnantes y aptas solo para caníbales.

Recordemos que la ley les impedía tomar la sangre de ningún animal (Génesis 9:4), lo que explica sus palabras: *"Al oír estas enseñanzas, muchos de los que seguían a Jesús dijeron: —Esto que dice es muy difícil de aceptar; ¿quién puede hacerle caso?"* Juan 6:60

Esto nos confirma que ellos entendieron literalmente las palabras de Jesús. Él les contestó: *"Jesús, dándose cuenta de lo que estaban murmurando, les preguntó: — ¿Esto les ofende? —"* Juan 6:61

Él no aclara nada. Él no les dice que ellos lo entendieron mal, que ellos lo entendieron literalmente y que por eso ellos encuentran tan difíciles estas

---

[1] En el idioma arameo, que era el que hablaba Jesús, existía la expresión "comer la carne" o "beber la sangre" de otra persona, para simbolizar su persecución o ataque, como por ejemplo: *"Cuando se juntaron contra mí los malignos, mis angustiadores y mis enemigos, Para comer mis carnes, ellos tropezaron y cayeron."* Salmo 27:2. RVR 1960.

Otros ejemplos se pueden ver en Isaías 9:18-20, Isaías 49:26, Miqueas 3:3, 2 Samuel 23:17, Apocalipsis 17:6 y Apocalipsis 17:16, entre otros.

palabras. ¡No! Él no sólo no les aclara, sino que por el contrario, les pregunta si eso los ofendió.

Puesto que Jesús, el maestro de las parábolas, el maestro en hallar historias figuradas para transmitir un mensaje, no hace ninguna aclaración, ni ninguna corrección a un posible mal entendido, los que lo escucharon ¡se fueron! ¡Lo abandonaron! Y lo abandonaron porque si entendieron exactamente lo que Él les quiso decir, y lo que entendieron les pareció simplemente repugnante.

"Desde entonces, muchos de los que habían seguido a Jesús lo dejaron, y ya no andaban con él." Juan 6:66

Él no salió a detenerlos. Él no les dijo que lo habían entendido mal. Él no les dijo que Él lo había dicho en sentido figurado y que ellos lo habían entendido en forma literal. Él no les dijo que era como una parábola y que ellos lo habían entendido al pie de la letra. ¡No! Él los deja ir. Volteándose les pregunta a sus discípulos: *"Jesús les preguntó a los doce discípulos: —¿También ustedes quieren irse? —" Juan 6:67.*

Tiempo después, en la última cena del Señor, Jesús pronuncia unas palabras que cerrarían ese círculo que comenzó con el discurso en Capernaúm: *"Mientras comían, Jesús tomó en sus manos el pan y, habiendo dado gracias a Dios, lo partió y se lo dio a los discípulos, diciendo: —Tomen y coman, esto ES mi cuerpo. —" Mateo 26:26*

Fijémonos en estas palabras. Primero Él coge el pan, que sabía a pan, olía a pan, tenía el color del pan, y se había preparado como un pan y luego dice que ese pan ES su cuerpo y no dice que simboliza o que contiene su cuerpo. Dice ¡es!

La palabra griega que usaron los evangelistas Mateo, Marcos, Lucas y Pablo cuando consignan estas palabras fue: *estin*. Católicos, ortodoxos y protestantes traducen esta palabra como *"es"*.

Sí yo que no soy policía le digo a una persona que está arrestada, la persona se va a reír y nada va a pasar, pero si el que las pronuncia es un verdadero policía, una persona que posee la autoridad para hacerlo, la realidad cambia y la persona queda arrestada.

Sí yo estoy de espectador en un estadio de futbol y digo que hubo penalti, no va a pasar nada, pero si el que las dice es el árbitro que posee la autoridad para hacerlo, la realidad cambia y se sanciona el penalti.

Nos dice el evangelista Juan en su primer capítulo: "*En el principio ya existía la Palabra; y aquel que es la Palabra estaba con Dios y era Dios... Aquel que es la Palabra se hizo hombre y vivió entre nosotros.*". La palabra de Dios es creadora. La palabra de Dios transforma la realidad. Encontramos en el primer capítulo del Génesis: "*Entonces Dios dijo: « ¡Que haya luz!» Y hubo luz.*". Así que cuando él dijo: "*...esto es mi cuerpo*" ese pan que el sostenía en sus manos, fue su cuerpo. Él posee la autoridad que crea, que transforma. Él puede transformar el pan y el vino en su cuerpo y su sangre.

¿Cómo ocurre la transformación?

Existen realidades que distan muchísimo de su apariencia. Cuando miramos el firmamento en una noche estrellada y vemos las estrellas, ellas aparentan estar ahí, la realidad es que la inmensa mayoría de las que vemos ya no existen; existieron hace millones de años, pero como estaban tan distantes, su luz sigue viajando hasta nosotros. La realidad es que hoy ya no existen. La apariencia es muy diferente a la realidad.

La carta apostólica "*Spiritus Et Sponsa*" del papa Juan Pablo II, escrita el 4 de diciembre del 2003, dice en uno de sus apartes:

> "*Existen interrogantes que únicamente encuentran respuesta en un contacto personal con Cristo. Sólo en la intimidad con Él cada existencia cobra sentido, y puede llegar a experimentar la alegría que hizo exclamar a Pedro en el monte de la Transfiguración: "Maestro, ¡qué bien se está aquí!" (Lucas 9, 33). Ante este anhelo de encuentro con Dios, la liturgia ofrece la respuesta más profunda y eficaz. Lo hace especialmente en la Eucaristía, en la que se nos permite unirnos al sacrificio de Cristo y alimentarnos de su cuerpo y su sangre*".

San Ignacio de Antioquía, obispo de Antioquía escribió siete cartas camino a su martirio en Roma donde sería devorado por los leones en el año 107 d.C.[1]. En su carta a los Efesios llama a la Eucaristía "*medicina de inmor-*

---

[1] Algunos historiadores fechan su muerte en el 110 d.C.

talidad"[1] y categóricamente expresa en su carta a los Esmírneos *"La Euca-rística es la carne de nuestro Salvador Jesucristo"*[2]. Igualmente enfatiza la validez de la consagración solo a través del obispo o de quien él delegue *"Solo aquella Eucaristía ha de tenerse por válida, que se celebra bajo el obispo o aquel a quien él se lo encargare"*[3].

"La Didaché" o *"Doctrina de los doce apóstoles"*, es considerado uno de los escritos cristianos no canónicos más antiguos que existen. Estudios recientes ubican estos escritos en el año 160 d.C. Dice en uno de sus apartes *"Pero que nadie coma ni beba de vuestra Eucaristía sin estar bautizado en el nombre de Jesús; pues de esto dijo el Señor: no deis lo santo a los perros."*[4].

Es claro entonces que desde los orígenes mismos de la Iglesia, era entendida la presencia real de Jesucristo en la Eucaristía, a pesar de no tenerlo explicado en la forma tan elegante que hizo Santo Tomas en el siglo XIII, cuando explicó la transformación que ocurría en las manos del sacerdote, llamándola transubstanciación.

El filósofo Aristóteles alumno de Platón nacido en el 384 a.C., es el padre de la teoría filosófica de la sustancia. Aristóteles creía que la realidad se puede conocer tal cual es, a través de la razón y de los sentidos. Él sostenía que si una persona observaba un caballo, mediante su razón podía hallar lo que lo caracterizaba como caballo, y a eso lo llamó la substancia. La substancia es aquello que define a un ser, lo que realmente es el ser, lo que nos permite identificar a un caballo (siguiendo el ejemplo) entre millones de animales. Sin embargo esta substancia puede sufrir accidentes que son perceptibles a través de nuestros sentidos, como puede ser que el caballo sea negro o blanco (realmente, da igual que el caballo sea negro o blanco, porque eso es un accidente, porque no es algo que lo defina como caballo).

---

[1] Carta a los Efesios, San Ignacio de Antioquía. C.20.n2 (FUNK-BIHLMEYER, 86,14-16; Ruiz Bueno (B.A.C.) 459; MG 5,661 A).

[2] Carta a los Esmírneos, San Ignacio de Antioquía. C.7 n.1 (FUNK-BIHLMEYER, 108.5-92; Ruiz Bueno 492; MG 5,713 A).

[3] Carta a los Esmírneos C.8 n.1s (FUNK-BIHLMEYER, 108.17-21; Ruiz Bueno 493; MG 5,713 B).

[4] Didaché C.9s (KLAUSER, 23ss; Ruiz Bueno, 86ss).

El prefijo *trans* denota un cambio. En el caso de la transubstanciación ¿qué es lo que cambia? la sustancia, que deja de ser la del pan y la del vino y se transforman en la sustancia de la carne y la sangre de Cristo. Los accidentes se mantienen iguales, es decir su color, sabor, textura, peso, olor, forma, estado, etc.

Es tal vez el Catecismo Tridentino en su artículo 2360 el que mejor describe lo que pasa después de la consagración:

> *"Y procedamos ya a declarar y desentrañar los divinos misterios ocultos en la Eucaristía, que en modo alguno debe ignorar ningún cristiano.*
>
> *San Pablo dijo que cometen grave delito quienes no distinguen el cuerpo del Señor. Esforcémonos, pues, en elevar nuestro espíritu sobre las percepciones de los sentidos, porque, si llegáramos a creer que no hay otra cosa en la Eucaristía más que lo que sensiblemente se percibe, cometeríamos un gravísimo pecado.*
>
> *En realidad, los ojos, el tacto, el olfato y el gusto, que sólo perciben la apariencia del pan y del vino, juzgarán que sólo a esto se reduce la Eucaristía. Los creyentes, superando estos datos de los sentidos, hemos de penetrar en la visión de la inmensa virtud y poder de Dios, que ha obrado en este sacramento tras admirables misterios, cuya grandeza profesa la fe católica.*
>
> *El primero es que en la Eucaristía se contiene el verdadero cuerpo de Nuestro Señor, el mismo cuerpo que nació de la Virgen y que está sentado en los cielos a la diestra de Dios Padre.*
>
> *El segundo, que en la Eucaristía no se conserva absolutamente nada de la substancia del pan y del vino, aunque el testimonio de los sentidos parezca asegurarnos lo contrario.*
>
> *Por último -y esto es consecuencia de los dos anteriores, y lo expresa claramente la fórmula misma de la consagración-, que, por acción prodigiosa de Dios, los accidentes del pan y del vino, percibidos por los sentidos, quedan sin sujeto natural. Es cierto que vemos íntegras todas las apariencias del pan y del vino, pero subsisten por sí mismas, sin apoyarse en ninguna substancia. Su propia substancia de tal modo se convierte en el cuerpo y sangre de Cristo, que deja de ser definitivamente substancia de pan y de vino."*

La Iglesia católica ortodoxa que al igual que la católica romana, comparten esta misma creencia, no se refieren a este extraordinario evento como transubstanciación sino como misterio.

¿Qué creen las iglesias protestantes?

Contrario a la enseñanza de la Iglesia católica existe otra interpretación nacida del luteranismo y que luego fue adoptada por el anglicanismo: la de la consubstanciación o unión sacramental. Básicamente el prefijo *con* denota que algo está con la sustancia. ¿Y que es ese algo? es Cristo.

En la obra *Confesión de Concordia*[1] dice en el capítulo referente al sacramento del altar[2], en la sección que contiene en lo que sí creen:

> *"Creemos, enseñamos y confesamos que en la santa cena el cuerpo y la sangre de Cristo están presentes real y esencialmente, y realmente se distribuyen y se reciben <u>con</u> el pan y el vino."*

La mayoría de las iglesias protestantes adoptaron la enseñanza calvinista que sostienen que la presencia de Cristo en la eucaristía no es real, sino solamente espiritual. Ellos no creen ni en la transubstanciación ni en la consubstanciación. Por esta razón no es necesaria la intervención de un sacerdote, como sí es requerida en la transubstanciación, donde el sacerdote coopera en la conversión.

---

[1] Especie de catecismo luterano. La obra está dividida entre lo que si creen y lo que no creen. Se publicó por primera vez en 1577.

[2] Lo que para nosotros es la Eucaristía.

Capítulo XII

¿Porque los sacerdotes no se pueden casar?

P orque los sacerdotes no se casan? Es la pregunta que muchos católicos y no católicos se hacen, más con el propósito de una crítica que con real deseo de conocer una respuesta sería.

La frecuencia con que formulan esta pregunta, depende de si recientemente ha habido algún tipo de escándalo sexual en el que esté involucrado un sacerdote católico.

Les he preguntado a algunas personas mayores si recuerdan en su juventud que la gente hiciera esta pregunta; muchos me han contestado que sí. Esto me hace pensar que esta inquietud no es nueva, que ha debido de estar en las mentes de los laicos por muchos años o siglos, y digo en la mente de los laicos y no de los sacerdotes, ya que ellos no se hacen esta pregunta. Ellos han tenido años para meditarla y madurarla durante su permanencia en el seminario y han escogido y aceptado libremente ser sacerdotes con todas las condiciones que la Iglesia requiere para esa vocación. El celibato es una de ellas, pero no la única.

El celibato según el diccionario de la Real Academia Española es sinónimo de soltería, sin embargo el término es más asociado a una opción de vida que al hecho de no estar casado.

En las personas del mundo occidental, esta palabra ha estado vinculada a la Iglesia católica romana y en las personas del mundo oriental, lo ha estado mucho más a través del Hinduismo y del Budismo entre otras religiones.

La Iglesia ha tenido desde sus orígenes en una muy alta estima el celibato eclesial no como un desprecio hacia el matrimonio, sino como exaltación a ese profundo deseo de imitar a Jesús que fue célibe. Decía en una ocasión Monseñor Héctor Aguer, Arzobispo de La Plata, que "*El celibato sacerdotal es una verdadera perla preciosa que la Iglesia custodia desde hace siglos*". Un sacerdote que vive su vocación es un tesoro de Dios para el mundo. Por ello, Gandhi decía: "*El nervio de la Iglesia católica, aquello que le da vigor y cubre todas sus manchas, es el celibato de sus sacerdotes.*". Ambas vocaciones: celibato y matrimonio, fueron temas tratados por Jesús y registrados en los evangelios.

Empecemos por aclarar que la pregunta como la hace el común de la gente, está mal formulada. ¿Porque los sacerdotes no se casan? ¿Porque Roberto no se casa? ¿Porque Carlos y Helena no se casan?, la respuesta en los tres casos es la misma: porque no quieren. La pregunta correcta sería ¿Porque la Iglesia del rito latino no ordena como sacerdotes a hombres casados?

Si el sacerdote Luis se enamora de Carmen que es tan buena mujer y es muy cristiana ¿se pueden casar?

La respuesta es: si, solo que hay un largo camino para lograrlo. Luis tiene primero que solicitar la reducción al estado laical[1] con la dispensa de las obligaciones sacerdotales a la Sagrada Congregación para la Doctrina de la Fe, como lo establece el Código de Derecho Canónico y si el papa la concede, se pueden casar[2]. Igual que el laico Jaime, que habiendo estado casado por lo civil con Luz y quiere casarse con Adriana, debe solicitar la separación de Luz a una corte civil y sí está la concede pueden contraer nupcias nuevamente.

---

[1] Ver las *Normas para Proceder a la Reduccion al Estado Laical en las Curias Diocesanas y Religiosas* de la Sagrada Congregación para la Doctrina de la Fe, del 13 de enero de 1971.

[2] En 1985 se estimaba en 5,800 los casos en espera de ser aprobados, según revelaciones del encuentro de sacerdotes casados, llevado a cabo en la ciudad de Ariccia Italia.

¿Sí el papa concede la dispensa a un sacerdote, le puede seguir sirviendo a la Iglesia como sacerdote?

No como sacerdote. De muchas otras formas, pero no como sacerdote. Igual que Juan que es colombiano de nacimiento le puede servir de muchas formas a los Estados Unidos, pero no como presidente del país, ya que ese es un servicio solo posible para los nacidos en territorio estadounidense.

Si Enrique que después de muchos años de noviazgo con Constanza se quiere casar, ha sentido un fuertísimo llamado del Señor para servirle, ¿le puede servir al Señor como hombre casado?

Si lo puede hacer; ordenándose como diácono dentro de la Iglesia católica romana u ordenándose como sacerdote dentro de la Iglesia católica ortodoxa en uno de los varios ritos que ordenan hombres casados como sacerdotes. En ésta segunda opción nunca podría llegar a ser obispo ya que este cargo es reservado para los sacerdotes célibes.

Hace unos años en la ciudad de Miami, un popular sacerdote católico fue fotografiado besándose con una mujer en la playa. Cuando estalló el escándalo, muchas personas católicas y no católicas, se congregaron al frente de varias Iglesias para demandar la abolición del celibato. Se apropiaron de esta causa que consideraban injusta y antinatural. Según ellos, estaban velando por el bienestar de sus sacerdotes.

Me gustaría algún día ver la misma preocupación de esas personas para pedir por ejemplo que el gobierno estadounidense les quite el régimen tributario más oneroso que les imponen a los sacerdotes, o para pedir por una mejor retribución económica para ellos.

Tampoco se escucha mucho de personas que demanden por la abolición del celibato para las monjas, como si las razones que invocan para los hombres no fueran extensivas también para las mujeres.

¿Deberían las mujeres protestar porque la Federación Internacional de Futbol Asociado (FIFA) no permite equipos mixtos en sus mundiales de futbol? ¿Deberíamos protestar porque en las bibliotecas públicas de los Estados Unidos, no permiten el ingreso de las personas en vestido de baño?

Todas las instituciones tienen sus normas y sus miembros las aceptan voluntariamente. Si no les parece o no están de acuerdo, pues no se vinculan a esa institución y buscan otra que si se acomode a sus gustos y preferencias.

Pero, Pedro era casado

Pero si Pedro, que fue el primer papa que hubo en la tierra, escogido por Jesús era casado, ¿porque no pueden serlo los sacerdotes de hoy en día?

"Jesús fue a casa de Pedro, donde encontró a la suegra de éste en cama y con fiebre. Jesús tocó entonces la mano de ella, y la fiebre se le quitó, así que ella se levantó y comenzó a atenderlo." Mateo 8:14-15

La Biblia nos permite asegurar que ciertamente Pedro era casado, y aunque es el único de los apóstoles al que se le comprueba su estado civil, es válido pensar que él no era el único.

Sin embargo en su deseo de imitar a Jesús, dejaron a sus esposas, a sus hijos y a sus familias para entregarse de lleno a su misión evangelizadora.

"Y Pedro dijo: He aquí, nosotros lo hemos dejado todo y te hemos seguido. Entonces Él les dijo: En verdad os digo: no hay nadie que haya dejado casa, o mujer, o hermanos, o padres o hijos por la causa del reino de Dios, que no reciba muchas veces más en este tiempo, y en el siglo venidero, la vida eterna." Lucas 18:28-30

Jesucristo respaldó y exhortó esta disciplina que tomó muchos años entenderla, madurarla y adoptarla en plenitud:

"Hay diferentes razones que impiden a los hombres casarse: unos ya nacen incapacitados para el matrimonio, a otros los incapacitan los hombres, y otros viven como incapacitados por causa del reino de los cielos. El que pueda entender esto, que lo entienda." Mateo 19:12

Toda la prédica de Jesús giró en torno a lo que hay que hacer y dejar de hacer por causa del reino de los cielos, y aquí nos esta mencionando esta otra. Esta disciplina no está dirigida a todos los hombres sino sólo aquellos que la puedan entender, es decir para aquellos que tengan esa vocación.

Si existe un grupo que sí lo puede entender, también hay un grupo que no lo puede entender, que son los que demandan la abolición de esta práctica. Ser sacerdote exige una serie de renuncias, sacrificios y entregas que no todos pueden entender.

Les he preguntado a varios sacerdotes cuál de los votos de obediencia, castidad y pobreza les ha resultado más difícil de cumplir y todos me han contestado lo mismo: el de la obediencia. Esto no todos lo entienden. Dice el padre Jordi Rivero, sacerdote católico de la Arquidiócesis de Miami, *"Soy célibe, no por una imposición arbitraria sino por una llamada de Dios a la cual asiento con todo mi corazón y con profundo agradecimiento y alegría."*

San Pablo, que nunca se casó, se extiende un poco más en este tema al explicar la razón detrás de esta vocación:

"Yo quisiera librarlos a ustedes de preocupaciones. El que está soltero se preocupa por las cosas del Señor, y por agradarle; pero el que está casado se preocupa por las cosas del mundo y por agradar a su esposa, y así está dividido. Igualmente, la mujer que ya no tiene esposo y la joven soltera se preocupa por las cosas del Señor, por ser santas tanto en el cuerpo como en el espíritu; pero la casada se preocupa por las cosas del mundo y por agradar a su esposo. Les digo esto, no para ponerles restricciones, sino en bien de ustedes y para que vivan de una manera digna, sirviendo al Señor sin distracciones." 1 Corintios 7:32-35

En el libro del Apocalipsis (14:1-5) se hace mención de un grupo de ciento cuarenta y cuatro mil[1] personas[2] que tenían escrito el nombre del Cordero en sus frentes, y que habían permanecido célibes. En ese mismo capítulo se cuenta del premio que ellos recibieron.

Ya desde la antigüedad varios historiadores cristianos y algunos padres de la Iglesia nos cuentan cómo el celibato fue ganando popularidad dentro de las comunidades cristianas, extendiéndose entre las Iglesias Orientales y Occidentales.

El padre de la Iglesia Quinto Septimio Florente Tertuliano, más conocido como Tertuliano, escribe una carta en el año 208 que tituló *De exhortatione castitatis*[3] en la que hace una exposición de argumentos en favor de esta práctica y cómo había sido adoptada por muchas de las Iglesias.

---

[1] 144,000 = 12 Patriarcas de Israel (A.T.) x 12 Apóstoles (N.T.) x 1000 (Inmensidad o totalidad).

[2] Los servidores del Señor.

[3] Una Exhortación a la Castidad.

Historia del celibato eclesial

El celibato sacerdotal nunca ha sido parte de los dogmas[1] de la Iglesia, sino una disciplina eclesiástica que ha tenido cambios a lo largo de la historia y que teóricamente podría seguir teniéndolos. De darse estos cambios, ello no constituiría una variación en las posturas dogmáticas de nuestra Iglesia. En su Teología del Cuerpo de 1983, el papa Juan Pablo II afirmaba:

"El don recibido por las personas que viven en el matrimonio es diferente del que reciben las personas que viven en virginidad y han elegido la continencia por el bien del reino de Dios. De todos modos, es un verdadero regalo de Dios, un regalo del propio, destinado a personas concretas. Es específico, es decir, adecuada a su vocación en la vida. Por lo tanto, se puede decir que el Apóstol subraya también la acción de la gracia en cada persona —en el que vive en el matrimonio no menos que en el que voluntariamente elige la continencia—."

Tomó poco más de un siglo perfeccionar el celibato sacerdotal al nivel que lo conocemos hoy, pero desde el origen mismo de la Iglesia, ésta fue una disciplina muy valorada que conjugaba bien con la labor sacerdotal.

Haciendo un resumen se puede ver la evolución del celibato en tres grandes periodos:

Desde el principio hasta el siglo IV: Para Moisés la abstinencia fue un requisito para poder participar en la rendición de culto que el pueblo de Israel le iba a ofrecer a Dios pocos meses después de haber salido de Egipto: *"Moisés bajó del monte a preparar al pueblo para que rindiera culto a Dios. La gente se lavó la ropa, y Moisés les dijo: —Prepárense para pasado mañana, y mientras tanto no tengan relaciones sexuales."* Éxodo 19:14-15.

El profeta Jeremías fue célibe por mandato de Dios *"El Señor se dirigió a mí, y me dijo: «No te cases ni tengas hijos en este país."* Jeremías 16:1-2.

Los sacerdotes del pueblo de Israel tenían por costumbre el abstenerse de tener relaciones sexuales con sus esposas cuando les correspondía hacer el servicio en el santuario.

---

[1] Proposiciones emanadas por la cúpula de la Iglesia que se dan por ciertas.

San Pablo, el gran arquitecto de nuestra Iglesia fue una persona célibe que recomendaba, más no imponía, que aquellos que se entregaran al servicio del Señor, imitaran su ejemplo:

"Personalmente, quisiera que todos fueran como yo; pero Dios ha dado a cada uno diferentes dones, a unos de una clase y a otros de otra. A los solteros y a las viudas les digo que es preferible quedarse sin casar, como yo." 1 Corintios 7:7-8

El judío de la época tenía muy arraigado el mandato: *"Creced y multiplicaos y poblad la tierra"*. Así que no abundaban en número la cantidad de personas célibes, por lo que los apóstoles limitaron sus criterios de selección para el sacerdocio a una conducta irreprochable[1]. Si eran casados: hombres de una sola mujer, a la que amarían como Cristo nos amó. Si eran solteros: que honraran su estado.

El celibato fue muy valorado y admirado durante estos primeros siglos. Muchos de los obispos, diáconos y otros servidores, fueron célibes y propagaron su ejemplo dentro de sus comunidades.

Tertuliano en su carta *De exhortatione castitatis* y Orígenes en su escrito *In Leviticum* dan testimonio de este hecho.

Del siglo IV al XII: La más antigua prueba documentaria que se tiene de la posición de la Iglesia con respecto al celibato, data del año 305. En ese año el concilio de Elvira decretó en su canon 33:

"Se ha decidido por completo la siguiente prohibición a los obispos, presbíteros y diáconos o a todos los clérigos puestos en ministerio: que se abstengan de sus mujeres y no engendren hijos; y quien quiera lo hiciere, sea apartado del honor de la clerecía"

Es importante recordar que cuando la Iglesia emite un pronunciamiento en un concilio es porque durante muchos años, incluso cientos, hay unanimidad entre sus miembros sobre la materia. La legislación solo cumple el requisito de formalizar lo que ya viene siendo norma y costumbre en las iglesias de tiempo atrás[2].

---

[1] Ver 1 Timoteo 3:1-13. Tito 1:6-9.

[2] En el capítulo XXV se explica en mayor profundidad esta práctica de la Iglesia.

Hacia finales del siglo IV, tiempos del papa Dámaso I (366-384) o del papa Siricio (384-399), Inocencio I y León I, ordenaron el celibato al clero. Otros concilios locales en África, Francia e Italia publicaron decretos haciendo obligatoria esta práctica.

Concilios del siglo VI y VII reglamentaron explícitamente que los obispos deben dejar a sus esposas una vez ordenados, mientras que para los sacerdotes y diáconos parecería no exigirse la separación.

En el siglo VIII el papa Zacarías no quería aplicar a todas las iglesias locales las costumbres de otras Iglesias orientales, de modo que cada una podía legislar como le pareciera más conveniente.

Lo que nunca se aceptó fue que un ordenado pudiese casarse.

En el primer concilio de Letrán del año 1123, bajo el papa Calixto II, se decretó de forma implícita la ley del celibato. En el segundo concilio de esta ciudad, bajo el papa Alejandro II, se hace de forma explícita al redactarse los cánones 6 y 7.

Mientras el primer concilio sólo habla de la disolución matrimonial de los clérigos mayores, el segundo decretó la invalidez del matrimonio en estos términos: *"los matrimonios de subdiáconos, diáconos y sacerdotes después de la ordenación son inválidos: y los candidatos al sacerdocio que ya están casados, no pueden ser ordenados"*. Esta decisión fue confirmada por los papas Alejandro III en el año 1180 y Celestino II en 1198.

Del siglo XII hasta nuestros días: Con estas disposiciones formando parte del canon de la Iglesia, el celibato comienza a extenderse y aplicarse en el occidente conocido. La Iglesia oriental, ya en este momento apartada de Roma, continúa con su tradición de ordenar a hombres casados, pero nombrando obispos solo a los célibes.

Esto no implica que la Iglesia vea el sexo como algo malo o "sucio". La Iglesia santifica el celibato precisamente por el gran valor de lo que se está sacrificando. Nadie intentaría poner basura sobre el altar para ser santificado. El sacerdote ofrece al Señor algo que es bueno para recibir algo que es mejor.

Varios papas redactaron encíclicas tratando el tema, profundizando en su conveniencia y aumentando el convencimiento para justificar esta disciplina.

Encíclica *Sacerdotalis Caelibatus*

Una encíclica es el documento más importante que escribe un papa, dirigido a los obispos, sacerdotes y a toda su feligresía donde trata un tema específico de la Iglesia o sobre su doctrina. Podemos asimilar una encíclica con las cartas que escribía san Pablo a los romanos, a los tesalonicenses, a los gálatas, a los efesios, etc.

Se han escrito muchas encíclicas que abordan el tema del celibato. Entre las más recientes se encuentran:

- *"Ad Catholici Sacerdotii"* sobre el Sacerdocio Católico, papa Pio XI, 1935.
- *"Sacra Virginitas"* sobre la Sagrada Virginidad, papa Pio XII, 1954.
- "Sacerdotalis Caelibatus" sobre el Celibato Sacerdotal, papa Pablo VI, 1967.

En esta última, fruto del Concilio Vaticano II, el papa aborda el tema del celibato sacerdotal analizando todos y cada uno de los aspectos que pudieran considerarse a favor y en contra. En su considerando se puede leer:

"Pero en el clima de los nuevos fermentos, se ha manifestado también la tendencia, más aún, la expresa voluntad de solicitar de la Iglesia que reexamine esta institución suya característica, cuya observancia, según algunos, llegaría a ser ahora problemática y casi imposible en nuestro tiempo y en nuestro mundo."

"¿Debe todavía hoy subsistir la severa y sublimadora obligación para los que pretenden acercarse a las sagradas órdenes mayores? ¿Es hoy posible, es hoy conveniente la observancia de semejante obligación? ¿No será ya llegado el momento para abolir el vínculo que en la Iglesia une el sacerdocio con el celibato? ¿No podría ser facultativa esta difícil observancia? ¿No saldría favorecido el ministerio sacerdotal, facilitada la aproximación ecuménica? ¿Y si la áurea ley del sagrado celibato debe todavía subsistir con qué razones ha de probarse hoy que es santa conveniente? ¿Y con qué medios puede observarse y cómo convertirse de carga en ayuda para la vida sacerdotal?"

Ciertamente la Iglesia no es sorda ni desentendida como muchos pueden llegar a pensar. Todo lo contrario. En esta encíclica la Iglesia recopiló todas esas razones que el común de las personas invocan como razones para su abolición y nos permite apreciar una Iglesia que escucha la voz de sus feligreses. Entre otras muchas consideraciones, tuvo en cuenta:

- No existe una orden expresa por parte de Jesús a esta disciplina cuando seleccionó a sus discípulos.

- Si resulta justo apartar del sacerdocio a aquellos que cuentan con esta vocación, pero que también tienen una fuerte vocación a la conformación de una familia propia.

- Esta disciplina influye en la cada vez mayor escasez de hombres que quieran sumarse a las filas sacerdotales.

- Esta disciplina puede ser la causa de las infidelidades de los sacerdotes, causando heridas y escándalos al cuerpo de la Iglesia.

- Puede llegar a ser un grandísimo testimonio para nuestras comunidades, un sacerdote que además lleve una vida de esposo.

- Es posible que esta práctica violente la naturaleza humana en lo físico y en lo psicológico.

- En el cumplimiento de esta disciplina, el sacerdote acumula en el tiempo una soledad fuente de amargura y desaliento.

Después de estos considerandos, veamos algunas de las razones más relevantes que la llevaron en su momento a ratificar esta disposición, que ayer y hoy, un innumerable grupo de ministros sagrados —subdiáconos, diáconos, presbíteros y obispos— viven con valiente austeridad, con gozosa espiritualidad y con ejemplar integridad.

- Jesucristo constituido como sacerdote eterno, en plena armonía con su misión, permaneció toda la vida en el estado de virginidad, en total dedicación al servicio de Dios y de los hombres. En nuestro tiempo actual el sacerdote es Cristo presente, de ahí la suma conveniencia que en todo reproduzca su imagen y en particular que siga su ejemplo en su vida íntima lo mismo que en su vida de ministerio.

- Jesucristo prometió una recompensa superabundante a todo el que hubiera abandonado casa, familia, mujer e hijos por el reino de Dios (Lucas 18:29-30).

- La sagrada virginidad es un don especial que el Espíritu otorgará a los que participan del sacerdocio de Cristo.

- Precisamente por vivir en un mundo en crisis de valores, se hace más necesario el testimonio de vidas consagradas a los más altos valores del alma, a fin de que a este tiempo nuestro, no le falte el ejemplo de estos grandes regalos a Dios.

- Nuestro Señor Jesucristo no vaciló en confiar a un puñado de hombres que cualquiera hubiera juzgado insuficiente por número y calidad, la misión formidable de la evangelización del mundo. A este «pequeño rebaño» le advirtió que no se desalentase (Lucas 12:32), porque con Él y por Él, gracias a su constante asistencia (Mateo 28:20), conseguirían la victoria sobre el mundo (Juan 16: 33). La mies del reino de los cielos es mucha y los obreros, hoy lo mismo que ayer, son pocos y no han llegado jamás a un número tal, que el juicio humano lo haya podido considerar suficiente.

- No se puede confirmar fácilmente la idea de que con la abolición del celibato eclesiástico crecerían, por el mero hecho y de modo considerable, las vocaciones sagradas. La experiencia contemporánea de la Iglesia y de las comunidades eclesiales que permiten el matrimonio a sus ministros, parece testificar lo contrario.

- No es justo repetir que el celibato es contra la naturaleza por contrariar a exigencias físicas, psicológicas y afectivas legítimas. El hombre no es solamente carne, ni el instinto sexual le es todo. El hombre es también y sobre todo inteligencia, voluntad y libertad. Gracias a estas facultades le hacen dominador de los propios apetitos físicos, psicológicos y afectivos.

- El deseo natural y legítimo del hombre de amar a una mujer y de formar una familia son ciertamente superados en el celibato; pero no se prueba que el matrimonio y la familia sean la única vía para el crecimiento integral de la persona. En el corazón del sacerdote no se ha apagado el amor. La caridad, ejercitada a imitación de Dios y de Cristo, no menos que cualquier auténtico amor, es exigente y concreta (1 Juan 3:16-18).

- La carrera del joven aspirante al sacerdocio ha sido guiada con total franqueza y sin ningún tipo de ocultamiento de los compromisos y responsabilidades que se adquieren, dejándole pasar largos periodos de tiempo entre cada una de las etapas, con el fin de ir poniendo a prueba su madurez antes de la ordenación.

- La castidad sacerdotal se incrementa, protege y defiende también con una forma de vida, con un ambiente y con una actividad propia de un ministro de Dios.

Sacerdotes católicos casados

A finales de 1970 un grupo de clérigos de la iglesia Anglicana de los Estados Unidos, pidieron ser admitidos como sacerdotes católicos al papa Pablo VI. Sacerdotes casados y con hijos.

En 1980, el papa Juan Pablo II estableció un procedimiento por medio del cual los clérigos episcopalianos casados y con familia, podían ser ordenados como sacerdotes católicos.

Desde 1983 y hasta el 2013, unos 75 antiguos clérigos episcopalianos casados se han ordenado como sacerdotes católicos en EEUU.

Según un artículo de Dwight Longenecker en *CrisisMagazine.com*, en el Reino Unido desde 1990 son unos 600 los clérigos anglicanos que han sido ordenados como sacerdotes católicos, de los cuales 150 eran casados. Estos sacerdotes se encuentran al frente de sus también convertidas parroquias, o como capellanes en las fuerzas militares o en labores administrativas.

Sin embargo, no es frecuente verlos como párrocos de alguna Iglesia de total tradición católica.

Capítulo XIII

¿El celibato, origen de los sacerdotes pederastas?

La pederastia es un cáncer que tiene nuestra sociedad y tristemente no es exclusivo de nuestra Iglesia, como la prensa y otros medios pretenden mostrarlo.

En muchas otras instituciones religiosas y no religiosas, conformadas por personas casadas se presenta esta tragedia, por lo que el celibato puede descartarse de esta terrible problemática.

Que exista un solo niño abusado por un religioso o por un laico es una vergüenza, así que no pretendo en ningún momento justificar esta conducta o disminuir el tamaño del problema, ni tampoco ignorar la estela de dolor que una conducta de éstas deja en su camino, al grado que en la mayoría de los países occidentales lo han incluido dentro de los delitos de lesa humanidad.

Solo quiero aportar información que muestra que este problema no es exclusivo de nuestros sacerdotes, que no es un problema endémico dentro de la Iglesia, que el celibato no es la razón detrás de esta conducta y finalmente, que no podemos dejarnos llevar por los medios de comunicación y centrar nuestra mirada en el punto negro dentro de la inmensa hoja blanca.

Los escándalos que han salido a luz pública pertenecen en su mayoría a la categoría de efebofilia homosexual y no de pederastia.

La efebofilia es la atracción sexual (homosexual en este caso) de un adulto hacia una persona que ya ha pasado la pubertad. La pederastia es la actividad sexual de un pedófilo con un menor de 13 años.

En palabras del arzobispo Silvano Tomasi, representante permanente del Vaticano en Naciones Unidas:

"no se debería hablar de pedofilia sino de homosexuales atraídos por adolescentes. De todos los sacerdotes implicados en casos de este tipo, entre el 80% y el 90% pertenecen a la minoría sexual que practica la efebofilia, *es decir, los que tienen relaciones con varones de los 11 años a los 17"*[1]

Los *Boy Scouts* de América

El 23 de abril del 2010 un jurado del estado de Oregón (USA), ordenó a los *Boy Scouts de América* que indemnizara con US$18,500,000 a Kerry Lewis de 38 años de edad, por los abusos sexuales que había sufrido a los 11 años por parte de su líder de tropa el señor Timur Dykes.

Seis víctimas más de este líder de tropa entablaron demandas contra esta organización.

Esta no era la primera vez que esta entidad indemnizaba a alguna de las víctimas por esta causa, pero este caso sí llego a ser el más cuantioso y publicitado. Durante el juicio se presentaron más de 1,200 informes de los archivos de los Scouts, autodenominados "perversión", comprendidos entre 1965 y 1985. Cada archivo representaba un caso reportado por un menor abusado o por sus padres. Haciendo uso de estos archivos, la defensa logró demostrar que el acusado había confesado a sus superiores de los abusos cometidos contra Kerry Lewis y a 17 menores más, sin embargo se le permitió seguir trabajando dentro de la institución.

El 18 de octubre del 2012 y por orden del mismo juez que actuó en este juicio, estos archivos junto con los comprendidos entre 1985 y 2005, se publicaron en internet eliminando solamente el nombre de la víctima y el de la

---

[1] Reunión del Consejo de Derechos humanos de la ONU en Ginebra el 30 de setiembre del 2009.

persona que denunció el incidente. La lista contiene cerca de 5,000 nombres, hombres en su mayoría y en edades que van desde los 18 años hasta la tercera edad. La mayoría de los que aparecen en esta lista, tienen una profesión establecida que incluye médicos, empresarios, pilotos, contadores, ganaderos y profesores entre otros. Muchos de ellos se encontraban casados e inclusive con hijos dentro de la misma organización cuando ocurrieron los incidentes.

La política manejada por los Scouts fue la de amonestar, trasladar y algunos pocos casos (menos de 50) de expulsar al atacante, pero siempre se abstuvieron de reportarlo a las autoridades. En varios casos, personas que conformaban esta lista, terminaron enfrentando la justicia por casos de abuso a menores fuera de los Scouts.

Con la publicación de esta lista de agresores, las victimas se han unido para entablar demandas contra la institución. Muchas demandas están en espera de ser falladas y otras se encuentran en proceso de ser presentadas.

La institución ha adquirido pólizas de seguro que los proteja de los costos financieros de estas demandas y ha constituido una reserva de US$85,000,000 para los correspondientes deducibles.

Los colegios de Estados Unidos

Bajo el primer periodo de gobierno del Presidente George Bush se aprobó en el 2001 la ley denominada: *Que ningún niño se quede atrás (en Ingles: No Child Left Behind Act)* que modificaba la ley orgánica de 1965 que creó el sistema escolar público de primaria y secundaria de los Estados Unidos. Esta ley ordenó la realización de un estudio sobre el abuso sexual en los colegios.

Concluido el estudio, el departamento de educación contrató a la doctora Charol Shakeshaft de la Universidad Hofstra para que presentara un informe de la literatura disponible sobre ese tema hasta el momento[1]. Una forma de resumir sus conclusiones después de finalizado su informe son las palabras que pronunció a la prensa el 24 de agosto del 2006:

---

[1]http://www2.ed.gov/rschstat/research/pubs/misconductreview/report.pdf

"¿Piensan que la Iglesia católica tiene un problema? El abuso físico se-
xual a los estudiantes en los colegios es 100 veces mayor que el abuso por
parte de los sacerdotes"

Más adelante criticó a la prensa por querer restarle importancia a este grave problema en los colegios públicos de Estados Unidos diciendo:

"...durante la primera mitad del 2002, los 61 periódicos más importantes
de California presentaron casi 2000 historias acerca del abuso sexual en
instituciones católicas, en su mayoría sobre hechos ocurridos en el pasa-
do. Durante este mismo periodo, esos mismos periódicos, solo presentaron
cuatro historias acerca de los resientes descubrimientos por parte del go-
bierno federal de un problema mucho mayor y creciendo, de abusos sexua-
les a estudiantes en los colegios públicos. "

El estudio arrojó las siguientes estadísticas:

- Entre estudiantes de bachillerato medio: 9.6% han sufrido algún tipo de conducta inapropiada de índole sexual. 8.7% fue sin contacto físico mientras que un 6.7% fue con contacto físico. El 21% de estos ataques provenían de parte de profesores y el otro 79% de parte de otros estudiantes.

- Entre estudiantes de bachillerato alto: 17.5% sufrió un ataque físico no deseado por parte de un profesor. 13.5% tuvo relaciones sexuales con un profesor.

La estadística final del estudio indica con un margen de error menor al 4%, que el 5% de los profesores del sistema público escolar de los Estados Unidos molestará sexualmente con contacto físico a un estudiante y 9.6% de los estudiantes sufrirán un ataque físico de naturaleza sexual no deseado en su paso por el sistema escolar[1].

La revista *The Economist* en su edición del 4 de abril del 2002 en un artículo titulado "Pasando la basura" cita un estudio realizado en 1995 sobre 225 casos de alumnos que fueron abusados sexualmente por un profesor o

---

[1] En el año 2000 se realizó el estudio más grande en Inglaterra sobre este tema por los doctores Pat Cawson, Corinne Wattam, Sue Brooker y Graham Kelly y concluyen que el 0.3% de los jóvenes entre los 18 y 24 años de edad habían sufrido un ataque físico sexual no deseado de parte de algún sacerdote, líder religioso, profesor o superior de trabajo. (http://www.nspcc.org.uk/Inform/publications/downloads/childmaltreatmentintheukexecsum mary_wdf48006.pdf)

por algún miembro de la institución escolar y se encontró que solo en el 1% de los casos el sistema escolar intentó revocar la licencia profesional del atacante.

Los Cascos Azules

Este es el nombre con el que se conocen a las fuerzas de paz de la Organización de Naciones Unidas ONU. Este cuerpo militar es el encargado de mantener la armonía en áreas de conflicto, monitorear y observar los acuerdos de paz, y brindar asistencia a ex-combatientes en la implementación de tratados con fines pacíficos. Actúan por mandato directo del Consejo de Seguridad de la ONU y sus soldados son integrantes de los respectivos ejércitos de los países miembros de las Naciones Unidas, constituyéndose así en una fuerza multinacional.

En 1988 ganaron el premio nobel de paz por sus grandes contribuciones en este sentido.

El Comisionado de Naciones Unidas para los Refugiados y la ONG *Save the Children* han presentado 1,500 declaraciones que detallan recientes abusos sexuales por parte de los cascos azules y cooperantes de hasta 40 ONG en Guinea, Liberia y Sierra Leona. Las víctimas son niñas de 13 a 17 años que viven en los campos de refugiados, de preferencia vírgenes para evitar el sida, coaccionadas a cambio de comida, alberge, medicinas, etc.

En el informe presentado por el Fondo de las Naciones Unidas para la Infancia UNICEF en abril del 2009 al cumplirse 10 años del informe Machel, se resalta que a pesar de los avances logrados en la protección de los menores, aún queda mucho por hacer incluyendo a las Naciones Unidas: *"El Secretario General Adjunto para operaciones de mantenimiento de la paz ha reconocido la naturaleza endémica y las dimensiones explotadoras del problema."*

En el libro *Sexo en las Operaciones de Paz* de la periodista Gabrielle Simm, se cuenta cómo fue necesario que la ONU desarrollara toda una normatividad de "cero tolerancia", debido al abrumante incremento de abusos sexuales a menores en las zonas de conflicto por parte de sus fuerzas militares y otros agentes encargados de proteger a la población civil en estas zonas.

Casos como el de Camboya y Somalia al comienzo de los 90, el de Liberia y Sierra Leona en el 2002 y el de la República Democrática del Congo en el 2004, involucraban principalmente miembros de los cascos azules.

Los familiares

En noviembre del 2008 el Fondo de las Naciones Unidas para la Infancia UNICEF presentó un informe según el cual cada día 5,472 niños sufren de un abuso sexual en América Latina y el Caribe.

Las niñas representan el blanco más frecuente: entre el 70% y el 80% de los casos. El 50% de los casos se tratan de ataques perpetrados por un adulto que vive bajo el mismo techo de la víctima y en tres cuartas partes el agresor es un familiar directo del menor.

Según el Instituto de la mujer de España, con datos de 1999, el 20% de las mujeres han sufrido un abuso durante su infancia. El 69% de ellas ha padecido el abuso dentro de su familia. El 75% de los abusos es de padre a hija, el 10% de madre a hijo y el 15% restante son de hermano a hermana. Según el investigador norteamericano David Finkelhor, el 72% de los abusos sexuales son producidos por los propios padres de los menores.

Los pastores

El obispo episcopal William Persell de Chicago, el viernes santo de 2002 manifestó en su homilía:

> *"Seríamos ingenuos y deshonestos, si decimos que el problema [de abuso sexual de menores] es sólo de la Iglesia católica y que nosotros no tenemos nada que ver en ello, por el hecho de que tenemos ministros mujeres y casados. Este pecado no conoce Iglesias ni fronteras."*

En una encuesta realizada por *Christian Ministry Resources*[1] en el 2001, estimó en 70 casos semanales los abusos sexuales contra un menor en las iglesias protestantes. Entre las conclusiones de la encuesta dadas por su director el señor James Cobble dice:

---

[1] Editorial especializada en asesoría impositiva y legal que trabaja al servicio de más de 75,000 congregaciones y 1,000 agencias religiosas en los Estados Unidos.

"Los católicos han acaparado toda la atención por parte de los medios de comunicación, pero el problema es aún mayor en el interior de las iglesias protestantes, simplemente a causa de su número mucho mayor"

A pesar que ya para el 2011 el porcentaje de católicos en los Estados Unidos superaba en 10% al de los protestantes: 35% contra 25%, el número de las iglesias protestantes seguía siendo absolutamente desproporcionado: 350,000 protestantes contra 19,500 católicas.

Desde 1993 un promedio del 1% de las iglesias protestantes encuestadas reportó anualmente casos de abuso sexual contra un menor, es decir 3,500 acusaciones al año o 70 semanales. De estas acusaciones solo el 21% prosperaron en un juicio o en arreglos fuera de la corte.

En el periódico *Los Angeles Times* del 25 de marzo del 2002 se habla de una encuesta realizada entre los bautistas en 1993. Dicha encuesta descubrió que el 14% de los ministros habían tenido alguna conducta sexual impropia y el 70% dijo conocer a algún ministro que la tuvo.

El profesor de historia de la Universidad de Pensilvania, Philip Jenkins y miembro de la iglesia Episcopal, en su libro *"The New Anti-Catholicism: The Last Acceptable Prejudice"* (El nuevo anti catolicismo: El último prejuicio aceptable) dice:

> *"La diferencia entre la actitud de los medios (contra la Iglesia católica) hace difícil comparar los abusos con otras denominaciones protestantes. Pero no es difícil encontrar numerosos escándalos en todo el espectro de las denominaciones protestantes que con frecuencia involucran a altos miembros de su iglesia.*
> *Algunos de los peores casos de abuso repetido por clérigos se han referido a ministros bautistas y pentecostales, en vez de sacerdotes católicos. Cada denominación cristiana ha tenido su lista de abusos. Esta pesadilla, además de afectar a los católicos, ha afectado a protestantes, judíos, mormones, testigos de Jehová, budistas y hasta devotos de Hare Krisna."*

Como se puede apreciar, el matrimonio no es la cura para esta problemática. Una persona adicta a tener relaciones sexuales con un menor, las mantendrá aun teniendo una pareja. Una persona con este tipo de enfermedad tendrá muy bajas probabilidades de mantener un matrimonio estable.

El Profesor Philip Jenkins[1] dice en su libro *"Pedofilia y sacerdotes: anatomía de una crisis contemporánea"*:

"Mi investigación de los casos reportados durante los últimos 20 años no revelan evidencias de que el clero católico o cualquier otro clero célibe sea más propenso a involucrarse en conductas inapropiadas o en abusos que el clero de cualquier otra denominación, o incluso que los laicos. Sin embargo, ciertos medios de noticias ven el asunto como una crisis del celibato, aseveración que sencillamente no tiene fundamento".

Los sacerdotes católicos

"A cualquiera que haga caer en pecado a uno de estos pequeños que creen en mí, más le valdría que lo hundieran en lo profundo del mar con una gran piedra de molino atada al cuello. ¡Qué malo es para el mundo que haya tantas incitaciones al pecado! Tiene que haberlas, pero ¡ay del hombre que haga pecar a los demás!" Mateo 18:6-7

En el periódico italiano *Avvenire* del 13 de marzo de 2010, hay una entrevista con Monseñor Charles Scicluna, promotor de justicia de la Congregación para la Doctrina de la Fe. Según monseñor Scicluna entre los años 2001-2010, se han analizado en todo el mundo 3,000 casos de sacerdotes y religiosos referentes a delitos de abusos sexuales contra menores cometidos en los últimos 50 años.

Suponiendo que todos fueran culpables y dividiéramos entre los aproximadamente 800.000[2] sacerdotes que han servido en esos 50 años, daría un 0.37% de sacerdotes que se perdieron en su misión y violaron las leyes básicas de moralidad y decencia más elementales.

¿Qué ha pasado con el otro 99.63% que han honrado su vocación al evangelio de Cristo? ¿También ocupan los titulares de la prensa?

El 60% de estos 3,000 casos se refería a efebofilia (con adolescentes del mismo sexo), un 10% de pedofilia con niños menores de 11 años y el 30% de relaciones heterosexuales con adolescentes. El doctor Philip Jenkins estima que el 90% de los abusadores eran homosexuales, otras fuentes igualmente serias estiman este porcentaje entre el 80% y 90%.

---

[1] Profesor de Historia y Estudios Religiosos de la Universidad de Pensilvania.

[2] Consultar la tabla *"El Clero y sus Ministros"* en el capítulo XVII.

En un 60% de todos los casos, debido a la avanzada edad y al precario estado de salud de los acusados, no hubo un proceso regular pero se dieron normas administrativas y disciplinarias tales como la obligación de no celebrar misa con fieles, ni ejercer el sacramento de la reconciliación y llevar una vida retirada y de oración. En el 20% de los casos se hizo un proceso penal y administrativo. En otro 10% de los casos, el papa los degradó y los redujo al estado laical. El restante 10% pidieron ellos mismos su retirada del sacerdocio, la cual fue aceptada inmediatamente.

Estos últimos casos, poco más de cien con acusaciones muy graves, fueron condenados por las autoridades civiles cumpliendo condenas entre 3 y 30 años de prisión; pero hubo muchos otros casos en que los sacerdotes fueron considerados inocentes por falta de pruebas.

En enero del 2014 la Santa Sede presentó un informe a miembros de la comisión de Naciones Unidas, en calidad de miembro signatario de la Convención de las Naciones Unidas sobre los Derechos del Niño, donde se registraba la expulsión y juzgamiento por tribunales eclesiásticos o administrativos de 171 sacerdotes entre el 2008 y 2009, y de 400 entre 2011 y 2012.

Muchos obispos y arzobispos no estuvieron a la altura de su misión y no supieron manejar esta situación ni se aseguraron que esos hechos no volvieran a repetirse. Varios de ellos fueron informados sobre estos abusos y no los apartaron del ministerio público ni los reportaron a la policía. En varias diócesis los obispos mandaron a los sacerdotes a tratamiento sicológico o siquiátrico pensando que así se curarían, y cuando obtenían el certificado de curación, los enviaban a otra parroquia donde seguían con sus abusos. Algunos obispos trataron de arreglar las cosas con la familia de la víctima para evitar los escándalos y para que no acudieran a la policía.

Se estima que la Iglesia católica de Estados Unidos ha pagado más de tres mil millones de dólares por estos abusos.

La respuesta de la Iglesia

El 23 de abril del 2002 el papa Juan Pablo II convocó de urgencia al Vaticano a los cardenales y obispos de los Estados Unidos, para buscar soluciones a este escándalo que recién comenzaba.

Con palabras rotundas y gesto severo, el papa Juan Pablo II advirtió a los cardenales norteamericanos y al mundo que *"no hay lugar en el sacer-*

docio ni en la vida religiosa para quienes dañan a los jóvenes" y les pidió *"reforzar las medidas para que esos errores no se repitan".* Con profundo dolor expresó: *"también a mí me ha dolido profundamente el hecho de que algunos sacerdotes y religiosos hayan causado tanto sufrimiento y escándalo a los jóvenes. Debido a ese gran daño hay desconfianza en la Iglesia, y muchos se sienten ofendidos por el modo en que han actuado los responsables eclesiásticos... los abusos que han causado esta crisis son inicuos desde todo punto de vista y, con justicia, la sociedad los considera delito. Son también un pecado horrendo ante Dios. Quiero expresar a las víctimas y sus familias mi profundo sentimiento de solidaridad y mi preocupación"*

En respuesta, el 17 de junio del 2002 la Conferencia Episcopal Católica Estadounidense publicó una serie de normas para el manejo de sacerdotes que sean acusados de este delito. Entre su articulado podemos leer:

> *"Artículo 4.- Las diócesis o eparquías notificarán cualquier alegación de abuso sexual de una persona menor a las autoridades correspondientes y cooperarán en la investigación de acuerdo a las leyes de la jurisdicción local.*
> *Artículo 5.- [...] Incluso en el caso de un solo acto de abuso sexual de un menor (pasado, presente o futuro) el sacerdote o diácono ofensor será removido permanentemente del ministerio y se le ofrecerá asistencia profesional para su propia sanación"*

Estas normas fueron adoptadas por la cúpula romana y se hicieron extensivas a todos los países del mundo. Todas las normas dadas por la Iglesia para responder a los abusos sexuales de menores se pueden encontrar en la página web que se ha abierto a este propósito: www.resources.va.

En la celebración eucarística de clausura del año sacerdotal, celebrada en la plaza de San Pedro el 6 de diciembre del 2010 ante unos 15,000 sacerdotes de 91 países, el papa Benedicto XVI pidió explícitamente perdón por este escándalo. Pronunció en su homilía:

> *"Precisamente en este año de alegría por el sacramento del sacerdocio, han salido a la luz los pecados de los sacerdotes, sobre todo el abuso a los pequeños, en el cual el sacerdocio, que lleva a cabo la solicitud de Dios por el bien del hombre, se convierte en lo contrario... Pedimos perdón insistentemente a Dios y a las personas afectadas, mientras prometemos que queremos hacer todo lo posible para que semejante abuso no vuelva a suceder jamás."*

El 7 de julio del 2014, el papa Francisco celebró una misa en su residencia del Vaticano donde asistieron seis víctimas de estos abusos. En su homilía se expresó de esta manera:

"La imagen de Pedro viendo salir a Jesús de esa sesión de terrible interrogatorio, de Pedro que se cruza la mirada con Jesús y llora. Me viene hoy al corazón en la mirada de ustedes, de tantos hombres y mujeres, niños y niñas, siento la mirada de Jesús y pido la gracia de su orar. La gracia de que la Iglesia llore y repare por sus hijos e hijas que han traicionado su misión, que han abusado de personas inocentes. Y hoy estoy agradecido a ustedes por haber venido hasta aquí. ...Esta es mi angustia y el dolor por el hecho de que algunos sacerdotes y obispos hayan violado la inocencia de menores y su propia vocación sacerdotal al abusar sexualmente de ellos. Es algo más que actos reprobables. Es como un culto sacrílego porque esos chicos y esas chicas le fueron confiados al carisma sacerdotal para llevarlos a Dios, y ellos los sacrificaron al ídolo de su concupiscencia. Profanan la imagen misma de Dios a cuya imagen hemos sido creados. La infancia, sabemos todos es un tesoro. ... Hoy el corazón de la Iglesia mira los ojos de Jesús en esos niños y niñas y quiere llorar. Pide la gracia de llorar ante los execrables actos de abuso perpetrados contra menores. Actos que han dejado cicatrices para toda la vida. ... Para estas familias ofrezco mis sentimientos de amor y de dolor. ... Los pecados de abuso sexual contra menores por parte del clero tienen un efecto virulento en la fe y en la esperanza en Dios. ...Ante Dios y su pueblo expreso mi dolor por los pecados y crímenes graves de abusos sexuales cometidos por el clero contra ustedes y humildemente pido perdón. También les pido perdón por los pecados de omisión por partes de líderes de la Iglesia que no han respondido adecuadamente a las denuncias de abuso presentadas por familiares y por aquellos que fueron víctimas del abuso, esto lleva todavía a un sufrimiento adicional a quienes habían sido abusados y puso en peligro a otros menores que estaban en situación de riesgo... No hay lugar en el ministerio de la Iglesia para aquellos que cometen estos abusos, y me comprometo a no tolerar el daño infligido a un menor por parte de nadie, independientemente de su estado clerical. Todos los obispos deben ejercer sus oficios de pastores con sumo cuidado para salvaguardar la protección de menores y rendirán cuentas de esta responsabilidad"

El 10 de junio del 2015, el papa Francisco introdujo el delito de 'abuso de oficio episcopal' en el Código de Derecho Canónico, que se refiere al comportamiento de los obispos que hayan ignorado o que no hayan dado un seguimiento adecuado a las denuncias de abusos sexuales por parte de los religiosos, y creó un tribunal específico para juzgar los abusos sexuales a menores por miembros de la Iglesia. A partir de este momento, estos religiosos serán juzgados por una sección paralela y especializada pero que dependerá de la

Congregación para la Doctrina de la Fe, el dicasterio[1] que se encarga, entre otras cosas, de juzgar también los delitos de pedofilia.

Es innegable que los papas Juan Pablo II, Benedicto XVI y Francisco han actuado de una u otra manera para evitar que se repitan estos lamentables actos. ¿Puede la jerarquía católica hacer más por combatir este flagelo? Siempre habrá espacio para hacer más. Aunque todas las medidas serán insuficientes para erradicar este mal, porque en últimas siempre estará de por medio el libre albedrio del sacerdote. El hecho que la prensa continúe sacando a la luz casos de hace treinta o cuarenta años, no desvirtúa la acción de la Iglesia en el combate de este problema.

Nosotros los católicos debemos orar mucho por nuestros sacerdotes para que su debilidad humana no engruese el grupo de aquellos que como Judas, traicionan al Señor con sus decisiones equivocadas.

"Por aquellos días, Jesús se fue a un cerro a orar, y pasó toda la noche orando a Dios. Cuando se hizo de día, llamó a sus discípulos, y escogió a doce de ellos, a quienes llamó apóstoles." Lucas 6:12-13

Sí Jesús, siendo quien era, despúes de orar toda la noche escogió a los que quiso, y uno de ellos lo traiciono, no nos debería sorprender que sigan habiendo "Judas" entre las filas de Cristo, siempre los han habido y los habrá. Este hecho no vicia el propósito de la Iglesia ni la razón por la cual Jesús la fundó. Solo resalta el hecho de que cualquier institución conformada por hombres, sea de carácter religioso o no, se impregnara de una u otra forma de la fragilidad del hombre que la conforma.

La carta del padre Martin Lasarte

Hasta ahora la Iglesia de forma oficial, nunca le ha pedido a los medios un balance informativo ni que corrija su visión del problema: el de hacerle creer a su público que estos abusos son exclusivos de la iglesia católica y que es lo único que vale la pena mencionar de ella.

En un intento por lograr que la prensa destaque las labores de esa otra inmensa mayoría de sacerdotes que se han mantenido fieles a su voto de

---

[1] Denominación que se utiliza para referirse a los organismos especializados de la Curia Romana.

amor al Señor, el padre uruguayo Martin Lasarte de la orden salesiana, envió una carta en abril del 2010 al diario *New York Times* que dice lo siguiente[1]:

"Querido hermano y hermana periodista:
Soy un simple sacerdote católico. Me siento feliz y orgulloso de mi vocación. Hace veinte años que vivo en Angola como misionero.
Me da un gran dolor por el profundo mal que personas que deberían de ser señales del amor de Dios, sean un puñal en la vida de inocentes. No hay palabra que justifique tales actos. No hay duda que la Iglesia no puede estar, sino del lado de los débiles, de los más indefensos. Por lo tanto todas las medidas que sean tomadas para la protección, prevención de la dignidad de los niños será siempre una prioridad absoluta.
Veo en muchos medios de información, sobre todo en vuestro periódico la ampliación del tema en forma morbosa, investigando en detalles la vida de algún sacerdote pedófilo. Así aparece uno de una ciudad de USA, de la década del 70, otro en Australia de los años 80 y así de frente, otros casos recientes... Ciertamente ¡todo condenable! Se ven algunas presentaciones periodísticas ponderadas y equilibradas, otras amplificadas, llenas de preconceptos y hasta odio.
¡Es curiosa la poca noticia y desinterés por miles y miles de sacerdotes que se consumen por millones de niños, por los adolescentes y los más desfavorecidos en los cuatro ángulos del mundo! Pienso que a vuestro medio de información no le interesa que yo haya tenido que transportar, por caminos minados en el año 2002, a muchos niños desnutridos desde Cangumbe a Lwena (Angola), pues ni el gobierno se disponía y las ONG's no estaban autorizadas; que haya tenido que enterrar decenas de pequeños fallecidos entre los desplazados de guerra y los que han retornado; que le hayamos salvado la vida a miles de personas en Moxico mediante el único puesto médico en 90,000 km2, así como con la distribución de alimentos y semillas; que hayamos dado la oportunidad de educación en estos 10 años y escuelas a más de 110,000 niños [...]No es de interés que con otros sacerdotes hayamos tenido que socorrer la crisis humanitaria de cerca de 15,000 personas en los acuartelamientos de la guerrilla, después de su rendición, porque no llegaban los alimentos del Gobierno y la ONU. No es noticia que un sacerdote de 75 años, el P. Roberto, por las noches recorra las ciudad de Luanda curando a los chicos de la calle, llevándolos a una casa de acogida, para que se desintoxiquen de la gasolina, que alfabeticen cientos de presos; que otros sacerdotes, como P. Stefano, tengan casas de

---

[1] Esta carta fue publicada en muchos portales de internet y fue incluida en el libro *La Iglesia Católica y el Abuso Sexual de Menores* del padre Ángel Peña O.A.R., Nihil Obstat y el padre Ignacio Reinares, Vicario Provincial del Perú, con Imprimátur de Monseñor José Carmelo Martínez.

pasaje para los chicos que son golpeados, maltratados y hasta violentados y buscan un refugio. Tampoco que Fray Maiato con sus 80 años, pase casa por casa confortando los enfermos y desesperados. No es noticia que más de 60,000 de los 400,000 sacerdotes, y religiosos hayan dejado su tierra y su familia para servir a sus hermanos en una leprosería, en hospitales, campos de refugiados, orfanatos para niños acusados de hechiceros o huérfanos de padres que fallecieron con Sida, en escuelas para los más pobres, en centros de formación profesional, en centros de atención a seropositivos... o sobre todo, en parroquias y misiones dando motivaciones a la gente para vivir y amar.

No es noticia que mi amigo, el P. Marcos Aurelio, por salvar a unos jóvenes durante la guerra en Angola, los haya transportado de Kalulo a Dondo y volviendo a su misión haya sido ametrallado en el camino; que el hermano Francisco, con cinco señoras catequistas, por ir a ayudar a las áreas rurales más recónditas hayan muerto en un accidente en la calle; que decenas de misioneros en Angola hayan muerto por falta de socorro sanitario, por una simple malaria; que otros hayan saltado por los aires, a causa de una mina, visitando a su gente. En el cementerio de Kalulo están las tumbas de los primeros sacerdotes que llegaron a la región... Ninguno pasa los 40 años.

No es noticia acompañar la vida de un Sacerdote "normal" en su día a día, en sus dificultades y alegrías consumiendo sin ruido su vida a favor de la comunidad que sirve. La verdad es que no procuramos ser noticia, sino simplemente llevar la Buena Noticia, esa noticia que sin ruido comenzó en la noche de Pascua. Hace más ruido un árbol que cae que un bosque que crece.

No pretendo hacer una apología de la Iglesia y de los sacerdotes. El sacerdote no es ni un héroe ni un neurótico. Es un simple hombre, que con su humanidad busca seguir a Jesús y servir sus hermanos. Hay miserias, pobrezas y fragilidades como en cada ser humano; y también belleza y bondad como en cada criatura...

Insistir en forma obsesionada y persecutoria en un tema perdiendo la visión de conjunto crea verdaderamente caricaturas ofensivas del sacerdocio católico en la cual me siento ofendido.

Sólo le pido amigo periodista, busque la Verdad, el Bien y la Belleza. Eso lo hará noble en su profesión.

En Cristo,

P. Martín Lasarte sdb"

La carta no fue publicada ni contestada por el periódico, sin embargo tuvo una alta circulación por las redes sociales, lo que permitió que muchas personas de diferentes partes del mundo la leyeran y le dejaran saber al padre Lasarte su respaldo a la misiva.

Como el mismo padre Lasarte dice en entrevista concedida a la revista Enfoques Positivos, del grupo universitario San Ignacio de Loyola en Argentina: "*...quizás ya desde los tiempos de Jesús, se manifiestan situaciones que la Iglesia va a tratar de mejorar, hay muchos elementos verdaderos para mejorar. Pero lo cierto es que si bien existen esas situaciones, se olvida que frente a un elemento negativo, objetivo y verdadero que hay que mejorar, hay una inmensidad de cosas que en los cuatro puntos de la tierra, está haciendo la Iglesia, a través de laicos y voluntarios y sacerdotes, y que parece que no es noticia.*". Unamos nuestra posición a la de este sacerdote que nos ofrece una visión más equilibrada, en la que no podemos negar ni ocultar los problemas que causan algunos miembros de nuestra Iglesia, pero tampoco ignorando las obras buenas y constructivas de la inmensa mayoría de sus integrantes.

Capítulo XIV

¿Por qué debo confesarme ante un pecador?

E sta es tal vez la razón más frecuente que aducen los fieles católicos que prefieren una confesión directa con Dios, que hacerlo a través de un sacerdote. Alegan la naturaleza pecadora del sacerdote, que según su propio criterio, puede llegar a ser más grande que la de ellos mismos.

La Enciclopedia Católica incluye en su definición del Sacramento de la Penitencia y de la Reconciliación (llamada comúnmente cómo la confesión):

> *"...la confesión no es realizada en el secreto del corazón del penitente, tampoco a un seglar como amigo y defensor, tampoco a un representante de la autoridad humana, sino a un sacerdote debidamente ordenado con la jurisdicción requerida y con el "poder de llaves" es decir, el poder de perdonar pecados que Cristo otorgó a Su Iglesia."*

Supongamos que un muchacho que asiste al colegio golpea a un compañero de clase en la nariz. Ciertamente el joven va a tener un problema y recibirá un castigo por su falta. Ahora supongamos que ese mismo joven le da el golpe con la misma fuerza y en la misma parte, no a su compañero sino a su profesor, el problema y el castigo serán mucho mayor. Ahora supongamos que le da el golpe con la misma fuerza y en la misma parte, no a su profesor sino al rector, el problema y el castigo serán todavía peor. ¿Qué pasaría si lo hiciera con el alcalde de la ciudad? O ¿con el presidente del país? Es claro entonces que el problema y el castigo son proporcionales no a la acción en sí misma, sino a la dignidad del ofendido. A mayor dignidad, mayor es la ofensa.

> *"En verdad os digo que en cuanto lo hicisteis a uno de estos hermanos míos, aun a los más pequeños, a mí lo hicisteis." Mateo 25:40.*

Así que cuando ofendemos al prójimo estamos ofendiendo a Dios. Esta idea ha estado en la conciencia del hombre desde tiempos muy lejanos, mucho antes que Dios se le manifestará a Abraham. El hombre antiguo atribuía las sequias, las inundaciones y otros desastres naturales a una manifestación de disgusto de los dioses por las ofensas recibidas. Sacrificios, construcciones, rituales, etc., buscaban congraciarse nuevamente con su dios ofendido.

En el Antiguo Testamento encontramos las prácticas estipuladas por Dios para el perdón de los pecados (Levítico 4 y 5). Los procedimientos variaban según la condición del pecador. Este es uno de esos casos:

> *"Si una persona de clase humilde peca involuntariamente, resultando culpable de haber hecho algo que está en contra de los mandamientos del Señor, en cuanto se dé cuenta del pecado que cometió, deberá llevar una cabra sin ningún defecto como ofrenda por el pecado cometido. Pondrá la mano sobre la cabeza del animal que ofrece por el pecado, y luego lo degollará en el lugar de los holocaustos. Entonces el sacerdote tomará con el dedo un poco de sangre y la untará en los cuernos del altar de los holocaustos, y toda la sangre restante la derramará al pie del altar. También deberá quitarle toda la grasa, tal como se le quita al animal que se ofrece como sacrificio de reconciliación, y quemarla en el altar como aroma agradable al Señor. Así el sacerdote obtendrá el perdón por el pecado de esa persona, y el pecado se le perdonará." Levítico 4:27-31*

La persona confesaba su falta al sacerdote y reconocía que merecía morir por su transgresión. ¡Había ofendido a Dios! Se había ofendido a la mayor dignidad existente. ¿Cuál debería ser el castigo por haber ofendido la mayor dignidad posible? La muerte. Pero en vez de morir el agresor, lo hacia la cabra. Acá nace la expresión de "chivo expiatorio". El chivo expiaba los pecados de la persona que lo ofrecía. La expiación es la remoción del pecado a través de un tercero que en este caso es el chivo o la cabra.

En el Nuevo Testamento encontramos dos citas donde Jesús anticipa a sus Apóstoles que ellos ejercerán el perdón de los pecados. La primera se la dirige a Pedro en particular y la segunda a sus Apóstoles en general.

"Te daré las llaves del reino de los cielos; lo que tú ates aquí en la tierra, también quedará atado en el cielo, y lo que tú desates aquí en la tierra, también quedará desatado en el cielo." Mateo 16:19

"Les aseguro que lo que ustedes aten aquí en la tierra, también quedará atado en el cielo, y lo que ustedes desaten aquí en la tierra, también quedará desatado en el cielo." Mateo 19:19

Y en el primer día de su resurrección, les encomienda lo que les había anticipado:

"Luego Jesús les dijo otra vez: — ¡Paz a ustedes! Como el Padre me envió a mí, así yo los envío a ustedes. Y sopló sobre ellos, y les dijo: —Reciban el Espíritu Santo. A quienes ustedes perdonen los pecados, les quedarán perdonados; y a quienes no se los perdonen, les quedarán sin perdonar." Juan 20:21-23

No debemos confundir la administración con la potestad. Solo Dios tiene la potestad de perdonar los pecados[1]. Jesús posee esa autoridad en la tierra: *"Pues voy a demostrarles que el Hijo del hombre tiene autoridad en la tierra para perdonar pecados..."* (Lucas 5:24). Pero en su ausencia temporal encargó la administración de ése perdón de los pecados a sus Apóstoles, que a su vez lo delegaron a los presbíteros con quienes nos confesamos actualmente. Ellos no perdonan los pecados. Dios se sirve de ellos para hacerlo.

¿Qué podemos decir respecto a la acción de confesar los pecados?

Ya en el pueblo judío existía la práctica de confesar los pecados a otro hombre. Ellos no confesaban sus faltas con la almohada. Cuando la gente acudía a Juan el Bautista, los textos bíblicos dicen que lo hacían para ser bautizados y que *"...Confesaban sus pecados."* (Mateo 3:6).

O cuando la gente se convertía al cristianismo confesaban sus pecados: *"También muchos de los que creyeron llegaban confesando públicamente todo lo malo que antes habían hecho"* (Hechos 19:18). Incluso era conocida la práctica de hacerlo, no a una sola persona, sino a su comunidad: *"Por eso, confiésense unos a otros sus pecados, y oren unos por otros para ser sanados..."* (Santiago 5:16).

---

[1] Ver Marcos 2:7 y Lucas 5:2.

Hay quienes interpretan esta confesión, como una pedida de perdón a la persona que ha ofendido. Si volvemos a leer Mateo 3:6 no parece lógico que esas personas que buscaban al Bautista lo hubieran ofendido y por eso iban a buscar su perdón.

Todos hemos caído

Por naturaleza al hombre no le gusta reconocer sus faltas. Nuestro gran ego nos impide aceptar que nos equivocamos. Las primeras mentiras que dice un niño buscan negar las faltas que ha cometido. Pero la realidad es que a través de las equivocaciones que se reconocen y se aceptan es que el hombre crece y madura.

Cuando estábamos aprendiendo a caminar, nos caímos muchas veces, nuestros padres nos ayudaban a levantarnos y continuábamos practicando el paso, hasta que fuimos ganando el equilibrio necesario que nos permitió caminar y luego correr.

Cuando aprendimos a manejar, muchas veces el carro se nos apagaba en la arrancada, o ésta era demasiado brusca, o frenábamos muy fuerte. Cuantas veces no estuvimos a punto de chocar o chocamos. Poco a poco esos errores nos fueron convirtiendo en expertos conductores.

Todos hemos pasado en la vida por estos procesos de prueba y error. Todos hemos cometido faltas que nos han aportado lecciones valiosas que nos han guiado en nuestro caminar por la vida.

Algunos consideran solamente faltas dignas de ser confesadas el matar y el robar. Pero como humanos caemos fácilmente en errores y situaciones que ni siquiera pensamos que las viviríamos o que fuéramos capaces de propiciarlas, y cada vez que las cometemos se crea una herida en nuestro corazón o en el de un ser querido.

Las heridas grandes cuando no son atendidas adecuadamente se infectan y con ello se agrava el problema. Y aun las pequeñas, si se hacen muchas en la misma área, terminan igual.

La confesión es esa medicina que sana las heridas que nos hemos afligido con nuestras faltas o que nos las han causado otros con sus faltas. La confesión es el gran regalo que Dios nos dejó para aliviar esas heridas que desangran y que van afectando otras áreas de nuestro cuerpo.

Cuando Jesús estaba sentado a la mesa en casa de un fariseo, contó la siguiente parábola:

"Jesús siguió: —Dos hombres le debían dinero a un prestamista. Uno le debía quinientos denarios, y el otro cincuenta; y como no le podían pagar, el prestamista les perdonó la deuda a los dos. Ahora dime, ¿cuál de ellos le amará más? Simón le contestó: —Me parece que el hombre a quien más le perdonó. Jesús le dijo: —Tienes razón." Lucas 7:41-43.

Existe una complicada relación psicológica entre el acreedor y el deudor al momento de concederse la exoneración de la deuda. El amor que se expresa en perdón y el perdón que genera nuevo amor. La severidad de exigir el monto adeudado y el despilfarro de generosidad en la exoneración de la misma. La cadena sin fin de amor que genera la grandeza del que perdona sin medida. Del que perdona "setenta veces siete".

He experimentado muchas veces esa sensación de alivio, de sanidad, de limpieza, de un nuevo comenzar que nos ofrece la confesión. De un borrón y cuenta nueva. *"Pero yo, por ser tu Dios, borro tus crímenes y no me acordaré más de tus pecados."*(Isaías 43:25). También he acompañado a muchas personas adultas a que practiquen una confesión después de muchos años de no haber hecho una, y me deleito con ellos de ese sentimiento que da el haber dejado en ese confesionario el edificio que por años habían cargado sobre sus hombros.

A través de ciertas dinámicas que hacemos entre los hombres del ministerio de Emaús de mi parroquia, compartimos abiertamente nuestras vidas incluyendo nuestros errores y nuestros aciertos. Siempre me ha resultado interesante ver cómo cuando terminan de contar sus faltas, algunas veces con mucha vergüenza, otras personas dicen haber cometido las mismas equivocaciones y que el pedir perdón fue el primer paso que los ayudó a sanar sus heridas. El no sentirse exclusivos, les ayuda a experimentar un sentimiento de humildad ante la fragilidad humana que ataca a todos de una u otra forma.

El perdón restablece el equilibrio que se rompe cuando se produce una falta. Equilibrio que restaura la paz, la salud y la alegría de sabernos perdonados después de haber mostrado un sincero arrepentimiento y la intención de no volver a cometer la falta.

Sacerdote psicólogo

Decía el escritor argentino Gustavo Adolfo Martínez Zuviría, mejor conocido como Hugo Wast, en su escrito *Cuando se Piensa*[1]:

> *"Cuando se piensa que un sacerdote hace más falta que un rey, más que un militar, más que un banquero, más que un médico, más que un maestro, porque él puede reemplazar a todos y ninguno puede reemplazarlo a él."*

La vocación al sacerdocio es una llamada y una respuesta de amor al Amor. Es un diálogo de corazón a corazón, en el que Dios llama al sacerdote a ser otro Cristo, dispuesto a dar su vida por los demás y a servirles sin condiciones.

Así como cualquier hombre que se entrega por completo al cuidado de su familia, el sacerdote lo hace con su rebaño de fieles que constituye su familia.

En su búsqueda de imitar a Cristo, él se entrega por completo al servicio de su comunidad. No hay horarios ni límites. En cualquier momento del día, de la noche o de la madrugada, debe asistir a un moribundo que quiere confesarse antes de morir. No hay distinción entre horas de trabajo y horas de descanso. Es como el medico que está de guardia durante un fin de semana. A cualquier hora lo pueden necesitar. La diferencia está en que el sacerdote esta de "guardia" veinticuatro horas al día, trescientos sesenta y cinco días al año.

Aunque varía según el país y la universidad, un futuro sacerdote estudia mínimo dos años materias tales como: psicología, pedagogía, sociología, sexualidad y moral entre otras.

En su ejercicio profesional utilizan este conocimiento todo el tiempo. Pasan sus vidas escuchando los problemas de las personas. Ellos lidian con sus alegrías, éxitos, abundancias y riquezas. También bregan con sus penas, preocupaciones, miedos, ignorancias, carencias, complejos, debilidades y lutos.

La gente no les miente, les abren sus corazones y exponen sus sentimientos y preocupaciones con la certeza que nunca serán divulgados por el

---

[1] Ver el escrito completo en http://www.iglesia.org/videos/item/626-cuando-se-piensa.

sacerdote. Esto les permite con los años, cultivar una gran experiencia en la guía y consejería del drama humano.

Usted habrá escuchado de un sacerdote que abusó de un menor, o de otro sacerdote que robó, o de otro que asesinó a una persona, pero nunca habrá escuchado de un sacerdote que haya violado el secreto de confesión. Santo Tomas de Aquino decía *"Lo que se sabe bajo confesión es como no sabido, porque no se sabe en cuanto hombre, sino en cuanto Dios"*.

Los psicólogos, como cualquier otro profesional, son personas que tienen una vida personal y profesional muy bien delimitada. Su vida personal demanda tiempo. Al terminar su jornada laboral, típicamente de ocho horas diarias y de lunes a viernes, dedica el resto del día a la atención de sus asuntos personales.

No así el sacerdote, que aun en sus horas privadas de oración, está pidiendo por todo su rebaño y por las necesidades particulares de algunos de sus feligreses.

Así que una persona que no acude al sacramento de la confesión, desconociendo o queriendo ignorar su origen divino, porque prefiere hacerlo consigo misma, la podemos invitar a que haga esta reflexión:

- Si se confiesa consigo misma, es porque reconoce que hizo algo malo.
- Si reconoce que hizo algo malo, suponemos que no quiere volverlo hacer.
- Si no quiere volverlo hacer, debe haber algún tipo de cambio en su comportamiento.
- Un buen consejo es muy bienvenido a la hora de hacer cambios.
- ¿Quién mejor para emitir un consejo, que una persona que durante años y años ha acumulado una enorme experiencia en ayudar a las personas a superar sus problemas; que un sacerdote? Un sacerdote no sólo se limita a conceder el perdón, sino que guía a la persona a no incurrir en sus faltas o recomienda cómo superar esas dificultades en nuestras relaciones con el mundo y con los que nos rodean.

Es la falta de amor lo que hay detrás de cada falta que se quiere confesar. Pecamos no porque seamos intrínsecamente malos, sino porque nuestra visión es muy corta y no vemos lo que hay más allá de lo que nos muestran los sentidos. Así que invitemos a esos católicos con ese pensamiento a que se acerquen al sacerdote y lo miren, no con la novedad de saberlo pecador, sino como una persona que por su conocimiento, iluminación, estudio, experiencia y con la facultad de administrar el perdón de Dios; sabe más del amor que cualquier pareja de enamorados. Si logramos nuestro cometido, seguramente con el tiempo acabará por pedir ese perdón que alivia y sana.

Capítulo XV

¿Siempre el sacerdote habla en nombre de la Iglesia?

E n una pequeña parroquia, el sacerdote un poco molesto dijo que era una falta de respeto ir al baño durante la celebración de la misa. Algunos feligreses salieron a decir que la Iglesia prohíbe ir al baño durante la celebración de la misa.

Uno de los miembros del ministerio de música de mi parroquia me comentó con cierta tristeza, que se había enterado que la Iglesia había prohibido el uso de la guitarra eléctrica durante la celebración de la misa[1]. Cuando pregunté por la fuente; me dijo que el sacerdote de otra parroquia las había prohibido.

Lo único que le pude decir a este confundido parroquiano, era que de pronto el sacerdote había expresado su gusto personal y mi amigo lo tomó como una prohibición de la Iglesia.

---

[1] La Carta Encíclica *MUSICAE SACRAE* del 25 de diciembre de 1955 busca poner orden al tema de la música dentro de la Iglesia. Posteriormente la constitución *SACROSANCTUM CONCILIUM* sobre la Sagrada Liturgia promulgada en Roma el 4 de diciembre de 1963 en su artículo 120, detalla las pautas de los instrumentos musicales usados durante la celebración de la Sagrada Liturgia.

Con frecuencia escuchamos a otros católicos decir que esto o aquello está prohibido por la Iglesia. Cuando con mucho asombro preguntamos por el origen de dicha aseveración responden que fue un sacerdote quien se los dijo.

Sin la menor indagación de nuestra parte, repetimos el comentario a otros que a su vez harán lo mismo, otorgándole a la Madre Iglesia unas prohibiciones y creencias que no son ciertas.

Los sacerdotes son conscientes de esta realidad y tratan de ser cuidadosos en lo que dicen y hacen. Pero como humanos que son, cargan como cualquier otro, con su maleta de gustos y preferencias. No todos esos gustos constituyen enseñanzas o doctrinas de la Iglesia.

Un determinado medico puede tener más preferencia por las frutas que por las verduras, por lo que seguramente recomendará a sus pacientes más la ingesta de frutas que la de verduras, lo cual no contradice en nada los pilares que tiene la medicina como criterio de una buena alimentación. No por eso el paciente puede decir que la medicina está en contra de los vegetales en la dieta de las personas. Lo que nunca escucharemos es que un médico recomiende grasas, alcohol y tabaco como base de una vida saludable.

Igual nos pasa con el sacerdote. Él puede decir algo relacionado con la Iglesia o con nuestra religión que no necesariamente constituye dogma o enseñanza. Lo que nunca le oiremos decir por ejemplo: es que la virgen María nació con el mismo pecado original de todos nosotros ya que es contrario a un dogma de nuestra Iglesia. O que el purgatorio no existe. O que la confesión de los pecados no es necesaria hacerla con un sacerdote.

Algunos sacerdotes se han apartado considerablemente de las enseñanzas, prácticas y tradiciones de la Iglesia, obligando al magisterio a hacer un llamado de atención severo como el ocurrido en 1907 que motivó la *"encíclica Pascendi"* del papa Pio X. Dice en uno de sus apartes:

"Hablamos, venerables hermanos, de un gran número de católicos seglares y, lo que es aún más deplorable, hasta de sacerdotes, los cuales, so pretexto de amor a la Iglesia, faltos en absoluto de conocimientos serios en filosofía y teología, e impregnados, por lo contrario, hasta la médula de los huesos, con venenosos errores bebidos en los escritos de los adversarios del catolicismo, se presentan, con desprecio de toda modestia, como restauradores de la Iglesia, y en apretada falange asaltan con audacia todo cuanto hay de más sagrado en la obra de Jesucristo, sin respetar ni aun

la propia persona del divino Redentor, que con sacrílega temeridad reba-
jan a la categoría de puro y simple hombre."

El sacerdote es la cara visible de la Iglesia pero no es el magisterio de la Iglesia. Ellos son servidores y no legisladores.

Debemos aprender a distinguir entre las opiniones y gustos personales de un sacerdote con las enseñanzas de la Iglesia. ¿Cómo podemos saber cuáles son las enseñanzas de la Iglesia?

De muchas maneras, pero para los católicos de "kínder" yo diría que básicamente con el catecismo.

Cuando una persona está comprando un computador y tiene dos alternativas para escoger, debería pedir al vendedor los manuales de las máquinas. Manuales en mano, procedería a comparar cada una de las diferentes especificaciones de uno contra el otro. La velocidad de uno contra la del otro. La memoria de uno contra la del otro. Las funciones especiales de uno contra las del otro. Con el entendimiento de las diferencias entre las dos máquinas, poseería la información necesaria para tomar la decisión de compra basado en un criterio técnico y no uno subjetivo como el empaque o el color.

Una persona adulta que no pertenece a ninguna iglesia y quiere buscar una a la cual adherirse, debería pedir a cada una de ellas su catecismo. Catecismo en mano, puede determinar qué es lo que enseña cada una de ellas. Que es lo que cada iglesia cree y no cree. En que se hace diferente una de la otra. En ese momento tendría la información necesaria para tomar una decisión. El tipo de música, la decoración del templo, el tipo de personas que atienden los templos, etc., no deberían ser los criterios que determinen a que iglesia vincularse.

Una iglesia que no posea un catecismo escrito, siguiendo nuestro ejemplo, debería darnos la misma confianza que nos daría un computador que no posea un manual.

Del Catecismo Romano al actual

El día 13 de abril de 1546 se propuso a los Padres del Concilio Tridentino[1] un proyecto de decreto sobre la publicación de un catecismo en latín y en lengua vernácula, para la instrucción de los niños y de los que ignoraban las enseñanzas de la Iglesia.

Estas enseñanzas son los pilares sobre los que se fundamenta nuestra Iglesia. Aprobada esta moción por la mayoría de los padres, se decretó que se redactara y que sólo se consignaran en él los temas considerados como fundamentos de nuestra Iglesia.

Así nació nuestro primer catecismo oficial de la Iglesia, publicado en 1566 bajo el papado de Pio V y llevó el nombre de Catecismo Romano.

En su introducción expone los motivos y razones que dieron a su encargo:

"Aunque es cierto que muchos, animados de gran piedad y con gran copia de doctrina se dedicaron a este género de escritos, creyeron los Padres sería muy conveniente que por autoridad del Santo Concilio se publicara un libro con el cual los Párrocos, y todos los demás que tienen el cargo de enseñar, pudiesen presentar ciertos y determinados preceptos para la instrucción y edificación de los fieles, a fin de que, como es uno el Señor, y una la fe, así también sea uno para todos el método y regla de instruir al pueblo cristiano en los rudimentos de la fe, y en todas las prácticas de la piedad.

Siendo, pues, muchas las cosas pertenecientes a este objeto, no se ha de creer que el Santo Concilio se haya propuesto explicar con sutileza en solo este libro todos los dogmas de la fe cristiana, lo cual suelen hacer aquellos que se dedican al magisterio y enseñanza de toda la religión, porque esto, es evidente que sería obra de inmenso trabajo, y nada conducente a su intento, sino que proponiéndose el Santo Concilio instruir a los Párrocos, y demás sacerdotes que tienen cura de almas en el conocimiento de aquello que es más propio de su ministerio y más acomodado a la capacidad de los fieles, sólo quiso se propusieran las que pudiesen ayudar en esto al piadoso estudio de aquellos pastores que están menos versados en las controversias dificultosas de las verdades reveladas."

---

[1] El Concilio de Trento fue un concilio ecuménico de la Iglesia católica romana desarrollado en periodos discontinuos durante 25 sesiones, entre el año 1545 y el 1563. Tuvo lugar en Trento, una ciudad del norte de la Italia actual.

Como vemos su objetivo es condensar en un lenguaje comprensible para todas las edades, qué es lo que creemos y porqué creemos en lo que creemos. Por muchos siglos fue utilizado como única guía para la enseñanza de nuestra religión, con el paso del tiempo y buscando actualizarse a los tiempos, otros catecismos hicieron su aparición, como el catecismo Butler publicado en 1775, o el de San Pio X publicado en 1905 que resumía y actualizaba el lenguaje del Romano, o el catecismo Holandés publicado en 1966.

Una de las tareas fundamentales del Concilio Vaticano II[1] era la de hacer más accesible la doctrina de la Iglesia *"con toda su fuerza y belleza"* a todos los hombres y mujeres de nuestro tiempo. En él se empieza a plantear la posibilidad de escribir un nuevo catecismo.

No sería sino hasta el sínodo de 1985 cuando se analizaban los primeros 20 años del Vaticano II que se ordenó la redacción de un nuevo catecismo Universal que respondiera al grave diagnostico al que había llegado el sínodo: *"Por todas partes en el mundo, la transmisión de la fe y de los valores morales que proceden del evangelio a la generación próxima (a los jóvenes) está hoy en peligro. El conocimiento de la fe y el reconocimiento del orden moral se reducen frecuentemente a un mínimo. Se requiere, por tanto, un nuevo esfuerzo en la evangelización y en la catequesis integral y sistemática"*.

El 11 de octubre de 1992 se publicó el nuevo catecismo en francés y después de una profunda revisión, el 15 de agosto de 1997 ve la luz el catecismo en latín, con el nombre de Catecismo de la Iglesia Católica[2] y que sería la fuente para las traducciones a los diferentes idiomas tal y como lo conocemos hoy.

Contenido del catecismo

Para los que les resulta novedosa la existencia de este material tan importante en nuestra vida como católicos, voy a enumerar en términos generales su contenido.

---

[1] XXI concilio ecuménico. Fue convocado por el papa Juan XXIII en 1962 y clausurado por el papa Paulo VI en 1965.

[2] En latín *"Catechismus Catholicae Ecclesiae"*, representado como "CCE" en las citas bibliográficas.

En la primera parte se desglosa lo que se denomina *La Profesión de la Fe*. En él se desarrolla las diferentes formas que tienen los hombres de conocer a Dios, de cómo Dios se ha revelado y de las fuentes de revelación tales como la Sagrada Tradición y las Sagradas Escrituras. Luego desglosa frase por frase el credo de los apóstoles, profundizando en el origen de cada una de las creencias que en él se enumeran.

En la segunda parte trata *Los Sacramentos de la Fe*. Expone en detalle la liturgia en cuanto a su fuente y finalidad. Desarrolla el quién, cómo, cuándo y dónde se celebra la liturgia. Luego desarrolla con bastante profundidad los siete sacramentos de nuestra fe.

La tercera parte presenta *La Vida de la Fe*. Trata de la dignidad del hombre y de la moralidad de sus actos. Habla sobre las virtudes humanas, el pecado y su distinción entre mortal y venial, de su participación en la vida comunitaria y la justicia social. Luego lista y desarrolla los diez mandamientos de la ley de Dios.

En la cuarta parte se desarrolla *La Oración en la Vida de la Fe*. Expone las diferentes formas de orar y las diferentes clases de oración. Nos habla sobre los obstáculos a vencer en nuestra oración y de la importancia en su perseverancia. Luego desglosa frase por frase el padre nuestro, profundizando en cada una de esas frases.

En resumen, cada parte presenta una introducción a manera de soporte del tema central a desarrollar y luego ahonda en el credo, los sacramentos, los diez mandamientos y el padre nuestro.

Todos y cada uno de los temas que son tratados en este catecismo tienen su origen en las Sagradas Escrituras y en la Sagrada Tradición. Así que contrario a cómo piensan algunas personas, el catecismo no es una adición "humana" a la revelación Divina de las Escrituras, sino más bien su interpretación y desarrollo usando la razón y la guía del Espíritu Santo.

Los católicos contamos con una gran herramienta escrita y al alcance de todos, que nos permite discernir y distinguir entre una opinión o gusto personal de un sacerdote y las verdades fundamentales que nos enseña nuestra Santa Madre Iglesia, en ejercicio del mandato que dejó nuestro Señor Jesucristo a sus apóstoles: "*Vayan por todo el mundo y anuncien a todos el evangelio*" Marcos 16:15.

Capítulo XVI

¿Solo en la misa se adora a Dios?

C on frecuencia escuchamos a católicos decir: "*Yo no necesito ir a la misa para adorar a Dios*" o "*Yo puedo tener una buena relación con Dios sin ir a la misa*". Estas frases son un reflejo de la práctica que se está imponiendo de instituir nuestras propias normas de vida cristiana, aparte de las enseñanzas y costumbres de Jesús.

Alguien podría decir "*Yo no necesito consumir vegetales para llevar una vida sana*" o "*Yo puedo tener una vida sana sin hacer ejercicio*". Frases contradictorias. Al corto plazo los efectos en la salud pueden no notarse. ¿Pero en el mediano y largo plazo?

Otros llegan a decir que ir a la misa no es importante, que lo importante es tener una buena comunicación con Dios y ayudar al prójimo. Que lo externo no es importante sino lo interno.

En primer lugar, si fuera cierto que no es importante asistir a la misa, Dios no lo hubiera incluido dentro de sus diez mandamientos (Éxodo 20:8-11). No sugerencia, ni recomendación, ni consejo. ¡Mandamiento! Así que lo único que ha hecho la Iglesia al recordarnos la obligación de asistir a la misa del domingo, es repetir la orden de Dios.

En segundo lugar, Jesús nos recuerda que tanto lo interno como lo externo importan.

> *"¡Ay de ustedes, fariseos!, que separan para Dios la décima parte de la menta, de la ruda y de toda clase de legumbres, pero no hacen caso de la justicia y el amor a Dios. Esto es lo que deben hacer, sin dejar de hacer lo otro."* Lucas 11: 42

En tercer lugar, si el templo como edificio no tuviera ninguna relevancia como sitio de encuentro con Dios, Jesús no hubiera purificado el templo como lo llegó hacer al expulsar a los mercaderes (Marcos 11:15-18).

En cuarto lugar, tampoco le hubiera dado la importancia que le dio al reprender fuertemente a los que pensaban que se podía prometer por el templo, sin que ello creara compromiso (Mateo 23:16-17).

En quinto lugar, no hubiera ordenado a Moisés que se construyera ese primer tabernáculo en el desierto (Éxodo 25:8), ni su gran templo al rey Salomón (1 Crónicas 22:10).

Algunos sostienen que no tiene efecto alguno el ir obligado o de mala gana. ¡Se equivocan! Al igual que la comida alimenta aunque sea ingérida obligada o de mala gana.

Pero apartémonos por un momento del carácter obligatorio de la asistencia a la misa.

Los evangelios nos cuentan que Jesús cumplía con su deber de asistir a la sinagoga como estaba prescrito por la ley.

> *"Jesús fue a Nazaret, el pueblo donde se había criado. El sábado entró en la sinagoga, como era su costumbre, y se puso de pie para leer las Escrituras."* Lucas 4:16.

Sus discípulos y los primeros cristianos imitaron su ejemplo de asistir al templo:

> *"Todos los días se reunían en el templo, y en las casas partían el pan y comían juntos con alegría y sencillez de corazón."* Hechos 2:46
> *"..., Pedro y Juan fueron al templo para la oración de las tres de la tarde."* Hechos 3:1

En nuestra búsqueda de imitar a Jesús debemos volver costumbre nuestra asistencia a la misa. Tomas de Kempis[1] comienza su magistral obra *"La Imitación de Cristo"* con estas palabras:

> *"El que me sigue no anda en tinieblas, mas tendrá lumbre de vida. Estas palabras son de Cristo, con las cuales somos amonestados, que imitemos su vida y costumbres, si queremos ser librados de la ceguedad del corazón, y alumbrados verdaderamente."*

Imitar a Cristo es el gran reto para todo cristiano. Pero para imitarlo debemos conocerlo primero y esto requiere tiempo.

Leonardo Da Vinci dijo una vez: *"Es imposible amar algo ni odiar algo, sin empezar por conocerlo"*. Es tal vez en el ejercicio de nuestra religión, donde veo con mayor frecuencia que las personas emiten juicios radicales con poco o nada de conocimiento.

Así que si queremos conocer a Jesús, la misa es el lugar por excelencia para comenzar. Veamos algunas razones:

- Toda la labor apostólica de Jesús fue orientada a que el hombre viviera correctamente en comunidad. La misa nos ofrece ese espacio de vivencia comunitaria. *"Les doy este mandamiento nuevo: Que se amen los unos a los otros. Así como yo los amo a ustedes, así deben amarse ustedes los unos a los otros."* Juan 13:34.

- En la misa escuchamos la Palabra de Dios. *"De cierto, de cierto os digo: El que oye mi palabra y cree al que me envió tiene vida eterna..."* Juan 5:24. Podemos ver los evangelios como biografías de Jesús. Así que en la misa profundizaremos en el conocimiento de la vida del Maestro, cuyas palabras siempre estarán vigentes aunque hayan sido escritas miles de años atrás.

- Un día Giovanni di Pietro Bernardone[2], hijo de un acaudalado mercader de telas en Asís, entró a la iglesia en momentos en que no le encontraba sentido a su vida. El evangelio que escuchó fue: *"Cuando Jesús iba a seguir su viaje, llegó un hombre corriendo, se puso de rodillas delante de él y le preguntó: —Maestro bueno, ¿qué debo*

---

[1] Fraile católico del siglo XV.

[2] Más conocido como Francisco de Asís.

hacer para alcanzar la vida eterna? Jesús le contestó: — ¿Por qué me llamas bueno? Bueno solamente hay uno: Dios. Ya sabes los mandamientos: "No mates, no cometas adulterio, no robes, no digas mentiras en perjuicio de nadie ni engañes; honra a tu padre y a tu madre." El hombre le dijo: —Maestro, todo eso lo he cumplido desde joven. Jesús lo miró con cariño, y le contestó: —Una cosa te falta: anda, vende todo lo que tienes y dáselo a los pobres. Así tendrás riqueza en el cielo. Luego ven y sígueme." (Marcos 10:17-21). Giovanni supo que esas palabras no eran solamente para la gente que había vivido 1,200 años antes. Eran también para él, ahí en ese mismo momento. Así que salió de la iglesia e hizo exactamente lo que escuchó de la Palabra, dando comienzo a una revolución espiritual que nos ha perdurado hasta hoy.

- El sacerdote en la homilía nos explica las escrituras como lo hizo Jesús con sus discípulos. "*Luego se puso a explicarles todos los pasajes de las Escrituras que hablaban de él...*" Lucas 24:27.

- Jesús nos extiende una invitación para participar de su banquete, donde Él mismo se ofrece con su cuerpo y sangre para ser ingerida por nosotros. "*Jesús les dijo: —Les aseguro que si ustedes no comen la carne del Hijo del hombre y beben su sangre, no tendrán vida.*" Juan 6:53.

- Es una excelente oportunidad de unir nuestras plegarias con las del resto de los fieles que asisten a la misa y mostrarnos como un solo cuerpo. "*Pues bien, ustedes son el cuerpo de Cristo, y cada uno de ustedes es un miembro con su función particular.*" 1 Corintios 12:27. Recuerde que tan pronto traspasamos las puertas de la iglesia, dejamos de ser individuos para pasar a ser miembros del cuerpo de Cristo.

La asistencia a la misa

En el 2008 el CONICET, organismo dedicado a la promoción de la ciencia y la tecnología en Argentina, llevó a cabo la primera encuesta sobre asuntos religiosos en su país. La encuesta mostró que solo el 23.8% de los católicos asistían con frecuencia a la misa. El 49.1% con poca frecuencia y el 26.8% nunca o casi nunca.

En octubre del 2010, el Centro de Investigaciones Sociológicas de España publicó su informe número 2847. En él se observan las siguientes estadísticas con respecto a la asistencia a la misa: solo el 15% lo hace semanalmente, el 9.8% lo hace alguna vez al mes, el 17.9% lo hace varias veces al año y el 56.5% nunca o casi nunca.

En el año 2012 la Pontificia Universidad Católica de Chile junto con Andimark GFK condujeron una encuesta en la que revelan que solo el 15% de los católicos chilenos asisten semanalmente a la misa, el 20% algunas veces al mes, el 28% solo lo hace en fiestas especiales religiosas y el 37% nunca o casi nunca lo hace.

En el 2012 el CARA, organización sin ánimo de lucro afiliada a la Universidad Georgetown de Washington, publicó una encuesta realizada entre los estadounidenses que revela las siguientes cifras: solo el 24% asiste semanalmente a la misa, el 43% lo hace al menos una vez al mes y el otro 33% nunca o casi nunca.

Actualmente en Francia hay más musulmanes asistiendo a una mezquita un viernes, que católicos asistiendo a misa en domingo.

La misa: la oración por excelencia

Cuando el Gran príncipe Vladimiro I de Kiev, decidió abandonar su paganismo y unirse a una de las tres religiones monoteístas que profesaban sus países vecinos en el 987 d.C., envió representantes a esos países para estudiar sus respectivas religiones. De los musulmanes le informaron que solo encontraron tristezas y que poseían un gran tabú por las bebidas alcohólicas y el cerdo. Rechazó el judaísmo por el hecho de que los judíos perdieran Jerusalén ante los musulmanes —para Vladimiro esto era evidencia que ese pueblo había sido abandonado por Dios—. Cuando sus emisarios regresaron de Constantinopla después de haber presenciado una misa en la catedral de Santa Sofía, le dijeron al príncipe: *"No sabíamos si estábamos en el cielo o en la tierra. Tanta belleza, que no sabríamos como describirla"*. Vladimiro I de Kiev se convirtió al cristianismo en 988 d.C.

El hombre desde sus orígenes ha expresado una necesidad de tener comunicación con su Creador. Sacrificios de animales o de personas, quemas de sus cosechas, construcción de grandes complejos, etc., son muestras de ello. Ya fuese para buscar su perdón o en señal de agradecimiento, ha querido establecer una línea de comunicación con Él. Jesús, que todo lo hace nuevo[1], cambió los sacrificios y las quemas como instrumentos de comunicación con Dios por la eucaristía. Por la misa.

El Génesis nos relata la creación del universo. Nos dice que después que Dios terminó su trabajo en seis días, descansó el séptimo. Pero este descanso no hace referencia a una inactividad o a un dejar de actuar, sino más bien a la contemplación de un trabajo "bien hecho" (Génesis 1:31) y en especial del hombre, vértice de la creación.

Shabbath o Sabbat es una palabra que tiene un sentido muy bello: descanso, reposo, contemplación, adoración, fiesta y disfrute. Este es el propósito del día Domingo o "día del Señor". Es la celebración en comunidad de la fiesta en honor al que nos lo ha dado todo.

Es la celebración del último sacrificio humano que fue necesario para ganar la eterna comunicación con Dios. El sacrificio de su hijo único por la salvación de nosotros. Decía San Leonardo de Port Maurice: "*Una misa antes de la muerte puede ser más provechosa que muchas después de ella*".

"La misa es aburrida", "no me enseña nada", "siempre se hace lo mismo", "no voy porque no siento la necesidad, y para hacer una cosa que no siento mejor no hacerla", etc., son frases que escuchamos con frecuencia. Preguntémosle al enamorado si encuentra aburrido ver a su amada, si no disfruta las mismas conversaciones repetidas con ella, si no hacer nada con ella le molesta. No hay rutina si hay amor.

La primera vez que fui a la catedral de Notre Dame en la ciudad de Paris, sus mosaicos en vidrio me parecieron hermosos. Los contemple por bastante tiempo desde afuera y me encantaron. Pero su real belleza apareció cuando los observe desde adentro. Cuando la luz los atravesaba, esos cristales tomaban vida y llenaban de colores todo el recinto. Ver esos rosetones de luz multicolor estrellados contra el suelo fue todo un espectáculo. La misa es como esas vidrieras, que adquiere su real belleza a la luz del amor de Dios.

La Iglesia es la familia de los hijos de Dios, extendida por todo el mundo, y ésta familia tiene un hogar en el que se congregan todos, y como en todo hogar, hay una mesa donde se festeja la comida preparada y servida con

---

[1] "He aquí que todo lo hago Nuevo" Apocalipsis 21:5.

amor. Faltar a esta comida es separarse de la vida familiar, pues esa comida es el acto familiar por excelencia, donde padres e hijos, hermanos entre ellos, reviven su mutuo afecto y tratan los asuntos de familia. Es buen momento para consejos y exhortaciones. Cuando falta un hijo por cualquier motivo, es en la mesa donde se nota su ausencia.

Se cuenta que en un pueblo había una pareja de enamorados. Un día el novio fue llamado a prestar el servicio militar. Con gran disciplina, el novio le escribía cartas todos los días a su amada y el cartero se las entregaba. Pero cuando le daban permiso de salida, el muchacho no corría a visitar a su novia, sino que se iba de fiesta con sus amigos. Cuando finalizó su tiempo en el servicio, fue a visitar a su novia y se llevó la gran sorpresa de encontrarla casada con el cartero. Cuando las personas dejan de verse, el amor se va apagando, y como a quien ella veía era al cartero, termino enamorándose de él. Cuando dejamos de ir a la misa, el amor por Dios se va apagando y terminamos casados con otros dioses.

Exhortemos a esos fieles que por una u otra razón han dejado se asistir a la misa, como lo hiciera san Pablo a esos primeros cristianos que habían empezado a desanimarse:

"No dejemos de asistir a nuestras reuniones, como hacen algunos, sino animémonos unos a otros; y tanto más cuanto que vemos que el día del Señor se acerca." Hebreos 10:25

Capítulo XVII

¿Por qué la Iglesia no reparte sus riquezas a los pobres?

Corría el año 257 de nuestra era cuando el entonces recién nombrado papa Sixto II ordenó diácono a Lorenzo de Huesca y lo dejó a cargo de la administración de los bienes de la Iglesia y del cuidado de los pobres. Simultáneamente el emperador Valeriano I decretó la ejecución de muchos miembros del clero a la vez que prohibió el culto cristiano en todo su imperio. Una de las víctimas de ese decreto fue su santidad Sixto II, decapitado el 6 de agosto del 258.

Aprovechando el reciente asesinato del papa, el prefecto romano ordenó a Lorenzo que entregara las riquezas de la Iglesia para ayudar a costear las guerras del emperador. El diácono solicitó tres días para recolectarlas. Diligentemente, Lorenzo invitó a todos los pobres, lisiados, mendigos, huérfanos, viudas, ancianos, mutilados, ciegos y leprosos que él ayudaba a que lo acompañaran a donde el prefecto.

Vencido el plazo de los tres días, Lorenzo compareció ante el prefecto y le presentó los pobres y enfermos con estas palabras: *"Ya tengo reunidos todos los tesoros de la iglesia. Le aseguro que son más valiosos que los que posee el emperador"*. Esta acción le costó la vida. Lorenzo fue martirizado en una parrilla caliente el 10 de agosto de ese mismo año[1].

De este acontecimiento hasta nuestros días han pasado muchos siglos y a pesar de todo ese tiempo transcurrido, el hombre de hoy sigue con una idea distorsionada de las finanzas de la Iglesia e ignorantemente y con unos cálculos sacados de la manga, dan por cierto que la Iglesia posee el dinero suficiente como para acabar con el hambre de África, pero que prefiere invertir su dinero en lujosos atuendos, joyas y edificios. La Iglesia con su historia de más de 2000 años, 266 papas, presencia en todos los países del mundo y más de 1200 millones de feligreses, es una institución que como cualquier otra, ha tenido sus equivocaciones en la administración de sus dineros, pero no por ello debemos persistir en la idea de que está siempre ha sido la norma ni que ha olvidado su misión caritativa de ayudar a los menos favorecidos por el afán de lucrarse.

Las personas que proponen que la Iglesia venda sus riquezas y repartan ese dinero a los pobres, ponen a Jesús y sus apóstoles como el modelo económico que debe seguir la Iglesia en el presente. Ellos ignoran que las necesidades económicas de la Iglesia en nuestro tiempo son muy diferentes a las necesidades económicas de la Iglesia en la época de Jesús. El mundo de ellos se reducía a poco menos que un país, mientras que la Iglesia actual abarca el globo entero. Sus trabajadores no sobrepasaban la docena, mientras que los de hoy superan los cientos de miles. La población a la que ellos llegaron fue muy baja comparada con los más de mil doscientos millones de hoy. Jesús comparó la Iglesia primitiva con un grano de mostaza que algún día sería como un gran árbol (Mateo 13:31-32).

Jesús, por su ministerio itinerante y el reducido número de discípulos, no necesitaba casas ni posesiones. Sin embargo necesitaba de la generosa colaboración de algunas personas las cuáles lo seguían y lo ayudaban con su dinero (Lucas 8:1-3).

¿Ves tú en la parroquia de tu barrio lujos y riquezas? ¿Estás seguro que ese sagrario, cruz, cáliz o relicario que parece de oro, es realmente oro? ¿De cuáles riquezas estamos hablando? ¿De las obras de arte que hay en los mu-

---

[1] La fiesta de San Lorenzo, diácono y mártir, se celebra el 10 de agosto.

seos vaticanos? ¿De los cálices de oro con incrustaciones de piedras preciosas que vemos en algunos museos de las iglesias? ¿De las majestuosas catedrales europeas? ¿De sus edificios, terrenos y otras propiedades alrededor del mundo? ¿De los zapatos del sumo pontífice o de las elegantes casullas y estolas que usan algunos prelados de la Iglesia?

Dios nos ha pedido que no escatimemos nada al momento de adorarlo. Él mismo dio las instrucciones de cómo se deberían construir los objetos que se emplearían en su templo. A partir del capítulo 25 del libro del Éxodo, encontramos las especificaciones que Dios estableció para la construcción de su primer templo y sus utensilios sagrados. Su construcción debería ser "financiada" por todo el pueblo:

"Di a los israelitas que recojan una ofrenda para mí. Deben recogerla entre todos los que quieran darla voluntariamente y de corazón; y lo que deben recoger es lo siguiente: oro, plata, cobre, tela morada, tela de púrpura, tela roja, lino fino, pelo de cabra, pieles de carnero teñidas de rojo, pieles finas, madera de acacia, aceite para lámparas, perfumes para el aceite de consagrar y para el incienso aromático, y piedras de cornalina y otras piedras finas para montarlas en el efod y el pectoral del sumo sacerdote." Éxodo 25:2-7

Él pidió que se emplearan los mejores materiales conocidos por ellos: oro, plata, bronce, madera de acacia, piedras preciosas, etc.

"Haz un arca de madera de acacia,... Recúbrela de oro puro por dentro y por fuera, y ponle un ribete de oro alrededor. Hazle también cuatro argollas de oro, y pónselas en las cuatro patas, dos de un lado y dos del otro.... Haz una tapa de oro puro, que mida un metro y diez centímetros de largo por sesenta y cinco centímetros de ancho, con dos seres alados de oro labrado a martillo en los dos extremos. ... Haz una mesa de madera de acacia, que mida noventa centímetros de largo, cuarenta y cinco centímetros de ancho, y sesenta y cinco centímetros de alto. Recúbrela de oro puro, y ponle un ribete de oro alrededor. ... haz también cuatro argollas de oro,... Haz de madera de acacia los travesaños con los que se ha de llevar la mesa, y recúbrelos de oro, y haz de oro puro sus platos, cucharones, jarras y copas para las ofrendas de líquidos. ... Haz también un candelabro de oro puro labrado a martillo. ... Hazle también siete lámparas, y colócalas de tal modo que alumbren hacia el frente, y que sus tenazas y platillos sean también de oro puro. Usa treinta y tres kilos de oro puro para hacer el candelabro y todos sus utensilios,... "Éxodo 25:10-40

Jesús confirmó ese deseo de su Padre de dar lo mejor para su alabanza:

"Jesús había ido a Betania, a casa de Simón, al que llamaban el leproso. Mientras estaba sentado a la mesa, llegó una mujer que llevaba un frasco de alabastro lleno de perfume de nardo puro, de mucho valor. Rompió el frasco y derramó el perfume sobre la cabeza de Jesús. Algunos de los presentes se enojaron, y se dijeron unos a otros: — ¿Por qué se ha desperdiciado este perfume? Podía haberse vendido por el equivalente al salario de trescientos días, para ayudar a los pobres. Y criticaban a aquella mujer. Pero Jesús dijo: —Déjenla; ¿por qué la molestan? Ha hecho una obra buena conmigo. Pues a los pobres siempre los tendrán entre ustedes, y pueden hacerles bien cuando quieran; pero a mí no siempre me van a tener." Marcos 14:3-7

Así que desde los tiempos de Moisés, los judíos de la época y los cristianos de hoy, han tenido por buena costumbre emplear los mejores materiales y el más alto sentido artístico a la hora de construir o fabricar algo para el Señor. A pesar de todas las guerras que se han librado en el mundo en los últimos veinte siglos, a pesar de todas las diferencias que ha tenido la Iglesia con monarcas y gobiernos, a pesar de los regímenes comunistas que se han apoderado de importantes países otrora cristianos, a pesar de las conquistas musulmanas de territorios que fueron bastiones del cristianismo, hoy nos sobreviven muchas de esas grandes obras que ha realizado el hombre para rendirle culto a Dios, y que más que pertenecer a la Iglesia, son ciertamente patrimonio de la humanidad y como tal son tenidos en cuenta.

Un poco de matemáticas

De acuerdo a cifras publicadas por el Banco Mundial[1] en el 2010, el 20.63% de la población mundial vive en condiciones de extrema pobreza. Esta estadística la compone personas que viven con menos de US$1,25 al día. Según la misma fuente, el 19.45% de la población mundial vive en condiciones de pobreza. Personas que viven con más de US$1,25 y menos de US$2,00 al día. Combinadas las dos cifras nos da que el 40.08% del planeta viven en condiciones de pobreza.

Asumo que estos son los pobres a los que se refieren las personas que hacen esta sugerencia.

¿De cuántos pobres estamos hablando?

---

[1] http://www.worldbank.org/

Para el 25 de octubre del 2013 había 7'120.063,670 habitantes en el mundo[1]. O sea que estamos hablando de aproximadamente 2'853.721,519 de personas que se beneficiarían del reparto de las riquezas de la Iglesia. Para poner un poco en perspectiva este número, imagine tres veces el total de la población de norte, centro y sur américa.

Veamos cuánto recibiría cada uno de esos pobres.

Los museos vaticanos

Los "palacios" a los que la mayoría de personas se refieren cuando se mencionan las grandes riquezas de la Iglesia son los museos vaticanos.

Estos museos nacieron con una pequeña colección privada de esculturas perteneciente al papa Julio II[2]. Los papas fueron los primeros soberanos que pusieron sus colecciones de arte y sus palacios a disposición de la cultura y del público. Lo conforman la Biblioteca Vaticana, el Museo Pío-Clementino, el Museo Chiaramonti, el Museo Gregoriano Etrusco, el Museo Gregoriano Egipcio, el Museo Gregoriano Profano, el Museo Misionero Etnológico, la Pinacoteca Vaticana, la Capilla Nicolina, las Estancias de Rafael, los Aposentos Borgia, la Capilla Sixtina; las Galerías de Tapices, Mapas y Carruajes, la Colección de Arte Religioso Moderno y el Museo Filatélico y Numismático.

El 23 de marzo del 2013, el editorialista Peter Watson publicó un artículo en el diario londinense *"The Times"* titulado *"El papa debería hacer la mayor venta de arte de su historia"*. Según el editorial y de acuerdo a expertos en el tema, el Vaticano podría recoger 17 mil millones de dólares si vendiera todas sus obras de arte. Cifra equivalente al presupuesto de funcionamiento de la NASA para el 2011.

Suponiendo que la Iglesia hiciera lo que tanta gente propone y se deshiciera de todas sus obras de arte, y recaudara lo que el diario londinense sugiere, le correspondería la suma de US$5.95 a cada uno de los 2'853.721,519 de pobres, es decir el sustento de tres días. Esto es sin descontar la cantidad

---

[1]   Cifra   tomada   del   reloj   actualizado   de   la   población   mundial http://www.census.gov/popclock/

[2] Su pontificado fue de 1503 hasta 1513.

de millones de dólares que se gastarían en la infraestructura necesaria para llevar a cabo la distribución del dinero a lo largo y ancho de todo el mundo.

¿Qué pasaría al cuarto día? Tendríamos los mismos pobres y obras como *La Piedad* de Miguel Ángel, *La Coronación de la Virgen* de Rafael, *San Jerónimo* de Leonardo da Vinci, *Entierro de Cristo* de Bellini y muchas otras obras de este nivel, se irían a colecciones privadas y desaparecerían de los ojos del público para siempre.

¿Existiría alguien que pidiera que se vendan todas las obras de arte del gran museo del Louvre, que exceden de lejos las del Vaticano, y se ayudara a equilibrar el deteriorado presupuesto francés? ¿O las del museo Del Prado para ayudar a salir a España de su crítica situación económica?

Desde hace muchos años la Iglesia ha tenido que aclarar que esta iniciativa no se puede llevar a cabo porque independiente de lo absurda que esta pueda resultar, sería ir en contra del derecho internacional, ya que siendo el Vaticano un estado soberano, está sometido a las leyes que protegen el patrimonio de la humanidad.

En declaraciones a la prensa el 13 de marzo del 2009, el presidente del COR UNUM[1], cardenal Paul Josef Cordes, aclaró que: *"[la Iglesia] tiene la tarea de conservar las obras de arte en nombre del Estado italiano. No las puede vender... En todas las naciones hay muchas medidas para la defensa de las obras de arte, porque el Estado debe mantenerlas.";* recordando que los bienes de la santa sede forman también parte de la historia cultural de Italia.

Durante su primera visita oficial al Brasil en 1980, el papa Juan Pablo II visitó el 2 de julio la favela Vidigal en el corazón de Rio de Janeiro. En ella viven hacinados más de 20,000 personas en condiciones de pobreza extrema. Al término de la visita el papa regaló su anillo de oro a Italo Coelho, párroco de la favela. ¿Qué hicieron los pobres de esta favela con ese anillo? ¿Lo vendieron para comprar comida con él?

¡No! Lo consideran un patrimonio invaluable y lo tienen expuesto en la humilde parroquia de su comunidad.

---

[1] El Pontificio Consejo COR UNUM para la promoción humana y cristiana fue creado por el papa Pablo VI con la Carta autógrafa *Amoris officio* del 15 de julio de 1971.

Las grandes catedrales

El reverendo padre Pedro Herrasti cuenta en su folleto *La Verdad Católica* No. 635 la siguiente anécdota:

> *"En una ocasión, el P. Amancio Albillos, de la Sociedad de María, español fidelísimo a la Iglesia, ingresó a la Catedral de Notre Dame, en París, acompañado de un anticlerical. Al ver la suntuosa construcción, el acompañante exclamó indignado: "¡Ah, el poder aplastante de la Iglesia!" El Padre Albillos respondió ciertamente indignado muy a la española: "¡Imbécil! Es el resultado de la fe de un pueblo que sabe adorar a Dios""*

La gran mayoría de las grandes obras de la antigüedad que el hombre ha construido, han tenido un carácter religioso. El hombre siempre ha querido agradar a su dios con lo mejor de su ingeniería, arquitectura y arte. Las pirámides de Gizeh[1], el templo de Artemisa en Turquía[2], la gran estatua de Zeus[3], la catedral episcopaliana de San Juan el Divino en New York[4], la pagoda Shwedagon en Birmania[5], el templo dorado de Kashi Vishwanath en India[6], etc., son solo algunos ejemplos de las colosales obras emprendidas por el hombre en su deseo de dar lo mejor a su respectiva deidad.

La Iglesia católica, al igual que el resto de las religiones, ha construido a lo largo de su historia grandes catedrales que no le pertenecen a ella, sino a sus fieles que durante siglos han ingresado para rendirle culto a Dios (el desgaste de sus peldaños da prueba de ello). Pero a diferencia de muchas de

---

[1] Conjunto de tres pirámides —Keops, Kefrén y Micerino—. Keops tiene una altura de 146 metros. Construida en el año 2570 a.C.

[2] Construida en la ciudad de Éfeso en el 550 a.C. Tomó más de 120 años su construcción. Hoy solo quedan sus rastros.

[3] Se esculpió en el año 436 a.C. en lo que actualmente se conoce como Olimpia, Grecia. Media más de 12 metros de altura y fue construida enteramente en oro y marfil. Actualmente no hay nada de ella.

[4] Su construcción empezó en 1892 y aún continúa. Considerada la cuarta iglesia cristiana más grande del mundo. Mide 183 metros de longitud y 70 metros de altura.

[5] Tiene 2,500 años de antigüedad. Su casco de 100 metros de altura está totalmente cubierto de oro y forrado con 5,448 diamantes y 2,317 rubíes. Posee en su interior una campana de 23 toneladas de bronce.

[6] Ubicada en la ciudad religiosa de Varanasi y se empleó más de una tonelada de oro en su construcción.

las obras mencionadas anteriormente, que se construyeron con mano de obra esclava, la Iglesia lo ha hecho con mano de obra paga.

¿Cuánto cuesta la catedral de San Pedro en Roma? ¿La Sixtina? ¿La Sainte-Chapelle en Paris? ¿La Catedral de Colonia? ¿Las Pirámides de Egipto? ¿El templo Dorado de Kashi Vishwanath? ¿Existiría alguien que tuviera algún interés de pagar una fortuna por cualquiera de estos edificios? ¿Qué harían con ellos sabiendo que, en primer lugar son sitios santos destinados a la oración y el culto, y en segundo lugar no se pueden tocar ya que son Patrimonio arquitectónico sujetos a la Convención sobre la Protección del Patrimonio Mundial Cultural y Natural[1]?

El costo de mantener abiertas las puertas de estas catedrales al público es altísimo. La última restauración de la Capilla Sixtina comenzada en 1980 y con una duración de catorce años; tuvo un costo de cuatro y medio millones de dólares americanos[2] financiados por la empresa privada.

El presupuesto anual de la catedral de Colonia en Alemania, es de casi diez millones de euros y ha resultado insuficiente para lavar sus paredes externas llenas de polución y otros contaminantes.

Por tratarse de instituciones religiosas, estos elevados costos de mantenimiento son muchas veces subsidiados por los gobiernos locales o empresas privadas. Pero de llegarse el caso que alguno de estos edificios pasará a manos privadas, estos subsidios desaparecerían de inmediato.

He participado en varios eventos que buscan recaudar dinero para alguna causa de la Iglesia. Algunas veces se trata de recaudar fondos para cambiar las bancas de una parroquia, o para repararla, o ampliarla, o instalar un sistema de altavoces, etc. Pero otras se tratan de recaudar fondos para su construcción desde los cimientos. Algunas veces hay feligreses acaudalados que donan el terreno, o los materiales, o grandes sumas de dinero para su construcción. Dependiendo de la arquidiócesis y del tamaño del proyecto, la Iglesia puede apoyar financieramente en su realización, pero no en un ciento por ciento. Siempre la comunidad se involucra y a través de eventos y donaciones, se terminan de financiar las obras.

---

[1] Organismo creado por la UNESCO el 16 de noviembre de 1972.

[2] Este dinero fue enteramente financiado por *La Nippon Televisión* a cambio de los derechos para filmar el trabajo.

Así que desde el punto de vista netamente monetario, la comunidad es socia de todas y cada una de esas iglesias construidas para el servicio de ella misma.

Los zapatos Prada del Santo Padre

El 4 de noviembre del 2005, el diario londinense *The Independent* publicó un artículo en el que decía que el recién electo papa Benedicto XVI había tomado distancia de los sastres y zapateros del Vaticano, para irse a diseñadores famosos de la moda. Específicamente cita que los zapatos rojos que usaba su santidad, eran de la famosa casa de modas Prada.

Esta mentira se propagó y muchos otros medios repitieron la falsa noticia. El mensaje fue claro: *el papa viste de Prada, es decir, vive en el lujo mientras la gente se muere de hambre en África.*

La verdad es que esos zapatos fueron confeccionados y donados por un zapatero italiano de nombre Adriano Stefanelli que posee su taller en Novara, Lombardía. Cuando los zapatos necesitan reparación, es el peruano Antonio Arellano quien hace el trabajo desde su zapatería en Roma, y cobra lo mismo que a cualquier otro cliente.

Hace unos años en mi parroquia quisimos ordenar la confección de un alba y de una estola[1] con los símbolos de nuestro ministerio de Emaús bordados en ellos, para obsequiárselos al sacerdote y que los usara en las celebraciones de las misas que tuvieran que ver con el ministerio. La tarea se encargó a un grupo de monjas peruanas que las confeccionaron por el equivalente de US$200. Después de recaudar algunas donaciones, vendimos empanadas y emparedados durante varios fines de semana, hasta recaudar el dinero faltante. Gracias a la generosidad y esfuerzo de muchos miembros del ministerio logramos ese regalo para el sacerdote de nuestra parroquia.

Iniciativas como esta han abundado desde siempre a lo largo de todas las iglesias del mundo. Muchos miembros del clero reciben donaciones por parte de los miembros de sus parroquias, como expresión de cariño y gratitud a una persona que se niega a sí mismo y se entrega de lleno al servicio de su comunidad.

---

[1] Partes de la vestidura sacerdotal.

Los edificios de la Iglesia

El evangelista Marcos nos cuenta que antes de Jesús ascender a los cielos, le encomendó a sus apósteles una tarea:

> *"Y les dijo: «Vayan por todo el mundo y anuncien a todos la buena noticia..." Marcos 16:15*

En obediencia de este mandato y al igual que cualquier institución que busca ser exitosa en el cumplimiento de su misión, la Iglesia tuvo que organizarse. Y como organización al servicio del hombre, construyó altares para que el hombre pudiera dar culto a Dios y participar de la liturgia.

Para educar al hombre, en especial a los pobres, tuvo que construir escuelas.

Para formarlo, construyó universidades e institutos técnicos.

Para curarlo, construyó laboratorios, hospitales, sidatorios, dispensarios, leprosorios y asilos.

Para albergarlo, construyó ancianatos, orfanatos, casas cuna y hospicios.

Para enterrarlo, construyó cementerios.

Para apreciar las maravillas del firmamento, construyó observatorios.

Hasta hace pocos siglos, solo las instituciones y órdenes religiosas educaban, curaban y velaban por el bienestar de los pobres. Hoy algunos gobiernos luchan por brindar salud, educación y bienestar a los más necesitados. Aun así, la Iglesia no se ha hecho de lado. Sola o con la ayuda de los gobiernos, la Iglesia está presente para socorrer con lo básico a los menos favorecidos.

Para canalizar toda esta ayuda se requiere de una administración, de una infraestructura, de dinero y de bienes materiales.

La revista *The Economist* en su edición del 18 de agosto del 2012 en un artículo titulado *"La Iglesia católica en América: Preocupaciones terrenas"* en uno de sus apartes dice lo siguiente:

> *"La Iglesia (católica) es la organización caritativa más grande del país (USA). Caridades Católicas USA y sus subsidiarias emplean cerca de 65,000 personas y atiende a más de 10 millones de personas. Este organismo distribuyó a los pobres en el 2010 más de 4,700 millones de dólares,*

de los cuales 62% provenía de agencias locales, estatales y federales del gobierno."

Esta misma revista inglesa pidió en agosto del 2007 a la Iglesia católica que: *"renuncie a su estatus diplomático especial y se defina como lo que realmente es: la Organización No Gubernamental (ONG) más grande del mundo".* Aunque la Iglesia católica no puede ser mirada como una ONG, si se ahorra mucho cálculo matemático cuando la revista económica de mayor respeto y que nunca ha ocultado su postura anti católica, declara a la Iglesia católica como la mayor entidad caritativa del mundo.

Financiación de la Iglesia

Cuando se trata del tema financiero, la Iglesia se comporta de forma descentralizada, ya que cada una de las entidades jurídicas de la Iglesia, como las provincias eclesiásticas, las conferencias episcopales, las diócesis, parroquias, ministerios laicos, etc., son titulares de su patrimonio y lo gestionan de manera autónoma.

En general, la Iglesia católica y sus instituciones se financian de muchas formas, entre las más importantes:

- Rendimientos financieros de empresas e instituciones donde tienen capital invertido[1].
- Aportaciones y recolectas directas o indirectas, tanto de carácter público como privado.
- Aportaciones de dinero de las arcas del estado en ciertos países donde la Iglesia está presente.

El Vaticano cuenta en la actualidad con unas 700 propiedades en el mundo que le generan aproximadamente el 25% de sus ingresos, otro 25% proviene de esos rendimientos financieros y el otro 50% proviene de las donaciones.

---

[1] El 11 de febrero de 1929 se firmó un convenio entre Benito Mussolini y la Santa Sede, en donde el Gobierno italiano concede pagar a la Iglesia, a manera de compensación por la anexión de los estados pontificios, el equivalente a 92 millones de dólares de ese entonces. Estos dineros se han invertido en participaciones en compañías privadas, bonos y acciones en el mercado de valores; entre otros.

Las contribuciones de los gobiernos que sí aportan a la Iglesia varían en cada caso. En Argentina, Bélgica o Luxemburgo, el gobierno se hace cargo de las compensaciones y pensiones de toda o de una parte del cuerpo religioso. En Francia el gobierno se hace cargo del mantenimiento de los templos que fueron construidos antes de 1905 y también paga a los capellanes de las fuerzas armadas, hospitales públicos y prisiones. En España, Italia, Portugal y Hungría, los ciudadanos pueden escoger que se destine un porcentaje de sus impuestos para ayuda financiera a la Iglesia. En Alemania y Austria, todo ciudadano que se declare católico, debe pagar un impuesto destinado a la Iglesia. En otros países la ayuda del gobierno se expresa en términos de exenciones tributarias o como subvenciones para restaurar o mantener el patrimonio artístico, o para financiar instituciones de carácter benéfico, de enseñanza o asistencia social entre otros.

Los dineros de la Iglesia

El Instituto para las Obras Religiosas o IOR (www.ior.va), conocido popularmente como el Banco Vaticano, es la institución de la Iglesia encargada de conservar y administrar los bienes depositados por personas naturales o jurídicas que tengan como propósito la ejecución de actividades religiosas, y mantiene cuentas de salarios y pensiones de empleados del Vaticano. A pesar de ser conocido como un banco, en realidad no lo es ya que no persigue ningún lucro ni presta dinero, ni realiza inversiones directas, pero si tiene la obligación de mantener la capitalización del instituto y el dinero de sus clientes, por lo que los dineros que custodia los invierte en bonos de Estado, en obligaciones y en el mercado interbancario. En el 2014 el IOR administraba fondos por 5,962 millones de euros descompuestos así: 2,065 millones provenientes de depósitos de sus clientes, 3,244 millones de activos que administra y 673 millones de activos que custodia. Para este mismo año, la rentabilidad neta de sus inversiones generaron un beneficio neto de 69.3 millones de euros[1].

La Iglesia católica destina parte de sus recursos económicos principalmente a cuatro áreas:

---

[1] Se puede ver el informe completo del año 2014 en su portal de internet www.ior.va o descargado el informe en http://www.ior.va/content/dam/ior/documenti/rapporto-annuale/IOR_AnnualReport_EN_2014.pdf.

- Al sostenimiento del clero y sus ministros.
- Al ejercicio de su apostolado orientado a la comunidad.
- A mantener el culto y las actividades religiosas (se incluye la conservación de los templos y obras que la Iglesia administra, así como el sueldo de los laicos contratados para ayudar en ello).
- A acciones pastorales, caritativas, formativas y de promoción social.

Además de ser la representante de los pobres del mundo ante los gobiernos más poderosos, la Iglesia a lo largo de sus más de dos mil años de existencia ha desarrollado una labor efectiva en brindar ayuda a los más necesitados a través de entidades descentralizadas como Cáritas Internationalis, Manos Unidas, Caballeros de Colón, la Asociación Ayuda a la Iglesia Necesitada, Misioneras de la Caridad, Sociedad de San Vicente de Paúl, Salesianos de Don Bosco, Fe y Alegría, Legión de María, Siervas del plan de Dios y miles más.

La Agencia Fides[1] es el organismo de la Iglesia católica encargada de mostrar al mundo su labor misionera. Desde sus inicios la agencia se convirtió en un gran centro para la recopilación y producción de material informativo sobre el mundo misionero, a través de noticias y fotografías de actualidad, estudios sobre las condiciones de las Misiones y sobre la labor de los misioneros.

Cada año y con motivo de la celebración de la Jornada Misionera Mundial presenta unas estadísticas que nos pueden ayudar a ilustrar la labor caritativa de la Iglesia y el tamaño del clero y sus ministros a sostener. En su último informe presentado el 21 de octubre del 2013 se pueden apreciar las siguientes estadísticas:

---

[1] Fundada el 5 de junio de 1927 por voluntad del Consejo Superior General de la Obra Pontificia de la Propagación de la Fe. www.fides.org

ESCUELAS Y ALUMNOS

	Infantil Institutos	Infantil Alumnos	Primaria Institutos	Primaria Alumnos
África	13,600	1,277,500	34,238	15,821,318
América	17,502	1,409,609	23,624	6,765,994
Asia	13,935	1,761,085	15,877	5,023,844
Europa	23,963	1,923,441	15,812	2,845,993
Oceanía	1,544	106,992	3,296	694,021
Total	70,544	6,478,627	92,847	31,151,170

	Secundaria Institutos	Secundaria Alumnos	Superior Alumnos	Universidad Alumnos
África	11,477	4,540,937	88,359	106,170
América	11,665	3,868,129	795,114	2,183,646
Asia	10,015	5,291,981	1,135,721	490,730
Europa	9,750	3,666,414	270,471	541,714
Oceanía	684	426,098	14,506	16,195
Total	43,591	17,793,559	2,304,171	3,338,455

INSTITUTOS SANITARIOS, DE ASISTENCIA Y BENEFICENCIA

	Hospitales	Dispensarios	Leproserías	Casas para ancianos, enfermos crónicos, minusválidos
África	1,150	5,312	198	655
América	1,694	5,762	56	5,650
Asia	1,126	3,884	285	2,346
Europa	1,145	2,643	5	8,021
Oceanía	190	578	3	551
Total	5,305	18,179	547	17,223

	Orfanatos	Jardines de infancia	Consultorios Matrimoniales	Centros de Educación o reeducación.	Otras Instituciones
África	1,345	1,918	1,812	2,508	1,250
América	2,770	3,727	6,472	14,661	3,564
Asia	3,606	3,175	987	4,867	1,252
Europa	2,078	2,458	5,787	11,720	3,159
Oceanía	83	101	269	575	166
Total	**9,882**	**11,379**	**15,327**	**34,331**	**9,391**

EL CLERO Y SUS MINISTROS

	Obispos	Sacerdotes	Diáconos Permanentes	Monjas
África	697	37,527	401	66,375
América	1,914	122,607	25,441	195,198
Asia	758	57,136	224	165,308
Europa	1,606	190,150	13,151	286,042
Oceanía	129	4,816	347	9,012
Total	**5,104**	**412,236**	**39,564**	**721,935**

Catholic Relief Services es una institución de la Iglesia que se enfoca en brindar ayuda a los más necesitados en casos de grandes desastres naturales, como el ocurrido en Haití el 12 de enero del 2010. En solo este caso, esta institución repartió más de 10 millones de comidas, removió más de 1.5 millones de pies cúbicos de escombros, construyó cerca de 10,500 refugios temporales y atendió más de 71,000 pacientes.

Durante la epidemia de cólera que se desató después del terremoto, brindó pastillas purificadoras para el agua a más de 450,000 familias y desinfectaron poco menos de 250,000 casas. Asumió la educación de cerca del

20% de todos los estudiantes del país y muchos servicios más, para alcanzar los US$150 millones[1] en ayudas para los más afectados por esta tragedia.

Para el tsunami que afectó las costas del océano Indico el 26 de diciembre del 2004, alimentó y cuidó más de 920,000 personas, construyó cerca de 10,400 refugios temporales, donó 13,520 casas para igual número de familias, proveyó botes y redes a más de 41,600 pesqueros, construyó o reparó acueductos para brindar agua potable a más de 170,572 personas, construyó o reparó poco más de 180 instituciones educativas. Entre otros servicios adicionales alcanzó US$170 millones[2] en ayudas.

Podría seguir enumerando la participación de ésta y de otras instituciones de la Iglesia católica en diferentes tragedias que han golpeado varios rincones de la tierra, pero las cifras simplemente se repetirían en proporción al número de afectados.

¿Dineros provenientes exclusivamente de las arcas de la Iglesia? No exclusivamente. Sus miembros, que son los que constituyen la Iglesia, han colaborado con donaciones de alimentos, vestidos, herramientas, medicinas, agua, albergue, dinero y millones de horas de voluntariado.

El salario de un sacerdote

Es importante recordar que el Nuevo Testamento reconoce que el sacerdote debe recibir una compensación económica por su trabajo.

Cuando Jesús envió a setenta y dos de sus discípulos a predicar el evangelio les dijo: *"...el trabajador tiene derecho a su paga"* (Lucas 10:7). San Pablo hace eco de esas palabras de Jesús:

> *"Ustedes saben que quienes trabajan al servicio del templo, viven del templo. Es decir, que quienes atienden el altar donde se ofrecen los sacrificios, comen de la carne de los animales que allí se sacrifican. De igual manera, el Señor ha dispuesto que quienes anuncian el evangelio vivan de ello mismo." 1 Corintios 13-14*

---

[1] http://crs.org/haiti/achievements-in-haiti/

[2] http://crs.org/emergency/tsunami/index.cfm

Sin embargo el propio san Pablo nos dice que él renunció a este derecho para no generar problemas ni controversias[1] y por eso no abandonó su oficio de hacer tiendas de campaña (Hechos 18:3). El hecho que san Pablo mencionara tantas veces este asunto, es una clara indicación que fue un tema muy importante para él. Y éste fue el modelo que se implementó durante los primeros siglos de la Iglesia primitiva. La mayoría de los clérigos vivían de sus trabajos particulares.

En el Concilio de Clermont en el año 1130, en el Concilio de Reims en el año 1131 y en el Segundo Concilio de Letrán en el año 1139 se estimula a que el sacerdote viva del fruto de su trabajo.

No sería sino hasta el tercer Concilio de Letrán realizado en el 1179, que se pide al obispo que si ordena a un sacerdote sin un oficio remunerado, debe proveerle el dinero para su sustento. Con ésta legislación la Iglesia le quitó a la comunidad el soporte económico de sus sacerdotes, para ella asumirlo enteramente.

En la actualidad una gran parte del cuerpo clerical es remunerado directamente por sus comunidades, con asignaciones sumamente variadas ya que depende del país, de la ciudad e inclusive en algunos casos, hasta de la zona dentro de la ciudad donde este asignado el sacerdote. Igualmente hay variaciones dependiendo si es un sacerdote diocesano o si pertenece a una determinada comunidad.

Por lo general las parroquias tienen fijados unos límites para estas asignaciones así que en comunidades con más recursos, las colectas que excedan el límite, se envían a un fondo de ayuda para sostener a otras parroquias ubicadas en lugares con menos recursos económicos. Algunos sacerdotes reciben la totalidad de su asignación en especies (techo, comida, servicios, etc.), otros tan solo una parte y otros, todo lo reciben en dinero.

En Perú por ejemplo en el 2013, un Arzobispo recibía una asignación equivalente a US$625, un Obispo US$480 y un sacerdote US$160 al mes[2].

---

[1] 1 Corintios 4:12; 9:4-18; 1 Tesalonicenses 2:9; 4:11-12; 2 Tesalonicenses 3:6-12; 2 Corintios 11:7-9

[2] Nota de prensa NP014-2002 de la Conferencia Episcopal Peruana

En Argentina en el 2008 un obispo era pagado por el estado y recibía una asignación equivalente a US$1,200 mensuales, mientras que el sacerdote era pagado por la Iglesia y recibía una asignación equivalente a US$84 mensuales[1].

En España en el 2012 un sacerdote recibía una asignación equivalente a US$1,150 al mes[2]. En México en el 2007 una asignación equivalente a US$604 al mes[3]. En Colombia en el 2013 una asignación equivalente a US$420 al mes.

Se habla de asignación y no de salario ya que el sacerdote no es un empleado de la comunidad sino un servidor de la misma. Estas asignaciones están destinadas a cubrir los gastos personales del sacerdote y no los propios de su función sacerdotal.

En algunos países el sacerdote puede hacer aportes como trabajador independiente a la seguridad social con el dinero de su asignación y acceder al momento de su retiro a una pensión proporcional a la cantidad aportada. Por lo general estas pensiones son tan bajas que la comunidad o sus familias de sangre, deben hacerse cargo de ellos. En otros casos y sí se trata de un sacerdote no diocesano, su comunidad se encarga de proveerle esa pensión. En palabras del sacerdote César Balbín, Coordinador de mutuo auxilio sacerdotal de la conferencia Episcopal Colombiana:

"Lamentablemente muchos sacerdotes terminan su ministerio sin una seguridad social, sin contar con una pensión. El apoyo en estos casos le corresponde a las diócesis o a sus familias"

A veces olvidamos que los sacerdotes, al igual que cualquier persona, también tienen familia de sangre. Esta familia puede ser adinerada y ayuda económicamente a su pariente. Pero también se puede dar lo contrario, que en la familia haya miembros que dependen económicamente de su pariente sacerdote.

---

[1] La Gaceta, nota publicada el 15 de junio del 2008.

[2] Religión en Libertad, nota publicada el 5 de marzo del 2012.

[3] El Universal, nota publicada el 7 de octubre del 2007.

Capítulo XVIII

¿Ciencia y religión deben ir por caminos separados?

La gente tiende a mirar la ciencia y la religión como dos boxeadores que se encuentran en esquinas opuestas de un ring de boxeo, sosteniendo una pelea sin fin que comenzó siglos atrás.

Estas personas visualizan a la ciencia como un gigante musculoso en muy buena forma, amparado por un desarrollo científico sin precedentes que acapara diariamente titulares; por otro lado a la religión, como un escuálido contrincante que con solo una historia vieja que contar, pretende derrotar a su adversario.

Al preguntarles a esas mismas personas por quien creen ellos que va ganando la pelea, la respuesta que escucharemos unánimemente será la ciencia.

Esa respuesta nos produce temor a nosotros los creyentes, ya que pensamos que día a día se desvela más y más los misterios de la vida y del mundo que nos rodea, y dejamos que se nos desvié la mirada del que creó las leyes que gobiernan esa naturaleza que nos envuelve y que la ciencia no puede alcanzar. Como dijera un sabio en una oportunidad, *"No es un problema lo que no sabes, sino lo que no sabes que no sabes"*.

Sí bien es cierto que ciencia y religión tienen dominios diferentes, no contradictorios, su objetivo no es así. La ciencia busca responder el *cómo* y la religión el *por qué*, pero ambas se complementan en su búsqueda de la verdad.

La religión nunca podrá explicar *cómo* se formó el sol y la ciencia nunca podrá explicar *por qué* existimos, o *"¿Por qué hay algo en lugar de nada?"*[1].

En palabras del papa Juan Pablo II *"Al mismo tiempo, la ciencia puede liberar a la religión del error y la superstición; y la religión puede purificar la ciencia de idolatría y falsos absolutos".*

La verdad religiosa se encuentra dentro de una clase diferente de la verdad científica. El propósito de la verdad religiosa no es comunicar información científica sino transformar lo que hay dentro de nuestros corazones.

Científicos y religiosos

El 9 de mayo de 1931 apareció publicado en la revista *Nature,* una de las publicaciones científicas más antiguas y respetadas del mundo, un artículo titulado *"El comienzo del mundo desde el punto de vista de la teoría cuántica"* firmado por Georges Lemaître; en el que contradice la teoría de un universo estático y sin origen como había planteado Albert Einstein y otros científicos de la época[2], y propone un universo en expansión. Dice en su artículo que si se devolviera el tiempo, tendríamos un universo más y más pequeño hasta concentrarse en lo que él llamo una especie de *átomo primitivo*. Este "átomo" contendría en forma de energía[3] toda la materia del universo actual y que a partir de un momento dado empezó a dividirse en átomos más y más pequeños, dando origen al tiempo y al espacio. A *"Un día sin un ayer".*

Esta postulación fue el comienzo de una serie de hipótesis que con el paso de los años, desembocarían en la teoría conocida como la Gran Explosión (Big-Bang).

---

[1] Frase del filósofo y matemático Gottfried Leibniz (1646-1716).

[2] Einstein terminaría al final de sus días, por aceptar su equivoco al que llamo *"El mayor error de mi vida".*

[3] La famosa formula de Einstein $e=mc^2$ demuestra la relación que existe entre masa y energía.

Georges Lemaître, nacido en Bélgica en 1894, era un sacerdote católico de la orden de los jesuitas. Científico y religioso que en declaraciones al *New York Times* explicó esta aparente dualidad: "*Yo me interesaba por la verdad desde el punto de vista de la salvación y desde el punto de vista de la certeza científica. Me parecía que los dos caminos conducen a la verdad, y decidí seguir ambos. Nada en mi vida profesional, ni en lo que he encontrado en la ciencia y en la religión, me ha inducido jamás a cambiar de opinión.*"

El 12 de marzo del 2008 el sacerdote católico Michael Heller se hizo merecedor del premio Templeton[1], por su aportación de modelos físico-matemáticos sorprendentes y agudos sobre el origen y la causa del universo. En su discurso de agradecimiento por el premio que le había sido concedido dijo:

"*Entre mis numerosas fascinaciones, dos se han impuesto a sí mismas sobre las otras: ciencia y religión... Yo siempre quise hacer las cosas más importantes, y ¿qué puede ser más importante que ciencia y religión? La ciencia nos da conocimiento y la religión nos da sentido. Ambos son requisitos para una existencia digna. La paradoja es que estos dos grandes valores muchas veces aparentan entrar en conflicto. Yo me pregunto frecuentemente cómo las puedo reconciliar. Cuando ésta pregunta la hace un científico o un filósofo, yo invariablemente me pregunto, ¿cómo la gente educada es tan ciega de no ver que la ciencia no hace otra cosa que explorar la creación de Dios?*"

El gran científico francés Luis Pasteur[2], célebre por su descubrimiento de la pasteurización dijo una vez "*Un poco de ciencia aleja de Dios, pero mucha ciencia devuelve a Él.*" Esta frase resume la triste tendencia de nuestra sociedad de no profundizar en los conceptos, sino que se limita al facilismo de aceptar toda propuesta que le proporcione un elemento que alivie su existencia.

---

[1] El premio *Templeton* se otorga cada año a una personalidad que haya hecho una contribución excepcional a la afirmación de la dimensión espiritual de la vida, ya sea a través de una idea, descubrimiento, o la práctica de determinadas obras. El premio consiste en la cantidad de un millón de libras esterlinas y siempre se ajusta para que sea superior al del premio nobel, convirtiéndolo en el mayor premio que se otorga a una persona por su mérito intelectual.

[2] Nació en 1822 y falleció en 1895.

Pero para aquel gremio de personas que dedican su vida entera al estudio serio de la ciencia, la gran mayoría no tardan en aceptar un creador que dependiendo del momento y lugar, le darán un nombre diferente.

Grandes científicos de todos los tiempos, como Leonardo da Vinci, Isaac Newton, Galileo Galilei, Nicolás Copérnico, Blaise Pascal, Leonhard Euler, James Watt, Alessandro Volta, Michael Faraday, Samuel Morse, Gregor Mendel, Max Planck, Guglielmo Marconi, Alexander Fleming, Niels Bohr, Albert Einstein, etc., no han encontrado razón alguna para rechazar el concepto de un Dios creador y ordenador de la naturaleza. Muchos de ellos pertenecientes a órdenes religiosas cristianas, judías, protestantes o musulmanas, han hecho grandes aportes al mundo científico al igual que innumerables discursos, entrevistas, documentos y libros donde atestiguan lo fascinante que les ha resultado su labor científica con su profunda convicción religiosa de un ser supremo.

Contrario a lo que muchos piensan, la Iglesia ha sido el patrocinador número uno de la ciencia. Los aportes de la Iglesia al desarrollo de la ciencia han sido de una importancia para nada despreciables.

Veamos algunos de los más importantes.

El sistema numérico decimal

En la Europa del año 999 se utilizaba el sistema numérico romano, que se componía de los caracteres: I = 1, V = 5, X = 10, L = 50, C = 100, D = 500 y M = 1000 para representar los números. Qué operación resulta más fácil hacer: ¿MMMCMXCVIII cabezas de ganado por MMCCCLXXXIV dólares cada una? o ¿3,998 cabezas de ganado por 2,384 dólares cada una?

El sistema numérico romano por ser un sistema aditivo y no posicional, hacia extremadamente largo el proceso de sumar o restar dos números. Se requiere juntar los números, ordenarlos, sustituir los que puedan ser agrupados, y volver a repetir la operación tantas veces como sea necesario hasta obtener una respuesta que no viole sus reglas de notación. No se conocía el cero y no tiene una forma de representar números negativos ni decimales.

El 2 de abril del año 999 es nombrado el primer papa francés de la historia: Gerberto de Aurillac quien adoptaría el nombre de Silvestre II. Gran teólogo y filósofo que escribió varias obras sobre estos temas, sin embargo fue en el ámbito matemático donde más se destacó.

Introdujo en Francia el sistema numérico arábigo decimal y de ahí se extendió al resto del continente a través de los clérigos.

La ciencia pudo desarrollar sus necesarios cálculos matemáticos con un sistema preciso y fácil de usar, como lo es el numérico decimal.

Escuelas y universidades

Cuando el imperio romano occidental cae en el siglo IV ante los barbaros, tras un largo periodo de decadencia social y política, las únicas instituciones que sobrevivieron sólidamente fueron la Iglesia y el papado.

El papa, los obispos romanos y el clero romano en general, tuvieron que asumir muchas funciones políticas y gubernamentales. La educación fue una de ellas.

Sus viviendas, sus abadías, conventos y monasterios se convirtieron en escuelas, y sus monjes y sacerdotes; en maestros.

La educación dejó de ser exclusiva de los nobles y prontamente se impuso el modelo de educación cristiano. Este modelo dividía la formación en dos etapas: *Trívium* que comprendía la enseñanza de la retórica[1], gramática y dialéctica[2]; y *Quadrivium* que comprendía la aritmética, música, geometría y astronomía. Es decir, se impartía formación en lenguaje, filosofía y ciencias.

A finales del siglo VI la Iglesia comenzó a crear centros de estudios en los monasterios con la intención de formar a los jóvenes aspirantes a ser monjes y así dieron origen a lo que se llamó Escuelas Monásticas. En ellas se enseñaba lo necesario para poder llevar una vida dentro y fuera del claustro eclesial.

Con el paso de los años, estos centros de estudio fueron recopilando una gran cantidad de manuscritos sobre diversas ramas del conocimiento y pronto sus grandes bibliotecas alcanzaron gran reputación. Poco a poco, estas escuelas monásticas abrieron sus puertas a estudiantes que no desea-

---

[1] Disciplina que viene de la Grecia clásica que enseñaba técnicas para expresarse de manera adecuada para lograr la persuasión del destinatario.

[2] Área de la filosofía que viene de la Grecia clásica que enseñaba el arte de disputar y discurrir en forma dialogada.

ban seguir una vida religiosa y con ello se ampliaron los temas de estudio a otras ramas tales como leyes, medicina, cálculo, lenguas extranjeras, etc.

En 1079 el papa Gregorio VII ordenó la creación de centros de estudios bajo la jurisdicción de los obispos dando lugar a lo se llamó Escuelas Episcopales. Estas fueron creadas en el corazón de las principales ciudades europeas, descentralizando la educación de los monjes en sus monasterios.

Los programas de educación se expandieron para satisfacer las necesidades de las ciudades y paulatinamente empezaron a atraer más estudiantes laicos.

Poco menos de un siglo después estos centros adquieren el nombre de universidades y con el apoyo de los gobernantes locales, comienzan a nacer las primeras que son desligadas de la Iglesia. Como dice A. Bride en su libro *"Diccionario de Teología Católica"*:

> *"Hay pocas universidades en cuya partida de nacimiento no se encuentre un documento pontificio o por lo menos la intervención de un delegado de la Santa Sede"*

Calendario gregoriano

Para el año 1582 el mundo occidental utilizaba el calendario juliano que existía desde el año 46 a.C. y que había sido adoptado por la Iglesia en el año 325 d.C., este calendario usaba el movimiento de la tierra con respecto al sol y no el de la luna, como ocurría en muchas culturas orientales. El calendario consistía en un año de 365.25 días, cuando lo correcto es de 365.242189.

Astrónomos como el padre Christopher Clavius y matemáticos como el padre Pedro Chacón del vaticano fueron los encargados de determinar con precisión el año terrestre.

Así, mediante la bula INTER GRAVISSIMAS del 24 de febrero de 1582 el papa Gregorio XIII promulgó un nuevo calendario más exacto y ajustó los casi diez[1] días de desfase que se habían acumulado para ese entonces.

---

[1] 365.25 − 365.242189 = 0.007811 de día por año o 11 minutos y 14 segundos por año. Entre el año 325 y el 1582 hay 1257 años. 1257 x 0.007811 = 9.818427 días.

Debido a éste calendario gregoriano, vigente y usado en casi todo el mundo hasta nuestros días, la ciencia se vio altamente beneficiada al conocer con mayor exactitud el tiempo en el que estamos.

El método científico

En los albores del año 1200 los hombres de ciencia se regían por el llamado modelo escolástico como metodología para el desarrollo de sus investigaciones. Este modelo se basaba básicamente en dos pilares: toda nueva teoría debería ser aprobada por una autoridad superior y debía estar en concordancia con los textos antiguos, incluyendo las Sagradas Escrituras.

El franciscano Roger Bacon, ingles nacido en 1214, propuso un nuevo método que se basara exclusivamente en la experimentación. La formulación de toda nueva teoría debería ser soportada por experimentos que pudieran ser reproducidos por otra persona y en otro lugar. Esto implicaba una clara documentación que detallara la forma en que había sido llevada la investigación para poder ser refutada o confirmada por una tercera persona.

Este modelo maduró con el tiempo y llegó a conocerse como el método científico que es el usado hasta nuestros días.

Frases elocuentes

Algunas veces, los grandes genios de la humanidad, logran en pocas palabras transmitir un poderoso mensaje que resume todo un pensamiento. Veamos algunas frases de famosos hombres de ciencias que además fueron creyentes.

- *"Razón y religión deben ir siempre unidas"*, San Agustín.
- *"Las matemáticas son el lenguaje con el que Dios ha escrito el universo"*, Galileo Galilei.
- *"El hombre encuentra a Dios detrás de cada puerta que la ciencia logra abrir"*, Albert Einstein.
- *"Para mí, personalmente, me resulta inconcebible la idea de una creación sin Dios. No podemos contemplar las leyes y el orden que*

rige el universo sin arribar a la conclusión de que hay una intención divina tras todo ello", Wernher Von Braun[1].

- *"Puedo de mi parte aseverar con toda decisión que la negación de la fe carece de toda base científica. A mi juicio jamás se encontrará una verdadera contradicción entre la fe y la ciencia"*, Robert Millikan[2].

- *"La religión sin la ciencia está ciega y la ciencia sin la religión está coja"*, Albert Einstein.

- *"Solo la gente boba dice que el estudio de la ciencia lleva al ateísmo"*, Max Born[3].

- *"No hay incompatibilidad alguna entre la ciencia y la religión. La ciencia demuestra la existencia de Dios"*, Derek Barton[4].

- *"Soy Científico y creyente. No encuentro conflicto entre estas dos visiones del mundo"*, Francis Collins[5].

En un congreso científico efectuado pocos años después de la publicación de su artículo en la revista *Nature*, el padre Georges Lemaître dijo:

"El científico cristiano debe dominar y aplicar con sagacidad la técnica especial adecuada a su problema. Tiene los mismos medios que su colega no creyente... Sabe que todo ha sido hecho por Dios, pero sabe también que Dios no sustituye a sus creaturas... Por tanto, el científico cristiano va hacia adelante libremente, con la seguridad de que su investigación no puede entrar en conflicto con su fe. Incluso quizá tiene una cierta ventaja sobre su colega no creyente; en efecto, ambos se esfuerzan por descifrar la múltiple complejidad de la naturaleza en la que se encuentran sobrepuestas y confundidas las diversas etapas de la larga evolución del mundo, pero el creyente tiene la ventaja de saber que el enigma tiene solución, que la escritura subyacente es al fin y al cabo la obra de un Ser inteligente, y que por tanto el problema que plantea la naturaleza puede ser resuelto y su dificultad está sin duda proporcionada a la capacidad presente y futura de la humanidad."

---

[1] Inventor del cohete a propulsión.

[2] Ganador del premio nobel de física en 1923.

[3] Ganador del premio nobel de física en 1954.

[4] Ganador del premio nobel de química en 1969.

[5] Director del proyecto Genoma Humano.

El proyecto STOQ

El 10 de enero de 2012 el entonces Secretario de Estado del Vaticano, Cardenal Tarcisio Bertone, hizo público el contenido de la audiencia en el curso de la cual el Santo Padre había constituido la "Fundación Ciencia y Fe–STOQ (*Science, Theology and the Ontological Quest*)[1]." , con sede en el Estado de la Ciudad del Vaticano, dotada de personalidad jurídica pública canónica y civil.

El objetivo de este comité es el de asegurar una relación constante entre la Iglesia y el mundo científico, entre la fe y la razón. Éste deberá, además, sostener los programas de enseñanza y de docencia en las Pontificias Universidades romanas; pero sobre todo, deberá ayudar al Consejo Pontificio de la Cultura a llevar adelante una reflexión en algunos sectores que representan un desafío teológico y pastoral para la Iglesia.

Tales campos de acción son, ante todo, el de la neurociencia, un terreno todavía en fase de ajustes, donde aún están en juego cuestiones que tocan directamente el corazón de la moral y del actuar humano. Hace preguntas sobre conciencia, la mente, la libertad, la responsabilidad, la acción libre, el pecado, etc.

En segundo lugar, la teología de la creación y de la naturaleza, con una especial atención a la ecología. Un campo que en el ámbito teológico protestante ha sido objeto de reflexiones y de profundizaciones, pero que en la teología católica está todavía en estado incipiente.

En tercer lugar, desarrollar una correcta enseñanza de la relación entre la ciencia y la fe.

La Fundación espera convertirse en un sólido centro de referencia ante la Santa Sede para una "nueva evangelización" de los ambientes científicos, basada en la firme convicción de que entre ciencia y fe no sólo no existe una oposición, sino que puede haber un diálogo sereno y fecundo, y que la fe cristiana, correctamente entendida, es creadora de cultura y fuente de inspiración para las ciencias.

---

[1] Ciencia, Teología e Investigación Ontológica. La ontología es una rama de la metafísica que estudia lo que hay, busca responder a preguntas tales como ¿Existe Dios? ¿Existen los pensamientos? ¿Existen los números?

Capítulo XIX

¿La Iglesia está en contra de la teoría de la evolución?

L a primera vez que visité el Museo Americano de Historia Natural en la ciudad de New York, quedé muy impresionado por la cantidad de fósiles que pude apreciar. El visitante es recibido por el esqueleto fósil reconstruido de un tiranosaurio rex de 4 metros de altura por 12 de largo que habitó en nuestra tierra hace aproximadamente 65 millones de años atrás.

En otra sala tienen exhibidos cinco fósiles que muestran la evolución del caballo, desde su ancestro más remoto que vivió hace 55 millones de años y que medía aproximadamente 40 centímetros de alto, hasta la osamenta de un caballo actual con una altura de 160 centímetros. Fósiles de pescados que nadaron en los mares hace millones de años y que no son iguales a los pescados de hoy en día. Fósiles de creaturas que hoy se encuentran extintas.

Es evidente que los animales han cambiado con el pasar del tiempo.

¿Cómo mantenerme fiel a lo que yo pensaba que era la enseñanza de la Iglesia, después de haber visto con mis propios ojos esos fósiles que aparentemente probarían la teoría de la evolución? ¿Cómo defender ese creacionismo que había aprendido cuando tenía 6 años de edad?

Empecemos por decir que esos fósiles y los miles más que se han encontrado, no prueban la teoría de la evolución tal y como se enseña en los colegios, todo lo contrario ¡la contradicen!, y en segundo lugar que las dos teorías –creacionismo y evolución–, tal y como las conocen el común de la gente, no se contradicen ¡se complementan!

Aceptar la evolución como tal, no tiene por qué negar lo que nos cuenta la Biblia sobre la creación ni mucho menos a Dios como lo ha querido "vender" la propaganda evolucionista. Desafortunadamente esa es la forma en que el común de la gente ha percibido la teoría de la evolución.

Apegados a una interpretación literal del Génesis piensan que Dios ha quedado desmentido, ya que la evolución les ha mostrado que las especies no fueron el resultado de Dios actuando como mago en una función donde hace aparecer conejos y palomas de la nada. Piensan que para obtener un ser humano no se necesita de Él, sino del accionar del tiempo, del medio ambiente y de la suerte. De mucha suerte.

Lo que nos dice la Biblia es que Dios creó todo. Creó el tiempo, el medio ambiente y las leyes de la naturaleza que gobiernan esa evolución que desarrolla seres vivos.

La teoría de la evolución

Se considera a Charles Darwin como el padre de esta teoría que apareció publicada en su libro *El Origen de las Especies* en 1859. Su teoría se basa en tres postulados básicos:

1. Existen variaciones en los organismos vivientes que se transmiten a la descendencia.
2. Los organismos compiten por la supervivencia.
3. La selección natural determinará que aquél que este mejor adaptado sobrevivirá.

Es decir que las formas de vida complejas que observamos hoy en día, provienen de formas menos complejas tras un proceso evolutivo de millones de años.

Cuando Darwin observaba la gran diversidad de organismos vivientes, incluido el mundo vegetal, constataba que esos organismos compartían una serie de estructuras comunes, he imaginó que estaba viendo las ramas de un gran árbol de vida.

Basado en sus observaciones, dedujo que si pudiera retroceder el tiempo, vería cómo esas ramas se juntaban unas con las otras hasta unirse en un tronco que habría nacido de una sola semilla.

¿De dónde salió esa semilla inicial?

Las corrientes del neodarwinismo[1] proponen una teoría: al comienzo, los ingredientes de una combinación química primordial (sopa primordial) se combinaron y recombinaron al azar hasta que la vida primitiva llegó a formarse.

La teoría creacionista

Creacionista viene de crear y en el sentido estricto; la palabra crear significa sacar algo de la nada. Dios es el único que puede sacar algo de la nada. Por tanto, la creación solo puede venir de Dios. El hombre solo es capaz de transformar, más no de crear.

El que es considerado como el padre de la química moderna, el francés Antoine Lavoisier (1743-1794) postuló un principio vigente hasta la fecha *"La materia no se crea ni se destruye, solo se transforma"*.

Antes que la ciencia se desarrollara en la forma en que lo ha hecho en los últimos siglos, la única fuente de conocimiento que poseía el hombre para temas tan fundamentales como el de nuestro origen era la Santa Biblia. Así que su interpretación literal por los letrados fue usual durante mucho tiempo.

Hasta antes de la teoría propuesta por Darwin, el mundo se sentía cómodo con lo que el primer concilio de Nicea había declarado en el año 325 *"Creemos en un solo Dios, Padre Todopoderoso, Creador de todas las cosas visibles e invisibles"*.

---

[1] Nombre acuñado por George John Romanes en su libro *Darwin and After Darwin* publicado en 1892. Hoy el término neodarwinismo se asocia a la teoría de la Síntesis Evolutiva Moderna; que sostiene que la variación genética de las especies surge al azar mediante la mutación (errores en la replicación del ADN) y la recombinación (la mezcla de los cromosomas durante la meiosis).

En síntesis y en palabras de hoy, las Sagradas Escrituras nos dicen que el universo tuvo un principio (Génesis 1:1); que ese principio creó luz (Génesis 1:3); después empezaron a aparecer los planetas (Génesis 1:10) y luego las estrellas (Génesis 1:14-15); surgieron las lluvias y los mares (Génesis 2:5); luego apareció el reino vegetal (Génesis 1:11), a continuación surgió el reino animal (Génesis 1:20-24) y por último el hombre (Génesis 1:26-29). El cuerpo del hombre se formó de la tierra misma y el alma fue infundida por Dios (Génesis 2:7).

Los científicos nos cuentan que el universo tuvo su principio en esa gran explosión (big-bang), que generó una inmensa fuente de luz, y que con el tiempo la materia se empezó a agrupar formando diversos cuerpos celestes. Los más grandes desencadenaron un proceso de fusión nuclear y nacieron las estrellas. Algunos de esos cuerpos comenzaron a gravitar alrededor de esas estrellas y nacieron los planetas, unos desarrollaron vida –reino vegetal y animal– cuya parte material surgió de los mismos compuestos de la tierra, siendo el hombre el más avanzado de ellos.

Notemos que las dos versiones son iguales, excepto que los términos que emplea la Biblia son términos que las personas de hace 3,500 años atrás, cuando fue escrito el Génesis, podían entender y comprender. No creo que en esa época hubieran entendido aquello de la fusión nuclear, o la gravitación, o la genética.

Evolución vs. Creación

Cuando empezó a tomar fuerza la teoría de la evolución, muchos cristianos, especialmente del ala protestante, radicalizaron la defensa del primer capítulo del Génesis. Los evolucionistas revivieron, casi que a manera de burla, el viejo calendario Ussher-Lightfoot del siglo XVII elaborado por el arzobispo anglicano James Ussher, quien apegándose a una interpretación literal de la Biblia, ubicó la creación del universo el 23 de octubre del 4004 a.C., es decir que el universo tendría poco más de 6,000 años de antigüedad. Actualmente sigo escuchando ecos de esta burla.

Con el pasar de los años y en la medida en que la teoría de la evolución ganaba más adeptos, la radicalización se hizo más grande al punto que la gente tenía que escoger entre dos teorías que se vendieron como si fueran totalmente excluyentes.

Creer en la evolución implicaba negar a Dios y creer en la creación implicaba cerrar los ojos ante unas pruebas científicas que aparentaban ser irrefutables.

Y así, como en una época la ley de los Estados Unidos y de otros países, prohibía la enseñanza de la teoría de la evolución en los colegios, hoy sucede lo contrario. La mayoría de estados de los Estados Unidos, prohíbe la enseñanza de cualquier teoría contraria a la evolución.

En Estados Unidos, país cuyos científicos han recibido 74 veces el Premio Nobel en la especialidad de medicina, 55 en la de química y 41 en la de física, el 42% de la población cree que la versión evangélica del Génesis sobre la creación del universo es consistente con los hechos históricos realmente acaecidos y debe aceptarse literalmente.

La tesis que las especies vivas han evolucionado de forma aleatoria sólo es aceptada por el 26% del censo, según datos procedentes de una encuesta elaborada en agosto del 2006 por el Centro de Investigaciones PEW[1].

En una encuesta realizada en los Estados Unidos por la empresa *Gallup* en noviembre de 2004, se les ofreció a los encuestados, dos opciones para responder a la pregunta *"¿Qué es la teoría de Darwin?"*, el 35% respondió que es una teoría científica lo suficientemente respaldada por la evidencia, pero otro 35% afirmó que es otra teoría entre tantas e insuficientemente respaldada por la evidencia, mientras que un 30% no respondió.

Cuando se propuso a los encuestados elegir entre tres alternativas para explicar el origen de la vida y del ser humano, el 45% prefirió una explicación creacionista y el 38% optó por una explicación evolutiva de la mano de Dios, mientras que sólo el 13% eligió una explicación que no involucraba a Dios.

Nosotros los creyentes no debemos dejarnos arrastrar por las corrientes materialistas, porque en lo que respecta al origen del hombre nos hemos centrado únicamente en el hombre material. Aun en el creacionismo, la gente tiende a pensar que Dios creó al hombre hace millones de años y nunca

---

[1] Institución sin ánimo de lucro fundada en 1948 con sede en Washington DC, USA.

más intervino en la raza humana. Dios continúa su labor creadora hasta el presente, creándole un alma a cada ser humano que se concibe en el mundo.

Cuando Darwin propuso en 1859 por primera vez la evolución, solo era una teoría basada en premisas sin soporte. Sus observaciones lograron mostrar que una misma especie se había modificado de varias maneras para adaptarse mejor a su ambiente (*micro* evolución), extrapoló estas conclusiones devolviendo el reloj del tiempo, y concluyó que han debido de haber modificaciones mayores (*macro* evolución) que dieron origen a todas las especies hasta hoy conocidas.

Para desgracia de Darwin, la evidencia esencial que transformaría su teoría en un hecho real y comprobable, no se materializó durante su vida. Ni ha ocurrido hasta el día de hoy. Esencialmente, no tenemos dos tipos de evidencia necesarias.

La primera evidencia faltante es la de la semilla inicial de ese árbol de la vida.

El Neo-Darwinismo postula que esa semilla inicial se originó a partir de una mezcla prebiótica[1] rica, con todos los ingredientes necesarios para la vida, que se formó cuando la tierra empezaba a enfriarse. Hasta la fecha los paleontólogos no han podido confirmar que alguna vez tal mezcla haya existido. Los más antiguos sedimentos descubiertos, "*no muestran señal de ningún compuesto orgánico abiótico*"[2].

El astrónomo y químico ganador del premio nobel, Dr. Fred Hoyle y su coautora británica la doctora en química Chandra Wickramasimghe, escribieron en su libro *Life Cloud* :

"*Aceptando la teoría de la "sopa primordial" como origen de la vida, vemos que los científicos han reemplazado los misterios religiosos que velaban esta cuestión con dogmas científicos igualmente misteriosos*".

---

[1] Según el diccionario de la Real Academia Española se define como un adjetivo: *Anterior a la existencia de la vida en la Tierra.*

[2] Los Doctores J. Brooks y G. Shaw de la Escuela de Química de la Universidad de Bradford (Inglaterra) en el año 1978 concluyeron en su reporte evaluación crítica al origen de las especies: "*No hay evidencia que alguna combinación química primordial haya existido alguna vez en este planeta por un tiempo apreciable*".

Este mismo Dr. Fred Hoyle es el autor del libro *The Big Bang in Astro-nomy* y en él dice: "*Imagine a un trillón de trillón de trillón de trillón de personas ciegas con un cubo de rubik desordenado. Trate de imaginarse cuál es la probabilidad de que todas ellas y al mismo tiempo armen correc-tamente el cubo. Esa es la probabilidad de obtener solo uno, de los muchos biopolímeros de los que la vida depende*".

La segunda evidencia faltante es la de los fósiles de las transiciones entre las diferentes especies.

Según la teoría de la evolución cada especie está precedida por una casi idéntica. Darwin reconoció en su libro *El Origen de las Especies* que tal serie evolutiva de especies no había sido hallada en el registro fósil de su época. Él tenía la esperanza que algún día los paleontólogos descubrirían tales eslabo-nes faltantes, sin embargo hasta la fecha no ha sido hallado uno solo.

El profesor N. Heribert-Nilsson de la universidad de Lund, Suecia, dijo en 1954: "*El material fósil actual es tan completo que la carencia de series transitorias no puede ser explicada por la falta de material*".

Décadas después, el curador del Museo Natural de Historia de Chicago, el señor David M. Raup dijo: "*en lugar de encontrar el desarrollo gradual de la vida, lo que realmente encontraron los geólogos contemporáneos de Darwin y los actuales es un registro bastante irregular; las especies apare-cen en secuencia muy abruptamente, muestran poco cambio, si es que al-guno durante su existencia en los registros y repentinamente desaparecen de él*".

El registro fósil encontrado hasta el momento solo ha avalado las con-clusiones iniciales de Darwin, la de una *micro* evolución debido a la adapta-ción de la especie, pero hasta el momento ha sido totalmente nulo el soporte fósil que fundamente una *macro* evolución. Solo se han encontrado fósiles que muestran las hojas de ese árbol que Darwin imaginó, pero nada de sus ramas, tronco ni semilla.

Variedad (por ejemplo muchas razas de perros), ni adaptación, ni extin-ción es lo mismo que evolución.

Uno de los argumentos más grandes en contra de ese supuesto árbol de la vida esbozado por Darwin, es lo que se conoce como la gran explosión cámbrica.

El cámbrico es un periodo en la vida de la tierra que comenzó hace 540 millones de años y terminó hace 485 millones de años.

Existe un consenso generalizado en que las primeras formas de vida sobre el planeta comenzaron hace más o menos 4,000 millones de años atrás. Si condensamos esos 4,000 millones de años en un día de 24 horas, tendríamos que a la 1 am solo existen simples organismos unicelulares; y desde esta hora hasta las 6 pm tendríamos lo mismo; tres cuartas partes del día han pasado y solo sigue habiendo simples organismos unicelulares en la tierra. De pronto a las 9 pm –que corresponde al periodo cámbrico– y por un lapso de dos minutos, aparecen la mayoría de las principales formas de animales en la forma que actualmente existen.

De simples organismos unicelulares pasan a organismos con complejos cerebros, sistema nervioso, espina dorsal, estructura ósea, ojos, oídos, sistema digestivo, etc.

Gracias a las explotaciones petroleras en el mar, el hombre ha examinado sustratos de tierra provenientes de grandes profundidades que corresponden a la época en que la tierra se estaba formando. No se ha encontrado *un solo fósil* que muestre esa transición gradual de esos simples organismos unicelulares, a los sistemas complejos multicelulares de las especies encontradas en ese periodo cámbrico y que existen hasta nuestros días con *micro* variaciones.

La mayoría de las personas piensan que el único "eslabón perdido" que la ciencia busca con interés es el de la transición entre el simio y el hombre, pero la realidad es que busca el de *todas* las transiciones, entre el árbol de manzana y la ballena, entre la pulga y el elefante, entre la lombriz y el águila. Según Darwin, toda la vida comparte un mismo ancestro.

La publicidad y el desarrollo mediático en favor de la teoría de la evolución y la caricatura que se ha hecho del creacionismo, han hecho que el común de las personas vea este tema como un enfrentamiento entre ciencia y religión, cuando en realidad se trata de un debate entre ciencia y ciencia.

Diseño Inteligente

Esta teoría surge alrededor de 1987 en Estados Unidos y propone que el origen y evolución del universo, la vida y el hombre, son el resultado de una inteligencia o diseñador que creó las leyes de la naturaleza de una forma deliberada para lograr el universo, la vida y el hombre que hoy conocemos. Esta teoría no menciona al diseñador ni a su naturaleza, solo concluye su existencia.

La evidencia científica recogida por los campos de la astronomía, antropología, biología y genética entre otras, contradicen la explicación de una evolución del universo y de las especies vivas por puro azar.

El fundamento teórico de esta teoría se basa principalmente en la creación del universo y de la formación de la vida en la tierra.

Respecto a la formación del universo, los científicos han logrado escudriñar y entender los principios físicos que estuvieron presentes en la formación del universo hace 15.000 millones de años atrás, desde las primeras fracciones de segundo de su nacimiento. Constantes físicas como la fuerza de gravedad, electromagnetismo, fuerza nuclear fuerte, fuerza nuclear débil, velocidad de la luz, constante de Planck, masa de los electrones, masa de los protones, masa de los neutrones, la densidad de la materia, etc., se definieron con una precisión extremadamente perfecta para que se creara un universo y se desarrollara la vida.

Por ejemplo, sí la velocidad a la que se expande la materia en un espacio vacío, fuera mayor al resultado de dividir uno entre un uno seguido por 120 ceros, el universo se expandiría más rápido y no se podrían formar estrellas ni planetas, o si fuera esa misma fracción más lenta el universo volvería a juntarse y nada se formaría.

Otro ejemplo, sí la distribución masa-energía que se dio al comienzo de la formación del universo hubiera tenido una variación del orden de la fracción uno dividido por un uno seguido por 123 millones de ceros, no se hubiera formado el universo.

Otro ejemplo, imaginemos una regla métrica que se extiende a todo el ancho del universo y ubicamos la actual fuerza de gravedad en un punto cualquiera de esa regla, un centímetro para la derecha o un centímetro para la izquierda y el resultado es que no podría existir ninguna masa más grande que el del tamaño de una lenteja.

El científico Stephen Hawking[1] escribió en su libro *Historia Breve del Tiempo* lo siguiente:

"Las leyes de la ciencia, tal como los conocemos en la actualidad, contienen muchos números fundamentales, como el tamaño de la carga eléctrica del electrón y la relación de las masas del protón y el electrón [...]. El hecho notable es que los valores de estos números parecen haber sido ajustados finamente para hacer posible el desarrollo de la vida."

Respecto a la formación de la vida en la tierra, los argumentos del diseño inteligente se basan en lo que ellos llaman la complejidad irreductible y la complejidad específica.

Complejidad irreductible es la conclusión a la que llegan los postuladores de esta teoría, que gracias al desarrollo de los microscopios electrónicos, han podido encontrar sistemas biológicos que son demasiado complejos como para haber evolucionado de sistemas menos complejos. Tal es el caso del *flagelo bacteriano,* que posee un mecanismo de impulsión extremadamente parecido al del motor de un bote, posee un rotor con piñones que gira a 7,000 rpm, posee un diferencial, un eje, anillos con engranajes, etc. Si a este mecanismo se le suprime un solo componente de sus más de 16 partes, la bacteria simplemente no se puede mover. Así que no es posible que haya sido producto de un desarrollo gradual.

Cosa similar pasa al del mecanismo de un reloj, se necesitan todas las piezas vitales a la vez para que funcione, sus componentes no se pueden ir formando gradualmente.

Darwin escribió en *El Origen de las Especies:* "*si puede ser demostrado que algún órgano complejo existió sin haber pasado por una serie de numerosas, sucesivas y sutiles modificaciones, mi teoría se quebraría por completo*".

El concepto de complejidad específica fue desarrollado por el matemático, filósofo y teólogo William A. Dembski[2]. Él afirma que cuando algo tiene

---

[1] Stephen William Hawking es un físico teórico, cosmólogo y divulgador científico británico, célebre por sus estudios sobre el origen del universo y por sus demostraciones científicas sobre la negación de Dios.

[2] William Albert es un matemático, filósofo y teólogo estadunidense, académico de *Baylor University.*

complejidad específica se puede asumir que fue producido por una causa inteligente (es decir, fue diseñado) en lugar de ser el producto de un proceso natural.

Para entender el concepto propone los siguientes ejemplos: *"Una sola letra de un alfabeto es específica sin ser compleja. Una larga frase de letras escogidas de forma aleatoria es compleja pero no específica. Un soneto de Shakespeare es complejo y específico.".*

Dembski afirma que los detalles de los seres vivientes tienen esa misma característica, especialmente los patrones de secuencias moleculares en las moléculas biológicas funcionales como el ADN.

Si vaciáramos en un libro toda la información contenida en el ADN humano, alcanzaría una altura equivalente a la distancia de la tierra a la luna.

Que enseña el magisterio de la Iglesia

Desde el nacimiento de nuestra religión, el hombre creyente ha tenido claro que la revelación del Evangelio es en realidad una segunda revelación, porque Dios ya había hablado a través de su creación. Existe una vieja tradición del pensamiento cristiano que habla de los "dos libros" de Dios: el de la naturaleza y el de la revelación. San Agustín lo puso; es estos términos:

"Es libro para ti la Sagrada Escritura, para que la oigas. Y es libro para ti el orbe de la tierra, para que lo veas"

El padre Rafael Pascual es el director del master Ciencia y Fe del Ateneo Pontificio *Regina Apostolorum*[1] de Roma quien concedió en el 2005 una entrevista al portal de noticias Zenit[2] dejando muy claro la posición de la Iglesia a este respecto:

"El Magisterio de la Iglesia, en sí, no se opone a la evolución como teoría científica. Por una parte, deja y pide a los científicos que hagan investigación en lo que constituye su ámbito específico. Pero, por otra, ante las

---

[1] El Ateneo Pontificio *Regina Apostolorum* es una institución universitaria católica con sede en Roma. Está dirigido por los Legionarios de Cristo y el Movimiento eclesial *Regnum Christi.*

[2] Ver entrevista completa en la página http://www.zenit.org/es/articles/creacion-evolucion-y-magisterio-de-la-iglesia-catolica.

ideologías que están detrás de algunas versiones del evolucionismo, deja claros algunos puntos fundamentales que hay que respetar:
- No se puede excluir, «a priori», la causalidad divina. La ciencia no puede ni afirmarla, ni negarla.
- El ser humano ha sido creado a imagen y semejanza de Dios. De este hecho deriva su dignidad y su destino eterno.
- Hay una discontinuidad entre el ser humano y otros seres vivientes, en virtud de su alma espiritual, que no puede ser generada por simple reproducción natural, sino que es creada inmediatamente por Dios."

Y a la pregunta *"¿Cuáles son las verdades fundamentales sobre el origen del mundo y el ser humano que la Iglesia indica como puntos básicos?"*, el padre Pascual responde:

"Está claro que el Magisterio no entra en cuestiones propiamente científicas, que deja a la investigación de los especialistas, pero siente el deber de intervenir para explicar las consecuencias de tipo ético y religioso que tales cuestiones comportan.
El primer principio que se subraya es que la verdad no puede contradecir a la verdad, es decir, no puede haber un verdadero contraste o conflicto entre una verdad de fe (o revelada), y una verdad de razón (es decir, natural), porque las dos tienen como origen a Dios.
En segundo lugar, se subraya que la Biblia no tiene una finalidad científica, sino más bien religiosa, por lo que no sería correcto sacar consecuencias que puedan implicar a la ciencia, ni respecto a la doctrina del origen del universo, ni en cuanto al origen biológico del hombre. Hay que hacer, por tanto, una correcta exégesis de los textos bíblicos, como indica claramente la Pontificia Comisión Bíblica, en «La interpretación de la Biblia en la Iglesia» (1993).
En tercer lugar, para la Iglesia no hay, en principio, incompatibilidad entre la verdad de la creación y la teoría científica de la evolución. Dios podría haber creado un mundo en evolución, lo cual en sí no quita nada a la causalidad divina, al contrario puede enfocarla mejor en cuanto a su riqueza y virtualidad.
En cuarto lugar, sobre la cuestión del origen del ser humano, se podría admitir un proceso evolutivo respecto a su corporeidad pero, en el caso del alma, por el hecho de ser espiritual, se requiere una acción creadora directa por parte de Dios, ya que lo que es espiritual no puede ser originado por algo que no es espiritual. Entre materia y espíritu, hay discontinuidad. El espíritu no puede fluir o emerger de la materia, como ha afirmado algún pensador. Por tanto, en el hombre, hay discontinuidad respecto a los otros seres vivos, un «salto ontológico».
Por último, y aquí nos encontramos ante el punto central: el hecho de ser creado y querido inmediatamente por Dios es lo único que puede justificar, en última instancia, la dignidad del ser humano. En efecto, el hombre no es el resultado de la simple casualidad o de una fatalidad ciega, sino

más bien es el fruto de un designio divino. El ser humano ha sido creado a imagen y semejanza de Dios, más todavía, está llamado a una relación de comunión con Dios. Su destino es eterno, y por ello no está simplemente sujeto a las leyes de este mundo que pasa. El ser humano es la única criatura que Dios ha querido para sí mismo, es fin en sí, y no puede ser tratado como medio para alcanzar ningún otro fin, por muy noble que pueda ser o parecer."

El 12 de agosto de 1950, el entonces papa Pio XII promulgó *"la carta encíclica Humani Generis"* en los que aborda el tema de la evolución del hombre, dejando por escrito el pensamiento católico al respecto. En él podemos leer:

"Ninguna verdad, que la mente humana hubiese descubierto mediante una sincera investigación, puede estar en contradicción con otra verdad ya alcanzada, porque Dios la suma Verdad, creó y rige la humana inteligencia no para que cada día oponga nuevas verdades a las ya realmente adquiridas, sino para que, apartados los errores que tal vez se hayan introducido, vaya añadiendo verdades a verdades de un modo tan ordenado y orgánico como el que aparece en la constitución misma de la naturaleza de las cosas, de donde se extrae la verdad. Por ello, el cristiano, tanto filósofo como teólogo, no abraza apresurada y ligeramente las novedades que se ofrecen todos los días, sino que ha de examinarlas con la máxima diligencia y ha de someterlas a justo examen, no sea que pierda la verdad ya adquirida o la corrompa, ciertamente con grave peligro y daño aun para la fe misma."

"...el Magisterio de la Iglesia no prohíbe el que —según el estado actual de las ciencias y la teología— en las investigaciones y disputas, entre los hombres más competentes de entrambos campos, sea objeto de estudio la doctrina del evolucionismo, en cuanto busca el origen del cuerpo humano en una materia viva preexistente —pero la fe católica manda defender que las almas son creadas inmediatamente por Dios—. Mas todo ello ha de hacerse de manera que las razones de una y otra opinión —es decir la defensora y la contraria al evolucionismo— sean examinadas y juzgadas seria, moderada y templadamente; y con tal que todos se muestren dispuestos a someterse al juicio de la Iglesia, a quien Cristo confirió el encargo de interpretar auténticamente las Sagradas Escrituras y defender los dogmas de la fe. Pero algunos traspasan esta libertad de discusión, obrando como si el origen del cuerpo humano de una materia viva preexistente fuese ya absolutamente cierto y demostrado por los datos e indicios hasta el presente hallados y por los raciocinios en ellos fundados; y ello, como si nada hubiese en las fuentes de la revelación que exija la máxima moderación y cautela en esta materia."

En un artículo publicado el 7 de julio del 2005 por el *The New York Times* titulado *"Encontrando diseño en la naturaleza"* y escrito por el entonces arzobispo de Viena, cardenal Christoph Schönborn encontramos lo siguiente:

> *"...cualquier modo de pensamiento que niegue o busque desestimar la abrumadora evidencia en favor del diseño en biología es ideología, no ciencia."*

Vemos entonces que la Iglesia ha dado su respaldo a algunos aspectos de la teoría de la evolución y del diseño inteligente, partiendo siempre de un creador, que es quien *crea* la materia prima del universo y las leyes físico-químicas de la naturaleza que gobiernan esa materia, incluida la evolución.

El universo se desarrolla según sus propias dinámicas y eso no destruye al Dios que creó las leyes que las gobiernan, es decir que se excluye el azar de ese proceso creativo de la naturaleza, *"Creemos que Dios creó el mundo según su sabiduría. Este no es producto de una necesidad cualquiera, de un destino ciego o del azar"*[1]. Igualmente la Iglesia le recuerda a la ciencia su limitación al no poder responder al gran interrogante filosófico *"¿de dónde viene todo esto y cómo todo toma un camino que desemboca finalmente en el hombre?*

---

[1] Catecismo de la Iglesia Católica, 295.

Capítulo XX

¿Podemos creer en la reencarnación?

A fínales de los años 80s salió a la venta un libro titulado *Muchas vidas, muchos maestros*[1] del psiquiatra estadounidense Brian Weiss, ocupando por varios meses la lista de los libros más vendidos en diferentes países del mundo.

El doctor Weiss narra su experiencia médica tratando a una paciente llamada Catherine quien sufría de ansiedades, depresiones, fobias y ataques de pánico al parecer sin razón alguna. Bajo el estado de hipnosis la paciente empezó a describir escenas muy realistas, tan remotas como el Egipto de 1863 a.C., y en las que ella aparecía haciendo las veces de una joven egipcia de 18 años con una pequeña hija, que aseguraba ser su actual sobrina. De pronto, ella se encuentra luchando contra una gran masa de agua salada que no logra vencer y muere ahogada. El doctor Weiss observa a su paciente revolcarse en el sofá y después de un momento, relajarse hasta despertar de su transe.

A las pocas semanas la paciente le informa a su psiquiatra que por haber revivido esa experiencia, su eterno miedo a ahogarse había desaparecido.

---

[1] En algunos países se conoció cómo *Muchas vidas, muchos sabios.*

Durante tres meses continuaron las terapias con hipnosis, en las que se revivía un patrón común: ella describía algún lugar remoto en el que encarnaba a una persona diferente, hombre o mujer, rica o pobre, joven o vieja, y en la que moría de una forma generalmente trágica, fácilmente asociable a uno de sus actuales padecimientos, fobias o angustias. En más de una ocasión, Catherine cambiaba significativamente de voz y hablaba en nombre de otros seres autodenominados maestros, supuestamente almas más evolucionadas, que le hablaban de cómo acercarse a Dios, de cómo buscarlo y cómo alcanzar el conocimiento que les permitía ayudar a otras almas a evolucionar.

A través de sus terapias con hipnotismo, el doctor Weiss dice haber sanado no sólo males mentales, sino físicos, como el de uno de sus pacientes al que curó de un terrible dolor de espalda cuando el paciente bajo hipnosis, revivió su muerte durante una batalla en la época medieval al ser atravesado por una lanza que entro por la espalda, justo en el lugar que sufría el dolor. El revivir esa experiencia le ayudo a entender que la causa de su dolor no era física, por lo que desapareció con el tiempo.

El doctor Weiss, director emérito del departamento de psiquiatría del centro médico Mount Sinai en la ciudad de Miami, es actualmente uno de los grandes defensores de la reencarnación que gracias a sus libros, conferencias y apariciones en importantes programas de televisión, ha cautivado a una gran masa de personas prestas a creer en toda clase de teorías espirituales y del más allá.

La ciencia y la reencarnación

A los cuestionamientos más simples de esta teoría se han dado respuestas que requieren la aceptación de teorías más complejas y hasta truculentas, difíciles de sustentar y aceptar desde un punto de vista religioso, filosófico y científico.

Claramente la población de humanos ha aumentado dramáticamente en los últimos 10,000 años. Pasamos de unos millones a más de siete mil millones. ¿De dónde salen esas "nuevas" almas necesarias para cubrir el crecimiento de la población? La respuesta que dan los expertos en la reencarnación es que vienen de otros mundos.

¿Cómo explicar la gran cantidad de personas que bajo hipnosis dicen haber sido Napoleón, Cleopatra, Beethoven o cualquier otro personaje famoso en una vida anterior? La respuesta que ellos dan es que en un cuerpo pueden habitar muchas almas al mismo tiempo.

¿Cuándo dejamos de reencarnar? Ellos responden que el alma reconoce cuando ha alcanzado un estado de perfección y no reencarna más, ahí puede decidir quedarse en la tierra ayudando a otras almas o buscar a Dios.

¿Por qué algunas personas han manifestado haber sido animales en vidas anteriores? Responden que los animales tienen alma.

Los creyentes en esta teoría, heredada de culturas orientales que buscaban una respuesta al dolor y al sufrimiento[1], basan su creencia en los estudios realizados por varios psicólogos y siquiatras modernos que han estudiado muchos casos de personas que describen lugares reales con gran detalle en los que nunca han estado, o que hablan en idiomas que jamás han estudiado, o demuestran gran noción en una determinada área de conocimiento que nunca han aprendido como la aviación o la mecánica.

El bioquímico y profesor de psiquiatría Ian Stevenson[2] dedicó gran parte de su vida al estudio científico de la reencarnación. Durante más de 40 años Stevenson estudió más de 3,000 casos de niños que parecían recordar experiencias de otras vidas, documentando lo que decían y cotejando datos con las vidas de las personas que decían haber sido. El doctor Stevenson pudo corroborar algunos de estos casos. Encontró lugares en los que los niños nunca habían estado a partir de las descripciones dadas por ellos. En otros casos y con ayuda de traductores pudo comprobar que algunos niños hablan realmente en otros idiomas.

Cabe entonces hacernos las preguntas: ¿Cómo puede un niño hablar un idioma que no ha aprendido? ¿Cómo se puede describir un lugar en el que jamás se ha estado? ¿Cómo puede un niño describir las partes de un avión como lo haría un mecánico de aviación? ¿Están estos niños recordando

---

[1] La explicación al sufrimiento humano es que cada reencarnación está diseñada para resarcir un defecto presente en una vida anterior. Por ejemplo, si en una vida fui un rico tirano con los pobres, en otra vida seré un pobre que vivirá en carne propia lo nocivo del alma tirana que fue en una vida anterior.

[2] Nació en Canadá en 1918. Trabajó por 50 años en el departamento de psiquiatría de la Escuela de Medicina de la Universidad de Virginia. Falleció en el 2007. Su obra más extensa fue el libro *Casos de reencarnación tipo*, en cuatro volúmenes.

"otras vidas", o están recordando las vidas de otros? ¿Es la reencarnación la única respuesta a estas preguntas?

Hoy sabemos que el área del cerebro encargada del sentido de la audición está completamente formada y funcionando al tercer mes de gestación, y a partir del sexto se termina el desarrollo completo de la audición desde un punto de vista funcional. A partir de ese momento y por el resto de su vida, el ser humano empieza a registrar ondas de sonido en su cerebro.

Los conocimientos se adquieren por medio de los procesos cognitivos, que comienzan con un estímulo del medio ambiente a través de cualquiera de nuestros cinco sentidos. Un estímulo es la energía que produce una excitación en un órgano sensorial. Nuestro cerebro es bombardeado por cientos de estímulos por minuto, aun dentro del vientre materno.

Muchos experimentos han demostrado que los bebes al nacer y durante varios años después, reconocen obras musicales que escucharon cuando estaban en el vientre, al igual que la voz de sus padres y demás personas que hablaban frecuentemente a la madre durante el periodo de gestación del bebe.

Lo que pasa después del estímulo, es un complejo proceso de percibir, entender, memorizar, recordar y pensar. Así que no es lo mismo un proceso sensorial que un proceso perceptual (lo que pasa después del estímulo). Nuestro cerebro desecha más del 99% de los estímulos sensoriales que le llegan, es decir que poco menos del 1% prosigue el proceso perceptual que implica entender, analizar y memorizar para recordar.

La publicidad subliminal utiliza esta característica de nuestro cerebro para presentarnos material audiovisual que no somos capaces de percibir de manera consiente pero que el cerebro sí las percibe, obligando incluso a algunos países a emitir leyes que la prohíben.

Es decir que el niño desde el vientre materno comienza a registrar sonidos y más adelante imágenes, que a pesar que no los entienda, si están pasando por su cerebro. Años después el niño puede, bajo hipnosis o sin ella, describir con gran detalle esa imagen que vio cuando tenía apenas semanas de nacido, o repetir esos sonidos que escuchó desde el vientre materno, o repetir frases en otro idioma, o hablar de la mecánica de un avión.

En los casos en el que los pacientes hablan en otros idiomas, no es que ellos sostengan una conversación en otro lenguaje, sino que como grabadoras "reproducen" conversaciones en otro idioma que han podido haber escuchado anteriormente, incluso cuando se encontraba en el vientre materno.

Usted puede estar sosteniendo una agradable conversación en un restaurante con un grupo de amigos, y a pocas mesas de distancia una pareja de rusos sostienen un dialogo. Usted no le está prestando ninguna atención, ni tampoco entiende lo que ellos están hablando, pero aunque no lo quiera, esas ondas de sonido están entrando por sus oídos y llegan hasta su cerebro. Bajo un estado hipnótico usted podría repetir esa conversación.

Stephen Wiltshire es un artista ingles nacido en 1974 y diagnosticado con autismo. Los medios lo han bautizado la "cámara humana" ya que le basta observar una panorámica por unos segundos, para dibujarla con un nivel de detalle sorprendente. La BBC lo incluyó en su programa *The Foolish Wise Ones*[1] (los sabios tontos) y hace su demostración volando en helicóptero durante veinte minutos sobre la ciudad de Roma. Era la primera vez que visitaba esa ciudad; en los siguientes cinco días pintó a lápiz sobre un lienzo de diez metros y de memoria, la ciudad con una precisión extraordinaria, incluyendo el número exacto de ventanas de los edificios, las calles y avenidas, las columnas del Panteón y de la plaza de San Pedro, los cientos de arcos del coliseo romano, los parques y sus árboles, etc.

El *déjà vu* se refiere a una sensación distintiva de que uno ha estado en un lugar o ha realizado algo antes, mientras está ocupado en algo que ocurre en el presente. Los proponentes de la reencarnación atribuyen esto a una vida anterior, sin embargo, los investigadores dan explicaciones o alternativas.

En nuestro subconsciente, a menudo relacionamos un suceso presente con uno pasado que la mente consciente no recuerda. Dado que los dos sucesos son similares, a menudo los fusionamos en nuestra mente, con lo cual creamos la impresión de que hemos experimentado esto antes. Otros investigadores han demostrado que los datos que ingresan al ojo a veces se demoran un microsegundo en su camino hacia el cerebro. Esto lo lleva a uno a pensar que ha visto los datos con anterioridad.

---

[1] http://www.youtube.com/watch?v=a8YXZTlwTAU

Que enseña el magisterio de la Iglesia

Desafortunadamente día a día son más los católicos que se adhieren a esta creencia, con fuertes arraigos culturales como lo demuestran las encuestas. Según la encuestadora Gallup, 33% de los argentinos católicos creen en ella, en Europa el 40% y en Brasil el 70%. En promedio el 34% de los católicos creen en la reencarnación.

El domingo de resurrección o de pascua es la fiesta más importante de todo el calendario litúrgico para todos los cristianos, ya que es en la resurrección del Señor donde toda la religión cristiana adquiere sentido, ya que como lo dijera San Pablo en su primera carta a los Corintios *"y si Cristo no resucitó, el mensaje que predicamos no vale para nada, ni tampoco vale para nada la fe que ustedes tienen."* 15:14, y esta resurrección nos da la esperanza del cumplimiento de la promesa de Jesús de resucitarnos en el último día.

> *"No se admiren de esto, porque va a llegar la hora en que todos los muertos oirán su voz y saldrán de las tumbas. Los que hicieron el bien, resucitarán para tener vida; pero los que hicieron el mal, resucitarán para ser condenados." Juan 5:28-29.*

Esta promesa había sido profetizada por el Profeta Daniel:

> *"Muchos de los que duermen en la tumba, despertarán: unos para vivir eternamente, y otros para la vergüenza y el horror eternos." 12:2*

Tanto el credo niceno como el credo de los apóstoles[1] incluyen una referencia a la resurrección de los muertos por ser uno de los pilares del cristianismo: *"Esperamos la resurrección de los muertos y la vida del mundo futuro"* y *"la resurrección de la carne y la vida eterna"* respectivamente. La reencarnación, por su misma naturaleza de un alma en muchos cuerpos, se contrapone totalmente a toda la doctrina cristiana de la resurrección de la carne expresada por Jesús, los profetas y los apóstoles.

Ya desde el Antiguo Testamento, el pueblo judío manifestó su rechazo a esta doctrina muy expandida inicialmente en oriente y más tarde en Grecia y

---

[1] En el Catecismo de la Iglesia Católica encontramos una detallada y profunda explicación sobre la resurrección de la carne en los numerales 988 al 1014.

Roma, a pesar de no conocer para ese momento la promesa de la resurrección de la carne. Podemos leer en los salmos:

"Señor, escucha mi oración, ¡presta oído a mis lamentos!, ¡no te quedes callado ante mis lágrimas! Yo soy para ti un extranjero, un ave de paso, como mis antepasados. Deja ya de mirarme, dame un momento de respiro, antes que me vaya y deje de existir." Salmo 39:13-14.

"Pero Dios tenía compasión, perdonaba su maldad y no los destruía; muchas veces hizo a un lado el enojo y no se dejó llevar por la furia. Dios se acordó de que eran simples hombres; de que eran como el viento, que se va y no vuelve." Salmo 78:38-39

Job, quien culpaba a Dios por su sufrimiento, y en medio de su dolor, le dice a Dios:

"Ya que mi vida es corta, ¡déjame en paz! Déjame tener un poco de alegría antes de irme al viaje sin regreso, al país de la oscuridad y las tinieblas, al país de las sombras y la confusión, donde la luz misma es igual a las tinieblas." Job 10:20-22.

El rey David también nos deja saber que él no creía en la reencarnación, a pesar de haber estado en contacto con tribus de otras religiones que si la creían. En más de una ocasión nos deja saber su posición a este respecto:

"David respondió: —Cuando el niño vivía, yo ayunaba y lloraba pensando que quizá el Señor tendría compasión de mí y lo dejaría vivir. Pero ahora que ha muerto, ¿qué objeto tiene que yo ayune, si no puedo hacer que vuelva a la vida? ¡Yo iré a reunirme con él, pero él no volverá a reunirse conmigo!" 2 Samuel 12:22-23

Más adelante, en un libro más moderno del Antiguo Testamento como es el de la Sabiduría, nos enseña:

"En cambio el hombre, en su maldad, puede quitar la vida, es cierto, pero no puede devolverla ni hacer regresar el alma que ha sido arrebatada por la muerte." Sabiduría 16:14

Cuando el pueblo judío se encontraba bajo la esclavitud por parte del pueblo babilónico entre el 587 a 538 a.C., un ángel se apareció al profeta Daniel y le reveló cómo sería el final de los tiempos, registrándose por primera vez en el Antiguo Testamento la promesa de la resurrección de la carne:

"Muchos de los que duermen en la tumba, despertarán: unos para vivir eternamente, y otros para la vergüenza y el horror eternos." Daniel 12:2

Tres siglos después, en el libro de los Macabeos (Antiguo Testamento) encontramos por escrito nuevamente el regalo de la resurrección de la carne:

"Pero él, exhalando el último suspiro, dijo: —Tú, criminal, nos quitas la vida presente. Pero el Rey del mundo nos resucitará a una vida eterna a nosotros que morimos por sus leyes." 2 Macabeos 7:9

En el Nuevo Testamento encontramos de boca de Jesús la negación de esta doctrina, al contarnos la parábola del rico Epulón y el pobre Lázaro (Lucas 16:19-31). Contó Jesús cómo al morir Lazaron fue llevado inmediatamente al cielo y cuando murió Epulón fue llevado al infierno.

Para los creyentes en la reencarnación, el caso de este rico seria el perfecto ejemplo de cuándo un alma necesita reencarnarse. Para sus creyentes, él necesitaría volver a la tierra para rectificar, en otro cuerpo, sus errores cuando fue un hombre rico y carente de toda misericordia. De hecho, él desde el infierno clama por que lo dejen volver a la tierra, pero le contestan que no es posible, porque entre este mundo y el otro hay un abismo que nadie puede atravesar.

Cuando Jesús moría en la cruz, cuenta el Evangelio de Lucas que uno de los ladrones (Dimas[1]) crucificado a su lado le pidió: *"Jesús, acuérdate de mí cuando vayas a tu reino"*. Si Jesús hubiera admitido la posibilidad de la reencarnación, tendría que haberle dicho: *Ten paciencia, tus crímenes son muchos; debes pasar por varias reencarnaciones hasta purificarte completamente.* Pero su respuesta fue: *"Te aseguro que hoy estarás conmigo en el Paraíso"* (Lucas 23:39-43).

Y explicando a los corintios lo que sucede el día de nuestra muerte, san Pablo les dice:

"Lo mismo pasa con la resurrección de los muertos. Lo que se entierra es corruptible; lo que resucita es incorruptible. Lo que se entierra es despreciable; lo que resucita es glorioso. Lo que se entierra es débil; lo que resucita es fuerte. Lo que se entierra es un cuerpo material; lo que resucita

---

[1] La fiesta de San Dimas se celebra el 25 de marzo.

es un cuerpo espiritual. Si hay cuerpo material, también hay cuerpo espiritual." 1 Corintios 15:42-44

Dice el Catecismo de la Iglesia Católica en su numeral 1013:

"La muerte es el fin de la peregrinación terrena del hombre, del tiempo de gracia y de misericordia que Dios le ofrece para realizar su vida terrena según el designio divino y para decidir su último destino. Cuando ha tenido fin "el único curso de nuestra vida terrena", ya no volveremos a otras vidas terrenas. "Está establecido que los hombres mueran una sola vez" (Hebreos 9, 27). No hay "reencarnación" después de la muerte.".

Igualmente el Catecismo nos enseña que resucitaremos, al igual que lo hizo nuestro Señor Jesucristo, en el último día:

"Por la muerte, el alma se separa del cuerpo, pero en la resurrección Dios devolverá la vida incorruptible a nuestro cuerpo transformado reuniéndolo con nuestra alma. Así como Cristo ha resucitado y vive para siempre, todos nosotros resucitaremos en el último día." Núm. 1016.

Así que en el último día, cada cuerpo resucitado será unido con su alma y todos experimentaremos la identidad, la integridad y la inmortalidad. La resurrección del cuerpo niega cualquier idea de reencarnación porque la resurrección de Cristo no lo trajo de vuelta a una vida terrena como la que Él tenía antes de su crucifixión. La resurrección del cuerpo es el cumplimiento de las promesas de Dios en el Antiguo y el Nuevo Testamento. La resurrección del cuerpo del Señor es la primicia de la resurrección.

"Así como por causa de un hombre vino la muerte, también por causa de un hombre viene la resurrección de los muertos. Y así como en Adán todos mueren, así también en Cristo todos tendrán vida. Pero cada uno en el orden que le corresponda: Cristo en primer lugar; después, cuando Cristo vuelva, los que son suyos." 1 Corintios 15:21–23.

En su "*carta apostólica Tertio Millennio Adveniente*" del 10 de noviembre de 1995, el papa Juan Pablo II trató este tema y dijo:

"Alguien ha pensado en ciertos ciclos cósmicos arcanos, en los que la historia del universo, y en particular del hombre, se repetiría constantemente. El hombre surge de la tierra y a la tierra retorna (cf. Génesis 3, 19): este es el dato de evidencia inmediata. Pero en el hombre hay una irrenunciable aspiración a vivir para siempre. ¿Cómo pensar en su supervivencia más allá de la muerte? Algunos han imaginado varias formas de reencarnación: según cómo se haya vivido en el curso de la existencia precedente,

se llegaría a experimentar una nueva existencia más noble o más humilde, hasta alcanzar la plena purificación. Esta creencia, muy arraigada en algunas religiones orientales, manifiesta entre otras cosas que el hombre no quiere resignarse a una muerte irrevocable. Está convencido de su propia naturaleza esencialmente espiritual e inmortal. La revelación cristiana excluye la reencarnación, y habla de un cumplimiento que el hombre está llamado a realizar en el curso de una única existencia sobre la tierra."

Capítulo XXI

¿Son reales todas las apariciones de la Virgen?

E l 17 de noviembre del 2004, *BBC News* reportó que un sándwich de queso derretido y mordido en una punta, preparado hacía más de diez años, había sido subastado y adquirido por la empresa GoldenPalace.com por la suma de US$28,000.00. ¿Qué tenía de especial este sándwich para haberse pagado tan alto precio?

Según la vendedora, la señora Diane Duyser del estado de la Florida, USA, la imagen de la Santísima Virgen María estaba imprenta en él y desde entonces había sentido su santa presencia.

El 28 de enero de 1977, la Santísima Virgen se apareció en Little Rock, Arkansas, USA, al Padre Thomas Mac Smith. Durante 30 días consecutivos la Virgen María le habló acerca de una misión en Luisiana, USA, conectada con el páramo Los Torres, en Venezuela. Ella se apareció bajo la advocación de Nuestra Señora de la Preciosísima Sangre.

A partir del 30 de abril de 1985, comenzaron las manifestaciones extraordinarias de la Virgen María a Julia Kim en Naju, Corea del Sur, las cuales se han mantenido hasta el presente.

El 21 de enero de 1988, la señora Christina Gallagher de la isla de Achill, Irlanda, experimentó la aparición de Nuestra Señora y pocas semanas después principió a recibir mensajes de la "Hermosa Señora", quien se identificó como la Virgen María, Reina de la Paz. Christina fundó las casas de oración de Nuestra Señora de la Paz, que se encuentran en Achill, Irlanda, y en Texas, Kansas, Minnesota y Florida, USA.

Cientos y cientos de videntes y apariciones abundan diariamente a nuestro alrededor. Algunas de estas apariciones alcanzan los titulares de los diarios y otros medios, pero la gran mayoría quedan a nivel de grupos de oración y círculo de amigos, en los que alguien asegura conocer o saber de alguien que recibe mensajes de la Santísima Virgen.

Las apariciones en la antigüedad

Este fenómeno de las apariciones no es para nada reciente. Una de las primeras noticias de este estilo data del siglo III, cuando el obispo de Neocesarea, en el Asia Menor, reverendo Gregorio Taumaturgo aseguró que la Virgen se le había presentado para instruirlo en unos asuntos religiosos.

Tres siglos después, el papa San Gregorio Magno cuenta que la Virgen María se le apareció a una niña para anunciarle su próxima muerte. San Martin de Tours en el año 397 y San Ildefonso de Toledo en el 597, aseguraron haber tenido visitas de la Santísima Virgen.

Sobre San Juan Damasceno[1] existe una leyenda que cuenta que la Santísima Virgen le restituyo su mano derecha que le había sido cortada por el gobernador de Damasco.

Sería en la edad media cuando se produjo una avalancha de apariciones y profecías. Se multiplicaron los que decían haber hablado con la Santísima Virgen y/o con Jesucristo y los que habían recibido profecías. Se aumentaron las leyendas de apariciones, las historias de milagros e historias sorprendentes y maravillosas relacionadas con la Virgen María. Trascendieron las profecías de Santa Juana de Arco (1412-1431), Santa Gertrudis (1256-1302), Santa Ángela de Foligno (1248-1309), Santa Catalina de Siena (1347-1380) y en especial la de Santa Brígida de Suecia (1302-1373) que tuvieron

---

[1] Doctor de la Iglesia nacido en Siria en el año 675 y falleció a la edad de 74 años.

tal importancia que llegaron a ponerlas casi al mismo nivel que las Sagradas Escrituras.

Para el siglo XVI abundaban más y más estas historias. En muchas partes de Europa se creaban movimientos religiosos basados en creencias fantásticas que rayaban en lo maravilloso, lo extraordinario e incluso en lo esotérico[1]. Muchos de los altos prelados del momento empezaron a manifestarse en contra, como San Juan de la Cruz (1542-1591) quien escribió en su libro *"Subida al Monte Carmelo"*:

> *"Por lo cual, el que ahora quisiese preguntar a Dios, o querer alguna visión o revelación, no sólo haría una necedad, sino haría agravio a Dios, no poniendo los ojos totalmente en Cristo, sin querer alguna otra cosa o novedad. Porque le podría responder Dios de esta manera, diciendo: "Si te tengo ya habladas todas las cosas en mi Palabra, que es mi Hijo, y no tengo otra, ¿qué te puedo yo ahora responder o revelar que sea más que eso? Pon los ojos sólo en él, porque en él te lo tengo todo dicho y revelado, y hallarás en él aún más de lo que pides y deseas. ... Oídle a él, porque yo no tengo más fe que revelar, ni más cosas que manifestar." Libro II, capítulo 22:5.*

Debido a la diversidad de opiniones a este respecto y a otros asuntos de importancia que se tenían pendientes por discutir, la Iglesia convocó el que fuere el V Concilio de Letrán que se desarrolló en 12 sesiones entre el 3 de mayo de 1512 y el 16 de marzo de 1517. En la onceava sesión se decidió que sería el papa o un obispo delegado por su santidad, quien decidiría cuando una aparición se podía considerar autentica, así como autorizar su culto.

En 1738, el que llegaría a ser el papa Benedicto XIV cardenal Prospero Lambertini, publicó una extensa obra llamada *"Beatificación de los Siervos de Dios y Canonización de los Beatos"*, en la que diferenciaba en dos las revelaciones: la pública y la privada.

La pública está reunida y sellada en las Sagradas Escrituras y contiene todo lo que necesita saber un cristiano para su salvación, y la privada, que siguen ocurriendo, es un mensaje que solo puede contribuir a la salvación de la persona que recibe el mensaje y a través de su ejemplo de vida, inspirar a los demás a buscar la salvación. El cardenal Lambertini escribió en su obra con respecto a estas revelaciones privadas:

---

[1] Que está oculto, reservado o solamente es perceptible o asequible para unos pocos iniciados.

"...aunque hayan sido aprobadas por la Iglesia, no se les debe atribuir un asentimiento obligatorio. Por lo tanto, uno puede rechazarlas y negarse a aceptarlas." Tomo II, capítulo 32.

Apariciones y visiones

Se hace necesario hacer una distinción entre estos dos términos que muchos de forma equivocada usan indistintamente.

Ni la Santísima Virgen, ni Jesucristo, ni ningún santo, se pueden aparecer a ningún ser humano en este mundo, y cuando Jesucristo lo haga, será el fin de los tiempos como lo esperamos todos los cristianos (2 Pedro 3:1-18). Una "aparición" es un hecho objetivo de naturaleza física y corporal independiente de nosotros y de nuestras creencias. En un estadio de futbol se puede "aparecer" una persona para cantar el himno nacional. Ese cantante va a ser visto por todos, por las cámaras, físicamente está ahí y ocupa un espacio. Independiente que me guste o no el cantante, que piense que es bueno o malo, ahí está y va a interactuar con todos los presentes y desde sus hogares otros lo verán y lo escucharan por la televisión.

Una "visión" se da cuando en ese mismo estadio, todos observan la grama vacía, desde sus casas los televidentes ven la grama vacía, pero uno o algunos ven y oyen al cantante en medio del estadio. Físicamente el cantante no está ahí pero alguien lo está viendo u oyendo. Si más de uno lo ve, se trataría de una visión colectiva.

Así que todos los fenómenos marianos han sido "visiones" y no "apariciones". En el caso de Lourdes, acompañada por cientos de personas en las últimas "apariciones", Bernadette era la única que la veía. En el de Guadalupe, solo el indio Juan Diego la vio. En el de Fátima y La Salette, a pesar de encontrarse rodeados de miles de testigos, solo los pastorcitos vieron a nuestra Señora. La danza del sol en la última aparición de Fátima, miles lo vieron[1] danzar pero en realidad el sol nunca se movió, ya que de haberse movido como estos miles lo vieron, muy seguramente ya no estaríamos vivos, por las repercusiones cósmicas que implicaría un fenómeno de esta naturaleza.

---

[1] La revista portuguesa *"Ilustracao Portugueza"* del 28 de octubre de 1917 presenta en su primera página un reportaje completo del fenómeno, acompañado por una serie de fotografías donde se aprecia los miles de testigos.

Por eso el papa Benedicto XIV en su obra referida anteriormente, nos pide que no hablemos más de "apariciones" sino de "visiones".

Qué hacer ante un mensaje de María

Es nuestro deber aprender a discernir con criterio cristiano los mensajes que supuestamente vienen de la Virgen María.

En solo unos pocos casos, será la Iglesia quien se pronuncie sobre las visiones y sus respectivos mensajes, así que en la gran mayoría nos corresponderá a nosotros hacerlo.

Dice el Catecismo de la Iglesia Católica en su numeral 67:

"A lo largo de los siglos ha habido revelaciones llamadas "privadas", algunas de las cuales han sido reconocidas por la autoridad de la Iglesia. Estas, sin embargo, no pertenecen al depósito de la fe. Su función no es la de "mejorar" o "completar" la Revelación definitiva de Cristo, sino la de ayudar a vivirla más plenamente en una cierta época de la historia. Guiado por el Magisterio de la Iglesia, el sentir de los fieles (sensus fidelium) sabe discernir y acoger lo que en estas revelaciones constituye una llamada auténtica de Cristo o de sus santos a la Iglesia."

Con esto el catecismo nos está indicando dos cosas: la primera es que no todo el que dice recibir revelaciones o mensajes, las recibe realmente de Jesús o de la Virgen sino que pueden ser el fruto, bien o mal intencionado, de su imaginación y segundo, que nos corresponde a nosotros los fieles a discernir sobre ellos.

Cuando el Santo Padre o un obispo aprueban una determinada manifestación de la Virgen María o de Jesucristo, lo que aprueban es su devoción, o sea el culto a la Virgen en esa "presentación" en particular, no la autenticidad de la manifestación. Al aprobar una devoción, la Iglesia está diciendo que no hace mal, ni contiene ninguna desviación del Evangelio rezarle a María en ese lugar, bajo ese nombre, ni repitiendo las palabras y oraciones contenidas en el mensaje.

Por ejemplo, de los cientos y cientos de mensajes y revelaciones recibidos por Santa Brígida de Suecia desde su nacimiento en 1303 hasta su muerte en 1373, la Santa Sede solo se pronunció sobre las quince oraciones reveladas por Jesucristo. El papa Benedicto XV (1914-1922) se expresó de la siguiente manera:

"La aprobación de estas revelaciones implica nada más que esto: Después de un examen lento y detenido, se permite publicar estas revelaciones para el bien espiritual de todos los fieles. Y, aunque no se les atribuye el mismo grado de fe, igual a que se les rinde a las verdades de la religión bajo pena; sin embargo, se les permite creer con fe humana. Es decir, conforme a las reglas de prudencia, por las cuales son probables. Por tanto, estando ya adecuadamente afirmadas y apoyadas por suficientes motivos, pueden ser piadosamente creídas." Les Petits Bollandistes, Tome XII.

El 14 de noviembre del 2013, el papa Francisco en una homilía pronunciada en la Casa Santa Marta en Ciudad del Vaticano, explicó que ese deseo nuestro de estar buscando mensajes, cosas extrañas y novedades, nos alejaba del verdadero espíritu del Evangelio. Con respecto a este fenómeno de las visiones y de los mensajes de la Virgen, dijo el Santo Padre: "*La curiosidad nos impulsa a querer sentir que el Señor está acá o allá; o nos hace decir: 'Pero yo conozco a un vidente, a una vidente, que recibe cartas de la Virgen, mensajes de la Virgen'. Pero, mire, ¡la Virgen es Madre! Y nos ama a todos nosotros. Pero no es un jefe de la oficina de Correos, para enviar mensajes todos los días.*".

¿Cómo podemos distinguir entre un mensaje de Dios dado a través de la Virgen de uno que no lo es?

La regla de oro es que una revelación privada nunca puede contradecir a la revelación pública que es la Biblia, que es la Palabra de Dios. Dios no se puede contradecir a sí mismo. Dice el Catecismo de la Iglesia Católica en su numeral 73:

"Dios se ha revelado plenamente enviando a su propio Hijo, en quien ha establecido su alianza para siempre. El Hijo es la Palabra definitiva del Padre, de manera que no habrá ya otra Revelación después de Él."

Además que sus mensajes no pueden contradecir las Sagradas Escrituras que son la Palabra de Dios, tampoco nos pueden traer ninguna novedad que aporte a nuestro camino hacia la salvación.

La Virgen María de las Sagradas Escrituras, es una mujer que aparece siempre en un segundo plano con respecto a Jesús, es siempre obediente a él y se muestra mesurada, discreta y prudente. Es una mujer de pocas palabras, su sobriedad es tal, que en todo el Nuevo Testamento solo registra seis expresiones[1], una menos que las siete que Jesús pronunció en la cruz. La María de la Biblia transmite esperanza, optimismo y alegría que en sus momentos difíciles canta de gozo, medita serenamente y mira con confianza el futuro.

Sin embargo en varias de sus supuestas apariciones, se muestra muy diferente a ese perfil bíblico. En algunos, ella promete la salvación de la persona si hace o dice tal cosa[2]. En otras es ella y no su hijo quien quiere actuar a través del vidente[3]. En otras el mismo Jesús pide que si no escuchamos a María pereceremos[4], en contravía de lo dicho por María en las bodas de Caná (Juan 2:1-23). Hay otros mensajes tétricos, sombríos y lúgubres donde no hay esperanza alguna para nadie, ya que el castigo será para todo el mundo, buscando que sea el miedo al castigo lo que nos lleve a la conversión[5], cuando la Biblia nos pide 365 veces que no tengamos miedo y nos solicita que el amor sea el motor de nuestra conversión.

Jesús nunca quiso anunciar la fecha del fin del mundo, sin embargo en varias visiones la Virgen advierte que está cerca[6]. Jesús nos dijo que el juicio final sería sobre la base de la misericordia mostrada por nuestro prójimo, en especial por el más necesitado (Mateo 25:31-46), pero en algunos de sus mensajes ella nos dice que solo se salvaran los que la aman y creen en Dios[7].

La hermana Julie Marie Jahenny, una estigmatizada francesa perteneciente a la Tercera Orden de San Francisco que falleció en 1941 a la edad de 91 años, y quien dijo haber sostenido múltiples conversaciones con la Virgen María y con Jesús, vaticinó la famosa profecía de los tres días de oscuridad y a la que otras videntes se han sumado, incluyendo al Padre Pio de Pietrelcina, conocido como Padre Pio.

---

[1] Lucas 1:34, Lucas 1:38, Lucas 1:46-55, Lucas 2:48, Juan 2:3 y Juan 2:5.

[2] Revelación de la Virgen María al padre Esteban Gobbi en Barcelona, España, el 29 de septiembre de 1982.

[3] Revelación de la Virgen María al padre Esteban Gobbi el 9 de julio de 1973.

[4] Revelación de Jesucristo a Gladys Quiroga de Motta en San Nicolás de los Arroyos, Argentina, el 12 de marzo de 1986.

[5] Mensajes de La Salette a dos niños el 19 de septiembre de 1846.

[6] Mensajes de la Virgen de Garabandal entre 1961 y 1965 a cuatro niños en San Sebastián de Garabandal, España.

[7] Mensajes a Amparo Cuevas en El Escorial, España, entre el 14 de junio de 1981 y el 31 de mayo de 1984.

Dijo la hermana Julie Marie:

"Vendrán tres días de grandes tinieblas. Sólo los que tengan velas bendi-
tas podrán iluminarse durante esos días horrorosos. Pero en la casa de los
pecadores las velas no se prenderán. Los demonios aparecerán en formas
horribles y abominables, y harán resonar el aire con espantosas blasfe-
mias. Los rayos entrarán en las casas, pero no se apagarán las velas ben-
ditas. La tierra temblará, el mar lanzará sus olas, y las tres cuartas partes
de la raza humana perecerán. El castigo será mundial."[1]

El 16 de febrero de 1997, el papa Juan Pablo II dijo en una homilía pronunciada en la parroquia romana de San Andrés:

"A lo largo de la historia los hombres han seguido cometiendo pecados,
tal vez mayores que los descritos antes del diluvio. Sin embargo, la alianza
que Dios estableció con Noé nos permite comprender que ya ningún peca-
do podrá llevar a Dios a aniquilar el mundo que él mismo creo."[2]

Lágrimas de sangre de la Virgen

Junto a este explosivo fenómeno de las visiones y mensajes, también ha
habido una explosión de bustos y estatuas de la Virgen que lloran y/o de-
rraman lágrimas de sangre o aceite, en diferentes países.

El 30 de junio de 1985 una estatua de la Virgen María, propiedad de Julia Kim comenzó a llorar lágrimas de sangre humana, y así lo hizo por otras
700 veces más.

A los dos años de haber comenzado este fenómeno, en junio de 1987, la
vidente Julia dijo que la misma Virgen María le había revelado el motivo de
sus lágrimas de sangre: *"Mi estimada hija, mis lágrimas son por el constan-*
te fracaso de la humanidad en no conseguir amar a Dios como Él merece y
amar mutuamente las personas como Él mismo nos enseñó.".

Este tipo de mensaje coincide con los de María Julia Jahenny (1850-
1941) en Francia, Anna Catherina Emmerick (1774-1824) en Alemania, Isabel Canori-mora (1774-1825) en Italia, padre Bernardo María Clausi (1789-

---

[1] Del libro: *Profecías: ¿3 días de oscuridad?*, Buenos Aires, 1987.

[2] *L'Osservatore Romano* del 21 de febrero de 1997.

1849) en Italia, y otros más contemporáneos como los del padre italiano Stefano Gobbi o como los revelados a la hermana Elena Patriarca Leonardi:

> *"Hija Mía, estoy muy triste y mi Corazón está lleno de dolor. La violencia y las drogas han destruido a tanta juventud; Satanás ha tomado posesión de muchos corazones y les sugiere que Dios no existe...Caerán llamas del Cielo, y los impíos lo sufrirán; derrumbamientos y terremotos sobre la humanidad que no se arrepiente...Naciones sin Dios serán el azote escogido por Dios mismo, para castigar a la humanidad sin respeto y sin escrúpulos. Después un gran castigo caerá sobre el género humano, fuego y humo caerán del cielo, las aguas de los océanos se volverán vapores, y la espuma se levantará arrollando a la humanidad, por todas partes a donde se mire habrá angustia, miseria y ruina; quedaréis en completa oscuridad. Mares que se alzarán provocando muerte y desolación... ¡Arrepentíos! ¿Cómo puedo salvaros si no me escucháis?"*

No es novedad que el sentimiento humano de frustración por las transgresiones del mundo, lo queramos traducir en castigos horribles para los transgresores:

> *"Envió por delante mensajeros, que fueron a una aldea de Samaria para conseguirle alojamiento; pero los samaritanos no quisieron recibirlo, porque se daban cuenta de que se dirigía a Jerusalén. Cuando sus discípulos Santiago y Juan vieron esto, le dijeron:*
> *—Señor, ¿quieres que ordenemos que baje fuego del cielo, y que acabe con ellos?*
> *Pero Jesús se volvió y los reprendió." Lucas 9:52-55*

De los cientos de casos como el de la hermana Leonardi, el sentimiento general es que la Virgen aparenta estar sumamente triste, al punto de derramar lágrimas de sangre por el dolor que le causa ver como los humanos nos alejamos cada vez mas de Dios por nuestros pecados, por nuestro ateísmo y por la falta de conversión y oración.

Si bien esta es una realidad que ha existido desde antes de la venida de Jesús, llama la atención pensar que la Virgen se concentre en resaltar únicamente este aspecto de la humanidad, como si no hubiera nada de que alegrarse.

En el Evangelio de Lucas 15:7 leemos: *"Les digo que así también hay más alegría en el cielo por un pecador que se convierte que por noventa y nueve justos que no necesitan convertirse."*.

Personalmente he sido testigo de miles de personas que con la ayuda de sus respectivas parroquias, han abandonado sus viejos hábitos y se han convertido a una vida de servicio, amor y oración. No dudo que el cielo se ha unido a la fiesta que se celebra en cada uno de estos hogares que hoy viven una vida diferente a la que tenían antes de la conversión de alguno de sus miembros.

¿No sonreirá la Santísima Virgen al ver a tanta gente que se convierte y se consagra a ella y a su Hijo? ¿No habrá ningún gozo en el cielo por los millones de personas que hacen de sus vidas una constante oración a Dios con su trabajo, con su servicio a su familia y al prójimo, con su oración y evangelización, con su enorme esfuerzo por mantenerse fiel a la voluntad de Dios? ¿Ha sido totalmente infértil la labor de la Iglesia en sus más de veinte siglos de evangelización? ¿No merecen lágrimas de alegría estas conversiones?

El busto de Elvis Presley que lloró

El 8 de agosto del 2002, apareció publicado en varios medios de comunicación una noticia reportada por la agencia Reuters, en la que se contaba que en la pequeña ciudad holandesa de Deurce, un admirador de Elvis Presley llamado Toon Nieuwenhuisen, tenía en su cuarto un busto del artista que llevaba derramando lágrimas por más de cinco años.

Desde entonces, cientos de curiosos visitan su casa para rendirle homenaje al cantante.

Al preguntársele por los motivos por los cuales él creía que la estatua derramaba las lágrimas, contestó: *"Son lágrimas de alegría, por la gratitud que siente de ver a tantos admiradores suyos alrededor del mundo".*

Algunos católicos insisten en tener a la Virgen María como la portadora de las peores amenazas para la humanidad, la mensajera de castigos espantosos, la profetiza de un apocalipsis que ni Sodoma y Gomorra conocieron, la portavoz de grandes cataclismos que azotarán por igual a los buenos y a los malos. Con este rostro, la están degradando de su real papel de intercesora nuestra y gestora de gracias para perseverar constantes al servicio de Jesucristo.

Deberíamos considerar la posibilidad que la Virgen María también experimente alegría al ver a millones de seguidores suyos y de su Hijo que diariamente luchan por vivir con todo su corazón de la forma en que Jesús nos pide que lo hagamos.

La Iglesia, consecuente con este pensamiento, ha acogido para sí y para sus fieles no sus mensajes proféticos, sino sus exhortaciones a la conversión y a la oración, al rezo del Santo Rosario, algunas de sus oraciones y sus palabras de amor y esperanza.

En la alocución del 15 de agosto de 1964 en Castengaldolfo, el papa Pablo VI nos recordó que Dios es Amor y que nos ama, e hizo un llamado de atención a la comunidad católica por la imagen tan distorsionada que proyectamos al dejar que nuestras emociones y sentimientos le ganen a ese discernimiento que nos pide el Catecismo. Dijo su Santidad:

> *"Algunos piensan, con ingenua mentalidad, que la Virgen es más misericordiosa que Dios. Con juicio infantil sostienen que Dios es más severo que la Ley, y que necesitamos recurrir a la Virgen ya que, de otro modo, Dios nos castigaría. Es cierto que la Virgen es intercesora, pero la fuente de toda bondad es Dios."*[1]

Aprobación del culto

La Sagrada Congregación para la Doctrina de la Fe, publicó el 25 de febrero de 1978 un documento titulado *"Normas sobre el Modo de Proceder en el Discernimiento de Presuntas Apariciones y Revelaciones"*, donde crea el procedimiento que deben seguir las autoridades eclesiásticas ante el evento de conocer de una visión o una revelación.

Según esta guía los pasos generales a seguir son:

> *"a) En primer lugar juzgar sobre el hecho según los criterios positivos y negativos.*
> *b) Después, en caso de que este examen haya resultado favorable, permitir algunas manifestaciones públicas de culto o devoción y seguir vigilándolas con toda prudencia (lo cual equivale a la formula "por el momento nada obsta")*
> *c) Finalmente, a la luz del tiempo transcurrido y de la experiencia adquirida, si fuera el caso, emitir un juicio sobre la verdad y sobre el carácter sobrenatural del hecho (especialmente en consideración de la abundancia de los frutos espirituales provenientes de la nueva devoción)."*

---

[1] *L'Osservatore Romano* del 18 de agosto de 1964.

Basado en estos tres criterios y cuando a través de testimonios plenamente probados, la visión aparenta ser verdadera, la Iglesia entra a determinar si la visión se puede atribuir a la fuerza de la naturaleza, a la de satanás o a Dios. Pasados estos filtros, se entra a considerar los siguientes puntos: aspectos morales y psicofísicos del vidente, el contenido de la visión, la naturaleza o forma de la visión y la finalidad de la misma y por supuesto el milagro que acompaña la visión, si lo hay.

La mesura y la calma son las actitudes típicas del magisterio en todo este proceso y puede llegar a pasar muchos años, y hasta siglos, antes que exista un pronunciamiento en cualquiera de los dos sentidos.

En algunos casos la Iglesia autoriza el culto de una manera implícita, es decir cuando una autoridad eclesiástica participa de algún modo de su culto; como en los casos de Nuestra Señora de Vailankanni en India o el caso de Nuestra Señora de las Victorias en Francia.

En otros casos la Iglesia incluye en su calendario litúrgico la celebración de los hechos, como en el caso de la Virgen del Pilar en España o la de Nuestra Señora del Monte Carmelo (La Virgen del Carmen) en Israel.

Y en otros pocos, se hace a través de algún documento papal como en el caso de Nuestra Señora de Siluva en Lituania o Nuestra Señora de la Medalla Milagrosa en Francia.

Las apariciones pueden caer bajo las siguientes categorías:

- **Dudosas**: apariciones no reconocidas aún o en estudio por parte de los obispos, o apariciones que no han sido posible clasificar, como el caso de Nuestra Señora de Medjugorje en Croacia[1].
- **Falsas**: apariciones cuestionadas por el Vaticano como en el caso de Nuestra Señora de Garabandal en España[2].
- **Fraudulentas**: rechazadas totalmente por la Iglesia y la ciencia, como el de Nuestra Señora de Peña Blanca en Chile.

---

[1] Expresado en carta del Nuncio Apostólico Mons. Carlo María Vigano del 21 de octubre del 2013.

[2] Expresado en carta del Obispo de Santander, Mons. José Vilaplana del 23 de agosto del 2001.

- **Aprobadas por la Iglesia**: apariciones reconocidas por el Vaticano o por los obispos locales, como la de Lourdes en Francia, Fátima en Portugal o Guadalupe en México.

Varias apariciones auténticas no llegan a ser aprobadas hasta después de muchos años, como en el caso de las apariciones de Nuestra Señora de Laus en Francia, que ocurrieron entre 1664 y 1718 y no fueron totalmente aprobadas por la Santa Sede sino hasta el 4 de mayo del 2008.

.

Capítulo XXII

¿Por qué Dios permite el mal y el sufrimiento?

A l finalizar la segunda guerra mundial, el presbiteriano Charles Templeton junto al evangélico Torrey Johnson fundaron la organización *Youth for Christ International*. Al poco tiempo, contrataron como predicador al joven William "Billy" Graham. Templeton y Graham se hicieron pronto amigos y juntos participaron en jornadas de evangelización llevando su mensaje a millones de jóvenes de Estados Unidos y Europa. Graham con el tiempo siguió su propio camino y llegó a ser el predicador más reconocido en la historia de los Estados Unidos.

Por su parte, Charles Templeton —famoso por llenar estadios de futbol con personas ansiosas por escuchar su prédica— fue el conductor por poco más de tres años de un programa norteamericano de televisión, transmitido a nivel nacional por la cadena CBS a comienzos de 1952, llamado *Look Up and Live* desde donde evangelizaba a su audiencia. A finales de 1957 Templeton hizo un anuncio público que conmocionó a millones de sus seguidores: renunciaba al cristianismo y se declaraba un agnóstico[1].

¿Qué causo que este hombre tan carismático, que había sido el instrumento para que millones de personas se convirtieran al cristianismo y aceptaran a Jesús como su salvador, negara todo y se declarara un agnóstico?

La principal razón fue que no encontró respuesta a esta pregunta: ¿Si Dios es amor, porque permite el mal y el sufrimiento?

Esta es la pregunta teológica más dura, portentosa y desconcertante de todas. El sufrimiento en el hombre tiene connotaciones filosóficas, sociales, culturales, políticas, psicológicas y religiosas. Cada una de estas ciencias ha tratado de encontrar una respuesta que resuelva sus interrogantes. Por su parte, cada religión ha presentado su propia teoría sobre esta cuestión tan compleja e imposible de explicar de forma satisfactoria.

Todos quisiéramos que Dios —cualquiera que fuera la idea que tengamos de Él— nos protegiera de todo sufrimiento. Que sí un loco nos dispara al pecho en la calle, nos quitáramos la bala estrellada y siguiéramos caminando como si nada hubiera pasado. Que sí un camión pasara por encima de nosotros, nos levantáramos del suelo, nos sacudiéramos y siguiéramos como veníamos. Como los súper héroes de los cuentos infantiles.

Pero independiente de nuestra religión, creencias y valores, todos vamos a sufrir de una u otra manera. *"No todos los ojos lloran en un día, pero todos lloran algún día"*. Todos tendremos momentos en nuestras vidas donde buscaremos una respuesta que explique nuestro dolor, que muy seguramente lo encontraremos divorciado de todo sentido de "justicia divina". Siempre nos parecerá injusto, desproporcionado, arbitrario e inmerecido.

En esta tierra el amor y el dolor van muy juntos. San Juan de la Cruz nos decía: *"quien no sabe de penas no sabe de amores"*. Y es por esto que Cristo en el Sermón de la Montaña nos dio como tercera bienaventuranza: *"Bienaventurados los que lloran, porque ellos serán consolados"* Mateo 5:5.

---

[1] Un agnóstico es una persona que ni cree ni niega la existencia de Dios, en tanto que el ateo la niega.

En una encuesta entre cristianos se les preguntó: sí tuvieran la certeza que Dios le respondería ¿qué pregunta le haría? 94% le preguntaría ¿porque Dios permite el sufrimiento?

Santo Tomas de Aquino abordó el tema del mal en su obra *"Suma Teológica"* haciendo una analogía con el calor. Decía que si hubiera calor infinito no podría existir el frio, igualmente si la bondad de Dios fuera infinita no podría existir el mal. ¡Pero la bondad de Dios es infinita y el mal si existe! ¿Cómo explicar esto?

Por eso es necesario aclarar que en estricto sentido el mal no existe, como tampoco en estricto sentido no existe la oscuridad, o el frio. La oscuridad no se puede producir, así que para obtenerla debo quitar la luz, que si se puede producir. El frio no se puede producir, así que para obtenerlo debo quitar el calor, que si se puede producir. La oscuridad es la ausencia de luz. El frio es la ausencia de calor. El mal es la ausencia de Dios.

El filósofo ingles del siglo XIX John Stuart Mill, planteó este tema diciendo que de acuerdo a la teología cristiana, el mal no debería existir[1]. Porque si Dios es omnisciente (que todo lo sabe) sabría que existe el mal, si es benevolente (que desea solo el bien) querría desaparecerlo y si es omnipotente (que todo lo puede) podría desaparecerlo. Pero el mal existe y las Escrituras nos revelan que Dios todo lo sabe (Salmo 139:1-16), que es Amor (1 de Juan 4:8) y que todo lo puede (Job 40:1). Así que estamos ante un verdadero misterio del que fuimos advertidos por Jesús:

"Les digo todo esto para que encuentren paz en su unión conmigo. En el mundo, ustedes habrán de sufrir; pero tengan valor: yo he vencido al mundo." Juan 16:33

Un gran misterio

Misterio, en general, es una verdad que no podemos comprender por ir más allá de nuestro entendimiento. Así que lo primero que debemos decir es que éste es un misterio. Uno grande y angustioso, que se contrapone a ese

---

[1] Este filosofo basa su planteamiento en lo que se conoce como la *Paradoja de Epicuro*. Epicuro fue un filósofo griego nacido aproximadamente en el 341 a.C., quien planteo por primera vez la incompatibilidad entre sus bondadosos dioses paganos y la existencia del mal.

otro misterio igualmente grande y maravilloso que es el de la misericordia de Dios[1].

De todos los misterios que Dios nos ha dejado, ciertamente éste del dolor es el más difícil de asimilar y entender. Si poco o nada podemos comprender del misterio de la Santísima Trinidad o del misterio de la consagración del pan y del vino, eso no va a afectar tanto nuestras vidas como que no podamos entender este misterio, y en especial cuando estamos siendo golpeados por él.

Constantemente nos amenazan el dolor físico causado por enfermedad o accidente, el dolor emocional causado por la pérdida de un ser querido, problemas familiares, el abandono, una dificultad económica, el desamor, una catástrofe natural, el temor a un futuro incierto, ofensas recibidas, etc. Ante estas situaciones nuestro corazón busca desesperadamente una respuesta que no nos deje desviar nuestra mirada de ese Dios de Amor que tantas veces hemos contemplado en tiempos de calma y sosiego, pero que ante la penuria, urge comprender. Sin embargo la vida es demasiado compleja como para encontrar respuestas sencillas. Los planes de Dios son a largo plazo, a muy largo plazo, a plazo de eternidad. Pero nuestra humanidad los quiere reducir a nuestro plazo, que es corto, muy corto, como un suspiro.

El hombre posee un inmenso deseo de encontrar la respuesta a cada pregunta que ha pasado por su mente. Percibe el mundo de una forma totalmente lógica y piensa que cada efecto es el resultado de una causa. Cuando afronta la injusticia del dolor, quiere encontrar su causa y generalmente termina por culpar a Dios o peor aún: negándolo.

Sin pretender minimizar algo tan inmenso como el mal, ni irrespetar algo tan serio como el dolor, trataré de aportar algunas ideas que nos puedan ayudar a entender algo que siendo misterio carece de entendimiento y comprensión. Quisiera dividir el planteamiento en dos: los sufrimientos causados por nuestros pecados y los sufrimientos causados por las leyes de la naturaleza.

---

[1] Ver Catecismo de la Iglesia Católica numeral 385.

Sufrimientos por nuestros pecados

Es tal vez es en la muerte donde encontramos el límite de la angustia y del dolor humano. Donde se sepulta la esperanza.

He asistido a muchos funerales y nunca se siente uno cómodo en ellos. No nos acostumbramos a la muerte ni al sufrimiento que trae consigo. La realidad es que no fuimos hechos para la muerte, sino para la vida eterna[1] y para vivir sin sufrimientos[2]. En la carta a los romanos 5:12 leemos: "*Así pues, por medio de un solo hombre entró el pecado en el mundo y por el pecado entró la muerte, y así la muerte pasó a todos porque todos pecaron.*".

La soberbia, la avaricia, la envidia, la ira, la lujuria, la gula y la pereza del hombre a lo largo de toda su historia, han causado más muerte, dolor, angustia y sufrimiento que cualquier otra razón que podamos encontrar. No es necesario levantar nuestra mirada a Dios para encontrar una explicación, sino que la encontramos en el mismo hombre.

Por los años 60s, el cantautor argentino Leo Dan hizo muy famosa la versión en español de la canción llamada *Last Kiss*[3] *(El último beso)* que interpretaba el grupo *Pearl Jam* y que dice:

"E íbamos los dos, al atardecer.
Oscurecía y no podía ver.
Y yo manejaba, iba a más de cien.
Prendí las luces para leer.
Había un letrero de desviación.
El cual pasamos sin precaución.
Muy tarde fue, y al frenar.
El carro boto, y hasta el fondo fue a dar.

¿Por qué se fue y porque murió?
¡Porque el Señor me la quitó!
Se ha ido al cielo y para poder ir yo.
Debo también ser bueno para estar con mi amor.

---

[1] Ver Génesis 2:17 y 3:19.

[2] Ver Génesis 3:16-19.

[3] Canción escrita por Wayne Cochran e inspirada en un accidente automovilístico donde murieron varios adolecentes cuando su auto choco con un camión la semana antes de la navidad de 1962. La versión original en inglés aporta muchos más detalles del accidente.

Al vueltas dar, yo me salí.
Por un momento no supe de mí.
Al despertar, hacia el carro corrí.
Y aún con vida la pude hallar.
Al verme lloró, me dijo amor.
Allá te espero donde esta Dios.
Él ha querido separarnos hoy.
Abrázame fuerte porque me voy.
Al fin la abrase, y al besarla se sonrió.
Después de un suspiro en mis brazos quedo. "

El conductor va manejando distraído, sin luces y a alta velocidad, elementos necesarios para que ocurra un accidente, que es lo que finalmente ocurre. El accidente le cuesta la vida a su amante. Sin embargo ellos culpan a Dios de la tragedia. Él quiso llevársela, Él quiso separarlos. En palabras de Dios a Job: "*¿Pretendes declararme injusto y culpable, a fin de que tú aparezcas inocente?*" Job 40:8

De la historia reciente del hombre, tenemos todavía muy fresco los horrores del holocausto. Millones de judíos de todas las edades y condiciones fueron torturados de todas las formas posibles, para luego conducirlos a las cámaras de gas, la horca, el fusilamiento o cualquier otra forma de asesinato. Y como en la canción, tendemos a culpar a Dios de haber permitido esta tragedia, cuando su causa fue el vil abuso de nuestro libre albedrío.

"Cuando alguno se sienta tentado a hacer lo malo, no piense que es tentado por Dios, porque Dios ni siente la tentación de hacer lo malo, ni tienta a nadie para que lo haga. Al contrario, uno es tentado por sus propios malos deseos, que lo atraen y lo seducen. De estos malos deseos nace el pecado; y del pecado, cuando llega a su completo desarrollo, nace la muerte." Santiago 1:13-15

Por nuestros pensamientos, palabras, obras u omisiones, todos tuvimos responsabilidad en ese trágico episodio de nuestra historia. Y la seguimos teniendo hoy, en los millones y millones de holocaustos que siguen existiendo en nuestros días. Los hay que afectan miles de personas. Otros aquejan a una sola persona. Los hay en tierras muy lejanas. Los hay en nuestras propias casas. Algunos ocupan titulares de prensa y otros permanecen anónimos por siempre.

Cuando Dios estableció una nueva alianza con su pueblo (nosotros) en el país de Moab, le entregó a Moisés por segunda vez las tablas de los mandamientos y las demás leyes, y dijo:

> *"En este día pongo al cielo y a la tierra por testigos contra ustedes, de que* **les he dado a elegir** *entre la vida y la muerte, y entre la bendición y la maldición.* **Escojan**, *pues, la vida, para que vivan ustedes y sus descendientes; amen al Señor su Dios, obedézcanlo y séanle fieles, porque de ello depende la vida de ustedes y el que vivan muchos años en el país que el Señor juró dar a Abraham, Isaac y Jacob, antepasados de ustedes."* Deuteronomio 30:19-20

En todos esos holocaustos, muchos escogieron y siguen escogiendo la *muerte* y la *maldición*, y también muchos otros escogieron y siguen escogiendo la *vida* y la *bendición*. Como Dios mismo nos lo señala, podemos escoger. Así que cuando escogemos *muerte* y *maldición*, de una u otra forma alguien va a sufrir.

Estoy convencido que un padre tan amoroso como el que nos cuenta el evangelista Lucas en la parábola del hijo pródigo, tendría que haber sido un padre que conocía muy bien a sus hijos. ¿No sabría hoy en día un buen padre que haría su hijo adolecente con una fortuna en sus manos? Este padre sabía que su hijo se iba a trastornar con esa riqueza. Sin embargo no le retuvo el dinero. Le respeto su deseo y lo dejó marcharse. Él sabía que más pronto que tarde ese dinero se le acabaría, y su hijo tendría que regresar con una dura y costosa lección aprendida para el resto de su vida que lo haría un hombre más humilde, más sabio y más compasivo.

Dios creó el don de la libertad de elegir y nosotros realizamos actos de libertad. Dios hizo que el mal fuera posible, pero los hombres hicimos que el mal fuera real.

Cuando comprendemos esto, sentimos la tentación de preguntar ¿Por qué Dios no detuvo a Hitler?

Antes de contestar veamos otro caso. Un conductor en plena libertad de sus actos decide conducir un carro en estado de embriaguez y atropella a una niña que está jugando en la calle y ella muere. Los familiares de la niña y otro puñado de personas más, se harían la pregunta: ¿Por qué Dios no evitó que el conductor se embriagara?

¿Por qué pensamos que es válido exigir de Dios una respuesta a su no intervención en el holocausto judío y por qué no la exigimos en el caso del conductor? O si lo hacemos, ¿Por qué no lo hacemos con la misma indignación?

Podríamos contestar: porque en el primer caso fueron millones de personas las afectadas, mientras que en el segundo solo fue una.

¿Le dará consuelo a la madre de la niña el saber que Dios no detuvo al conductor, ya que solo su hija era el blanco de la extralimitación de la libertad de un hombre?

Dios no violenta la libertad que él nos dio, sino que nos la respeta. En palabras de Jesús:

> *"¡Jerusalén, Jerusalén, que matas a los profetas y apedreas a los mensajeros que Dios te envía! ¡**Cuántas veces quise** juntar a tus hijos, como la gallina junta sus pollitos bajo las alas, **pero no quisiste!**" Mateo 23:37*

¡No quisimos! Es claro que podemos tomar decisiones que van en contra de lo que Dios quiere para nosotros y aun así, Él lo va a respetar.

Ahora podríamos hacernos la siguiente pregunta: ¿Entonces porque nos dio la libertad de elegir? Nada puedo aportar al "por qué" nos la dio, pero si puedo aportar algo al "para que" nos la dio.

Pero primero definamos esa libertad que va más allá de esa definición social según la cual es que podemos hacer lo que queramos.

El papa León XIII la definió en su "carta encíclica Libertas Praestantissimum", como:

> *"La libertad, don excelente de la Naturaleza, propio y exclusivo de los seres racionales, confiere al hombre la dignidad de estar en manos de su albedrío (Eclesiastés 15: 14) y de ser dueño de sus acciones. Pero lo más importante en esta dignidad es el modo de su ejercicio, porque del uso de la libertad nacen los mayores bienes y los mayores males.".*

"La Constitución Pastoral Gaudium Et Spes", numeral 17, nos ilumina con el "para que":

> *"La verdadera libertad es signo eminente de la imagen divina en el hombre. Dios ha querido dejar al hombre en manos de su propia decisión (Eclesiastés 15: 14) **para que así busque espontáneamente a su Creador** y, adhiriéndose libremente a Este, alcance la plena y bienaventurada perfección."*

¿Y cómo buscamos a Dios? ¿Cómo nos adherimos a él? El evangelista Juan nos contesta estas preguntas *"Dios es amor, y el que vive en el amor, vive en Dios y Dios en él."* (1 Juan 4:16). Y el amor solo se da en libertad. Sin libertad el hombre gana la condición de esclavo y el esclavo no tiene otra opción que amar a su dueño ya que no tiene la libertad de decidir no hacer-lo[1]. Su amor es obligado.

Dios nos dio la capacidad de amar, crear y decidir (entre otras cosas) porque somos hechos a *su imagen y semejanza.* Amamos porque Él ama. Creamos porque Él crea. Decidimos porque Él decide.

"Ustedes, hermanos, han sido llamados a la libertad. Pero no usen esta libertad para dar rienda suelta a sus instintos. Más bien sírvanse los unos a los otros por amor. Porque toda la ley se resume en este solo mandato: «Ama a tu prójimo como a ti mismo.»" Gálatas 5:13-14

Sufrimientos por las leyes de la naturaleza

En agosto del 2005 el huracán Katrina causó la muerte de poco más de 1,836 personas de los Estados Unidos. La ciudad de New Orleans resultó ser la ciudad más afectada al fallar su sistema de diques que contenían las aguas del océano atlántico.

No faltó quien dijera que la tragedia había sido un castigo de Dios porque esa ciudad cuenta con una alta tasa de practicantes del vudú, hechicería y otras prácticas de este estilo. Comentarios similares se escucharon cuando Haití sufrió un devastador terremoto el 12 de enero del 2010 y que cobró la vida de más de 316,000 personas.

¿Puede Dios valerse de la fuerza de la naturaleza para expresar su indignación por nuestros pecados?

¡Claro que sí!

El diluvio universal en la época de Noé (Génesis 6 y 7), la destrucción de Sodoma y Gomorra (Génesis 19), el hueco que se abrió en la tierra cuando se

---

[1] Dios no es nuestro dueño sino nuestro Padre que nos ama mucho más allá de lo que un buen padre terrenal puede amar a sus hijos: *"Pues si ustedes, que son malos, saben dar cosas buenas a sus hijos, ¡cuánto más su Padre que está en el cielo dará cosas buenas a quienes se las pidan!" Mateo 7:11*

dio la rebelión de Coré contra Moisés (Números 16:29-33), el terremoto que siguió después de la crucifixión y muerte de Nuestro Señor Jesucristo (Mateo 27:51), son ejemplos de ello. Entonces, ¿es cada desastre natural una expresión de la indignación de Dios por nuestros pecados?

¡Claro que no!

Los geólogos han determinado que hace 300 millones de años la tierra estaba conformada por tres grandes continentes que en un periodo de 100 millones de años, se unieron y formaron uno solo. Tras otros 100 millones de años de relativa estabilidad, ese gran continente empezó a fracturarse hasta alcanzar la forma y número actual. ¿Cómo se juntaron y se volvieron a dividir esos continentes? A base de frecuentes y poderosos terremotos.

La sonda espacial Cassini despegó de la tierra el 15 de octubre de 1997 con destino a Saturno. Después de viajar siete años por el espacio, alcanzó su destino y dio comienzo a su misión. Desde entonces ha enviado a la tierra miles de fotografías de su superficie, de sus anillos y de sus lunas.

El 27 de noviembre del 2012 envió las fotografías de una tormenta con vientos sostenidos de más de 1,000 km/h y un diámetro de 2,000 kilómetros (El huracán Katrina tuvo en su punto máximo un diámetro de 160 kilómetros). La llamada "gran mancha roja" de Júpiter que por cientos de años intrigó a los astrónomos, resultó ser una mega tormenta con vientos sostenidos de 400 km/h y un ancho equivalente a dos veces el tamaño de la tierra. Claramente los huracanes no son exclusivos de nuestro planeta.

Dios creó todo: el cielo y la tierra, lo visible y lo invisible, la naturaleza entera y las leyes que la gobiernan[1]. Esas leyes en acción formaron nuestro planeta y lo siguen moldeando, al igual que el sistema solar, nuestra galaxia y todo el universo. Dios se ha servido de ellas para crear el mundo material que nos rige y nos rodea. Y al igual que Dios respeta todas y cada una de las decisiones que el hombre toma, independiente de las pequeñas o enormes consecuencias que ellas puedan tener con el resto de la humanidad, también respeta el accionar de la naturaleza que Él creó.

---

[1] *"En él Dios creó todo lo que hay en el cielo y en la tierra, tanto lo visible como lo invisible, así como los seres espirituales que tienen dominio, autoridad y poder. Todo fue creado por medio de él y para él. Cristo existe antes que todas las cosas, y por él se mantiene todo en orden"* Colosenses 1:16-17

La naturaleza de las placas tectónicas que conforman el suelo de la tierra es moverse constantemente, por lo que tarde o temprano se encontrará con otra y entonces ocurrirá un terremoto. El 12 de enero del 2010 afectó el suelo donde estaba Haití. El 26 de enero de 1700 afectó el suelo donde esta California, Oregón y Columbia Británica. Hace miles y miles de años afectó el suelo donde hoy está ubicado New York. Y hace otros miles, donde hoy está ubicado el Vaticano.

En los millones y millones de años que tienen de existencia las placas tectónicas, cada pedazo de la tierra se ha visto afectado por un terremoto. Unos muy poderosos, otros no tanto. Algunas áreas se han visto más afectadas que otras. Pero todas se han visto afectadas.

La naturaleza de los volcanes es la de estallar de vez en cuando. Llevan millones y millones de años haciéndolo. En 1991 fue el Pinatubo en Filipinas, en 1883 fue el Krakatoa en Indonesia, mañana será otro. Si explota en un área desierta o bajo el mar; probablemente nadie sufrirá las consecuencias, pero si el que explota está cerca de un área poblada alguien sufrirá consecuencias.

La naturaleza del tigre es comerse lo que se mueva, que tenga un tamaño que él pueda manejar y que este a su alcance. Si es un conejo, se comerá al conejo, si es una cabra, se comerá a la cabra, pero si es un niño, se comerá al niño.

La naturaleza tiene su propia vida, y en su accionar ha lastimado al hombre, y así seguirá ocurriendo hasta el final de los tiempos.

La historia de Job

La Iglesia católica acoge al Santo Job como modelo de santidad y celebramos su festividad el 10 de mayo de cada año. El libro de Job del Antiguo Testamento fue escrito con una rica decoración poética, pero no por ello le resta valor histórico y teológico al mismo.

Job vivió mucho antes que Moisés, por lo que no conoció las leyes ni la alianza de Dios con el pueblo de Israel. Habitaba en la región de Us y era una de las personas más ricas e importantes de la comarca. "...*vivía una vida recta y sin tacha, y que era un fiel servidor de Dios, cuidadoso de no hacer mal a nadie.*"(Job 1:1). De repente, Job sufre seis grandes golpes y pierde todo lo que tenía: hijos, trabajadores, animales, casas, riquezas y finalmente su cuerpo entero se cubre de ulceras. Con paciencia heroica soporta todo este sufrimiento sin el menor murmullo contra Dios.

Tres de sus amigos: Elifaz, Baldad y Sofat, vienen a consolarlo. Su visita se transforma en el séptimo y mayor de los golpes. Después de acompañarlo siete días sin pronunciar palabra, por respeto a su dolor, cada uno le da una explicación de porqué creen que le ha pasado semejante desgracia. Los tres coinciden en decirle que todo ese padecimiento es el resultado de sus malas acciones.

Las repetidas palabras de inocencia que Job expresa a sus amigos, solo son tomadas como prueba de una gran hipocresía de su parte.

En todo este discurrir de acusaciones por parte de los amigos y de defensas de Job, se ha unido un cuarto amigo mucho más joven que los otros llamado Elihú, que se ha limitado a escuchar todo en silencio. Al terminar la discusión, Elihú dijo a Job que Dios es mucho más grande que el hombre y mucho más sabio; que en Dios no hay maldad ni injusticia, y que los hombres no alcanzan a conocer los planes del Omnipotente.

Esto tranquilizó a Job y le dio mucha esperanza. Elihú aportó también algo importantísimo, en lo que no había pensado nadie de los presentes: Que Dios no manda las penas y sufrimientos de esta vida para castigar al hombre, sino que los permite —es decir que no los detiene— para purificarlo y, muchas veces, para evitar que se pierda su alma.

Job reclama insistentemente una respuesta. Finalmente Dios decide responderle diciéndole:

"¿Quién eres tú para dudar de mi providencia y mostrar con tus palabras tu ignorancia?
Muéstrame ahora tu valentía, y respóndeme a estas preguntas:
¿Dónde estabas cuando yo afirmé la tierra?
¡Dímelo, si de veras sabes tanto!
¿Sabes quién decidió cuánto habría de medir, y quién fue el arquitecto que la hizo?
¿Sobre qué descansan sus cimientos?
¿Quién le puso la piedra principal de apoyo, mientras cantaban a coro las estrellas de la aurora entre la alegría de mis servidores celestiales?
Cuando el mar brotó del seno de la tierra, ¿quién le puso compuertas para contenerlo?
Yo le di una nube por vestido y la niebla por pañales. Yo le puse un límite al mar y cerré con llave sus compuertas. Y le dije: «Llegarás hasta aquí, y de aquí no pasarás; aquí se romperán tus olas arrogantes.»" Job 38:2-11

En el resto de este capítulo y los siguientes tres, Dios continua formulándole preguntas a Job. ¿Puedes dar órdenes a las nubes de que te inunden con agua? ¿Cuál es el camino por donde se difunde la niebla? ¿Quién engendra las gotas de rocío? ¿Has enseñado tú a los cielos su ley y determinado su influjo sobre la tierra? ¿Das tú al caballo la fuerza? ¿Eres tu quien busca las presas a las leonas? ¿Eres tú quien saca a su hora al lucero de la mañana?

La respuesta que dio Job demuestra que las preguntas lo hicieron reflexionar y comprendió que el único camino, era confiar plenamente en el Señor:

"Yo sé que tú lo puedes todo y que no hay nada que no puedas realizar. ¿Quién soy yo para dudar de tu providencia, mostrando así mi ignorancia? Yo estaba hablando de cosas que no entiendo, cosas tan maravillosas que no las puedo comprender. Tú me dijiste: «Escucha, que quiero hablarte; respóndeme a estas preguntas.» Hasta ahora, sólo de oídas te conocía, pero ahora te veo con mis propios ojos. Por eso me retracto arrepentido, sentado en el polvo y la ceniza." Job 42:1-6

Dios, el artista

Decir que Dios no detiene el mal no es lo mismo que decir que Él lo causa o lo genera. ¿Por qué no lo detiene y sí deja que siga su curso?

Cualquier respuesta que se dé, siempre será incompleta e insuficiente, pero se puede dar una guía que nos oriente el pensamiento.

La respuesta que dio Santo Tomas de Aquino a esta pregunta fue que Dios permite (que no lo detiene) el mal para poder obtener un bien mayor. Como lo dice el refrán popular *"No hay mal que por bien no venga"*.

El amor siempre triunfa. Fuimos creados a imagen de Dios, así que el potencial de amar del hombre es infinito. De una gran pena surgirá un gran acto de amor. No siempre nosotros lo veremos, pero otros sí lo verán.

"...Es saber con certeza que quien se ofrece y se entrega a Dios por amor seguramente será fecundo (cf. Juan 15,5). Tal fecundidad es muchas veces invisible, inaferrable, no puede ser contabilizada. Uno sabe bien que su vida dará frutos, pero sin pretender saber cómo, ni dónde, ni cuándo. Tiene la seguridad de que no se pierde ninguno de sus trabajos realizados con amor, no se pierde ninguna de sus preocupaciones sinceras por los demás, no se pierde ningún acto de amor a Dios, no se pierde ningún cansancio generoso, no se pierde ninguna dolorosa paciencia. Todo eso da vueltas por el mundo como una fuerza de vida. A veces nos parece que nuestra ta-

rea no ha logrado ningún resultado, pero la misión no es un negocio ni un proyecto empresarial, no es tampoco una organización humanitaria, no es un espectáculo para contar cuánta gente asistió gracias a nuestra propaganda; es algo mucho más profundo, que escapa a toda medida. Quizás el Señor toma nuestra entrega para derramar bendiciones en otro lugar del mundo donde nosotros nunca iremos. El Espíritu Santo obra como quiere, cuando quiere y donde quiere; nosotros nos entregamos pero sin pretender ver resultados llamativos. Sólo sabemos que nuestra entrega es necesaria." Exhortación Apostólica *Evangelii Gaudium* del papa Francisco, numeral 279.

El holocausto no sólo dejo tras de sí víctimas, sino también héroes que hasta el presente continúan inspirando al hombre a realizar grandes actos de amor, que no hubieran sido posibles de otra forma.

Yad Vashem es la institución oficial israelí constituida en memoria de las víctimas del holocausto. Desde 1963 han reconocido a más de 21,000 *Justos entre las Naciones*[1].

Una de las que conforma la lista es Irena Sendler, conocida como "El Ángel del Gueto de Varsovia". Católica, enfermera y trabajadora social polaca, que durante el holocausto ayudó y salvó a más de dos mil quinientos niños judíos. Ella siempre prefirió mantenerse en el anonimato, porque como decía: "Yo no hice nada especial, sólo hice lo que debía, nada más". Recibió en el 2003 la más alta distinción civil de Polonia: la Orden del Águila Blanca y fue candidata al premio Nobel de la Paz en el 2007. *"Podría haber hecho más, y este lamento me seguirá hasta el día en que yo muera"* era una frase que repetía cada vez que revivía esos trágicos días.

Actos de heroísmo tan grandes, como los realizados por esta pequeña mujer, deslumbran en la vida no solo de esos más de 2,500 niños que salvó, sino en la de muchas otras personas que tratan de imitar sus actos de amor por los más necesitados.

Estados Unidos fue el primer país en implementar el sistema de alerta conocido como AMBER. Este sistema notifica a la ciudadanía que un menor

---

[1] Una comisión bajo el nombre de Autoridad de Israel para el Recuerdo de los Héroes y Mártires del Holocausto, organizada por Yad Vashem y dirigida por la Corte Suprema de Israel, ha recibido el encargo de recompensar a las personas que ayudaron a los judíos y de honrarlos con el título de "Justos entre las naciones".

ha sido secuestrado y que existe suficiente evidencia que su vida está en peligro.

Los expertos han indicado que las primeras horas son vitales, por ello la alerta se emite lo antes posible y es transmitida por diversos medios como televisión, radio, mensajes de texto, correo electrónico y pantallas electrónicas, entre otras; a fin de poder llegar al mayor número de personas posibles.

La implementación de este costoso sistema que ha permitido recuperar cientos de niños secuestrados, fue el resultado de una larga batalla con el gobierno de los Estados Unidos, por parte de Donna Whitson y Richard Hagerman, padres de Amber Rene Hagerman. Amber fue secuestrada el 13 de enero de 1996, cuando montaba bicicleta en su vecindario en Arlington, Texas. Cuatro días después su cadáver fue encontrado en una zanja de drenaje de aguas lluvia.

Rae Leigh Bradbury fue la primera niña en ser recuperada de mano de su secuestrador treinta minutos después de haberse emitido la alerta AMBER. Años más tarde, en declaraciones a la prensa local, Rae Leigh dijo: *"Estoy muy agradecida con las alertas AMBER, Amber Hagerman no pudo regresar con su mamá. Yo rezo cada noche para que cada niño desaparecido pueda regresar a casa"*.

El pintor francés Georges-Pierre Seurat[1] fue el fundador del Neoimpresionismo y creador de la técnica *puntillismo*. En esta técnica, el pintor no da pinceladas sino que plasma puntos de colores con su pincel. Su obra cumbre *Tarde de domingo en la isla de la Grande Jatte*[2] le tomó dos años completarla, después de haber plasmado cientos de miles de puntos de miles de colores.

Si miramos este hermoso cuadro con nuestra nariz pegada a él, solo veremos un manchón de colores sin sentido, ni unidad, ni forma. Pero en la medida en que nos empezamos a alejar de la pintura, poco a poco el cuadro empieza a tener sentido y comenzamos a distinguir patrones de colores que se definen y se componen entre ellos. Cuando nos alejamos más, esos patrones comienzan a organizarse formando figuras y grupos que podemos reco-

---

[1] Nació en Paris en 2 de diciembre de 1859 y murió el 29 de marzo de 1891.

[2] Actualmente se encuentra exhibido en el Instituto de Arte de Chicago, Chicago, Estados Unidos.

nocer. De un momento a otro, cuando nos encontramos bastante alejados como para ver todo el cuadro, se revela ante nosotros la plenitud de la belleza de la obra. Vemos como el artista pintó cada punto de tal manera que forman una composición de sorprendente armonía, orden y belleza.

Dios es el más grande artista de todos los artistas y el universo y el tiempo son su lienzo. Pero ¿qué es lo que percibimos de la Creación de Dios cuando la vemos desde nuestra pequeña franja de tiempo y espacio? Sólo unas manchas. Tal vez logremos distinguir algunos patrones que se insinúan. Tal vez veremos más claros que oscuros, o lo contrario, más oscuros que claros.

Es sólo cuando tenemos una visión de conjunto de la Creación desde el punto de vista privilegiado de Dios mismo, que podemos ver como todos los puntos de la naturaleza en la historia, toda la obscuridad y toda la luz se han organizado formando una obra maravillosa. Bastante compleja, pero extraordinariamente hermosa.

La cruz

¿Todavía se encuentra confundido? ¿Todavía no logra reconciliar a un Dios amoroso con una realidad que algunas veces duele hasta en lo más profundo de nuestro ser? No está solo.

La propuesta cristiana a este dilema es la que propuso el mismo Dios con el sacrificio de su único hijo Jesucristo en la cruz.

En esa cruz, la máxima obscuridad de la condición humana se encontró con la luz infinita que emana de la plenitud del amor divino y se transfiguró en vida. *"Pero fue traspasado a causa de nuestra rebeldía, fue atormentado a causa de nuestras maldades; el castigo que sufrió nos trajo la paz, por sus heridas alcanzamos la salud"* Isaías 53:5.

En esa cruz, Dios llegó a los límites del abandono de Dios y convirtió a la propia muerte en un lugar de esperanza. *"Pues Dios amó tanto al mundo, que dio a su Hijo único, para que todo aquel que cree en él no muera, sino que tenga vida eterna."* Juan 3:16.

Fue en esa cruz donde el poder de Dios cambió la humillación en exaltación, la derrota en victoria, la muerte en vida y la oscuridad en luz. *"En cuanto a mí, de nada quiero gloriarme sino de la cruz de nuestro Señor*

Jesucristo. Pues por medio de la cruz de Cristo, el mundo ha muerto para mí y yo he muerto para el mundo." Gálatas 6:14.

Esa trágica muerte en la cruz es el recuerdo de tanto amor del Padre hacia nosotros y del amor mayor de Cristo, quien dio la vida por sus amigos. *"El amor más grande que uno puede tener es dar su vida por sus amigos."* Juan 15:13.

El 14 de septiembre de 1998, el papa Juan Pablo II con motivo de la fiesta de la Exaltación de la Santa Cruz, escribió *"la carta encíclica Fides Et Ratio".* En el numeral 23 podemos leer:

"El Hijo de Dios crucificado es el acontecimiento histórico contra el cual se estrella todo intento de la mente de construir sobre argumentaciones solamente humanas una justificación suficiente del sentido de la existencia. El verdadero punto central, que desafía toda filosofía, es la muerte de Jesucristo en la cruz. En este punto todo intento de reducir el plan salvador del Padre a pura lógica humana está destinado al fracaso. [...] El hombre no logra comprender cómo la muerte pueda ser fuente de vida y de amor, pero Dios ha elegido para revelar el misterio de su designio de salvación precisamente lo que la razón considera «locura» y «escándalo». [...] La razón no puede vaciar el misterio de amor que la Cruz representa, mientras que ésta puede dar a la razón la respuesta última que busca. No es la sabiduría de las palabras, sino la Palabra de la Sabiduría lo que san Pablo pone como criterio de verdad, y a la vez, de salvación."

Capítulo XXIII

¿Cómo hablar de Dios y de la Iglesia con un ateo?

E n cada una de nuestras familias hay personas que seguramente fueron bautizadas dentro de la Iglesia católica y desafortunadamente dejaron de creer en Dios o en la Iglesia como institución. La religión no les interesa y hasta les molesta.

Siempre que termino de dictar alguna de las conferencias que doy, alguien me hace esta pregunta sin ocultar un velo de tristeza. Su dolor es proporcional a la cercanía del familiar que se ha declarado ateo o que simplemente no practica ningún tipo de espiritualidad.

La encuestadora Gallup preguntó en el 2012: « ¿Independientemente de si asiste a un lugar de culto o no, diría que se considera una persona religiosa, no religiosa o un ateo convencido?». El 59 % de la población mundial se identificó como religiosa, un 23 % no religiosa y un 13 % se declaró atea convencida.

La gente tiene el malentendido de pensar que a Dios solo se puede llegar a través de la fe, por lo que se vuelve un problema recursivo el hablarle a un ateo de Dios. El cristiano solo cuenta con el lenguaje de la fe y el ateo solo entiende el lenguaje de la razón.

El doctor de la Iglesia San Anselmo de Canterbury (siglo XI) sostenía la necesidad de creer para comprender y así luego intentar comprender lo que se creía. No anteponer la fe según Anselmo era presunción; sin embargo no invocar inmediatamente a la razón para comprender lo que se creía era negligencia.

Hasta antes de Santo Tomas de Aquino (siglo XIII) los teólogos afirmaban que la existencia de Dios era evidente, por lo tanto no había que demostrar su existencia. Sin embargo Santo Tomas plantea dos cuestiones: ¿Es necesario demostrar la existencia de Dios? Y ¿Es posible demostrarla? En su obra *"Suma Teológica"* rechaza la posición generalizada de los teólogos del momento en el sentido que no era necesaria esa demostración ya que por comenzar, no todo el mundo entendía por Dios *"aquello mayor de lo cual no cabe pensar nada"*[1].

Santo Tomas distingue entre verdades de fe (lo revelado) y verdades de razón (lo revelable). Lo revelado es el conocimiento de Dios expuesto por Él y excede la capacidad de la razón humana, por lo que se acepta basándose en su autoridad y no en evidencias ni demostraciones. Lo revelable es el conocimiento de Dios accesibles a la razón humana, como la interpretación de las Sagradas Escrituras que pueden ser explicadas racionalmente. Ambas verdades son fuente de conocimiento, pero la razón tiene un límite a partir del cual se sitúa la fe, aportando el conocimiento que la razón no puede alcanzar.

Dialogo entre dos gemelos

Hace unos años circuló por las redes sociales un dialogo ficticio entre dos criaturas que se encontraban en el vientre materno, basado en un texto del Padre Henri Nouwen[2]:

> *En el vientre de una mujer embarazada estaban dos criaturas conversando, cuando una le preguntó a la otra:*
> *- ¿Crees en la vida después del nacimiento?*
> *La respuesta fue inmediata:*

---

[1] Frase del doctor de la Iglesia San Anselmo de Canterbury (1033-1109).

[2] Sacerdote católico holandés nacido en 1932 y fallecido en 1996. Autor de más de 40 libros religiosos, entre ellos *El regreso del hijo prodigo*.

- Claro que sí. Algo tiene que haber después del nacimiento. Tal vez estemos aquí principalmente porque precisamos prepararnos para lo que seremos más tarde.
- ¡Bobadas, no hay vida después del nacimiento! ¿Cómo sería esa vida?
- Yo no sé exactamente, pero ciertamente habrá más luz que aquí. Tal vez caminemos con nuestros propios pies y comamos con la boca.
- ¡Eso es un absurdo! Caminar es imposible. ¿Y comer con la boca? ¡Es totalmente ridículo! El cordón umbilical es lo que nos alimenta. Yo solamente digo una cosa: la vida después del nacimiento es una hipótesis definitivamente excluida – el cordón umbilical es muy corto.
- En verdad, creo que ciertamente habrá algo. Tal vez sea apenas un poco diferente de lo que estamos habituados a tener aquí.
- Pero nadie vino de allá, nadie volvió después del nacimiento. El parto apenas encierra la vida. Vida que, a final de cuentas, es nada más que una angustia prolongada en esta absoluta oscuridad.
- Bueno, yo no sé exactamente cómo será después del nacimiento, pero, con certeza, veremos a mamá y ella cuidará de nosotros.
-¿Mamá? ¿Tú crees en la mamá? ¿Y dónde supuestamente estaría ella?
- ¿Dónde? ¡En todo alrededor nuestro! En ella y a través de ella vivimos. Sin ella todo esto no existiría.
- ¡Yo no creo! Yo nunca vi ninguna mamá, lo que comprueba que mamá no existe.
- Bueno, pero, a veces, cuando estamos en silencio, puedes oírla cantando, o sientes cómo ella acaricia nuestro mundo. ¿Sabes qué? Pienso, entonces, que la vida real solo nos espera y que, ahora, apenas estamos preparándonos para ella.

Este dialogo ficticio refleja muy bien la posición en que se encuentra una persona, que a pesar de la poca información que posee, le permite creer y anhelar una nueva vida. El ateo, usando esa misma información racional, no encuentra evidencia y por lo tanto niega la posibilidad de una vida después del nacimiento.

El agnóstico y el ateo

El ateo es la persona que rechaza la creencia de la existencia de Dios o de dioses. Entre sus argumentos más importantes se encuentran la falta de una evidencia materialista o "científica", el problema del mal y del sufrimiento (tratado en el capítulo XXII), la inconsistencia entre "revelaciones" que fundamentan las diferentes religiones del mundo y el significativo avance de la ciencia en descifrar los grandes misterios de la mecánica de la naturaleza que antiguamente se le asignaban al poder de Dios.

El agnóstico es la persona que ni cree ni descree en la existencia de Dios o de dioses. Generalmente el agnóstico sostiene que debe existir "algo" invisible en el hombre que trasciende después de la muerte.

Al igual que el creyente del común, los ateos y agnósticos no son personas que académicamente hayan profundizado en sus creencias y descreencias, así que en su rechazo a seguir las enseñanzas de una vida cristiana, optan por el camino del agnosticismo o del ateísmo.

Irónicamente es en la misma ciencia donde encontramos nuestro mejor aliado para lograr que un ateo o agnóstico reflexione seriamente sobre la existencia de Dios. En esta obra traté el tema sobre la ciencia y la religión y aporté una serie de argumentos sobre cómo en la medida en que hagamos una profundización seria en lo que la ciencia ha descubierto, queda expuesta la existencia de un ser superior que diseñó nuestro universo material.

Hasta este punto, el lector habrá encontrado una larga lista de pruebas que desmitifican la creencia popular según la cual la religión ve como enemiga a la ciencia.

El problema con el que generalmente me encuentro cuando hablo con estas personas, es que han creado equivocadamente una fuerte cadena entre Dios y la misa, el sacerdote y las enseñanzas de nuestra Iglesia. Para ellos, el que yo los conduzca a la aceptación de la existencia de Dios implica que al otro día tienen que ir a confesarse con un sacerdote y empezar a asistir todos los domingos a la misa. Ese es el objetivo, pero no el de corto plazo sino el de largo plazo.

Preparación

En la *"Exhortación Apostólica Evangelii Gaudium"* del papa Francisco publicado el 24 de noviembre del 2013, se explica el orden de una correcta evangelización[1]. Aunque el Santo Padre tiene como audiencia al cristiano y no al ateo, quiero valerme de su enumeración y darle un nuevo enfoque en el caso que nos ocupa, para una adecuada preparación y como marco de nuestro dialogo con el ateo o agnóstico.

---

[1] Artículos 163 al 168.

Primero: Anunciar el amor de Dios. El amor debe ser el ingrediente principal durante toda la conversación, sin juzgar ni condenar. Queremos compartir el gozo que sentimos al sentirnos amados por ese Padre amoroso que nos describió Jesús en su parábola del hijo prodigo (Lucas 15:11-32). Nuestra vida debe ser una vida que invite, que atraiga, que despierte la curiosidad de lo que hay detrás de nuestra paz, de nuestro gozo y de nuestra alegría.

Segundo: Una profunda catequesis. Debemos prepararnos con argumentos sólidos y verdaderos, argumentos lógicos y razonables. Tratar de hacer razonar a un no creyente citando las Sagradas Escrituras, no servirá. Tenga presente que esa persona considera la Biblia como una gran fábula. Así que solo la podremos usar como fuente histórica o como manual de vida y sabiduría, pero no como verdad revelada. Recuerde que en el capítulo VII se citaron una gran cantidad de papiros que datan de épocas muy cercanas a cuando se fueron escribiendo los diferentes libros que conforman la Biblia actual, de tal forma que si la persona no puede apreciar la sabiduría contenida en las Escrituras por el hecho de llevar el nombre de Biblia, lo podremos remitir a los papiros originales cuando sea necesario.

Tercero: Consecuencias morales. Hablarle del pecado o del infierno a una persona que no cree en Dios es totalmente equivocado, nocivo e inútil. Debemos sembrar esperanza, ternura y amor. No condenación.

El camino que se ha de recorrer con una persona que ha vivido en las tierras del ateísmo o del agnosticismo, es largo, penoso y muy frustrante, pero con la debida guía, preparación, paciencia, perseverancia y mucha oración podremos obtener algunos frutos, que bien valdrán la pena todos los esfuerzos que hayamos empleado.

Primer paso: Existe un creador

El objetivo de este primer paso es que ellos mismos lleguen a la convicción de la existencia no de Dios sino de un Creador, que para los creyentes ese Creador es Dios, pero que para propósitos de avanzar con los no creyentes, hay que evitar caer en esa asociación de Dios con la Iglesia y con lo que implica ser parte de ella.

Es importante aclarar que creador es el que es capaz de sacar algo de la nada. El hombre ha logrado transformar el árbol en un mueble, una piedra en una escultura, etc. Nuestro planeta tierra no salió de la nada, como tampoco el sol, ni el universo. El *big bang* es la explosión de una energía primaria, pero esa energía que se necesitó ya existía. ¿Quién creó esa energía?

Con respecto a nuestro universo material, incluyendo una increíble diversidad de vida; caben dos posibilidades: La primera es que todo es el resultado del azar y la segunda es que es el resultado de un creador que así lo diseñó.

Santo Tomas de Aquino propuso cinco vías o modos mediante las cuales se puede llegar al conocimiento de la existencia de Dios o de un Creador:

- **Vía del movimiento:** Es innegable que todas las cosas del mundo se mueven. Todo movimiento tiene una causa exterior a él mismo. Por todo ello es necesario un primer motor inmóvil que no sea movido por nadie y tenga la capacidad de mover, éste es al que todos llaman Dios o Creador.
- **Vía de la causa eficiente:** Es imposible que exista en el mundo algo que sea causa y efecto a la vez, pues la causa es anterior al efecto. Ha sido necesaria una primera causa eficiente que haya producido todas las demás, éste es al que todos llaman Dios o Creador.
- **Vía de lo contingente:** Todos los seres de la realidad existen, pero podrían no existir, pues son contingentes (su existencia depende de otro: la nube depende del océano, el océano depende del rio, el rio depende de la tierra, la tierra depende del sistema solar, etc.). Debe existir forzosamente un ser no contingente que haya creado a los demás seres: Este es al que todos llaman Dios o Creador.
- **Vía de los grados de perfección:** Para que podamos hablar de un más o un menos en la perfección de los seres, es necesario que exista un ser perfecto que haga posible la comparación: éste es al que todos llaman Dios o Creador.
- **Vía del gobierno del mundo:** Todos los seres irracionales o carentes de conocimiento tienden a un fin (la hormiga sabe lo que tiene que hacer, el pájaro sabe lo que tiene que hacer, etc.). Esto sólo es posible si alguien los dirige (a la manera que un arquero dirige la flecha). Luego, tiene que existir un ser inteligente que dirija todas las cosas: éste es al que todos llaman Dios o Creador.

La naturaleza nos brinda una cantidad incontable de ejemplos en los cuales el azar está prácticamente excluido. La reproducción sexuada es uno de ellos. Sí solo las mutaciones que le dan una mayor ventaja de supervivencia a la especie es el motor que genera la gran variedad de vida que conocemos ¿Cómo fue posible esa mutación que obligó a que ciertas cadenas de ADN solo conservaran una mitad especifica de información ya que otras harían lo mismo, pero con la otra mitad de la información? ¿Qué ventaja para la supervivencia aportó el sexo en las especies? ¿Por qué macho y hembra?

El sexo introdujo a las especies un riesgo en la supervivencia y una complejidad enorme —matemáticamente nula como fruto del azar— que en algún momento contaron con el inmejorable sistema de reproducción asexuada, dejándolas expuestas a la dependencia de encontrar su sexo opuesto para la preservación de la misma. La evolución de la reproducción sexual es un gran rompecabezas de la biología evolutiva moderna que hasta la fecha no ha dado una teoría satisfactoria que la explique y justifique.

El ciclo de vida de la mariposa monarca es otro gran ejemplo de complejidades genéticas, matemáticamente nulas de ser explicadas por el azar. Viven al sur de Canadá y tienen una longevidad de entre 2 y 6 semanas. Cuatro o cinco generaciones tienen esta misma duración de vida. Cuando se acerca el invierno, la siguiente generación de mariposas, no contará con esta corta vida. Ella llegará a vivir por 28 a 36 semanas, lo que le permitirá emprender un largo viaje de más de 2,000 kilómetros a las montañas del centro de México donde pasaran desde noviembre hasta marzo. En sus últimos días de vida, emprenden un viaje de regreso en dos etapas. Volaran primero a los estados del norte de México y sureste de los Estados Unidos, donde se reproducirán, depositarán los huevos en las matas de algodoncillo y morirán. Las mariposas que nacen de esos huevos, contarán con una vida más larga que las primeras generaciones pero mucho más corta que sus padres, que las mantendrá vivas hasta que retornen a su lugar de partida donde comenzarán un nuevo ciclo de vida.

Ha de existir un Creador que diseñó las leyes de la naturaleza que desembocaron en el universo que hoy conocemos y en el que vivimos.

Cuando ya se tiene la conciencia de la existencia de un Creador, podemos pasar al siguiente paso.

Segundo paso: Imitando a Jesús

Una persona que empieza a jugar al tenis de manera profesional deberá dedicar varias horas al día a practicar el juego, a desarrollar rutinas fuertes de ejercicio, a mirarse jugando en partidos grabados para identificar sus errores y puntos débiles. También deberá analizar la vida de aquellos astros del tenis que lograron ganar varias veces los más grandes torneos del mundo, como un Roger Federer o una Serena Williams. ¿Qué raqueta usan? ¿Cómo practican? ¿En dónde practican? ¿Cuánto practican? ¿Qué rutinas de ejercicio hacen en el gimnasio? ¿Qué comen? ¿Cuánto comen? ¿Cómo juegan? Etc.

Igual hace el nadador olímpico. Busca conocer lo más que pueda de aquellos que rompieron los records mundiales para imitarlos.

Entonces, si quiere llegar a ser un gran tenista seguramente querrá imitar a un Roger Federer, si quiere llegar a ser un gran nadador seguramente querrá imitar a un Michael Phelps, si quiere llegar a ser un gran futbolista seguramente querrá imitar a un Pele.

¿A quién quisiera imitar si quiere llegar a ser un gran ser humano?

Afortunadamente en cada época de la historia de la humanidad se puede contar con innumerables ejemplos de grandes seres humanos que por sus características excepcionales trascendieron en el tiempo. Los hubo de todas las razas, nacionalidades, géneros, edades, profesiones y oficios. Unos lograron ganarse un lugar en los libros de historia, algunos acapararon grandes titulares de prensa, en ocasiones sus historias fueron llevadas a la pantalla grande, y otros apenas fueron conocidos en sus pequeños núcleos familiares.

Mahatma Gandhi, Madre Teresa de Calcuta, Buda, Josefina Bakhita, Martin Luther King, el papa Francisco, Florence Nightingale, Rigoberta Menchú, San Juan Bosco, San Francisco de Asís, etc. y por supuesto Jesús de Nazaret, por solo mencionar algunos son ejemplos de grandes seres que lograron transcender en el tiempo por su obra y legado.

Cada uno de nosotros tiene una lista de personas que admiramos y cuyos modelos de vida nos pueden inspirar a imitar y a seguir su ejemplo. Como queremos ser los mejores seres humanos, debemos escoger al más grande ser humano del que tengamos información: Jesús de Nazaret.

Dejemos completamente de lado el hecho que nosotros creemos que Él es el hijo de Dios y concentrémonos exclusivamente en su naturaleza humana. En el capítulo II del presente escrito, se explicó cómo abordar y probar la existencia de Jesús hombre que habitó entre nosotros hace más de dos mil años. Como ser humano Jesús fue un ser excepcional. Entre los que no cuestionan su paso por la tierra, nadie ha objetado este hecho.

El Doctor Augusto Cury[1] es un psiquiatra, psicoterapeuta, científico y autor de numerosos obras de psiquiatría. En su libro *"El Maestro de maestros"* hace un análisis de la inteligencia de Cristo. Dice en su obra:

> *"Este libro no defiende una religión. Su propósito es hacer una investigación psicológica de la personalidad de Cristo. No obstante, los sofisticados principios intelectuales de su inteligencia, podrán contribuir para abrir las ventanas de la inteligencia de las personas de cualquier religión, hasta las no cristianas. Tales principios son tan complejos que delante de ellos hasta los más escépticos ateos podrán enriquecer su capacidad de pensar.*
>
> *Es difícil encontrar a alguien capaz de sorprendernos con las características de su personalidad, capaz de invitarnos a meditar y repensar nuestra historia. Alguien que delante de momentos de estrés, contrariedad y dolor emocional tenga actitudes sofisticadas y logre producir pensamientos y emociones que salgan del patrón común. Alguien tan interesante que posea el don de perturbar nuestros conceptos y paradigmas existenciales.*
>
> *Con el pasar de los años, actuando como psiquiatra, psicoterapeuta y pesquisidor de la inteligencia, comprendí que el ser humano, aunque tiene la mente muy compleja, es frecuentemente muy previsible. El Maestro de los maestros huía de la regla. Poseía una inteligencia estimulante capaz de desafiar la inteligencia de todos los que pasaban por él.*
>
> *Él tenía plena consciencia de lo que hacía. Sus metas y prioridades estaban bien establecidas (Lucas 18:31; Juan 14:31). Era seguro y determinado, pero al mismo tiempo flexible, extremadamente atento y educado. Tenía gran paciencia para educar, pero no era un maestro pasivo, antes era un instigador. Despertaba la sed de conocimiento en sus íntimos discípulos (Juan 1:37-51). Informaba poco, pero educaba mucho. Era económico para hablar, diciendo mucho con pocas palabras. Era intrépido en expresar sus pensamientos, aunque vivía en una época donde dominaba el autoritarismo.*
>
> *Su coraje para expresar sus pensamientos le traía frecuentes persecuciones y sufrimientos. Todavía, cuando deseaba hablar, aunque sus palabras le trajesen grandes dificultades, no se intimidaba. Mezclaba la sencillez con la elocuencia, la humildad con el coraje intelectual, la amabilidad con la perspicacia." Capítulo 1.*

Quienes conocieron a Jesús lo amaron. Generoso hasta el extremo. Amorosamente misericordioso. Fiel y leal amigo y siempre rodeado por multitudes que querían estar a su lado, escucharlo y hacerle preguntas de toda clase. Cuidó y defendió a los suyos. Buen hijo. Incansable trabajador. Hom-

---

[1] Nacido en Brasil en 1958. Líder en proyectos de investigación de cómo se construyen el conocimiento y la inteligencia. Director de la Academia de Inteligencia en Sao Paulo, Brasil.

bre de principios. Coherente y consistente en su pensar, hablar y obrar. Sencillo y humilde. Excelente consejero. Su solidaridad con los más necesitados lo mantenía siempre ocupado. Su personalidad alegre y jovial era deseada hasta en las casas de sus detractores. No le huía a las dificultades sin llegar a ser temerario ni imprudente. Detallista. Cariñoso y afectuoso. Siempre se podía contar con él sin condiciones. Paciente y tolerante. Calmado pero nunca indiferente. Puro e inocente y al mismo tiempo viril, enérgico y fuerte. Amante de la naturaleza y gran observador de ella. Su gran carisma es innegable. Jesús poseía en abundancia todas esas características y cualidades que una persona con el firme propósito de crecer y mejorar como ser humano puede querer.

Varias biografías se han escrito de Jesús, incluyendo los tres tomos que escribió el papa Benedicto XVI sobre su infancia, obra y pasión. Los estudios de cine han hecho grandes películas basadas en su vida destacándose la producción anglo italiana de 1977 dirigida por el italiano Franco Zeffirelli. Cada una de estas obras expone el pensamiento del autor, por lo que resaltará o aportará más información sobre algún aspecto de su vida y obra, basadas siempre en lo que las Sagradas Escrituras nos cuentan. Así que vayamos a la fuente.

Cada uno de los cuatro evangelios fue escrito con una audiencia en mente.

Mateo escribió para una audiencia hebrea. Uno de los propósitos de su Evangelio era mostrar que Jesús era el Mesías largamente esperado y por lo tanto debía ser creído. Su énfasis está en Jesús como Rey prometido, el "Hijo de David" quien se sentaría para siempre en el trono de Israel (Mateo 9:27; 21:9).

Marcos escribió para una audiencia de gentiles. Su énfasis está en Jesús como el Siervo sufriente, aquel que no vino para ser servido sino para servir y dar su vida para la salvación de muchos.

Lucas también escribió para los gentiles. Su énfasis está en la humanidad de Jesús, por eso lo llama "el Hijo del Hombre". Muestra ese corazón misericordioso que sanaba cuerpos y almas.

Juan nos habla mucho de la humanidad de Jesús pero enfatiza en su divinidad. Es el evangelio de mayor profundidad teológica.

Como queremos concentrarnos en el aspecto humano que queremos imitar, debemos invitar a que lean el evangelio escrito por Lucas.

Invitémoslo a leer poco a poco ese evangelio, analizando lo que Jesús hacía y decía, de cómo reaccionaba ante cada situación que se le presentaba. En qué consistía su enseñanza. Cómo se relacionaba con sus discípulos y amigos. Cómo reaccionaba ante la crítica. Que lo molestaba y que le agradaba. Cuáles eran los intereses que lo motivaban. Que lo hacía ponerse triste y que lo llenaba de alegría. Que pensaba Él sobre las personas que cometían errores y faltas. Cuál era su comportamiento ante la injusticia, ante los poderosos y ante los sabios. De qué forma ayudaba a los que ayudaba. Que criticaba y cómo criticaba.

Aunque el evangelio de Lucas hace énfasis en el aspecto humano de Jesús, no deja de lado su divinidad, así que debemos decirle que se concentre solo en ver su humanidad y que más adelante nos podremos detener a conocer su naturaleza divina.

Cuando la persona ha aceptado que Jesús de Nazaret es el mejor modelo de ser humano que podemos imitar y la persona haya conocido de Él a través de las Sagradas Escrituras, podemos pasar al siguiente paso.

Tercer paso: Jesús era el Mesías

Para calcular la probabilidad de que un evento simple suceda, se divide el número de casos favorables sobre el número de casos posibles. Por ejemplo ¿cuál es la probabilidad de que al sacar una carta de una baraja inglesa resulte ser un as? Aplicando la formula anterior diríamos que como la baraja trae 4 ases (uno de cada palo) y la baraja trae en total 52 cartas, entonces la probabilidad es el resultado de dividir 4 entre 52, es decir 7.6% o 1 en 13. Es decir que, en términos de probabilidades, he de extraer 13 cartas para sacar un as.

Para calcular la probabilidad de dos o más eventos simples e independientes, se multiplican sus probabilidades individuales entre sí. Por ejemplo ¿Cuál es la probabilidad de que al extraer cuatro cartas en forma consecutiva de una baraja resulten ser los 4 ases? Al comenzar el ejercicio hay 4 ases y hay 52 cartas, así que la primera probabilidad es 4/52. Como se sacó un as, la segunda probabilidad es 3/51. Como ya se sacó otro as, la tercera probabilidad es 2/50 y la cuarta seria 1/49, es decir que la probabilidad que estamos buscando es 4/52*3/51*2/50*1/49, es decir 0.00037% o 1 en 270,725. Es decir que yo tengo que repetir la prueba 270,725 veces para que en una de ellas saque cuatro ases consecutivos.

Para ganarse el Powerball (una modificación del popular juego del lotto) la persona debe acertar cinco números entre 1 y 59 y luego otro número Powerball que va del 1 a 35, es decir 0.00000057% o 1 en 175.223,510. Es decir que tengo que jugar 175.223,510 veces para en una de ellas ganar.

La ciudad de Naples, Florida, en los Estados Unidos cuenta con una población de poco más de 20,000 habitantes.

¿Cuál sería la probabilidad que en un día cualquiera naciera un niño varón en la ciudad de Naples? Suponiendo que el día en cuestión nacieron 12 niñas y 10 niños, la probabilidad seria 45% o 1 entre 2.2. Pero si ahora decimos ¿Cuál sería la probabilidad que en un día cualquiera naciera un niño varón en la ciudad de Naples, cuya madre fuera a dar a luz por primera vez? Supongamos que solo dos de los varones nacidos ese día son hijos de madres que daban a luz por primera vez, la probabilidad buscada seria 9.1% o 1 entre 11. La probabilidad disminuyó significativamente ya que pasamos de 45% a 9.1%, o de 1 entre 2.2 a 1 entre 11.

¿Cuál sería la probabilidad que el niño en mención naciera de una madre que diera a luz por primera vez y que además su apellido fuera Gonzales? La probabilidad se hace bastante más pequeña.

¿Cuál sería la probabilidad si le agregamos la condición que su padre fuera mexicano? La probabilidad se hace todavía más pequeña.

Cada cientos de años, los planetas Júpiter y Saturno se pueden apreciar muy pegados uno al lado del otro desde la tierra, mostrándose como un gran punto luminoso en el firmamento.

¿Cuál es la probabilidad que no ya en un día cualquiera, sino cuando Júpiter y Saturno estén alineados, naciera un niño varón en la ciudad de Naples, cuya madre fuera la primera vez que da a luz, de apellido Gonzales y el padre del niño fuera mexicano? La probabilidad continuaría disminuyendo millones de veces más.

De continuar agregando condiciones muy específicas acerca de este niño, al adicionar la octava condición esa probabilidad ha disminuido a 1 entre 10,000'000,000'000,000'000,000'000,000. Es decir que se necesita que nazcan ese número gigante de niños para que uno de ellos cumpla con esas ocho condiciones.

Seguramente este número le parece grande, pero es muy difícil de comprenderlo en su cabeza. Déjeme ayudarlo. Reúna ese número de monedas de un dólar de plata (su diámetro es de 26.5 mm y su grosor es de 2 mm). Dibuje una cruz en una de ellas con un marcador. Luego cubra todo el estado de Texas, USA —aproximadamente 700,000 Kilómetros cuadrados— con las monedas, no se preocupe que le van alcanzar, es más, va a poder cubrir el estado con varias capas de monedas, hasta alcanzar un espesor de 60 centímetros. Ahora tápele los ojos a una persona y pídale que camine sobre esas monedas y que cuando quiera, se detenga y seleccione una cualquiera.

La probabilidad que la moneda seleccionada libremente por esta persona resulte ser la que tiene dibujada la cruz es de 1 en 10,000'000,000'000,000'000,000'000,000.

Durante un periodo de 1,400 años, es decir desde Abraham (1,800 a.C.) hasta el profeta Malaquías (400 a.C.) muchos profetas dieron detalles muy precisos del Mesías, del Cristo, del Ungido, del Hijo de Dios que habitaría con nosotros. Del Emanuel.

En el Antiguo Testamento encontramos más de cuarentaiocho profecías que daban detalles del dónde, del cómo y de quien nacería el Mesías. De los eventos astronómicos que ocurrirían en su nacimiento. De muchas cosas específicas que pasarían durante su vida. De sus milagros. Del impacto que traerían sus palabras. De quién lo traicionaría y cómo lo traicionaría. De su pasión, muerte y resurrección.

El profesor Peter Stoner[1] fue el director del departamento de matemáticas y astronomía de la universidad de Pasadena, California, hasta 1953. Fue el director de la facultad de ciencias de la universidad de Westmont en Santa Bárbara, California de 1953 hasta 1957, año en que publicó su libro *"La Ciencia Habla, una evaluación sobre ciertas evidencias cristianas[2]."*

En el capítulo tercero de su obra, el profesor Stoner hace y explica los cálculos probabilísticos sobre el cumplimiento de las profecías del Mesías, y no se detiene en la octava profecía sino que continúa.

---

[1] Nació en 1888 y falleció en 1980.

[2] Editorial Moody Press. Visite la página
http://dstoner.net/Science_Speaks/spanish/CienciaHabla.html para ver el libro en su versión en español.

"Con el fin de extender esta consideración más allá de los límites de la comprensión humana, consideremos cuarentaiocho profecías, similares en las probabilidades de cumplimiento humanas a las ocho que tratamos primeramente. Empleando el mismo principio de probabilidades que hemos empleado hasta aquí, descubrimos que la probabilidad de que una sola persona hubiese cumplido las cuarentaiocho profecías es de 1 en 10^{181}".

Escriba el número 10 y agréguele 181 ceros a la derecha. Siga agregando monedas hasta cubrir toda la superficie de la tierra y alcanzar una altura que llegue hasta la luna. Es decir que hemos crecido el tamaño de nuestra esfera terrestre, hasta alcanzar la luna. Le van a seguir sobrando millones y millones de monedas, pero son suficientes para ilustrar el punto.

Al pedirle a la persona que camine con los ojos vendados sobre esta enorme bola de monedas, se sumerja en ella y que coja una moneda que resulte ser la marcada, tenemos dos posibles respuestas para explicar tan extraordinario suceso. La primera es que efectivamente la suerte estaba a su favor y no tuvo que hacer todos los millones y millones y millones (10^{181}) adicionales de intentos para encontrarla. La segunda es que todo estaba arreglado para que él la sacara en el primer intento.

¿Si usted tuviera que apostar por una de esas dos explicaciones por cuál de ellas lo haría?

Históricamente sabemos que en Jesús se cumplieron esas profecías juntas, así que tenemos dos posibilidades, la primera es que fue coincidencia; y que a pesar de cumplirse en Él todas las profecías, Él no era el Mesías. La segunda posibilidad es que ciertamente Jesús de Nazaret era el Hijo de Dios anunciado por los profetas cientos de años antes de su nacimiento.

¡El ateo le apuesta a la primera y el creyente a la segunda!

Cuando la persona ha aceptado que Jesús de Nazaret fue el Hijo de Dios podemos pasar al siguiente paso.

Cuarto paso: Tenemos alma

"Porque yo no hablo por mi cuenta; el Padre, que me ha enviado, me ha ordenado lo que debo decir y enseñar. Y sé que el mandato de mi Padre es para vida eterna. Así pues, lo que yo digo, lo digo como el Padre me ha ordenado." Juan 12:49-50

Lo que Jesús dijo es lo que su Padre, nuestro Padre, le ordenó decir. Es decir que sus palabras las podemos tomar por ciertas.

Ya desde la antigua Grecia grandes filósofos como Platón y Aristóteles hablaron de que el hombre poseía una parte material y una intangible que llamaron *alma*.

Tanto en el Judaísmo como en otras religiones, siempre ha sido claro el entendido que el alma sobrevive a la muerte del cuerpo físico.

El libro del Génesis se refiere a esa alma como el soplo de vida que le dio vida al hombre "*Entonces Dios el Señor formó al hombre de la tierra misma, y sopló en su nariz y le dio vida. Así el hombre se convirtió en un ser viviente.*" 2:7.

Jesús nos pide que cuidemos el alma por ser lo más valioso que posemos "*No tengan miedo de los que matan el cuerpo pero no pueden matar el alma; teman más bien al que puede hacer perecer alma y cuerpo en el infierno.*" Mateo 10:28. En muchos pasajes de los evangelios encontramos a Jesús hablando de un juicio que se dará en un futuro, cuando Él haga su segunda aparición en la Tierra. En el evangelio de Mateo encontramos la forma en que se llevara a cabo dicho juicio:

"*Cuando el Hijo del hombre venga, rodeado de esplendor y de todos sus ángeles, se sentará en su trono glorioso. La gente de todas las naciones se reunirá delante de él, y él separará unos de otros, como el pastor separa las ovejas de las cabras. Pondrá las ovejas a su derecha y las cabras a su izquierda. Y dirá el Rey a los que estén a su derecha: "Vengan ustedes, los que han sido bendecidos por mi Padre; reciban el reino que está preparado para ustedes desde que Dios hizo el mundo. Pues tuve hambre, y ustedes me dieron de comer; tuve sed, y me dieron de beber; anduve como forastero, y me dieron alojamiento. Estuve sin ropa, y ustedes me la dieron; estuve enfermo, y me visitaron; estuve en la cárcel, y vinieron a verme." Entonces los justos preguntarán: "Señor, ¿cuándo te vimos con hambre, y te dimos de comer? ¿O cuándo te vimos con sed, y te dimos de beber? ¿O cuándo te vimos como forastero, y te dimos alojamiento, o sin ropa, y te la dimos? ¿O cuándo te vimos enfermo o en la cárcel, y fuimos a verte?" El Rey les contestará: "Les aseguro que todo lo que hicieron por uno de estos hermanos míos más humildes, por mí mismo lo hicieron."*
»*Luego el Rey dirá a los que estén a su izquierda: "Apártense de mí, los que merecieron la condenación; váyanse al fuego eterno preparado para el diablo y sus ángeles. Pues tuve hambre, y ustedes no me dieron de comer; tuve sed, y no me dieron de beber; anduve como forastero, y no me dieron alojamiento; sin ropa, y no me la dieron; estuve enfermo, y en la cárcel, y no vinieron a visitarme." Entonces ellos le preguntarán: "Señor,*

¿cuándo te vimos con hambre o con sed, o como forastero, o falto de ropa, o enfermo, o en la cárcel, y no te ayudamos?" El Rey les contestará: "Les aseguro que todo lo que no hicieron por una de estas personas más humildes, tampoco por mí lo hicieron." Ésos irán al castigo eterno, y los justos a la vida eterna.»" 25:31-46.

¿Ha de ser el temor al castigo eterno lo que nos tiene que servir de guía para llevar la vida de acuerdo con lo que propone Jesús? La respuesta es un no rotundo. Desafortunadamente este ha sido el motivador de muchos cristianos y no la reciprocidad que se genera cuando se reconoce el inmenso amor del Padre por el hijo.

¿Debe ser fiel por el temor de perder al ser querido si se llega a conocer mi infidelidad? O por el contrario, ¿debo ser fiel porque amo a mi pareja y evito lastimarla? El amor nos llama a entregar siempre lo mejor de nosotros al ser amado, a brindarle nuestra protección y a gozarnos de su amor. Queremos siempre evitarle cualquier sufrimiento o pena y mucho menos queremos ser nosotros la causa de ella. Es el amor y no el temor lo que nos mantiene fieles a nuestras promesas matrimoniales. Igual ha de ser nuestra fidelidad a Dios. La vida que Jesús nos propone, ha de ser nuestra respuesta de amor a ese amor tan grande por aquel que nos amó hasta el extremo.

Fue el hambre y la necesidad lo que motivo al hijo prodigo a regresar al padre y no el imaginar lo mucho que debería de estar sufriendo el viejo por la forma en que él se había alejado de su familia. Es el amor y no el hambre lo que nos debe mantener unidos a Dios.

Los escribas y fariseos pensaban que el amor al Padre se expresaba en el estricto cumplimiento de la ley. Jesús no perdió oportunidad en tratar de hacerles ver lo equivocados que estaban, que era en el amor al Padre y al prójimo donde se encontraba el verdadero corazón de la ley.

"Los fariseos se reunieron al saber que Jesús había hecho callar a los saduceos, y uno, que era maestro de la ley, para tenderle una trampa, le preguntó: —Maestro, ¿cuál es el mandamiento más importante de la ley? Jesús le dijo: —«Ama al Señor tu Dios con todo tu corazón, con toda tu alma y con toda tu mente.» Éste es el más importante y el primero de los mandamientos. Pero hay un segundo, parecido a éste; dice: «Ama a tu prójimo como a ti mismo.» En estos dos mandamientos se basan toda la ley y los profetas." Mateo 22:34-40.

¿Cómo he de expresar ese amor por el prójimo? Con buenas obras hechas con amor. *"No es tanto lo que hacemos, sino el amor que ponemos en lo que hacemos lo que agrada a Dios*[1]. En el segundo paso, aprendimos que imitando a Jesús es como podremos mejorar nuestra habilidad de ser mejores seres humanos. Jesús amó a todos, sanó física y espiritualmente al enfermo, alimentó al hambriento, consoló al triste, le devolvió la vista al ciego, le restableció la esperanza al abandonado, perdonó a sus agresores y entregó su vida por nosotros. Pues bien, así han de ser nuestras obras.

La mejor ilustración del profundo sentido del amor por el prójimo la encontramos en la famosa parábola del buen samaritano escrita en Lucas 10:25-35. Un maestro de la ley le pregunta a Jesús *"Maestro, ¿qué debo hacer para alcanzar la vida eterna?"*. Obviamente este experto de la ley sabe la respuesta. Jesús le pregunta *"¿Qué está escrito en la ley?"*. El maestro le respondió *"Ama al Señor tu Dios con todo tu corazón, con toda tu alma, con todas tus fuerzas y con toda tu mente"*; y, *"ama a tu prójimo como a ti mismo."*. Jesús lo felicita por haber contestado correctamente. Acto seguido el maestro pregunta *"¿Y quién es mi prójimo?"*. Jesús le responde con la hermosa parábola.

"Al hombre bueno se le recuerda con bendiciones; al malvado, muy pronto se le olvida."(Proverbios 10:7). Procuremos ejercitar nuestra capacidad de amar a Dios y al prójimo para presentarnos orgullosos de la labor bien cumplida cuando estemos frente al Padre.

Cuando la persona ha aceptado que el hombre posee alma que ha de responder por sus acciones y omisiones, podemos pasar al siguiente paso.

Quinto paso: Unámonos a la Iglesia

Cuando se logra discernir que Jesús era el Hijo de Dios y que el hombre es una unidad de cuerpo y alma, los evangelios toman una nueva dimensión, ya que el Yahvé del Antiguo Testamento adquiere una nueva personalidad, que es ese "Padre nuestro" que Jesús representó en su famosa parábola del hijo pródigo (Lucas 15:11-32), que nuestro hogar definitivo es en el cielo y que gozaremos eternamente de su presencia.

---

[1] Santa Teresa de Calcuta.

Jesús nos propuso una nueva forma de vida basada enteramente en el amor. Una forma de vida diametralmente opuesta a lo que ellos pensaban que era la correcta.

"No le hagas al prójimo lo que a ti no te gusta que te hagan". Quédate tranquilo en casa viendo televisión y no molestando a nadie. Jesús nos enseñó lo contrario "Hazle al prójimo lo que a ti te gusta que te hagan" (Mateo 7:12). Levántate y hazle a alguien lo que a ti te gusta que te hagan.

"Ojo por ojo diente por diente". Devuelve golpe por golpe. Jesús nos enseñó lo contrario "Perdona setenta veces siete" (Mateo 18:22).

"Odia a tu enemigo". Jesús nos enseñó lo contrario "Ama a tu enemigo" (Mateo 5:44).

"Haz la mayor publicidad posible de tus buenas obras para que todos te alaben". Jesús nos enseñó lo contrario "Que no sepa tu mano izquierda lo que hace tu derecha" (Mateo 6:3).

"Entre más tengas más importante eres". Jesús nos enseñó lo contrario "Bienaventurados ustedes los pobres, porque de ustedes es el reino de Dios" (Lucas 6:20).

"Cuando des algo a alguien debes asegurarte primero que está en condiciones de devolvértelo y segundo que realmente lo necesita". Jesús nos enseñó lo contrario "A todo el que te pida, dale, y al que te quite lo que es tuyo, no se lo reclames."(Lucas 6:30).

Jesús nos enseñó una forma de vida que busca el bien del otro. Una forma de vida que nos pide que hagamos al prójimo lo que nos gusta que nos hagan a nosotros.

> *«Jesús le contestó: —El primer mandamiento de todos es: "Oye, Israel: el Señor nuestro Dios es el único Señor. Ama al Señor tu Dios con todo tu corazón, con toda tu alma, con toda tu mente y con todas tus fuerzas." Pero hay un segundo: "Ama a tu prójimo como a ti mismo." Ningún mandamiento es más importante que éstos.» Marcos 12:29-31.*

Ambos mandamientos hablan del amor. De amar. Pero no a la manera que a nosotros nos parezca, sino a la manera que Él nos enseñó, que no resulta fácil ya que es contrario al egoísmo propio del ser humano.

Igual que buscamos gozar del amor del ser amado, por el amor mismo y en reciprocidad al amor recibido y no por el temor a la reacción de la otra persona si la lastimamos o defraudamos, buscamos amar a Dios para gozarnos de su amor y en reciprocidad de su infinito amor y no por el temor de un castigo.

San Pablo nos revela en su primera carta a los corintios lo que les espera a los que aman a Dios:

"Dios ha preparado para los que lo aman cosas que nadie ha visto ni oído, y ni siquiera pensado." 2:9

No existe amor humano que pueda siquiera aproximarse al amor incondicional del Padre. Tratar de describirlo sería como escribir una novela con la mitad del alfabeto. Dentro de nuestra limitación humana, hemos de procurar una vida de servicio a los demás basados en el amor al prójimo, tratando de imitar ese amor del que nos amó primero.

Como no resulta fácil amar, se hace necesario acudir a una gran cantidad de ayudas que las podemos encontrar en un mismo lugar y se llama Iglesia.

En ella encontramos primero que todo una comunidad de personas que están tratando de cambiar su estilo de vida por el que Jesús propone, así que encontraremos el apoyo y el acompañamiento en nuestra difícil tarea.

Encontramos la guía del sacerdote que siempre nos señalará el camino correcto.

Encontramos la sabiduría que durante más de veinte siglos la Iglesia ha recaudado a nuestro alcance a través de una gran cantidad de recursos para ser consultados.

Recibimos la Sagrada Eucaristía que es el mejor alimento para nuestra alma. También recibimos la Palabra de Dios explicada en un lenguaje fácil de entender.

Encontramos el perdón de Dios por nuestras faltas de amor para con el prójimo.

Encontramos una gran cantidad de ministerios dedicados al servicio de la comunidad y al crecimiento espiritual, para vincularnos al que mejor se adapte a nuestros talentos e intereses.

Encontramos la presencia de una Madre que como la mejor ama de casa, labora sin descanso para nuestro bienestar espiritual, ganándose una infinidad de adeptos que practican una especial devoción hacia ella.

Y finalmente, encontramos los sacramentos que nos dan las gracias necesarias para cada etapa de nuestras vidas.

Capítulo XXIV

¿El aborto es aceptable en caso de una violación?

En agosto del 2008, la encuestadora CONICET[1] y cuatro universidades más, realizaron una gran encuesta a nivel nacional en Argentina sobre los aspectos religiosos de sus habitantes. El 68.6% se declararon católicos. El 43.8%[2] de los católicos consultados considera que el aborto *"debe estar permitido solo en algunas circunstancias"*. Aunque no lo dice, se infiere que entre esas circunstancias debe contarse por ejemplo, cuando el embarazo es producto de una violación. La aceptación sube en la capital federal y los grandes centros urbanos.

Este es otro de esos grandes temas en donde se demuestra esa incoherencia entre nuestra vida como católicos y el aceptar prácticas que le son contrarias a ella.

---

[1] Consejo Nacional de Investigaciones Científicas y Técnicas. El CONICET es el principal organismo del gobierno dedicado a la promoción de la ciencia y la tecnología en la Argentina.

[2] Aunque esta estadística es de un solo país latinoamericano, coincide con estadísticas similares de otros países dentro del mismo continente y de Europa, no incluidas en esta obra por no haber podido corroborarse las fuentes.

La Congregación para la Doctrina de la Fe, en su *"Declaración Sobre el Aborto"* del 18 de noviembre de 1974, dice en su capítulo III, numeral 12 y 13:

> *"[...] Desde el momento de la fecundación del óvulo, queda inaugurada una vida que no es ni la del padre ni la de la madre, sino la de un nuevo ser humano que se desarrolla por sí mismo. No llegará a ser nunca humano si no lo es ya entonces.*
>
> *A esta evidencia de siempre, la ciencia genética moderna aporta preciosas confirmaciones. Ella ha demostrado que desde el primer instante queda fijado el programa de lo que será este ser viviente: un hombre, individual, con sus notas características ya bien determinadas. Con la fecundación ha comenzado la aventura de una vida humana, cada una de cuyas grandes capacidades exige tiempo, un largo tiempo, para ponerse a punto y estar en condiciones de actuar."*

Este pensamiento de la Iglesia ha estado presente desde el siglo I, afirmando que todo aborto provocado es contrario al quinto mandamiento de la Ley de Dios: *"No mataras"* (Éxodo 20:13). En el segundo capítulo de la Didajé[1] se lee: *"No matarás el embrión mediante el aborto, no darás muerte al recién nacido"*.

Medicamente se sabe que en el mismo instante que se une el esperma del hombre con el ovulo de la mujer, toda la información genética necesaria para desarrollar un ser humano está completa y que ese nuevo ser es totalmente independiente del de la madre.

El cuerpo de una mujer nunca va a rechazar a su nariz y expulsarla, ni a su oreja, ni a una pierna, porque esos miembros son parte de su cuerpo. Pero sí se dan casos en que el cuerpo de una mujer rechace al bebe que está gestando y se produzca un aborto natural o espontáneo. El cuerpo de la madre reconoce que ese bebe es otro ser y no siempre se aceptan mutuamente.

---

[1] Obra de la literatura cristiana primitiva que lleva como título *Enseñanza de los doce apóstoles* escrita antes de destrucción del Templo de Jerusalén en el 70 d.C. Encontrada en 1873 y publicada en 1883.

Falsas creencias

Según estadísticas de la Oficina de Drogas y Crímenes de las Naciones Unidas (UNODC por sus siglas en ingles), anualmente se reportan[1] unos 250.000 casos de asalto sexual a mujeres en los Estados Unidos, de los cuales terminan en embarazo entre el 7 y el 10%.

Se asume comúnmente que las víctimas de estas agresiones sexuales que han quedado en estado de embarazo, querrían naturalmente efectuarse un aborto. Pero en un estudio realizado por la Dra. Sandra Kathleen Mahkorn y el Dr. William V. Dolan mostró que más del 70% de estas mujeres, optó por dar a luz a sus bebes[2].

De las que abortaron, muchas lo hicieron por presiones familiares o por recomendación de los trabajadores de la salud que las atendieron después del incidente.

Muchas personas que aprueban el aborto en estas circunstancias, consideran que el procedimiento al menos le ayudara a la víctima a dejar atrás la agresión y continuar con su vida en forma normal. El estudio mostró evidencia que el aborto en estas mujeres, no actuó como una "mágica" cirugía que devolvía el tiempo y las retornaba a su estado anterior de no embarazadas.

No más violencia

En agosto del 2004 el Dr. David Reardon, Ph.D en ética biomédica, presentó a la comunidad médica un estudio titulado *"Violación, incesto y aborto: Buscando más allá de los mitos"*. Dicho estudio encontró varias razones por las cuales las mujeres embarazadas producto de un abuso sexual, se habían negado a realizar un aborto.

Muchas de ellas reportaron que un aborto solo les agregaría más recuerdos traumáticos a una experiencia de por si altamente traumática y dolorosa.

---

[1] El asalto sexual es uno de los delitos que mayormente no se reportan a las autoridades, estimándose entre el 70 y 80% de los casos que no se reportan.

[2] Sandra Mahkorn, "Pregnancy and Sexual Assault," *The Psychological Aspects of Abortion*, eds. Mall & Watts, (Washington, D.C., University Publications of America, 1979) 55-69.

Mujeres que se han practicado un aborto, lo han llegado a llamar una "violación médica" por sus similitudes con la violación. El aborto generalmente es realizado con aparatos que son introducidos en la mujer vía vaginal por un médico que tiene la cara cubierta. Una vez la paciente está en la mesa de operaciones, pierde control sobre su cuerpo y concentra su atención en sentir cómo le es violentamente extraído su hijo del vientre. Al igual que ellas fueron violentadas en estado de total indefensión, su hijo se encuentra en el mismo estado de indefensión cuando es brutalmente asesinado. De victimas pasarían a ser victimarias. Al igual que nadie la ayudó a ella a escapar de la agresión, ella tampoco está ayudando a su hijo a escapar de su trágico destino. En la violación le roban su pureza, en el aborto le roban su maternidad.

Es duro ser madre "a la fuerza". Pero es más duro ser criminal por propia voluntad. La mujer que aborta al propio hijo, aunque haya sido concebido en un acto abusivo por parte de un hombre sin escrúpulos, entra a formar parte del mundo despiadado del individuo que la violentó. Entra en la lógica de la injusticia que quiere eliminar. En palabras del filósofo Sócrates[1]: *"Es mejor sufrir la injusticia que cometerla".*

Mujeres que se han practicado un aborto y otras que han sido víctima de una agresión sexual, comparten muchos de los sentimientos post traumáticos. Ambas han reportado sentirse vacías, culpables, depresivas, se sienten "sucias", bajas de autoestima y guardan resentimientos contra los hombres.

Varias mujeres que abortaron a sus bebes fruto de una agresión, han reportado que el recuerdo del aborto las ha perseguido toda la vida, mientras que el de la agresión lo logran superar con el tiempo.

En el estudio del Dr. Reardon se determinaron otras razones que llevaron a las madres a continuar con los embarazos.

- Consideran el aborto una afrenta contra sus principios morales y religiosos.
- Sus hijos pueden tener un significado intrínseco o un propósito que ellas en ese momento no entienden, pero que Dios o el destino puede

---

[1] Filósofo griego del siglo V a.C.

"usar" a ese niño para un propósito más grande. Es una elección que saca algo bueno de lo que es malo.

- Muchas de las mujeres que fueron agredidas, aumentaron el sentido del valor de la vida y el respeto por el prójimo. Al ellas haber sido victimizadas no toleran la idea de ellas volverse el verdugo de su propio hijo.

- De forma inconsciente, ellas piensan que si superan el embarazo, ella habrá conquistado la violación. Al dar a luz ella reclamará algo de su autoestima perdida. Dar a luz, especialmente cuando la concepción no fue deseada, es un acto totalmente desinteresado y generoso, un despliegue de coraje, fuerza y honor. Es la prueba de que ella es mejor que el violador. Mientras él fue egoísta, ella puede ser generosa. Mientras él destruyó, ella puede dar cuidados.

Accidente

Entre los varios significados de la palabra "accidente", el diccionario de la Real Academia Española tiene: "*Suceso eventual que altera el orden regular de las cosas*".

Sin lugar a dudas, podemos decir que una violación es un accidente. Si produce un embarazo, es un efecto colateral de este accidente.

Imaginemos por un momento que una madre acompañada por su pequeño hijo de cuatro años va al banco a realizar una transacción. Estando dentro del banco, unos asaltantes entran a robar el banco. Inmediatamente se desarrolla una balacera entre los ladrones y el vigilante. Desafortunadamente el pequeño niño recibe una bala que le destroza una parte de la columna vertebral. El pequeño sobrevive, pero ha quedado cuadripléjico por el resto de su vida.

Tanto lo que le paso a la madre del niño, como lo que le pasa a la mujer asaltada sexualmente constituyen un accidente. Un terrible accidente.

La mujer no quiere un hijo producto de una violación. La madre no quiere un hijo cuadripléjico. La mujer quiere retomar su vida tal y como estaba antes del ataque. La madre quiere volver a ser la madre de un hijo que se mueve por sí mismo. De la misma forma en que es impensable que la madre mate a su hijo porque ella no lo desea cuadripléjico, debería ser impensable que la mujer mate a su hijo por ser fruto de una relación que ella no deseaba.

Un testimonio

La señora Kay Zibolsky además de ser la fundadora de la liga *"Life After Assault League"* (Vida Después de un Asalto), es la autora de varios libros, entre ellos *"Sanando Heridas Ocultas"* donde narra la historia de su vida. Durante una conferencia televisada narró apartes de este libro:

"Fui violada a punta de cuchillo a menos de una cuadra de casa, cuando tenía solo 16 años.

Mi asaltante desconocido se perdió en la noche, dejándome herida después de haberme amenazado para que no lo dijera a nadie.

Por 27 años no lo conté nunca, excepto a mi esposo muchos años después.

Concebí y di a luz una niña después de la violación, ella era preciosa, y es lo único bueno que resultó de ésta experiencia.

Cuando Robín tenía 18 meses la di en adopción, pero Dios tenía un plan especial.

Después de mi propio proceso de sanación, me había preparado y nos conocimos cuando ella tenía 27 años.

Sus primeras palabras para mí fueron: «Caramba, me alegro muchísimo de que no te hayas hecho el aborto».

Robín resultó ser una parte importante del proceso de sanación y le doy gracias a Dios hoy en día, porque no hice nada en mi juventud por lo cual hubiera tenido que sufrir el resto de mi vida, ya que no le hubiera dado la oportunidad a mi niña de decirme aquellas conmovedoras palabras.

El mal llamado aborto «legal y seguro» la hubiera silenciado para siempre.

Hoy en día Robín tiene 33 años y está muy contenta de estar viva.

Ahora yo estoy trabajando para ayudar a otras víctimas, llevándoles la verdad y el poder de sanación que sólo Jesús da. Dios conoció a Robín cuando era formada en mi vientre y conoce a todos los demás que han sido concebidos a través de la violencia, de la violación y el incesto.

Aún en estas circunstancias son todos preciosos para Él y tienen un destino tan importante como el tuyo y el mío, si sólo les das la oportunidad de probarlo.

También tengo una hija concebida de mi matrimonio y nadie que no lo sepa, puede decirme cuál de mis hijas fue concebida en el acto de la violación.

El aborto es la segunda violación, pero más traumática aún porque es un pecado y la violación no lo es (para la víctima) y más tarde o más temprano tenemos que dar cuenta de nuestros pecados"

Capítulo XXV

¿Quiénes son los ángeles y los santos para la Iglesia?

San Juan XXIII[1], el llamado "papa bueno", comentó en cierta ocasión: *"Siempre que tengo que afrontar una entrevista difícil, le digo a mi ángel de la guarda: Ve tú primero, ponte de acuerdo con el ángel de la guarda de mi interlocutor y prepara el terreno. Es un medio extraordinario, aún en aquellos encuentros más temidos o inciertos.".*

La palabra "ángel" se deriva de la palabra griega *aggelos*, la cual significa "mensajero". La palabra correspondiente en hebreo *ma'lak* también tiene el mismo significado.

San Agustín dice respecto a ellos: *"El nombre de ángel indica su oficio, no su naturaleza. Si preguntas por su naturaleza, te diré que es un espíritu; si preguntas por lo que hace, te diré que es un ángel".*

El credo niceno comienza diciendo: *"Creo en un solo Dios, Padre Todopoderoso, Creador del cielo y de la tierra, de todo lo visible y lo invisible.".*

---

[1] Su pontificado empezó el 4 de noviembre de 1958 y terminó con su muerte el 3 de junio de 1963. Convocó el XXI Concilio Ecuménico, posteriormente llamado Concilio Vaticano II.

A este mundo invisible pertenecen estos seres espirituales que han sido creados por Dios (Colosenses 1:16-17) —antes de la creación del hombre (Job 38:4-7) —, inmortales, dotados de inteligencia y de voluntad, en el que Cristo es el centro de su mundo.

Los ángeles, al igual que el hombre, no siempre han obedecido la voluntad de Dios: *"Porque si Dios no perdonó a los ángeles cuando pecaron, sino que los arrojó al infierno y los entregó a fosos de tinieblas,..."* 2 Pedro 2:4.

Santo Tomas de Aquino sostenía que era válido pensar que de la misma forma en que la creación visible de Dios había sido tan prolífica y variada, igual debería serlo para ese mundo invisible.

"Porque todos los ángeles son espíritus al servicio de Dios, enviados en ayuda de quienes han de recibir en herencia la salvación" Hebreos 1:14. Es decir que los ángeles son espíritus ministradores que no tienen cuerpo. El Señor Jesús afirmó *"... un espíritu no tiene carne ni huesos, como ustedes ven que tengo yo"* (Lucas 24:39). Sin embargo, en ciertos casos los ángeles pueden adquirir forma humana[1] *"No se olviden de ser amables con los que lleguen a su casa, pues de esa manera, sin saberlo, algunos hospedaron ángeles."* Hebreos 13:2.

A lo largo de todas las Escrituras, los ángeles han desempeñado diferentes roles, como por ejemplo: cierran el paraíso terrenal (Génesis 3:24), protegen a Lot (Génesis 19), salvan a Agar y a su hijo (Génesis 21:17), detienen la mano de Abraham (Génesis 11), la ley es comunicada por su ministerio (Hechos 7:53), conducen el pueblo de Dios (Éxodo 23:20-23), anuncian nacimientos (Jueces 13; Lucas 1:5-26) y vocaciones (Jueces 6:11-24; Isaías 6:6), asisten a los profetas (1 Romanos 19:5), protegen al niño Jesús de las manos de Herodes que lo quiere matar al advertirle a José en sueños que debe huir a Egipto (Mateo 2:13-14), etc.

La inmensa mayoría de los pasajes bíblicos que nos hablan de los ángeles no se les menciona con alas, sin embargo en los pocos pasajes que se hablan de seres especiales, que bien podrían asimilarse a los ángeles, sí se les menciona con alas[2], tal es el caso de Isaías 6:2 *"Unos seres como de fuego*

---

[1] En Génesis 18 y 19 vemos dos ángeles que adquieren forma de simples viajeros.

[2] En todo el capítulo 10 del profeta Ezequiel, se hace referencia repetidas veces a unos seres alados, que seguramente se refieren a ángeles.

estaban por encima de él. Cada uno tenía seis alas. Con dos alas se cubrían la cara, con otras dos se cubrían la parte inferior del cuerpo y con las otras dos volaban.".

Aunque Hollywood ha hecho un gran daño personificando siempre los ángeles como seres de blancos ropajes y esplendorosas alas, lo cierto es que nunca la Biblia nos muestra a estos seres espirituales como esos niños regordetes con alitas y apenas una corta tela que cubre sus partes íntimas, que aparecen en innumerables iconografías, libros y esculturas.

Tampoco ocurre lo que muchas personas piensan, que al morir –en especial si es un niño– se convierte en un ángel en el cielo. Ciertamente esta figura nos sirve para dar consuelo a los que le sobreviven al difunto, pero Mateo 22:30 nos explica que los ángeles son diferentes a los humanos, y Hebreos 12:22-23 nos avanza que seremos recibidos en el Cielo por *"muchos miles de ángeles"*. Dos grupos de criaturas de Dios pero de diferentes naturalezas.

La Biblia habla con nombre propio de tres ángeles, por lo que al tener nombre propio se les considera de mayor jerarquía, dándoles el título de arcángeles:

Arcángel Gabriel cuyo nombre significa "Fortaleza de Dios", "Poder de Dios" o "Fuerza de Dios", aparece por primera vez en el Libro de Daniel en los capítulos 8 y 9. Es Gabriel quien le anuncia a Zacarías que será el padre del Precursor (Lucas 1:5-20) y a María que será la madre del Salvador (Lucas 1:26-38).

Arcángel Miguel que significa "Quien como Dios" y es mencionado en los Libros de Josué y Daniel. Fue el protector del pueblo de Israel durante su marcha por el desierto.

Arcángel Rafael que significa "Dios sana", "Dios ha sanado" o "medicina de Dios" y es el inseparable compañero de Tobías, hijo de Tobit, en su largo y peligroso viaje para conseguir a su piadosa esposa. Solo aparece en este Libro de Tobías.

El Ángel de la guarda

Dios ama infinitamente a cada uno de los hombres. Tanto nos ama que ha dispuesto un ángel especialmente para cada uno, independiente de su creencia o religión. Este ángel se llama el Ángel Custodio o el Ángel de la Guarda.

Así como un padre siempre quiere que sus hijos pequeños vayan acompañados por un adulto cuando van a ir a un lugar que les puede ofrecer algún tipo de peligro, de igual manera nuestro Padre Celestial nos da este ángel para que nos acompañe en este peregrinar por la tierra que ofrece muchos peligros a nuestra alma.

Los ángeles de la guarda están constantemente a nuestro lado, no se separan de nosotros ni un momento, aun cuando estamos durmiendo; y no nos ayudan solo cuando los necesitamos sino que siempre están para protegernos.

Santo Tomas de Aquino expone, que incluso el alma que ha de pasar por el Purgatorio antes de llegar al Cielo, sigue asistida por su ángel custodio para consolarla y animarla hasta su destino final.

Dice el Catecismo Romano en su Cuarta Parte, capítulo VII en el Preámbulo de la Oración Dominical, numeral 4-6:

> *"... que la Providencia divina ha designado a cada hombre, desde su nacimiento, un ángel custodio (Génesis 48:16; Tobías 5:21; Salmo 90:11) para que lo cuide, lo socorra y proteja de todo peligro grave (Mateo 18:10; Hechos 12:15; Hebreos 1:14.), y sea nuestro compañero de viaje. Cuán grande sea la utilidad que resulta a los hombres de la guarda de los ángeles, se desprende fácilmente de las Sagradas Escrituras, especialmente de la historia de Tobías, donde se nos cuentan los muchos bienes que concedió a Tobías el ángel San Rafael, y de la liberación de San Pedro de la prisión en que estaba (Hechos 5:22-24)."*

Dice el Catecismo de la Iglesia Católica en su numeral 352 y 336 respectivamente:

> *"La Iglesia venera a los ángeles que la ayudan en su peregrinar terrestre y protegen a todo ser humano"*
> *"Desde su comienzo (Mateo 18, 10) hasta la muerte (Lucas 16, 22), la vida humana está rodeada de su custodia (Salmos 34:8; 91:10-13) y de su intercesión (Job 33:23-24; Zacarías 1:12; Tobit 12:12). "Nadie podrá negar que cada fiel tiene a su lado un ángel como protector y pastor para conducir su vida" (San Basilio Magno, Adversus Eunomium, 3, 1: PG 29, 656B). Desde esta tierra, la vida cristiana participa, por la fe, en la sociedad bienaventurada de los ángeles y de los hombres, unidos en Dios."*

Los ángeles y la Nueva Era

El movimiento de la Nueva Era[1] mezcla en todo su conjunto de creencias a los ángeles, introduciendo una serie de ideas erróneas contrarias a la doctrina que nos enseña la Iglesia.

La gran proliferación de las diversas corrientes de la Nueva Era, tales como la cábala, el reiki, el tantra, etc., han popularizado palabras muy comunes en el cristianismo —con el propósito de "venderse" inofensivas entre los cristianos— tales como dios, espíritu, luz, milagros y ángeles, por mencionar algunas, pero con significados e ideas distantes a las que nos revelan las Sagradas Escrituras. El dios de ellos no es el Dios de Abraham, Isaac e Israel, el espíritu de ellos no es el que descendió sobre los apóstoles en Pentecostés (Hechos 2:3-4), la luz de ellos no es la luz a la que se refiere Jesús cuando dice "Yo soy la luz" (Juan 8:12), los milagros de ellos no son los milagros que Jesús operó en la tierra, y los ángeles de ellos no son los ángeles que le cantan sin cesar al Rey de reyes en su trono celestial (Apocalipsis 4:1-11).

Los seguidores de los movimientos de Nueva Era se han encargado de hacer una explosión publicitaria de los ángeles y de su supuesto poder para ayudarnos en el amor, en los negocios, en la salud, en mejorar los malos hábitos y hasta en el juego. Han llegado a ponerles colores a los ángeles según su especialidad. Las Sagradas Escrituras para nada nos revelan que los ángeles se especialicen en una determinada área de las actividades de los hombres, ni mucho menos que tengan asociados algún color particular, excepto el blanco "*como la nieve*" (Mateo 28:3).

Como se ha expuesto, las Sagradas Escrituras nos revelan que existen los ángeles y que cada uno de nosotros tiene un solo Custodio que nos protege siempre. La Nueva Era proclama que estamos rodeados de muchos ángeles a nuestro servicio, lo cual riñe con la enseñanza de la Iglesia con respecto al Ángel de la Guarda.

---

[1] Para un mayor discernimiento sobre la pedagogía de la Iglesia con respecto a este movimiento, se puede leer el documento titulado *JESUCRISTO PORTADOR DEL AGUA DE LA VIDA, Una reflexión cristiana sobre la "Nueva Era"* en http://www.vatican.va/roman_curia/pontifical_councils/interelg/documents/rc_pc_interelg_doc_20030203_new-age_sp.html

Nos comunicamos con ellos a través de la oración y no a través de cristales o de velas como usa la Nueva Era.

Los ángeles son parte importante de la Iglesia, y deben serlo también para nosotros, pero no los podemos igualar a Dios o la Santísima Virgen o a los santos. Están para ayudarnos, pero no es la única ayuda disponible. No son seres de "energía" ni de "luz", ellos son criaturas de Dios, por lo que no los podemos adorar como si fueran dioses, ni poseen la capacidad de efectuar milagros, ya que eso solo lo puede hacer Dios, aunque si poseen la capacidad de interceder por nosotros.

Los santos

Una técnica muy usada por los entrenadores deportivos, es que sus estudiantes vean videos de aquellos astros que sobresalieron en sus respectivas disciplinas, para que intenten imitar sus movimientos, posturas, actuaciones, etc. *"Ese es el modelo a seguir"*. Tal vez los estudiantes nunca logren llegar al nivel de aquellos astros deportivos, como su entrenador pretende, pero ahí está el modelo a seguir.

La Iglesia nos pone a todos los santos, como modelos para ser imitados.

En la historia de la Iglesia, ha habido toda clase de modelos de santidad. Jóvenes como Santo Domingo Savio (1842-1857) que murió tres semanas antes de cumplir los 15 años de edad o José Luis Sánchez del Río (1913-1928) mártir a los 14 años de edad. Poseedores de inmensas fortunas que destinaron a los más necesitados como San Nicolás de Mira (270-343) o Santa Catalina María Drexel (1858-1955). Pobres como San Francisco de Asís (1181-1226). Casadas y con hijos como Santa Mónica (331-387) o Santa Rita de Casia (1381-1457). Reinas como Santa Isabel de Portugal (1271-1336) o reyes como San Esteban I de Hungría (975-1038). Esclavas como Santa Josefina Bakhita (1869-1947).

Algunas iglesias protestantes dicen que no se necesita otro modelo de santidad diferente al de Jesús, sin embargo el mismo san Pablo nos dice: *"Así yo vine a ser ejemplo de los que habían de creer en él para obtener la vida eterna"* (1 Timoteo 1:16) o, *"Hermanos, sigan mi ejemplo y fíjense también en los que viven según el ejemplo que nosotros les hemos dado a ustedes."* (Filipenses 3:17). Así que cada santo logró desarrollar una o más virtudes en medio de sus propias circunstancias debido al lugar donde nació, a la época en que vivió y al entorno en que creció. De esta forma podemos buscar identificarnos con fragmentos de sus vidas, sirviéndonos de inspiración para imitarlos.

Todos estamos llamados a la santidad. No solo algunos. ¡Todos!. Tanto el Antiguo Testamento — *"Sean ustedes santos, pues yo, el Señor su Dios, soy santo."* (Levítico 19:2) —, como el Nuevo Testamento — *"Sean ustedes perfectos, como su Padre que está en el cielo es perfecto"* (Mateo 5:48) — nos hacen un llamado a la santidad.

No nos debería dar pena expresar que queremos ser santos, ya que todos queremos estar en el cielo cuando dejemos la tierra, y tan pronto entremos en el cielo, lo haremos con el título de San Fulano de Tal, ya que todos los que están en el cielo son santos, incluyendo al "buen ladrón"[1] (Dimas) que murió junto a Jesús *"Te aseguro que hoy estarás conmigo en el paraíso"* (Lucas 23:43).

La santidad es obra del Espíritu Santo. Pero Él no se impone ante el hombre. Es necesaria la respuesta libre de nosotros. Quien ama a Dios desea corresponderle con todo el corazón y se esfuerza y persevera en hacer su voluntad.

Antes que el cardenal Joseph Ratzinger fuera nombrado papa el 19 de abril del 2005, siendo en ese entonces el prefecto de la Congregación para la Doctrina de la Fe, escribió un artículo en *L'Osservatore Romano* el 6 de octubre del 2002 en referencia a la canonización de san Josemaría Escrivá de Balaguer fundador del Opus Dei, en el que se puede leer:

> *"...En esta perspectiva se comprende mejor qué significa santidad y vocación universal a la santidad. Conociendo un poco la historia de los santos, sabiendo que en los procesos de canonización se busca la virtud "heroica" podemos tener, casi inevitablemente, un concepto equivocado de la santidad porque tendemos a pensar: "esto no es para mí"; "yo no me siento capaz de practicar virtudes heroicas"; "es un ideal demasiado alto para mí". En ese caso la santidad estaría reservada para algunos "grandes" de quienes vemos sus imágenes en los altares y que son muy diferentes a nosotros, normales pecadores. Esa sería una idea totalmente equivocada de la santidad, una concepción errónea que ha sido corregida — y esto me parece un punto central— precisamente por Josemaría Escrivá.*

---

[1] La fiesta de San Dimas se celebra el 25 de marzo.

Virtud heroica no quiere decir que el santo sea una especie de "gimnasta" de la santidad, que realiza unos ejercicios inasequibles para las personas normales. Quiere decir, por el contrario, que en la vida de un hombre se revela la presencia de Dios, y queda más patente todo lo que el hombre no es capaz de hacer por sí mismo. Quizá, en el fondo, se trate de una cuestión terminológica, porque el adjetivo "heroico" ha sido con frecuencia mal interpretado. Virtud heroica no significa exactamente que uno hace cosas grandes por sí mismo, sino que en su vida aparecen realidades que no ha hecho él, porque él sólo ha estado disponible para dejar que Dios actuara. Con otras palabras, ser santo no es otra cosa que hablar con Dios como un amigo habla con el amigo. Esto es la santidad.

Ser santo no comporta ser superior a los demás; por el contrario, el santo puede ser muy débil, y contar con numerosos errores en su vida. La santidad es el contacto profundo con Dios: es hacerse amigo de Dios, dejar obrar al Otro, el Único que puede hacer realmente que este mundo sea bueno y feliz. Cuando Josemaría Escrivá habla de que todos los hombres estamos llamados a ser santos, me parece que en el fondo está refiriéndose a su personal experiencia, porque nunca hizo por sí mismo cosas increíbles, sino que se limitó a dejar obrar a Dios. Y por eso ha nacido una gran renovación, una fuerza de bien en el mundo, aunque permanezcan presentes todas las debilidades humanas.

Verdaderamente todos somos capaces, todos estamos llamados a abrirnos a esa amistad con Dios, a no soltarnos de sus manos, a no cansarnos de volver y retornar al Señor hablando con Él como se habla con un amigo sabiendo, con certeza, que el Señor es el verdadero amigo de todos, también de todos los que no son capaces de hacer por sí mismos cosas grandes."

Proceso de beatificación y canonización

El proceso formal de canonización tuvo una larga etapa de formación que comenzó en 993 y termino en 1588 con la creación de la Congregación de Ritos, que es la antecesora de la actual Congregación para las Causas de los Santos, creada por el papa Pablo VI en 1969.

La beatificación es el primer paso para la canonización. Es declarada por la Congregación para las Causas de los Santos y certifica que la persona vivió ejerciendo en grado heroico las virtudes cristianas y/o tuvo muerte de mártir y está ahora en el cielo.

El proceso de beatificación por un difunto comienza cuando la feligresía le dice al obispo que esa persona *"fue un(a) verdadero santo(a)"*. Sí el obispo encuentra fundada la petición, nombra una comisión que por largo tiempo investiga a fondo la vida de la persona, para verificar su fama de santidad. La información recaudada es enviada al Vaticano, específicamente a la Congregación para las Causas de los Santos.

Cuando la Congregación recibe toda la documentación, historiadores y teólogos continúan documentando la vida de la persona poniendo especial interés en la parte espiritual, obediencia a las enseñanzas de la Iglesia y signos de heroísmo.

Al encontrarse en la persona estas "virtudes heroicas" se declara a la persona como "Venerable siervo de Dios", certificándose de esta manera que la persona entra oficialmente en el proceso de una eventual beatificación.

Durante este trabajo o después de haberlo concluido, se espera por la ocurrencia de un milagro atribuible a la intercesión de la persona en cuestión — si se trata de un mártir, no es necesaria la prueba del milagro[1]. Cuando la feligresía que inició el proceso reporta el milagro, se convoca un comité medico formado por más de 60 expertos especialistas en diversos campos de la medicina. Ellos harán todo lo posible por explicar científicamente el supuesto milagro.

Cuando el comité médico no encuentra explicación científica, la Congregación para las Causas de los Santos emitirá el veredicto de milagro si la curación fue inmediata, completa y duradera. El milagro ocurrido por la intercesión de la persona, constituye una prueba que confirma que esa persona está en el cielo en comunión con Dios, permitiendo a la Congregación declarar a la persona Beato. Como tal, la persona puede ser venerada en su diócesis y se queda a la espera de un segundo milagro para su canonización.

Una vez canonizada la persona por su santidad el papa, se le cambia el nombre de Beato por el de Santo y puede ser venerado en todo el mundo.

La comunión de los santos

Cuando rezamos el credo de los apóstoles, en su último párrafo decimos *"Creo en el Espíritu Santo, la santa Iglesia católica, <u>la comunión de los</u>*

---

[1] Es prerrogativa del Sumo Pontífice, omitir este requisito, como ocurrió con la canonización del Beato Juan XXIII por parte del papa Francisco el 5 de julio del 2013, o como hiciere el su momento el papa Juan XXIII con la canonización de San Gregorio Barbarigo (cardenal italiano del siglo XV).

santos, el perdón de los pecados, la resurrección de la carne y la vida eterna". San Nicetas de Remesiana[1] decía: *"¿Qué es la Iglesia, sino la asamblea de todos los santos?"*.

Entre los muchos documentos emanados por el Concilio Vaticano II, está la *"Constitución Dogmática Sobre La Iglesia Lumen Gentium"* del 21 de noviembre de 1964, en el que se puede leer:

> *"Así, pues, hasta que el Señor venga revestido de majestad y acompañado de sus ángeles (cf. Mt 25, 31) y, destruida la muerte, le sean sometidas todas las cosas (cf. 1 Co 15, 26-27), de sus discípulos, unos peregrinan en la tierra; otros, ya difuntos, se purifican; otros, finalmente, gozan de la gloria, contemplando «claramente a Dios mismo, Uno y Trino, tal como es»[2]"*
> Articulo 49.

Entonces podemos decir que la "comunión de los santos" es la unión común que tenemos con Jesucristo —cabeza de la Iglesia— los que estamos vivos en la tierra, con todos los santos en el cielo y con todas las almas del purgatorio, formando un solo cuerpo.

> *"Porque así como en un solo cuerpo tenemos muchos miembros, y no todos los miembros sirven para lo mismo, así también nosotros, aunque somos muchos, formamos un solo cuerpo en Cristo y estamos unidos unos a otros como miembros de un mismo cuerpo."* Romanos 12:4-5

La intercesión de los santos

Desde tiempos muy remotos, más allá del siglo II, ha existido la tradición de hacer nueve días de oración por un difunto. Este es un ejemplo de intercesión. Desde la tierra le pedimos a Dios que tenga misericordia del alma del difunto, que perdone sus pecados y que le permita gozar eternamente de su presencia en el cielo lo antes posible.

Cuando le pedimos a otra persona que por favor ore por la pronta recuperación de un ser querido que se encuentra enfermo, o por una necesidad específica, esa persona está mediando o intercediendo por nosotros ante Dios.

---

[1] Obispo de Remesiana (actual Serbia) que nació en Grecia en el 335 y falleció en el 414 d.C.

[2] Concilio Florentino, *Decretum pro Graecis*: Denz. 693 (1305).

El ejemplo más antiguo de intercesión que tenemos en las Sagradas Escrituras se remonta a los tiempos de Abraham, cuando intercede por el pueblo de Sodoma y Gomorra.

> *"Dos de los visitantes se fueron de allí a Sodoma, pero Abraham se quedó todavía ante el Señor. Se acercó un poco más a él, y le preguntó:*
> *— ¿Vas a destruir a los inocentes junto con los culpables? Tal vez haya cincuenta personas inocentes en la ciudad. A pesar de eso, ¿destruirás la ciudad y no la perdonarás por esos cincuenta? ¡No es posible que hagas eso de matar al inocente junto con el culpable, como si los dos hubieran cometido los mismos pecados! ¡No hagas eso! Tú, que eres el Juez supremo de todo el mundo, ¿no harás justicia?"* Génesis 18:22-25

Esta famosa "negociación" entre Dios y Abraham, es la misma que podría hacer por nosotros algún santo que ya se encuentra en el cielo, al cual le pedimos que medie por nosotros ante nuestro Señor para que nos conceda alguna gracia en particular.

Los santos no pueden hacer milagros ni conceder estas gracias, ya que eso es solo potestad de nuestro Padre celestial, pero pueden ayudarnos a que se hagan realidad.

El problema de los protestantes con la Santa Virgen María, nuestra mediadora por excelencia, surge de su papel de intercesora con Dios por nosotros. En las bodas de Caná de Galilea (Juan 2:1-11), María intercede para que Jesús haga algo que aparentemente no quería hacer. La intervención de la Virgen María en el primer milagro de su Hijo no es accidental. El pasaje de las bodas de Caná pone de relieve el papel cooperador de María en la misión de Jesús.

La segunda parte del Ave María[1] (Santa María, madre de Dios <u>ruega por nosotros</u>...), fue adicionada en el siglo XV por san Pío V en 1568 y rechazada por los reformistas protestantes de la época, por su negación a la doctrina de la intercesión de los santos.

---

[1] La segunda parte de la oración ya era empleada en la Letanía de los Santos. En documentos del siglo XIII, pertenecientes a las *Siervas de María del Convento de la Beata María Virgen Saludada por el Ángel*, en Florencia, se lee esta oración: *"Ave dulcísima e inmaculada Virgen María, llena de gracia, el Señor es contigo, bendita tú eres entre todas las mujeres y bendito es el fruto de tu vientre, Jesús. Santa María, Madre de Dios, madre de la gracia y de la misericordia, ruega por nosotros ahora y en la hora de la muerte. Amén"*.

Capítulo XXVI

¿Por qué hay estatuas dentro de nuestras iglesias?

Para ayudar a desarrollar este tema, es necesario tener claro el significado de cinco palabras: adoración, veneración, idolatría, imagen e ídolo.

Adoración es la acción exclusiva para Dios, por medio de la cual reconocemos su potestad única creadora y como el único digno del honor supremo. La adoración es un acto de la mente y la voluntad que se expresa en oraciones, posturas, actos de reverencia, sacrificios y con la entrega de la vida entera.

Veneración es la acción por la cual expresamos respeto en sumo grado a alguien por su santidad, dignidad o grandes virtudes, o a algo por lo que representa o recuerda.

Idolatría es la adoración a otro dios que no sea Dios.

Imagen es cualquier tipo de figura o representación de alguien o algo.

Ídolo es un ser o una cosa considerada como dios, que se cree que tiene vida y poder (Isaías 44:9-10) y que se pone en el lugar de Dios. Puede estar representado en una imagen o no.

> *"Los ídolos de los paganos son oro y plata, objetos que el hombre fabrica con sus manos: tienen boca, pero no pueden hablar; tienen ojos, pero no pueden ver; tienen orejas, pero no pueden oír; tienen narices, pero no pueden oler; tienen manos, pero no pueden tocar; tienen pies, pero no pueden andar; ¡ni un solo sonido sale de su garganta! Iguales a esos ídolos son quienes los fabrican y quienes en ellos creen."* Salmo 115:4-8

Para los protestantes, nosotros los católicos somos considerados idólatras por el hecho de tener dentro de nuestras iglesias estatuas de Cristo, de santos, de la Virgen María, o por los vitrales con imágenes de personajes bíblicos que adornan algunas de nuestras iglesias. Su principal argumento es que Dios las prohibió:

> *"No te hagas ningún ídolo ni figura de lo que hay arriba en el cielo, ni de lo que hay abajo en la tierra, ni de lo que hay en el mar debajo de la tierra. No te inclines delante de ellos ni les rindas culto"* Éxodo 20:4-5.

Igualmente, los protestantes rechazan el uso del crucifijo que muchos católicos acostumbran llevar colgados en el cuello, o las estampitas de la Virgen María o de los santos, que algunos cargan en sus billeteras junto a las fotos de sus seres queridos.

Qué enseña el Magisterio de la Iglesia

En la tercera tentación de Jesús en el desierto, satanás le pide que lo adore a cambio de entregarle todos los países del mundo, Jesús cita Deuteronomio 6:13 *"Está escrito: Al Señor tu Dios adorarás, sólo a él darás culto"* (Mateo 4:8-10). Ésta ha sido la enseñanza de la Iglesia desde su origen.

El primer propósito del hombre ha de ser el de acoger a Dios con toda su voluntad y adorarlo. Es decir que la Iglesia nos enseña que solo a Dios debemos adorar. Con esta acción, reconocemos que Él es Dios, que Él es nuestro Creador y nuestro Salvador.

Muchos años antes de Jesús, en tiempo de Moisés, Dios comenzó a formar a su pueblo elegido: el pueblo de Israel. Era gente muy primitiva que Dios había sacado del politeísmo para llevarla al monoteísmo. Todos esos pueblos antiguos tenían infinidad de dioses que adoraban y representaban a través de imágenes. La gente de aquel tiempo pensaba que esas imágenes tenían un poder mágico o una fuerza milagrosa. Cuando Dios prohibió hacer imágenes de nada que este en el cielo ni en la tierra, hacía referencia a estas imágenes que ellos adoraban. Él hacía referencia, por ejemplo, a ese becerro de oro que hizo el pueblo de Israel mientras Moisés estaba en el monte Sinaí, al que proclamaron como dios y le construyeron un altar para ofrecerle holocaustos y sacrificios (Éxodo 32).

Dios no prohíbe el hacer imágenes, sino en querer hacer de esa imagen un dios. De hecho, Dios mismo ordenó que se bordaran ángeles en las cortinas de la tienda del encuentro (Éxodo 26:1) o que el arca de la alianza debiera llevar en la tapa la figura de dos ángeles con las alas extendidas (Éxodo 25:10-21), o le ordenó a Moisés que hiciera una serpiente de bronce y la colgara en el asta de una bandera (Números 21:8-9).

El templo de Jerusalén tenía en su interior esculturas y muchos adornos religiosos[1].

Así que cuando un protestante dice que nosotros adoramos a la Santísima Virgen o a los santos, está confundiendo el significado de las palabras veneración y adoración. Nosotros adoramos a Dios y veneramos a la Santísima Virgen o a los santos.

¿Es idolatría tener una foto de la novia, o de la mamá, o un cuadro pintado del bisabuelo? Es lo mismo que hacemos los católicos: las estatuas y las imágenes nos recuerdan a Jesucristo, a la Santísima Virgen María y a los santos.

Las imágenes las usamos como un recuerdo de aquéllos que no podemos ver. Y ese recuerdo puede alentarnos a orar, a entregarnos más y mejor a Dios.

El Catecismo de la Iglesia Católica nos dice al respecto:

"El culto cristiano de las imágenes no es contrario al primer mandamiento que proscribe los ídolos. En efecto, "el honor dado a una imagen se remonta al modelo original"[2], "el que venera una imagen, venera al que en ella está representado"[3]. El honor tributado a las imágenes sagradas es una "veneración respetuosa", no una adoración, que sólo corresponde a Dios:

---

[1] Salmo 74:4-5, 1 Reyes 6:23-28

[2] San Basilio Magno, *Liber de Spiritu Sancto*, 18, 45

[3] Concilio de Nicea II: DS 601; Concilio de Trento: DS 1821-1825; Concilio Vaticano II: *"Constitución Sacrosanvtum 125"; "Constitución Lumen Gentium 67"*.

«El culto de la religión no se dirige a las imágenes en sí mismas como realidades, sino que las mira bajo su aspecto propio de imágenes que nos conducen a Dios encarnado. Ahora bien, el movimiento que se dirige a la imagen en cuanto tal, no se detiene en ella, sino que tiende a la realidad de la que ella es imagen»1" Numeral 2132.

De las muchas reformas emanadas por el Concilio Vaticano II, estuvo el de la reforma a la sagrada liturgia, contenida en la *"Constitución Sacrosanctum Concilium Sobre La Sagrada Liturgia"*. En su séptimo capítulo titulado *"El Arte y los Objetos Sagrados"*, podemos leer:

"Manténgase firmemente la práctica de exponer imágenes sagradas a la veneración de los fieles; con todo, que sean pocas en número y guarden entre ellas el debido orden, a fin de que no causen extrañeza al pueblo cristiano ni favorezcan una devoción menos ortodoxa." Numeral 125.

El evangelio de los pobres

Debido al alto nivel de analfabetismo que existió en la época medieval, el uso de los vitrales e imágenes de santos en las iglesias, ayudaban a que la gente recordara y mantuviera fresca en su memoria, los eventos más importantes narrados en las Escrituras. Los analfabetos podían mirar las escenas de los vitrales en las ventanas de las iglesias y comprendían la historia sagrada. De modo que las estatuas y las imágenes no solamente estaban ahí por belleza y reverencia sino también porque eran muy funcionales.

San Juan Damasceno[2], presbítero y doctor de la Iglesia, decía: *"Lo que es un libro para los que saben leer, eso son las imágenes para los analfabetos. Lo que la palabra obra por el oído, lo obra la imagen por la vista. Las santas imágenes son un memorial de las obras divinas"*.

Martín Lutero, el fundador del protestantismo y de las iglesias evangélicas nunca rechazó las imágenes, todo lo contrario, él dijo que las imágenes eran *"el Evangelio de los pobres"*.

En casi todas partes del mundo se construyeron iglesias que fueron bellamente adornadas con estatuas y vitrales. Ejemplo de ello es la hermosa capilla de *Sainte Chapelle* en pleno corazón de Paris que fue construida du-

---

[1] Santo Tomás de Aquino, *Summa theologiae*, 2-2, q. 81, a. 3, ad 3.

[2] Nació en Damasco, Siria en el 675 d.C. y falleció en Jerusalén en el 749 d.C.

rante el reinado de san Luis IX de Francia en 1248. La característica más importante de esta capilla son sus 600 metros cuadrados de vitrales. Formando 16 secciones, cada una de ellas relata en pequeñas imágenes los libros del Génesis, Éxodo, Números, Josué, Jueces, Isaías, Daniel, Ezequiel, Jeremías y Tobías, Judit y Job, Ester, Reyes, la Pasión de Cristo, el Apocalipsis, la vida de Juan el Bautista y la historia de las reliquias de la pasión que alguna vez habitaron en esa capilla. Quien entrara a este lugar, solo le bastaba recorrer con su mirada sus bellos cristales para darle un completo repaso, de principio a fin, de lo que narran las Sagradas Escrituras.

Idolatría y superstición

Como ocurre en muchos campos de la vida del ser humano, no falta quien se exceda en la norma e incurra en actos que resultan inapropiados por ignorar los límites y resulte en un caso de idolatría.

Conozco personas que tratan las estatuas de los santos, de la Virgen María y los crucifijos con tal reverencia, que sobrepasando el debido respeto, demuestran una creencia mágica y poderosa sobre el objeto mismo.

He entrado a casas en la que se tiene la Biblia sobre un altar con velas y flores, a manera de "protección" de la casa. La Biblia no necesita de velas ni flores, sino de un corazón dispuesto a meditarla y a ponerla en práctica en su vida diaria.

Cuando mi sobrina hizo su primera comunión, le dimos de regalo un rosario muy lindo que había sido santificado por un sacerdote. Delante de varios invitados a la ceremonia, abrió el presente y lo exhibió muy emocionada. Unos le sugirieron que lo podía usar como collar, otros que lo envolviera en su muñeca, otros que lo colgara en su mesa de noche al lado de la cama. Yo le dije: *"nada de eso, es para que lo reces"*.

Muchas personas cuelgan un rosario en el espejo interior de sus vehículos a manera de amuleto para que los "proteja". Hay personas que entran a una capilla y le rezan toda una novena a algún santo de su preferencia y no le rezan ni un Padre Nuestro al Santísimo que está expuesto. Los hay también que les cuelgan hierbas a las estatuas de los santos, o que les encienden velas de determinados colores, o que los ponen de cabeza a manera de "castigo" hasta que se les conceda el milagro por el que tanto piden[1]. Estos y otros ejemplos, son casos de idolatría y superstición.

La idolatría es un pecado grave, pues implica negar el carácter único de Dios, para atribuírselo a personas o cosas creadas por el hombre. Es comparar a la creatura con el Creador, comparación inaceptable bajo cualquier concepto.

La superstición también constituye un pecado grave, ya que desvía el verdadero sentimiento religioso de un determinado rito u oración, al atribuirle eficacia a la sola acción material y excluyendo la participación debida de un corazón abierto y orante. Quien porta un escapulario y piensa que por el solo hecho de llevarlo consigo será suficiente para su salvación, está actuando de manera supersticiosa.

Es muy común escuchar a personas decir que practican ciertos "rituales" para atraer la "buena suerte" o alejar la "mala suerte". La suerte entendida como una energía o fuerza que puede ser atraída o alejada, constituye una superstición, ya que desconoce la Providencia Divina e ignora el precioso regalo del libre albedrío que siempre traerá consecuencias a nuestras vidas.

La astrología, el espiritismo o la adivinación son disciplinas supersticiosas que fueron expresamente prohibidos por Dios *"No recurran a espíritus y adivinos. No se hagan impuros por consultarlos. Yo soy el Señor su Dios"* Levítico 19:31, ya que desconocen a Dios como única fuente de vida y de conocimiento de nuestro futuro.

---

[1] Un ejemplo de esta costumbre que se practica en algunos países es la de San Antonio, que es puesto de cabeza hasta que le consiga novio a una mujer.

Capítulo XXVII

¿Por qué en otras iglesias católicas, la misa es diferente?

L es ha pasado a muchas personas, que al encontrarse un domingo en una ciudad diferente a la de su residencia, indagan por una iglesia católica para asistir a la misa. Cuando llegan, notan que todo es diferente a lo que están acostumbrados a ver en su parroquia local. Con mucha desconfianza entran pensando que se trata de una iglesia de otra religión. Sus sospechas parecen confirmarse cuando el sacerdote procede de una manera totalmente desconocida para ellos, y en especial, cuando no reconocen todas las cosas que dice el sacerdote ni la forma en que lo dice. Sin embargo, notan un altar, un cristo, un sagrario e inclusive una bandera del Vaticano dentro de la iglesia.

Esta es una Iglesia católica, apostólica, romana de un rito diferente al del rito romano ordinario, que es el más popular en occidente y al que muy seguramente es al que usted está acostumbrado.

Un Rito representa una tradición eclesiástica que indica cómo se deben celebrar los sacramentos[1]. Cada sacramento tiene una esencia única de origen divino que debe ser cumplida para que surta su propósito. Las Sagradas Escrituras y la Sagrada Tradición nos indican lo esencial de cada sacramento.

Cuando los apóstoles llevaron el Evangelio a las diferentes comunidades, los símbolos empleados en la ejecución de esos sacramentos, tuvieron una fuerte influencia cultural. Fue inevitable que las costumbres y tradiciones propias de cada región, no impregnaran las recién nacidas celebraciones sacramentales.

Así que el misterio sacramental que se celebra es uno solo, pero puede variar la forma en que se hace. *"Por tanto, la celebración de la liturgia debe corresponder al genio y a la cultura de los diferentes pueblos"*[2].

La Iglesia católica tiene dos raíces: la occidental o romana, y la oriental. Dentro de esta segunda, cuatro han sido las sedes patriarcales que han marcado su historia: Jerusalén, Alejandría (Egipto), Antioquía de Siria y Constantinopla. De estas cinco regiones (cuatro orientales y una occidental) se derivan los más de 21 ritos litúrgicos presentes hoy en día en la Iglesia católica.

Cada Rito determina una gran cantidad de detalles, muchos de los cuales no nos resultan fácilmente perceptibles. Entre los muchos detalles que se pueden mencionar están: todas las normas que regulan la vida de sus consagrados, sus cuadros jerárquicos, su relación con el obispo de Roma, forma y lenguaje empleado en la celebración de los distintos sacramentos, la arquitectura y decoración de los templos, la música y los cantos que se emplean en las celebraciones de los distintos sacramentos, entre otros.

En cuanto a los templos, cada Rito define entre otras: la posición, forma y delimitación del presbiterio[3]; la ubicación del bautisterio, del coro y del

---

[1] Si desea conocer más profundamente la normatividad de la Iglesia alrededor del ejercicio de la Sagrada Liturgia, puede consultar la *"Constitución Sacrosanctum Concilium sobre la Sagrada Liturgia"* del 4 de diciembre de 1963.

[2] Catecismo de la Iglesia Católica #1204.

[3] Parte elevada dentro del templo donde se desarrolla toda la liturgia y está reservado solo para el sacerdote y sus ministros. Generalmente esta elevado con tres gradas.

ambón[1]; la ubicación, forma y material del altar[2]; ubicación de la sede[3] y la credenza[4]. Los colores, las imágenes y esculturas que adornan su interior y exterior.

También estos Ritos distinguen las vestimentas litúrgicas por sus colores, la secuencia con que se visten y las oraciones que se dicen por cada prenda que se colocan. La preparación del altar y las oraciones que se dicen durante el proceso. Los objetos que están en el altar. La posición del celebrante durante la celebración, sus movimientos, la colocación y posición de las manos y la altura en que las mantienen con respecto a su cuerpo. Hacia donde dirige la mirada. Los silencios. La forma en que manipula los objetos sobre el altar (antes y después de la consagración). Las inclinaciones y sus ángulos. El sentido en que se hacen los giros. La interacción con los demás ministros del altar y con la feligresía. Que cosas se besan del altar y la manera de hacerlo. La manipulación y orientación del misal. Que cosas toca y cómo las toca. Que oraciones se dicen, en que idioma se dicen y el orden en que se dicen. Todo ello tiene una razón de ser y posee un significado preciso.

Todos estos pequeños detalles son de suma importancia, como los resaltó el papa Pablo VI en una alocución realizada el 30 de mayo de 1967:

"Os podrá parecer quizá que la Liturgia está hecha de cosas pequeñas: actitud del cuerpo, genuflexiones, inclinaciones de cabeza, movimiento del incensario, del misal, de las vinajeras. Es entonces cuando hay que recordar las palabras de Cristo en el Evangelio: El que es fiel en lo poco, lo será en lo mucho (Lucas 16:16). Por otra parte, nada es pequeño en la Santa Liturgia, cuando se piensa en la grandeza de Aquel a quien se dirige"

Ritos latinos

Por ser sus fieles practicantes de mayoría occidental, algunas veces el conjunto de estos Ritos es llamado Iglesias Católicas Occidentales.

---

[1] Pódium desde donde se lee el evangelio.

[2] Generalmente de piedra y antiguamente tenía un pequeño cuadro llamado Ara que contenía la reliquia de algún santo, en recordación a los primeros cristianos que celebraban la eucaristía sobre los restos de algún mártir.

[3] Lugar donde se sienta el sacerdote durante la celebración de la liturgia.

[4] Lugar donde se colocan todas las cosas que requiere el sacerdote para la celebración de la liturgia.

Cerca del 98% de los católicos del mundo entero pertenecen a estos Ritos. El más popular de ellos es el denominado romano ordinario (96% de esta porción), que fue el resultado de los cambios derivados por el Concilio Vaticano II. El rito romano extraordinario, que es la celebración de la misa tridentina[1], es la celebración de la liturgia como estaba antes de las reformas implantadas por este concilio y que todavía se celebra en muchos lugares del mundo.

Menos populares, pero que también pertenecen a este Rito se encuentran: el Rito Ambrosiano o milanés que presenta pequeñas diferencias con respecto al romano extraordinario, y que con el paso del tiempo se limitó a la ciudad de Milán, Italia y algunas zonas aledañas. El Rito Hispánico o mozárabe cuya liturgia fue revisada después de los cambios introducidos por el Concilio Vaticano II, con bastantes similitudes a la del Rito romano ordinario, se celebra principalmente en la ciudad de Toledo, España y en otras provincias de la península ibérica.

En mayor extensión y variedad, se encuentran dentro de esta liturgia, las liturgias que las diversas órdenes religiosas desarrollaron y conservaron desde sus orígenes. Dentro de los más importantes cabe mencionar: el bracarense —similar al romano extraordinario que se celebra principalmente en la ciudad portuguesa de Braga—, el dominicano, el carmelita y el cartujo.

A manera de ejemplo de cómo cada uno de estos ritos tienen sus propias normativas, el Rito de los cartujos no permite que sus monjes ejerzan su ministerio sacerdotal por fuera del monasterio donde viven, ya que ellos deben su vida entera a la contemplación.

Ritos orientales

Derivados de los cuatro grandes centros litúrgicos de la Iglesia primitiva (Jerusalén, Alejandría, Antioquia de Siria y Constantinopla), se les conocen como las Iglesias Católicas Orientales, sujetas todas ellas a la autoridad del Sumo Pontífice de Roma.

La división entre las Iglesias de oriente y occidente dio lugar a la existencia de comunidades de Ritos orientales que se mantuvieron o entraron en

---

[1] También se le conoce como misa en latín o misa de San Pio V o misa preconciliar.

plena comunión con la Iglesia de Roma, conservando su liturgia, aunque en algunos casos se han latinizado en algún grado. Algunas nunca han estado en cisma[1] con la Iglesia de Roma y otras han surgido de divisiones de las Iglesias ortodoxas o de las antiguas Iglesias nacionales de oriente.

La rama de Constantinopla o Bizantina, es la que más fieles posee y la que más Ritos desarrolló: el Ucraniano, el Melquita, el Rumano, el Eslovaco, el Ruteno, el Húngaro, el Albanes, el Ítalo-Albanes, el Griego, el Krizevci, el Búlgaro y el Macedonio.

La sección Sirio-oriental desarrolló el Siro-malabar y el Caldeo.

La rama de Antioquía desarrolló el Siro-malankara —que entró en comunión con Roma en 1930—, el Maronita y el Sirio o Sirio-antioqueño. Las iglesias de esta rama ordenan como sacerdotes a hombres casados[2]. Sin embargo la posición de obispo está reservada exclusivamente a sacerdotes célibes.

La rama Alejandrina desarrolló el Copto y el Etíope.

Otra distinción importante de las Iglesias Orientales es que algunas de ellas pueden ser agrupadas en lo que se denomina Iglesias *Sui Iuris*, comúnmente escrito *Sui Juris*. Esta expresión latina significa *"de Propio Derecho"*, es decir que cuenta con la autonomía jurídica para manejar sus propios asuntos. Actualmente existen seis Iglesias (Ritos) que están dentro de este grupo: el Copto, el Sirio, el Melquita, el Maronita, el Caldeo y el Armenio.

Estas Iglesias Orientales católicas *sui iuris,* tienen un Patriarca que es elegido canónicamente por el Sínodo Patriarcal. El nuevo patriarca debe realizar una profesión de fe y una promesa de fidelidad y requerir la comunión eclesial del papa, sin la cual, ejerce válidamente su oficio pero no puede convocar al Sínodo ni ordenar obispos.

---

[1] Palabra que significa división, discordia o desavenencia entre los individuos de una misma comunidad.

[2] En la exhortación apostólica postsinodal "Amoris Laetitia" del Papa Francisco promulgada el 19 de marzo del 2016, en su numeral 202, su santidad resalta la importancia de incorporar a la pastoral familiar las experiencias que estos sacerdotes casados pueden brindar, como luz para los actuales matrimonios y los por contraerse.

Capítulo XXVIII

¿Qué fue la Santa Inquisición?

Siempre que alguien quiere atacar a la Iglesia católica, comienza a recitar su lista de quejas con dos palabras: *la inquisición*. Hecho histórico que ocurrió y que no se puede negar, pero que pocos se han tomado la molestia de investigar más a fondo. Si usted le solicita a esta persona que le explique a que se refiere cuando cita este evento, seguramente le contestará que fue ese episodio de la historia de la Iglesia en la cual se sentenció a la hoguera a las personas que reusaban arrepentirse de sus pecados o acatar las normas de la Iglesia. O algo parecido.

¿Cuándo? ¿Cómo? ¿Dónde? ¿Quién acusaba? ¿Quién juzgaba? ¿Quién condenaba? ¿A cuántos? ¿Cómo empezó? ¿Cómo terminó?

Preguntas que no tendrán respuesta, porque todos esos detalles parecen totalmente irrelevantes ante el hecho que la Iglesia haya quemado o torturado a las personas que rehusaban arrepentirse de sus pecados o acatar sus normas.

Para los no católicos la Inquisición es un escándalo, para los católicos una vergüenza y para todos: una confusión.

Ciertamente, explicar un acontecimiento histórico que duró más de 600 años en la Europa medieval y renacentista, durante un periodo de inmensos cambios políticos, económicos, culturales, científicos y religiosos, no resulta fácil. Pero resumirlo en una sola frase, demuestra un desconocimiento total de lo que fue y no fue la Inquisición y por ende, un gravísimo error contra la historia.

En vísperas del gran jubileo[1] del año 2000, el papa Juan Pablo II constituyó la *Comisión histórico-teológica para la preparación del gran jubileo*, la cual promovió el *Congreso Internacional de Estudio sobre la Inquisición*. Con la participación de más de treinta historiadores y teólogos se buscó el esclarecimiento de la verdad sobre este histórico hecho, que la Iglesia ha cargado sobre sus hombros con un alto costo de su imagen.

En el discurso de clausura del congreso pronunciado el 31 de octubre de 1998, su santidad dijo:

> *"Amables señoras y señores, el problema de la Inquisición pertenece a un período difícil de la historia de la Iglesia, al que ya he invitado a los cristianos a volver con corazón sincero. .... Ciertamente, el Magisterio de la Iglesia no puede proponerse realizar un acto de naturaleza ética, como es la petición de perdón, sin antes informarse exactamente sobre la situación de ese tiempo. Pero tampoco puede apoyarse en las imágenes del pasado transmitidas por la opinión pública, ya que a menudo tienen una sobrecarga de emotividad pasional que impide un diagnóstico sereno y objetivo. Si no tuviera en cuenta esto, el Magisterio faltaría a su deber fundamental de respetar la verdad. Por eso, el primer paso consiste en interrogar a los historiadores, a los que no se les pide un juicio de naturaleza ética, que sobrepasaría el ámbito de sus competencias, sino que contribuyan a la reconstrucción lo más precisa posible de los acontecimientos, de las costumbres y de la mentalidad de entonces, a la luz del marco histórico de la época.*
> *Sólo cuando la ciencia histórica haya podido reconstruir la verdad de los hechos, los teólogos y el mismo Magisterio de la Iglesia estarán en condiciones de dar un juicio objetivamente fundado."*

Al igual que las sociedades buscan siempre actualizar sus criterios y juicios al desarrollo de los tiempos, y encuentran incorrecto juzgar los tiempos

---

[1] El jubileo católico también llamado año santo, se celebra de manera ordinaria cada 25 años y conmemora un año sabático con indulgencias y gracias especiales para sus fieles. Su origen proviene del antiguo testamento: Levítico 25:10-13 e Isaías 61:1-2.

modernos con valores antiguos, lo contrario es igualmente inaceptable: juzgar el pasado con los valores actuales.

Creo que hoy poca gente atinaría a identificar a Abraham Lincoln, como al autor de la siguiente frase *"No estoy ni he estado nunca a favor de la igualdad social y política de blancos y negros, ni de otorgar el voto a los negros, ni permitirles ocupar cargos públicos o casarse con blancos."*. Resulta difícil hoy en día imaginar a una figura que paso a la historia por ser el gran defensor de los derechos civiles, pronunciar estas palabras con tan alto tinte racista, pero el "espíritu del tiempo", es decir el clima intelectual y cultural de esa época, lo permitía y lo favorecía. Aunque hoy ciertamente nos resulte ofensiva la frase.

Origen

"Inquisición" significa investigación. Pero ha sido tan extendida la crítica a la Inquisición, que en el léxico común se ha tomado esta palabra como sinónimo de intolerancia, fanatismo, crueldad, averiguación injusta, etc.

Imitando al antiguo pueblo de Israel, la sociedad del siglo XII retomó una de las prácticas consagradas en el Antiguo Testamento:

"«Si en alguna de las poblaciones que el Señor su Dios les da se descubre que algún hombre o mujer hace lo que al Señor le desagrada, y falta a su alianza adorando a otros dioses y arrodillándose ante ellos, ya sea ante el sol, la luna o las estrellas, que es algo que el Señor no ha mandado, y si llegan a saberlo, investiguen bien el asunto; y si resulta verdad que un acto tan repugnante se ha cometido en Israel, llevarán ante el tribunal de la ciudad a quien haya cometido esta mala acción y lo condenarán a morir apedreado.» La sentencia de muerte se dictará sólo cuando haya declaración de dos o tres testigos, pues por la declaración de un solo testigo nadie podrá ser condenado a muerte. Los testigos serán los primeros en arrojarle piedras al condenado, y después lo hará todo el pueblo. Así acabarán con el mal que haya en medio de ustedes." Deuteronomio 17:2-7

A finales del siglo XII aparecieron en el sur de Francia y norte de Italia dos herejías: la albigense y la valdense.

Los albigenses o cátaros, proponían que el bien era sinónimo del mundo espiritual e invisible, en cambio el mal –criatura de Dios, representado por satanás– era quien había creado el mundo material y visible. Creían que Jesucristo había sido un ángel creado, cuya misión consistió en salvar los espíritus puros encerrados o encarcelados en los cuerpos materiales. Al considerar la materia un producto del mal, el cuerpo de Cristo no era real sino aparente, como aparente habría sido su vida y pasión. También rechazaron la existencia del infierno bajo el argumento de que todos los espíritus, al final de los tiempos, gozarían irremediablemente de la vida eterna.

Los valdenses rechazaron la misa, las ofrendas, las oraciones por los difuntos y el purgatorio. Para ellos toda mentira, constituía pecado grave. Reclamaron el derecho de las mujeres y de los laicos a predicar sin licencia. En aquella época éste era un derecho exclusivo de los sacerdotes o quien la Iglesia autorizara.

La libertad de conciencia, es decir la libertad que tiene el individuo de decidir en qué cree y en que no cree, no existía en esa época, así que la gente tenía que creer y no creer en lo que el rey o el emperador creyera o no creyera.

La herejía era causa de división y la división ponía en riesgo la unidad del imperio, por lo que la herejía era un delito comparable al de quien atentaba contra la vida del rey y ambos recibían el mismo castigo. Tristemente en aquella época la tortura era aceptable para lograr la declaración de los acusados.

Tampoco existía en esa época la división entre Iglesia y Estado que conocemos hoy en día. Ambos poderes se fundían en uno solo, en cabeza del rey o emperador de turno.

Buscando congraciarse con el entonces papa Honorio III, en 1220 el emperador alemán Federico II Hohenstaufen, que reinaba además en el sur de Italia y Sicilia, sintiéndose incapaz de discernir entre lo que era herético y lo que no, solicitó al papa la conformación de un ente investigador que ayudara a erradicar una serie de herejías, entre ellas la albigense y la valdense, que se estaban propagando por toda Europa atacando los pilares de la moral cristiana y la organización social.

El romano pontífice autorizó el ente investigador y exigió que el primer tribunal constituido en Sicilia estuviera formado por teólogos de las órdenes mendicantes (franciscanos y dominicos) para evitar que se desvirtuara su misión, como de hecho intentó Federico II, al utilizar el tribunal eclesiástico contra sus enemigos, conformándose de esta manera el primer tribunal de la inquisición.

Que no fue la inquisición

Muchos mitos y leyendas se han desprendido de este convulsionado periodo de la historia, que personas con pensamiento ligero han transmitido por generaciones y que se hace imposible borrar de la mente del público.

¿Hubo en realidad torturas y ejecuciones apoyadas por la Iglesia durante este periodo? Indudablemente que sí, pero no en la forma y numero que muchos piensan.

La inquisición fue una realidad histórica demasiado compleja, y explicarla en su totalidad escapa el alcance y propósito de este escrito, así que haré énfasis en lo que no fue.

Lo primero que es necesario aclarar es que no hubo *una* inquisición y lo segundo es que no fue creada por la Iglesia. Los reyes y emperadores de diferentes partes de Europa y durante diferentes periodos de tiempo, crearon los comités inquisidores.

Algunos duraron mucho tiempo como la portuguesa que se extendió hasta 1821, otros poco, y algunos nunca llegaron a condenar a nadie, mientras que otros adquirieron gran fama de sanguinarias como la de España.

Tampoco fue una organización encargada de torturar o de quemar a las personas que pensaran diferente a lo que la Iglesia pensaba. La Inquisición Española, que fue la más destacada, luego de la expulsión de los musulmanes (moriscos) entre 1609 y 1613, jugó un papel fundamental en la conversión de los judíos de la península. Ciertamente hubo personajes que se extralimitaron y se excedieron, como el fraile Tomas de Torquemada[1] o el dominico Fray Alonso de Ojeda.

No todos los que pasaron por el tribunal, terminaron torturados o encarcelados. Varios santos pasaron por estos tribunales por traer nuevas ideas: San Ignacio de Loyola, fundador de la orden de los Jesuitas o Santa Teresa de Jesús por su libro *"Moradas del Castillo Interior"* o San Juan de la Cruz.

---

[1] Fraile dominico castellano, confesor de la reina Isabel la Católica y primer inquisidor General de Castilla y Aragón. Nació en Torquemada en 1420 y falleció en Ávila en 1498.

La caza de brujas

En la Europa medieval, la brujería fue catalogada como un delito por las leyes civiles. El francés Jean Bodin[1] fue el autor de la obra *Démonomanie des sorciers* publicada en 1580 cuando ejercía como miembro del Parlamento de Paris (tribunal superior de justicia). En ella describe una lista de quince crímenes[2] en que incurría la persona que ejerciera la brujería. Esta obra pretendía dar el marco jurídico de dicha práctica y corregir los desmanes aplicados por la justicia francesa, cuando en 1577, quemaron cuatrocientos supuestos brujos y brujas en la ciudad de Languedoc.

Los jueces civiles Nicolas Remy, quien ordenó la quema de novecientas personas acusadas de practicar la brujería en Lorena, entre 1576 y 1591, Henri Boguet conocido como el "gran juez de la ciudad de Saint Claude" y Pierre de Lancre quien mandó quemar ochenta brujas en el país vasco francés de Labourd en 1609, se destacaron como grandes cazadores de brujas. Sus libros tuvieron gran influencia entre los principales gobiernos europeos contribuyendo a agravar esta cacería. Nicolas Remy fue el autor del libro *Daemonolatreiae libri tres* (Demonolatría) constituyéndose en el más importante manual de los cazadores de brujas en gran parte de Europa.

Los padres de la Reforma Protestante: Martin Lutero, Ulrico Zuinglio y Juan Calvino que estaban convencidos de la posibilidad del pacto con el diablo, apoyaron la persecución judicial de magos y brujas que se fue sembrando en cada región donde se iba implantando el protestantismo. Incluso cruzó el océano y se implantó también en los Estados Unidos.

"Quienquiera que ahora a sabiendas y de buena gana contienda que es injusto que los herejes y blasfemos sean llevados a la muerte, incurre en la

---

[1] Nació en la ciudad de Angers en 1529.

[2] Renegar de Dios; maldecir de Él y blasfemar; hacer homenaje al demonio, adorándole y sacrificando en su honor; dedicarle los hijos; matarlos antes de que reciban el bautismo; consagrarlos a satanás en el vientre de sus madres; hacer propaganda de la secta; jurar en nombre del diablo en signo de honor; cometer incesto; matar a sus semejantes y a los niños pequeños para hacer cocimiento; comer carne humana y beber sangre, desenterrando a los muertos; matar, por medio de venenos y sortilegios; matar ganado; causar la esterilidad en los campos y el hambre en los países; tener cópula carnal con el demonio.

misma culpa. Esto no es impuesto por autoridad humana; es Dios que habla y prescribe una regla perpetua para su Iglesia." Juan Calvino[1]

Esta cacería de brujas que según algunos historiadores dejó más muertes que los de la Inquisición, no tuvo nada que ver con la Inquisición, sin embargo en la mente de muchas personas este hecho histórico se mezcla con el de la Inquisición, por su coincidencia en fechas, lugares y métodos de castigo.

En épocas recientes, el estudio de la inquisición ha tomado vigencia y se han logrado realizar bastantes estudios de tipo político, religioso, social y estadístico por historiadores que se auto denominan no cristianos[2]. En este sentido, los datos estadísticos más completos de la actividad de los tribunales inquisidores, son los realizados por el historiador danés Gustav Henningsen y el español Jaime Contreras, basándose en las *relaciones de causa* (documentos que se le exigían llevar a dichos tribunales con el reporte detallado de todas sus actividades) que se enviaban al Consejo de la Suprema. Henningsen escribió el libro *"The Database of the Spanish Inquisition"* (La Base de Datos de la Inquisición Española), donde presenta los resultados del estudio de los 1,531 *relaciones de causa* entre los años 1540 y 1700. En total se describen 44,674 casos de un estimado de 87,000 que han debido existir. El total de casos que terminaron con la ejecución del acusado fue de 826, menos del 2 por ciento[3].

La Iglesia pide perdón

En el primer domingo de cuaresma del año 2000, el 12 de marzo, se llevó a cabo una Eucaristía que se conocería como la misa de la Jornada del Perdón, celebrada por el papa Juan Pablo II.

En uno de los apartes de su homilía podemos leer:

---

[1] Historia de la Religión Cristiana, Schaff. Vol. VIII, p. 791

[2] La base de datos de la fundación Dialnet, de la Universidad de la Rioja en España, revela que antes de los 1978, solo se habían publicado 8 libros sobre la inquisición española, pero luego hubo una explosión de publicaciones: entre 1978 y 1982; 22, entre 1983 y 1987; 29, entre 1988 y 1992; 51, entre 1993 y 1997; 41, entre 1998 y 2002; 63 y entre 2003 y 2007; 27.

[3] The Database of the Spanish Inquisition, Henningsen, p. 58-84.

"Este primer domingo de Cuaresma me ha parecido la ocasión propicia para que la Iglesia, reunida espiritualmente en torno al Sucesor de Pedro, implore el perdón divino por las culpas de todos los creyentes. ¡Perdonemos y pidamos perdón!

Esta exhortación ha suscitado en la comunidad eclesial una profunda y provechosa reflexión, que ha llevado a la publicación, en días pasados, de un documento de la Comisión teológica internacional, titulado: "Memoria y reconciliación: la Iglesia y las culpas del pasado"[1]. Doy las gracias a todos los que han contribuido a la elaboración de este texto. Es muy útil para una comprensión y aplicación correctas de la auténtica petición de perdón, fundada en la responsabilidad objetiva que une a los cristianos, en cuanto miembros del Cuerpo místico, y que impulsa a los fieles de hoy a reconocer, además de sus culpas propias, las de los cristianos de ayer, a la luz de un cuidadoso discernimiento histórico y teológico.

¡Perdonemos y pidamos perdón! A la vez que alabamos a Dios, que, en su amor misericordioso, ha suscitado en la Iglesia una cosecha maravillosa de santidad, de celo misionero y de entrega total a Cristo y al prójimo, no podemos menos de reconocer las infidelidades al Evangelio que han cometido algunos de nuestros hermanos, especialmente durante el segundo milenio. Pidamos perdón por las divisiones que han surgido entre los cristianos, por el uso de la violencia que algunos de ellos hicieron al servicio de la verdad, y por las actitudes de desconfianza y hostilidad adoptadas a veces con respecto a los seguidores de otras religiones. Confesemos, con mayor razón, nuestras responsabilidades de cristianos por los males actuales. Frente al ateísmo, a la indiferencia religiosa, al secularismo, al relativismo ético, a las violaciones del derecho a la vida, al desinterés por la pobreza de numerosos países, no podemos menos de preguntarnos cuáles son nuestras responsabilidades.

Por la parte que cada uno de nosotros, con sus comportamientos, ha tenido en estos males, contribuyendo a desfigurar el rostro de la Iglesia, pidamos humildemente perdón."

¿Qué se busca con esta crítica?

Con este tema, los críticos de la Iglesia católica pretenden demostrar que nuestra Iglesia no es la verdadera Iglesia de Cristo, al patrocinar semejantes desmanes y crueldades, contrarias al evangelio de amor de Jesucristo.

¿Estamos los católicos, incluyendo a las jerarquías, libres de pecado?

De ninguna manera. De hecho nos confesamos pecadores.

---

[1] http://www.vatican.va/roman_curia/congregations/cfaith/cti_documents/rc_con_cfaith_doc_20000307_memory-reconc-itc_sp.html

¿Puede una persona católica, incluyendo a sus jerarquías, emitir un juicio erróneo?

Claro que sí.

¿Y qué pasa entonces, con el dogma de la infalibilidad pontificia?

La infalibilidad pontificia es un dogma de la Iglesia promulgado por el papa Pio IX el 18 de julio de 1870, según la cual el papa esta preservado de cometer un error cuando él define a la Iglesia una doctrina en materia de fe o de costumbre. Diferente a la inerrabilidad del papa, es decir que el papa sí puede cometer errores cuando da su opinión particular sobre algún asunto, pero cuando se trata de promulgar un dogma de Fe, no. Desde 1870 solo se ha proclamado un dogma: el de la Asunción de la Virgen María.

¿Puede suceder que algunos católicos, incluyendo a sus jerarquías, pequen por exceso de celo y no mantener un equilibrio adecuado?

Claro que sí.

Ahora bien, ¿significan estos reconocimientos que la Iglesia católica no es la verdadera Iglesia de Cristo?

¿Acaso Jesús dijo en algún momento que los miembros de su Iglesia no pecarían?

Todo lo contrario. ¡Si San Pedro, el primer papa, al ser nombrado como tal, Jesús tuvo que decirle: *"Apártate de Mí, Satanás [...] porque tu modo de pensar no es el de Dios, sino el de los hombres"* (Mateo 16:23)

Así que lo primero que tenemos que tener claro cuando se nos presente el tema de la Inquisición, es que ningún relato de pecado, abuso, juicios equivocados o supuesta crueldad por parte de los católicos, puede dejar sin lugar la institución divina de la Iglesia católica como la única y verdadera Iglesia de Cristo.

En la Iglesia fundada por Jesucristo hay pecadores y santos; miembros malintencionados y bien intencionados; personas malas y buenas; porque la Iglesia está hecha del mismo barro de los hombres. Siempre afloraran las acciones de unos y de otros. Pero tenemos la promesa del Señor que Él estará con su Iglesia hasta el fin de los siglos a pesar de los pecados de sus miembros.

Capítulo XXIX

¿Qué fueron las cruzadas?

E l segundo punto en la lista de temas que se mencionan cuando se está atacando a la Iglesia es el de las cruzadas. Simplemente se enumera diciendo: "Las cruzadas". Y al igual que en el tema de la Inquisición, pocos han sacado el tiempo para profundizar sobre ellas.

Si le pregunta a su interlocutor si podría explicarle que fueron las cruzadas, muy seguramente le contestaría que fueron las guerras que a nombre de Jesús, se llevaron a cabo en la edad media bajo las órdenes de la Iglesia para matar a los que no creían en Él.

A lo que la mayoría de personas se refieren como *Las cruzadas*, es a un periodo de la historia que empieza en 1095 y termina en 1291 d.C. Doscientos años que abarcan cuatro grandes campañas militares impulsadas por el papado en defensa de los cristianos, atacados principalmente por los musulmanes y seguidos por eslavos paganos, mongoles, cátaros, husitas, valdenses y prusianos.

Desde los comienzos del Islamismo, los musulmanes buscaron la expansión de su creencia a través de invasiones y conquistas de sus territorios vecinos, que para ese momento eran predominantemente cristianos, en obediencia al Corán:

"Más cuando hayan pasado los meses sagrados matad a los idólatras dondequiera les halléis, capturadles, cercadles y tendedles emboscadas en todo lugar, pero si se arrepienten y aceptan el Islam, cumplen con la oración prescrita y pagan el Zakât dejadles en paz. Ciertamente Alá es Absolvedor, Misericordioso." Corán 9:5

En el año 622, cuando nace el islamismo, Egipto, Palestina, Siria, Asia Menor, el norte de África, España, Francia, Italia y las islas de Sicilia, Cerdeña y Córcega eran todos territorios cristianos. Estaban dentro de los límites del imperio Romano, que a pesar de estar en declive, todavía era completamente funcional en el Mediterráneo oriental. El cristianismo era la religión oficial de este imperio y claramente mayoritaria en el mundo conocido.

Un siglo después, los cristianos habían perdido la mayoría de esos territorios a manos de los musulmanes. Las comunidades cristianas de Arabia fueron completamente destruidas poco después del año 633, cuando judíos y cristianos por igual fueron expulsados de la península. Dos tercios del territorio que había sido cristiano eran ahora regidos por musulmanes. Y no cualesquier territorios. Palestina: la tierra de Jesucristo, Egipto: el lugar del nacimiento de la vida monástica cristiana y Asia Menor: donde san Pablo plantó las semillas de las primeras comunidades cristianas, eran áreas geográficas que representaban la cuna de la cristiandad. Era el núcleo del cristianismo y ahora se practicaba el islamismo.

Después de este periodo de tantas guerras, las conquistas musulmanas amainaron pero no desaparecieron. En la medida en que el imperio romano se resquebrajaba y perdía poder e influencia, los antiguos territorios romanos en Europa se volvieron el objetivo de los ejércitos árabes. Durante los siglos VI, VII y VIII; Italia, Francia y Constantinopla fueron objeto de numerosos ataques, mientras que España entera fue conquistada por los musulmanes procedentes de África del Norte.

Alrededor del año 1000, Constantinopla era la capital del imperio Bizantino. Situada en medio de las más importantes rutas comerciales, supo sacar provecho de su posición geográfica al controlar toda la navegación entre Europa oriental y Asia, y así ganarse un rol protagónico en la política mundial. Su moneda circulaba por todo el mediterráneo y era reconocida como la ciudad más prospera y poderosa del mundo. Sin embargo, su gloria terminó en el 1071 cuando los turcos que se habían convertido al islam, arrasaron a los ejércitos bizantinos en la batalla de Manzikert[1] y terminaron entregando a sus captores la mayor parte de Asia Menor. Ahora había fuerzas musulmanas apostadas a escasos kilómetros de Constantinopla.

Un año antes los turcos habían entrado a la ciudad santa de Jerusalén, que estaba bajo control de los musulmanes árabes desde el 638 cuando el califa Omar la conquistó y la honró como una ciudad santa, pero no así para los nuevos invasores turcos que prohibieron la entrada a la ciudad a los peregrinos que querían visitar los lugares sagrados.

Estos dos hechos conmocionaron a Europa occidental y oriental, ya que surgía la amenaza de la dominación turca sobre todos los territorios cristianos restantes que se resumían al continente europeo. Ante semejante amenaza, los cristianos del imperio romano de oriente (Bizancio) solicitaron la ayuda del papa y este accedió a dársela.

Podemos entonces claramente desmentir, el pensamiento popular que las cruzadas fueron la propagación de la fe a punta de espada. Fue la respuesta a siglos de ataques y la búsqueda de la reconquista de territorios, otrora cristianos, como Tierra Santa y otras regiones de interés especial para los creyentes.

En tiempos modernos esta lucha ha continuado, aunque el rol occidental está en cabeza de los países más desarrollados como Estados Unidos, Inglaterra, Francia y otros países miembros de la OTAN. El conflicto palestino-israelí, la insurgencia chiita en Yemen, la guerra en el noroeste de Pakistán, las recientes guerras de Estados Unidos contra Irak y Afganistán, son muestras de ello.

Más recientemente, la lucha contra el Estado Islámico, de naturaleza yihadista[2], ha despertado en Occidente un sentimiento de "cruzada" contra

---

[1] La batalla de Manzikert fue luchada cerca de la ciudad de Mancicerta en agosto de 1071. El sultán selyúcida Alp Arslán derrotó y capturó al emperador romano Diógenes, co-emperador Bizantino. La victoria turca condujo a la transformación étnica y religiosa de Armenia y Anatolia, el establecimiento del sultanato selyúcida de Rum, y más tarde el Imperio Otomano y la República de Turquía directamente. Los selyúcidas saquearon Mancicerta, y se masacró a gran parte de su población, además de reducir la ciudad a cenizas.

[2] El yihadismo es un neologismo occidental utilizado para denominar a las ramas más violentas y radicales dentro del islam político, caracterizadas por la frecuente y brutal utilización del terrorismo, en nombre de una supuesta yihad, a la cual sus seguidores llaman una «guerra santa» en el nombre de Alá.

ellos. Tomando la vocería, el presidente Barak Obama ha prometido no ahorrar esfuerzo alguno, hasta *"degradar y destruir"*[1] la amenaza que plantea al mundo este grupo terrorista. Tarea que pretende ejecutar no en solitario, sino con la conformación de una *"gran coalición"* de países, especialmente de Oriente Próximo y Europa.

La primera cruzada

Tras la batalla de Manzikert en 1074, el papa Gregorio VII hizo un llamado a los *Milites Christi ("Soldados de Cristo")* para que fuesen en ayuda del imperio bizantino. Su llamado fue completamente ignorado e incluso recibió bastante oposición, pero sirvió para que Europa pusiera toda su atención a los acontecimientos de oriente.

A pesar que la Iglesia Oriental había dejado de reconocer al obispo de Roma (el papa) como la máxima autoridad de la Iglesia en el llamado cisma de oriente[2], Alejo I Comneno emperador del imperio bizantino, le dirigió una carta en 1094 al entonces papa Urbano II solicitándole su apoyo y el envío de soldados para que lucharan contra los turcos.

El papa mostró una alta simpatía con la causa y vio una buena oportunidad para que Constantinopla, al brindarle la ayuda solicitada, reconsiderara su postura de separarse de la Iglesia de Roma, cosa que no llego a ocurrir.

Un año más tarde en Francia, con la participación de eclesiásticos y laicos, se celebró el concilio de Clermont. En dicho concilio, el papa Urbano II pronunció un gran discurso en el que convocó a los cristianos a unirse en una cruzada militar que devolviera Jerusalén a los cristianos. Este discurso que terminó con las palabras *"Dios así lo quiere"*[3], despertó un gran fervor religioso entre el pueblo y una parte de la nobleza.

Todos los clérigos de Francia, Alemania e Italia hicieron eco de las palabras del papa durante el siguiente año, logrando estimular a la gente al punto de conformar así el ejército de la primera cruzada. Según algunos histo-

---

[1] Palabras pronunciadas en su discurso a la nación el 10 de septiembre de 2014.

[2] En el año 1054.

[3] Actualmente existen cinco versiones de este famoso discurso. Algunos de ellos incluyen la promesa del perdón de los pecados para aquellos que perdieran sus vidas en esta cruzada.

riadores, se unieron poco más de 40,000 personas con escasa o ninguna experiencia en las artes militares. Este ejército que incluía mujeres y niños no llegaron a marchar juntos, ya que en realidad eran un conjunto de pequeños ejércitos que cada región de Europa aportaba para la causa, y donde cada uno de ellos obedecía a sus propios líderes e intereses.

Al no contar con una buena organización en su tránsito hacia Constantinopla, en especial del aprovisionamiento de comida; ni con un liderazgo claro, definido y único, estos ejércitos se auto abastecieron saqueando los pueblos a su paso, y aprovecharon la anarquía reinante para ajusticiar a los que ellos consideraban enemigos de Cristo, en especial a los judíos.

Si bien el antisemitismo había existido en Europa desde hacía siglos, esta primera cruzada exacerbó ese sentimiento. Ciertos líderes alemanes interpretaron que esa lucha no solo debería ser contra los musulmanes en Tierra Santa, sino contra los judíos que habitaban sus propias tierras.

Cuando los ejércitos cruzados alcanzaron Constantinopla en agosto de 1096, lo que habían ganado en reputación de forajidos y asesinos sin ley, lo habían perdido en hombres. Un cuarto de los cruzados fallecieron en el camino.

Al adentrarse en Asia Menor, pudo más la gran experiencia militar de los turcos que las motivaciones religiosas de los cruzados y prontamente estos últimos fueron masacrados y esclavizados.

Un segundo aire revitalizó la causa cruzada y entre noviembre de 1096 y mayo 1097, partieron de Europa cuatro grandes grupos de cruzados mucho más organizados, con mayor experiencia en las artes bélicas y mejor provisionados. En total 35,000 hombres y 5,000 caballeros marcharon hacia Constantinopla por diferentes rutas. Reabastecidos en esta ciudad, emprendieron su marcha hacia Jerusalén, recapturando territorios cristianos que estaban en manos turcas, tales como Edesa y Antioquía, conformándose de esta manera los dos primeros condados cruzados.

Finalmente el 15 de julio de 1099 la ciudad santa de Jerusalén retornaría a manos cristianas.

Con esta conquista finalizó la primera cruzada. Muchos cruzados volvieron a sus lugares de origen, aunque otros se quedaron a defender las tierras recién conquistadas.

La segunda cruzada

Esta segunda cruzada fue convocada en 1145 en respuesta a la retoma turca del que habría sido el primer estado cruzado fundado durante la primera cruzada: Edesa.

Al enterarse el entonces papa Eugenio III, convocó una nueva cruzada, que esta vez debería ser más organizada y centralizada que la anterior, y que a diferencia de la primera que no conto con ningún importante gobernante, ésta contó con la participación del rey Luis VII de Francia (acompañado por su esposa Leonor de Aquitania), el emperador Conrado III de Alemania y con la ayuda de numerosos nobles de diferentes países. Los ejércitos de ambos reyes atravesaron Europa por caminos separados hasta llegar a la región de Anatolia (Asia Menor) donde cada ejército, por separado, fue derrotado por los turcos.

Con sus ejércitos bastante mermados, Luis VII y Conrado III llegaron a Jerusalén motivados más por su deseo de cumplir su peregrinaje a Tierra Santa, que por motivaciones militares. La bienvenida estuvo a cargo del rey cristiano Balduino III de Jerusalén, quien los convenció de unir su precario ejército con los ya diezmados soldados reales y en 1148 participaron en un desacertado ataque sobre Damasco, que terminó por exterminar sus ejércitos.

Conrado III regreso inmediatamente a su región y Luis VII lo haría un año después separado de su esposa. Esta separación le significó la perdida de dos terceras partes del territorio francés que le había sido dado como dote de matrimonio y que luego pasó a pertenecer a Inglaterra, cuando Leonor contrajo matrimonio con Enrique II, quien sería nombrado rey de Inglaterra entre 1154 y 1189.

La tercera cruzada

Convocada por el papa Urbano III cuando el sultán de Egipto y Siria, el musulmán Saladino, conquistó nuevamente la ciudad de Jerusalén el 2 de octubre de 1187. El papa falleció a los pocos días, por lo que su sucesor el papa Gregorio VIII firmó la convocatoria el 29 de octubre de 1187 a los cuatro días de haber sido electo como el sucesor de Pedro.

Dos años más tarde, Enrique II de Inglaterra y Felipe II de Francia, acordaron poner fin al conflicto que se había originado con el matrimonio entre Enrique II y Leonor de Aquitania, para unirse y dirigir esta nueva cruzada a la que también se le unió el entonces emperador alemán Federico I Barbarroja, quien tomó la delantera y partió hacia Tierra Santa el 27 de marzo de 1188.

Con muy pocas victorias a su favor, conseguidas en sus dieciocho meses que llevaba de campaña, Federico I Barbarroja murió ahogado cuando atravesaba el rio Saleph (hoy Turquía), llegando a su fin ese brazo armado de la tercera cruzada.

Enrique II murió antes de partir y lo sucedió Ricardo I "Corazón de León" quien avanzó por tierra desde Marsella en julio de 1190. Felipe II lo hizo por mar y llegó al reino de Sicilia el 14 de septiembre de ese mismo año. Al año siguiente, el 7 de septiembre, se libró la batalla de Arsuf entre las fuerzas cristianas de Ricardo I y las musulmanas de Saladino. El ejército cruzado resultó victorioso y vuelve a control cristiano la región de Jaffa, facilitando la retoma de Jerusalén.

Finalmente, en junio de 1192, Ricardo I "Corazón de León" y Saladino firmaron un acuerdo de paz en el que los cruzados conservaban la franja costera entre Tiro y Jaffa; Chipre sería dado cómo feudo a Guido de Lusignan, el anterior rey cristiano de Jerusalén y Saladino permitiría el libre tránsito de peregrinos a la ciudad santa de Jerusalén, que seguiría bajo dominio musulmán.

La cuarta cruzada

El acuerdo de paz entre Ricardo I "Corazón de León" y Saladino, trajo unos pocos años de relativa paz, pero no dejó de ser una molestia para los cristianos europeos que Jerusalén continuara siendo territorio musulmán.

En 1199, el papa Inocencio III decidió convocar una nueva cruzada para aliviar la situación de los débiles Estados Cruzados de oriente. Esta cuarta cruzada debería ir dirigida específicamente contra Egipto, considerado el punto más débil de los estados musulmanes, lo que facilitaría la retoma de Tierra Santa.

Para este entonces, los alemanes se encontraban enfrentados al poder papal; y Francia e Inglaterra se encontraban combatiendo entre ellos. Esto hizo que la respuesta a esta cuarta cruzada tuviera muy poca aceptación, lográndose conformar un pequeño ejército de poco menos de 35.000 hombres dirigidos por el marqués Bonifacio de Montferrato.

El llegar a Egipto por tierra se descartó de inmediato, así que las tropas cruzadas se dirigieron hacia la ciudad italiana de Venecia en busca de transporte marítimo que los llevará a su destino final. Venecia se recobraba del bloqueo comercial que le impuso Constantinopla por varios años, cuando le prohibió a sus barcos el uso de sus puertos y de sus aguas, permitiendo que otras ciudades portuarias como Génova y Pisa, se fortalecieran y desplazaran la prominente ciudad de Venecia a un papel secundario.

El entonces máximo dirigente veneciano Enrico Dandolo, vio en ese ejército cruzado una excelente oportunidad para buscar una alianza que le asegurara que Constantinopla no le volvería a cerrar sus puertos.

Desde años atrás uno de los herederos al trono de Bizancio, Alejo IV Ángelo, se encontraba exiliado en Alemania buscando la forma de recuperar el trono que le correspondía por herencia.

Mientras que el ejército cruzado se encontraba consiguiendo los 85.000 marcos de plata que exigía la ciudad de Venecia para cubrir los gastos del transporte, Alejo IV Ángelo logró convencer al dux Enrico Dandolo y al marqués Bonifacio de Montferrato, de desviar el curso de la cruzada y ayudar primero a los Venecianos atacando Hungría para recuperar el territorio de Zara[1] y luego embestir a Constantinopla para instalarse en el poder.

Una vez instalado en el poder, Ángelo ayudaría a la cuarta cruzada con transporte, hombres y dinero para continuar su campana libertadora, y a Venecia le restauraría sus tratados comerciales en plenitud y la favorecería sobre las otras ciudades rivales italianas.

A pesar de la desaprobación del papa sobre estos planes, la flota zarpó de Venecia el 8 de noviembre de 1202 y varios días después los cruzados estarían devolviendo a control veneciano la región de Zara. El papa optó por excomulgar a todos los expedicionarios, aunque más adelante rectificó y perdonó a los cruzados, manteniendo la excomunión solo para los líderes venecianos.

---

[1] Actual región de Dalmacia en Croacia. Esta región había sido disputada en diversas ocasiones entre venecianos y húngaros, entre los siglos X y XII.

Meses después se les unió Alejo IV Ángelo y la flota zarpó con rumbo a la ciudad de Constantinopla. El 17 de julio de 1203 los cruzados tenían completamente dominada la ciudad y el entonces emperador Alejo III decidió huir. Los dignatarios imperiales, para resolver la situación, sacaron de la cárcel al depuesto emperador Isaac II Ángelo, padre de Alejo IV, y lo restauraron en el trono. Tras unos días de negociaciones, llegaron a un acuerdo con los cruzados por el cual Isaac y Alejo serían nombrados co-emperadores. Alejo IV fue coronado el 1 de agosto de 1203 en la iglesia de Santa Sofía.

Para intentar cumplir las promesas que había hecho a venecianos y cruzados, Alejo se vio obligado a recaudar nuevos impuestos. Se había comprometido también a conseguir que el clero ortodoxo aceptase la supremacía de Roma y adoptase el rito latino, pero se encontró con una fuerte resistencia. Durante el resto del año 1203, la situación fue volviéndose más y más tensa: por un lado, los cruzados estaban impacientes por ver cumplidas las promesas de Alejo; por otro, sus súbditos estaban cada vez más descontentos con el nuevo emperador. A esto se unían los frecuentes enfrentamientos callejeros entre cruzados y bizantinos.

Finalmente la impaciencia de los cruzados no aguanto más y el 6 de abril del 1204 atacaron la ciudad, la saquearon y se produjo una matanza que forjó la fama violenta de las cruzadas que han persistido hasta nuestros días.

Constantinopla retornó a control romano y todas sus riquezas fueron repartidas entre los cruzados, los venecianos y una pequeña parte al designado emperador bizantino. Algunos años después, se perdió este control y retornó a control musulmán.

Cruzadas menores

Tras el fracaso de la cuarta cruzada, el espíritu cruzado se había apagado casi por completo, pese al interés de algunos papas y reyes por reavivarlo.

Entre 1213 y 1269 se organizaron otras cruzadas que buscaban recuperar los territorios orientales de manos musulmanas. Con pequeñas victorias y grandes derrotas, el espíritu cruzado terminó cuando se perdieron las últimas posesiones cristianas que aun mantenían en las regiones de Tiro, Sidón y Beirut en 1291.

En 1492 concluye el periodo de reconquista española, con la retoma del reino de Granada, último bastión musulmán de la península ibérica, por parte de los Reyes Católicos Fernando II de Aragón e Isabel I de Castilla.

El perdón de la Iglesia

Si bien se puede apreciar que estas cruzadas contaron con la bendición papal que buscaba frenar la expansión musulmana sobre Europa y recuperar Tierra Santa, también se aprecia que el control de tales cruzadas no estuvo en manos de la Iglesia, sino en manos de reyes y nobles europeos que amparados en la noble causa, se dejaron llevar siempre por sus propios intereses.

Durante la Edad Media cualquier cristiano europeo creía que las Cruzadas constituían un acto de máximo bien. Pero esta concepción cambió con la Reforma Protestante. Para Martín Lutero, las Cruzadas no eran más que una maniobra de poder y avidez papal. De hecho, argumentó que combatir a los musulmanes significaba combatir a Cristo mismo, ya que fue Cristo quien envió a los turcos para que castigaran a los cristianos debido a sus faltas. Cuando el sultán Suleiman "el Magnífico" y sus ejércitos invadieron Austria, Lutero cambió de opinión acerca de la necesidad de combatirlos, pero continuó condenando a las Cruzadas. Para muchos protestantes, la idea de persistir en el espíritu de las cruzadas se transformó en algo impensable y anti bíblico. Esto dejó la responsabilidad de la lucha contra los voraces musulmanes en los hombros exclusivos de la Iglesia católica. En 1571, la llamada Santa Liga[1] derrotó a la flota otomana en Lepanto, marcando el comienzo de la neutralización del peligro del islam sobre Europa, al menos a través de batallas fratricidas.

El 4 de mayo del 2001, el papa Juan Pablo II arribó a la ciudad de Atenas donde fue recibido por el patriarca de la Iglesia Ortodoxa de Grecia: el arzobispo Christodoulos. Era la primera visita de un pontífice católico a Grecia tras el gran Cisma de Oriente de 1054. Lo primero que hizo el sumo pontífice fue pedir perdón:

"Pesan sobre nosotros controversias pasadas y presentes y persistentes incomprensiones. Pueden y deben ser superadas. Es necesario un proceso

---

[1] La unión de España con los Estados Pontificios, Republica de Venecia, la Orden de Malta, la Republica de Génova y el Ducado de Saboya.

de purificación de la memoria. Por las ocasiones pasadas y presentes en las que los hijos de la Iglesia católica han pecado con hechos y omisiones contra sus hermanos ortodoxos, pedimos el perdón de Dios"

El Pontífice recordó algunos casos *"particularmente dolorosos, que han dejado heridas profundas en la mente y en el corazón de personas de ahora"*. Entre ellos destacó el *"desastroso saqueo"* de Constantinopla, ocurrido en el 1204 a manos de los venecianos y cruzados.

"Es trágico que los saqueadores que tenían como cometido garantizar el libre acceso de los cristianos a Tierra Santa se volvieran contra sus propios hermanos. El hecho de que fuesen latinos[1] nos llena de amargura a los católicos".

---

[1] Acá la expresión *Latinos*, hace referencia al mundo occidental en contraposición a los ortodoxos que conforman la parte oriental.

Capítulo XXX

¿Por qué la Iglesia no evoluciona con los tiempos?

C uando un católico con fuerte identidad cristiana discute con una persona que no la tiene, temas como el aborto, las relaciones homosexuales, los anticonceptivos, las relaciones prematrimoniales, etc., el argumento final que se emplea es el que la Iglesia debe evolucionar con los tiempos y adaptarse al pensamiento, uso y costumbre de lo que ellos consideran universal y actual.

Los movimientos en favor del matrimonio entre homosexuales y en favor del aborto, han acuñado esta frase buscando disminuir la resistencia del que ha sido su mayor obstáculo: la Iglesia católica. Le piden a la Iglesia que modifique algo que la Iglesia no puede modificar. Se le pide una modernización que consistiría en hacerse propietaria de algo que no le pertenece. La Iglesia es solo custodia de una verdad revelada, que en cumplimiento de un mandato de Jesús, debe proclamar con fidelidad a todo el mundo en todos los tiempos, independiente del grado de popularidad o aceptación entre la gente.

Si hoy conocemos a Jesús y sus enseñanzas, es porque la Iglesia nos lo ha traído hasta hoy fielmente a lo largo de los siglos. La moral que la Iglesia ha defendido es la misma en toda su historia, porque forma parte de la revelación que Dios ha hecho al hombre para el hombre. El apóstol san Pablo afirma en su carta a los hebreos *"Jesucristo es el mismo ayer, hoy y siempre"* (Hebreos 13:8). Las cosas que Dios nos ha revelado son válidas ayer, hoy y siempre. Cambiar sus mandamientos es pedirle a la Iglesia que se coloque por encima de Dios y rescriba su revelación porque nos parece más conveniente y/o agradable.

Sin embargo las palabras y metodología empleadas, si pueden cambiar con los tiempos y según las diferentes culturas que debe alcanzar. Pero cambiar su doctrina para complacer a un grupo de personas como lo pueden llegar a hacer las democracias más modernas, no es posible.

A lo largo de la historia, el mundo ha sido testigo de grandes cambios que se han dado en todos los rincones del mundo. Cambios que han afectado todos los aspectos que influyen en sus pueblos: política, economía, cultura, moda, estructura social, etc. Nuevos derechos y libertades han surgido en la medida en que el hombre se aparta más y más de las libertades que Dios estableció para nuestro beneficio, y se clama por una bendición del Vaticano a estas nuevas libertades y derechos, pero la Iglesia no puede decidir lo que proclama. Proclama lo que le fue entregado para proclamar.

Se piensa por ejemplo que el aborto es un asunto religioso y cae en el cúmulo de creencias que cada persona elije libremente haciendo uso de su libertad de conciencia. Por ello se pide a la Iglesia que cambie su postura respecto a este tema para estar en concordancia con sus costumbres e inclusive con sus leyes.

Una encuesta realizada entre marzo y mayo del 2013 en 39 países y en diciembre del mismo año en la India, por el Centro de Investigaciones PEW[1], preguntó a más de cuarenta mil adultos, sí consideraba moralmente aceptable, moralmente inaceptable o sino consideraba el tema preguntado como un asunto moral y por lo tanto lo aceptaba, los siguientes tópicos[2]:

---

[1] Institución sin ánimo de lucro fundada en 1948 con sede en Washington DC, USA.

[2] Ver la ficha técnica complete en: http://www.pewglobal.org/2014/04/15/global-morality/

Tema	Inaceptable	Aceptable	No es asunto moral
Relaciones extramatrimoniales	78%	7%	10%
Prácticas homosexuales	59%	11%	13%
Aborto	56%	15%	12%
Relaciones prematrimoniales	46%	24%	16%
Divorcio	24%	36%	22%
Uso de anticonceptivos	14%	54%	21%

Interesante comparar esta estadística con el pensamiento de los estadounidenses:

Tema	Inaceptable	Aceptable	No es asunto moral
Relaciones extramatrimoniales	84%	4%	10%
Prácticas homosexuales	37%	23%	35%
Aborto	49%	17%	23%
Relaciones prematrimoniales	30%	29%	36%
Divorcio	22%	33%	36%
Uso de anticonceptivos	7%	52%	36%

Con el correr del tiempo, el hombre ha hecho más y más relativo lo que Dios quiso que fuera absoluto. Una sola verdad y no la gran diversidad de verdades que nos rodean. Moral, valores y dignidades claramente establecidas desde la creación, hoy las consideramos temas religiosos que cada cual decide sí los cree, o sí los acepta, o sí los defiende, o sí los modifica y adapta a sus propios intereses, esperando que la Iglesia haga lo propio. Este fenómeno se conoce como relativismo.

El relativismo

René Descartes[1] fue un matemático, físico y filósofo francés, a quienes muchos acreditan ser el padre de lo que se conoció cómo la *"Época de la Ilustración"*. En 1641 postuló su teoría del dualismo de la mente (alma) y del cuerpo, separándolos en dos entidades diferentes e independientes. Esta teoría eventualmente condujo a la idea de que el cuerpo humano podía ser considerado como un objeto que la persona podía manipular según sus deseos. Dicho simplemente, usted *es* su mente y usted *tiene* un cuerpo, contradiciendo la doctrina tradicional cristiana de que *somos* al mismo tiempo cuerpo y alma[2] en una sola unidad.

En épocas más recientes, durante la llamada *"revolución sexual"* de los años 60, se dio un fenómeno similar cuando la gente separó la sexualidad de la persona, conduciendo a un pensamiento según el cual el cuerpo humano se podía manipular a su antojo en la búsqueda del placer. Todo estaba permitido con el fin de lograr la satisfacción personal.

Siguiendo esta línea de pensamiento, el hombre ha rechazado más la moral judeo-cristiana en favor de un relativismo sin Dios.

El relativismo sostiene que no se puede aceptar ninguna verdad absoluta, ni universal, ni necesaria, sino que la verdad proviene de la valoración que hace un determinado grupo social de un conjunto de elementos condicionantes que la harían particular y variable con el tiempo. Para el papa Benedicto XVI éste relativismo moral es la causa de la actual crisis del mundo: *"Si la verdad no existe para el hombre, entonces tampoco éste puede distinguir entre el bien y el mal"*.

Ya no queremos captar la realidad a través de nuestros sentidos para analizarla e interpretarla con nuestro intelecto, sino lo contrario; comenzando con nuestro intelecto en forma subjetiva formamos la realidad que perciben nuestros sentidos.

---

[1] Nació en Francia en 1596 y falleció en Suecia en 1650.

[2] La unidad del alma y del cuerpo es tan profunda que se debe considerar al alma como la "forma" del cuerpo (cf. Concilio de Vienne, año 1312, DS 902); es decir, gracias al alma espiritual, la materia que integra el cuerpo es un cuerpo humano y viviente; en el hombre, el espíritu y la materia no son dos naturalezas unidas, sino que su unión constituye una única naturaleza. Artículo 365 del Catecismo de la Iglesia Católica.

Cuando Eva le dijo a la serpiente lo que Dios le había ordenado, la serpiente le contesto: *"No es cierto"* (Génesis 3:4). Como quien dice: *"Dios les mintió, así que no le hagan caso, háganme caso a mí, que yo sí les digo la verdad"*. Y así hizo ella.

Que la Iglesia cambie su doctrina para acomodarse al relativismo moderno, como lo demandan ciertos grupos sociales sobre temas como el aborto, el matrimonio entre homosexuales, la eutanasia, las relaciones prematrimoniales, etc., sería hacerle caso nuevamente a la serpiente.

No es terquedad, es obediencia.

La evolución de la Iglesia

La historia nos muestra que la Iglesia siempre ha sido signo de contradicción. Motivo de escándalo entre los judíos y de locura entre los paganos. Perseguida y favorecida; calumniada por sabios y poderosos y en ocasiones aliada con el poder, pero de forma fidedigna, ha transmitido por más de veinte siglos el depósito sagrado de nuestros valores católicos en forma inalterable, a pesar que algunas veces nos ha llegado con las manchas propias de la debilidad humana.

La Iglesia ha entrado en la historia del hombre, siempre fiel a sí misma, procurando adaptarse al ambiente cultural y entendiendo la forma de pensar del hombre en cada etapa de nuestra historia. El modelo de Iglesia de hace cinco siglos experimentó variaciones importantes a partir del protestantismo, del advenimiento de la ciencia y de la técnica que llevaría a la Revolución Francesa, a la revolución industrial y a la nueva comprensión que; a partir de ese momento se fue teniendo del hombre. La Iglesia tuvo que cambiar para dialogar con un hombre más moderno y para entenderse a sí misma más como Iglesia misionera que como sociedad establecida y acomodada; con más interés de servir que de ganar poder.

El papa Francisco en su reciente *Exhortación Apostólica "EVANGELII GAUDIUM"*, hace un gran llamado al cambio de toda la Iglesia incluyendo el papado; *"Me corresponde, como obispo de Roma, estar abierto a las sugerencias que se orienten a un ejercicio de mi ministerio que lo vuelva más fiel al sentido que Jesucristo quiso darle y a las necesidades actuales de la evangelización"*. El papa defiende *"la colegialidad"* e invita a religiosos y sacerdotes a no temer *"romper los esquemas"*, a *"ser audaces y creativos"*, y a evitar transmitir *"una multitud de doctrinas que se intentan imponer a fuerza de insistencia"*.

Su Santidad propone en sustancia pasar de un modelo de iglesia burocrática y doctrinaria a una iglesia *"misionera"*, alegre, abierta a los laicos y a los jóvenes.

En concordancia con los tiempos, la Iglesia si ha evolucionado adaptándose al desarrollo social del hombre —en especial del menos favorecido— en aspectos tales como la justicia, la economía, la salud, los sistemas de gobierno, derechos individuales y colectivos, etc. Prueba de ello es que la Iglesia siempre ha sabido responder a los retos que el desarrollo le impone al hombre, a la familia y a la sociedad. Creciendo a la par del mundo y aprendiendo de sus propias vivencias y experiencias, la Iglesia se ha pronunciado, y actuando como faro de luz, ha participado de la mano de los gobiernos en el desarrollo de sociedades más justas, que respeten la dignidad e integridad del hombre.

Veamos algunos de estos ejemplos que nos muestran a una Iglesia actuando a la par de los tiempos.

El derecho internacional

Se le atribuye al fraile dominico español Francisco de Vitoria[1] el desarrollo del derecho internacional al establecer sus bases teóricas en su obra *"De potestate civil"* escrita en 1528. En ella propone la idea de una comunidad de todos los pueblos fundada en el derecho natural, y no en basar las relaciones entre los pueblos simplemente en el uso de la fuerza.

En contraposición al modelo de estado de Nicolás Maquiavelo en el que el estado era un conjunto moralmente autónomo, inmune a ser juzgado por normas externas, Vitoria establece una limitación moral para los estados como principio rector del derecho internacional.

Declara ilícita la guerra entre los pueblos por el simple hecho de aumentar sus territorios o por diferencias religiosas. Consideraba justa la guerra solo como respuesta a una ofensa grave.

---

[1] Nació en España en 1483 y falleció en 1546.

Gran defensor de los derechos de los indios tras los excesos cometidos por los conquistadores de América. En su obra *"De Indis"* escrita en 1532, afirma que los indios no son seres inferiores, sino que poseen los mismos derechos que cualquier ser humano y que son dueños legítimos de sus tierras y de sus bienes.

Su obra logró detener por diez años la conquista en América por objeciones morales y teológicas, y sirvió de base para la redacción de las *"Leyes Nuevas de Indias[1]"*, dónde se establece que los indios son seres humanos libres con derecho a denunciar a sus amos, a poseer bienes, a recibir los sacramentos, a buscar su libertad y gozar de la protección directa de la corona española.

Con motivo de la evangelización del nuevo mundo, el 2 de junio de 1537 el papa Paulo III firmó la bula *"SUBLIMIS DEUS"* donde prohíbe la esclavización de los indios, declara firmemente que son hombres iguales a todos, por lo que se les debía respetar su libertad, sus posesiones y que tenían derecho a conocer a Cristo, predicado de forma pacífica y evitando todo tipo de crueldad.

La solidaridad

A lo largo de la historia, la Iglesia ha evolucionado el concepto de la solidaridad acorde con las necesidades del hombre en el tiempo. Dicha evolución se ve reflejada en dos aportes fundamentales: En el campo de las ideas, por cuanto declara que la solidaridad debe darse a cualquier hombre por el hecho de ser necesitado y no por pertenecer a determinado grupo, raza o religión, y en el campo de las acciones, por cuanto establece hospitales, orfanatos, asilos, leproserías y manicomios.

El concilio de Nicea celebrado en el 325 ordenó en su canon LXX a cada obispo establecer en sus diócesis un albergue o casa de acogida para extranjeros, pobres y enfermos.

La solidaridad fue adoptando formas muy diversas con el paso del tiempo y cada monasterio se convirtió en un centro de caridad. Los pobres eran

---

[1] Originalmente se tituló *Leyes y ordenanzas nuevamente hechas por su Majestad para la gobernación de las Indias y buen tratamiento y conservación de los indios.*

protegidos, los enfermos atendidos, los viajeros acogidos, los prisioneros rescatados, los huérfanos educados y las viudas auxiliadas.

Esta asistencia tuvo importantes reformas durante los siglos XVI y XVII impulsadas por clérigos como San Juan de Dios, San Camilo de Lelis o San Vicente de Paul. En este periodo de particulares calamidades, por ejemplo, es interesante que la Orden de Clérigos Regulares Ministros de los Enfermos (Religiosos Camilos) asumiera el servicio a los enfermos como carisma específico, convirtiéndose en un cuarto voto solemne que compromete totalmente al clérigo a la atención de los enfermos, incluso con peligro de su propia vida.

Después de la crisis que sobrevino a la Revolución Francesa para la asistencia sanitaria, fueron numerosas las congregaciones religiosas surgidas en el siglo XIX que se hicieron cargo de dicha necesidad.

Con el paso del tiempo han surgido nuevas enfermedades que suponen una adaptación y una respuesta múltiple de naturaleza moral, social, económica, jurídica y organizativa por parte de la Iglesia. Es así que cuando el sida se tornó en epidemia, la Iglesia respondió en tal sentido y entre otras cosas, destinó recursos en la construcción de centros para la atención de estos enfermos. En diciembre del 2005 la revista *Dolentium Hominum*, órgano del Pontificio Consejo para la Pastoral de la Salud, ofrecía los siguientes datos: El 26.7% de los centros para el cuidado del VIH/SIDA en el mundo son católicos. De las personas que se dedican a atender a estos enfermos a nivel mundial, el 24.5% son católicos, a razón de 9.4% en organismos eclesiales, y el 15.1% en organizaciones no gubernamentales católicas.

La esclavitud

Alex Haley[1] publicó su libro *"Raíces: la saga de una familia estadounidense"* en 1976, donde contaba la historia de su familia empezando con un ancestro muy lejano llamado Kunta Kinte que fue traído a América en 1767 para ser vendido como esclavo. Tanto el libro como la mini serie de televisión que se hizo basada en esta obra, alcanzaron records pocas veces antes

---

[1] Alexander Murray Palmer Haley nació el 11 de agosto de 1921 en Seattle, Washington, Estados Unidos y falleció el 10 de febrero de 1992. Su principal obra Raíces le mereció el premio Pulitzer en 1977.

visto. La mini serie televisiva llegó a tener más de 130 millones de televidentes.

Para la mayoría de personas, cuando se les habla de esclavitud, imaginan la presentada por Alex Haley: Maltrato, látigo, humillación, hambre, abuso sexual, trabajo forzado, castigo, nada de afecto ni consideración, etc. Pero no siempre ni en todas partes fue así.

En África y en Asia, la esclavitud ya existía antes de la llegada de los europeos. A diferencia de Grecia antigua, donde el esclavo era asimilado a la categoría de "cosa", en estos continentes el esclavo poseía derechos civiles y derechos sobre sus propiedades, teniendo además, varias formas legales de lograr su libertad. La fuente principal del abastecimiento de esclavos, era lo que hoy conocemos cómo prisioneros de guerra. Los vencidos en una guerra no eran confinados a una celda, sino que pasan a ser "propiedad" del vencedor, quien lo usaba para su propio servicio y con el tiempo y según la tribu, pasaban a integrarse a la familia, al igual que hoy sabemos de empleadores que abusan de sus trabajadores, también habían "amos" que abusaban de estos esclavos.

La Iglesia primitiva conoció este tipo de esclavitud y desde sus comienzos pregonaron un discurso de unidad y de no distinción entre los que tenían este estatus con los que no lo tenían. El apóstol san Pablo en su carta a los Gálatas lo expresó así: *"Ya no importa el ser judío o griego, esclavo o libre, hombre o mujer; porque unidos a Cristo Jesús, todos ustedes son uno solo."* Gálatas 3:28.

Es después del descubrimiento de América que occidente conoció esa esclavitud brutal que nos describió Alex Haley en su libro. Todo un nuevo continente por explotar requirió grandes cantidades de mano de obra, especialmente en Brasil para sus diversos cultivos, en la zona del caribe para el mantenimiento de los ingenios de azúcar y en el sur de América del Norte para el cultivo del algodón.

Con las *"Leyes Nuevas de Indias"* de la corona española explicada anteriormente, el esclavo dejó de ser una cosa para ganar la condición de hombre. Los derechos concedidos por estas leyes, acabaron influyendo en Estados Unidos y Francia, después de diferentes altercados, acabaron marcando el camino de la abolición.

Dos frailes miembros de la orden capuchina del siglo XVII jugaron un papel importante en resaltar la gravedad de esa esclavitud: Francisco José de Jaca y Epifanio de Moirans. El fraile Francisco se ordenó en 1672 y seis años más tarde partió rumbo a Venezuela previa escala en Cartagena de Indias donde conoció la crudeza de dicho flagelo. En Junio de 1681 le dirigió al rey Carlos II de España una carta en la que le manifestó que los esclavos también son hijos redimidos por la sangre de Cristo, por lo que le recuerda que es su deber; como rey católico y misericordioso, actuar prontamente en la abolición de semejante barbarie.

El fraile Epifanio se ordenó en 1676 y se estableció en La Habana, Cuba, en 1681 donde conoció de primera mano las atrocidades del comercio de esclavos. En esta ciudad se encontró con el fraile Francisco quien fue su compañero de lucha por la eliminación de la esclavitud. Desde el pulpito denunciaron esta práctica anti cristiana, se negaron a dar la absolución a los amos que no se comprometieran a liberar a sus esclavos y continuaron su suplica escrita al rey buscando su apoyo en su misión.

Sus escritos *"Resolución sobre la libertad de los negros"* y *"sus originarios en el estado de paganos y después ya Cristianos"* del fraile Francisco dirigida el rey Carlos II y *"Servi Liberi Seu Naturalis Mancipiorum Libertatis Justa Defensio"* del fraile Epifanio, tuvieron grandes repercusiones en Europa, tanto en la corona española como en la cúpula romana, dando origen a fuertes movimientos abolicionistas.

Es claro que la institución de la esclavitud permanecía por los intereses comerciales, pero también porque los Estados la sostenían. La Revolución Francesa en 1789 dio el paso largamente esperado por la Iglesia, cuando en su *"Declaración de los Derechos del Hombre y del Ciudadano"*, establece que ningún hombre podía poseer a otro hombre. Cinco años más tarde se abolió la esclavitud, aunque esta disposición fue revocada varios años después por Napoleón. Pero ya los movimientos abolicionistas se habían fortalecido y poco a poco se fue extendiendo la abolición de la esclavitud.

Con los derechos de la mujer y los menores

La evolución de la economía agraria a la industrial de la segunda mitad del siglo XVIII, alteró totalmente la estructura de la familia existente hasta ese momento. La industrialización a gran escala modificó la tradicional distribución de roles al interior del núcleo familiar, en especial el de las mujeres y los niños.

Uno de los efectos más innovadores de la revolución industrial fue el desvió del trabajo clásico de la mujer en el hogar o en las labores agropecuarias familiares, para incorporarlas a los procesos de producción de las recién creadas fabricas que requerían de abundante mano de obra. Las familias obreras vieron una gran oportunidad de poder contar con un ingreso adicional que contribuyera a solventar su precaria situación financiera.

Desde un principio estas mujeres fueron explotadas ya que su remuneración era equivalente al de los trabajadores menores, pero su jornada y labores eran las mismas que las de los demás trabajadores varones adultos.

Ante esta nueva realidad, la Iglesia creó la denominada Doctrina Social de la Iglesia (DSI). Esta enseñanza social es fruto de la búsqueda de la Iglesia a la denominada "cuestión social", expresión que recoge el conjunto de la problemática que la nueva sociedad industrial trajo consigo.

El primer documento emanado de la DSI, la encíclica "*RERUM NOVARUM*" del papa León XIII fechada el 15 de mayo de 1891, centra su atención en la clase trabajadora que para ese entonces afrontaba condiciones difíciles, equiparables en algunos casos a los de la esclavitud:

> "*Hizo aumentar el mal la voraz usura, que, reiteradamente condenada por la autoridad de la Iglesia, es practicada, no obstante, por hombres codiciosos y avaros bajo una apariencia distinta. Añádase a esto que no sólo la contratación del trabajo, sino también las relaciones comerciales de toda índole, se hallan sometidas al poder de unos pocos, hasta el punto de que un número sumamente reducido de opulentos y adinerados ha impuesto poco menos que el yugo de la esclavitud a una muchedumbre infinita de proletarios.*" Numeral 1.*

Sumado a esta denuncia, el documento manifiesta la explotación de la mujer por parte de sus empleadores:

> "*Por lo que respecta a la tutela de los bienes del cuerpo y externos, lo primero que se ha de hacer es librar a los pobres obreros de la crueldad de los ambiciosos, que abusan de las personas sin moderación, como si fueran cosas para su medro personal. ... Se ha de mirar por ello que la jornada diaria no se prolongue más horas de las que permitan las fuerzas. .... Finalmente, lo que puede hacer y soportar un hombre adulto y robusto no se le puede exigir a una mujer o a un niño.*" Numeral 31.*

Junto con la denuncia clara de la injusticia laboral, el numeral 31 muestra cómo, en la mente del papa, prevalece un modelo de sociedad y de familia, que limita a la mujer en las tareas domésticas y a los niños al desarrollo dentro del hogar:

> *"Y, en cuanto a los niños, se ha de evitar cuidadosamente y sobre todo que entren en talleres antes de que la edad haya dado el suficiente desarrollo a su cuerpo, a su inteligencia y a su alma. Puesto que la actividad precoz agosta, como a las hierbas tiernas, las fuerzas que brotan de la infancia, con lo que la constitución de la niñez vendría a destruirse por completo. Igualmente, hay oficios menos aptos para la mujer, nacida para las labores domésticas; labores estas que no sólo protegen sobremanera el decoro femenino, sino que responden por naturaleza a la educación de los hijos y a la prosperidad de la familia." Numeral 31*

El movimiento feminista surgido a consecuencia de la II Guerra Mundial cuando la mujer tuvo que asumir un sinnúmero de tareas propias de los varones hasta ése momento, adquirió una notable influencia reclamando igualdad de derechos y oportunidades en las áreas económicas, políticas y sociales.

Haciendo eco de esta nueva realidad, en su *Alocución a las mujeres de las asociaciones cristianas de Italia* del 21 de octubre de 1945, su santidad Pio XII dijo: *"mujeres y jóvenes católicas, vuestra hora ha llegado: la vida pública tiene necesidad de vosotras"*. En una postura más de avanzada, siete años más tarde se expresaría de esta forma en la *Convención de la Unión Mundial de las Organizaciones femeninas católicas*: *"A medida que maduran las nuevas necesidades sociales, también su misión benéfica se expande y la mujer cristiana deviene [...] no menos que el hombre, un factor necesario de la civilización y del progreso"*.

El papa Juan XXIII en su encíclica *"PACEM IN TERRIS"* del 11 de abril de 1963, señaló la presencia de la mujer en la vida pública como una de las características de su época, velando por la igualdad de derechos y deberes del varón y la mujer dentro de la familia: *"Tienen los hombres pleno derecho a elegir el estado de vida que prefieran, y, por consiguiente, a fundar una familia, en cuya creación el varón y la mujer tengan iguales derechos y deberes. ... Por lo que se refiere a la mujer, hay que darle la posibilidad de trabajar en condiciones adecuadas a las exigencias y los deberes de esposa y de madre"*.

El 15 de agosto de 1988 su santidad Juan Pablo II proclamó la encíclica *"Mulieris Dignitatem"*, primer documento de la Iglesia dedicado en su totalidad a la mujer. Aboga por una igualdad sin afectar su propia identidad, que constituye su riqueza esencial:

> *"Los recursos personales de la femineidad no son ciertamente menores que los de la masculinidad; son sólo diferentes. Por consiguiente, la mujer -como por su parte también el hombre- debe entender su realización como persona, su dignidad y vocación, sobre la base de estos recursos, de acuerdo con la riqueza de la femineidad, que recibió el día de la creación y que hereda como expresión peculiar de la imagen y semejanza de Dios"* Numeral 10.

Con motivo de la *IV Conferencia Mundial sobre la Mujer* que se llevó a cabo en la ciudad de Pekín, su santidad el papa Juan Pablo II escribió el 29 junio de 1995 un documento denominado la *"Carta del papa a las mujeres,*[1]*"* donde expresa la gratitud que la humanidad debe a la mujer y resalta los diferentes roles de la mujer actual:

> *"Dar gracias al Señor por su designio sobre la vocación y la misión de la mujer en el mundo se convierte en un agradecimiento concreto y directo a las mujeres, a cada mujer, por lo que representan en la vida de la humanidad.*
>
> *Te doy gracias, mujer-madre, que te conviertes en seno del ser humano con la alegría y los dolores de parto de una experiencia única, la cual te hace sonrisa de Dios para el niño que viene a la luz y te hace guía de sus primeros pasos, apoyo de su crecimiento, punto de referencia en el posterior camino de la vida.*
>
> *Te doy gracias, mujer-esposa, que unes irrevocablemente tu destino al de un hombre, mediante una relación de recíproca entrega, al servicio de la comunión y de la vida.*
>
> *Te doy gracias, mujer-hija y mujer-hermana, que aportas al núcleo familiar y también al conjunto de la vida social las riquezas de tu sensibilidad, intuición, generosidad y constancia.*
>
> *Te doy gracias, mujer-trabajadora, que participas en todos los ámbitos de la vida social, económica, cultural, artística y política, mediante la indispensable aportación que das a la elaboración de una cultura capaz de conciliar razón y sentimiento, a una concepción de la vida siempre abierta al sentido del « misterio », a la edificación de estructuras económicas y políticas más ricas de humanidad.*

---

[1] Ver la carta completa en
http://www.vatican.va/holy_father/john_paul_ii/letters/documents/hf_jp-ii_let_29061995_women_sp.html.

Te doy gracias, mujer-consagrada, que a ejemplo de la más grande de las mujeres, la Madre de Cristo, Verbo encarnado, te abres con docilidad y fidelidad al amor de Dios, ayudando a la Iglesia y a toda la humanidad a vivir para Dios una respuesta "esponsal", que expresa maravillosamente la comunión que Él quiere establecer con su criatura.
Te doy gracias, mujer, ¡por el hecho mismo de ser mujer! Con la intuición propia de tu femineidad enriqueces la comprensión del mundo y contribuyes a la plena verdad de las relaciones humanas." Numeral 2.

Documentos Pontificios

Dentro del desarrollo cultural del hombre a través de los tiempos, el pecado también ha tenido una evolución. La pornografía, el alcoholismo, las drogas, el aborto, la eutanasia, la destrucción del medio ambiente, etc., han cambiado desde que Jesús fundó su Iglesia. El alcance, la difusión y el poder destructivo del pecado tal y como hoy se conocen, son muy diferentes a los que conocieron los apóstoles cuando escribieron sus cartas presentes en el Nuevo Testamento.

Desde la Iglesia primitiva hasta la Iglesia de hoy, en cabeza del sumo pontífice, la Iglesia se ha pronunciado sobre todas estas corrientes culturales que ponen en riesgo el alma del hombre a través de los llamados documentos pontificios, dejando de manifiesto una evolución de la Iglesia en su pensamiento y en su concepción del hombre de acuerdo con el plan divino de salvación revelado por Dios.

Estos documentos se clasifican por su contenido y alcance en Cartas Encíclicas, Epístola Encíclica, Constitución Apostólica, Exhortación Apostólica, Cartas Apostólicas, Bulas y Motu Proprio.

Buscan principalmente:

- Enseñar sobre algún tema doctrinal o moral.
- Estimular la devoción y ayudar a los católicos en su vida sacramental y devocional.
- Identificar errores o clarificar opiniones teológicas erróneas.
- Informar a los fieles sobre los peligros para la fe procedentes de corrientes culturales, actos de un gobierno, etc.
- Exponer la doctrina social de la Iglesia en defensa de la persona humana.
- Promulgar leyes que afectan a los fieles miembros de la Iglesia.

En estos documentos podemos leer en un lenguaje actualizado, el pensamiento de la Iglesia sobre diferentes problemáticas que van apareciendo con el paso del tiempo. Temas como la fertilización asistida, la manipulación genética, las relaciones laborales, el aborto, la eutanasia, el maltrato a nuestra madre tierra, nuevas corrientes espirituales, la participación del laico dentro de la Iglesia, el rol de la familia en la sociedad moderna, etc.

Los que piensan que las enseñanzas de la Iglesia se quedaron congeladas el mismo día en que se escribió la última página de la Santa Biblia siglos atrás, es porque seguramente no han leído estos documentos que pueden ser consultados en el portal del Vaticano: www.vatican.va.

Capítulo XXXI

¿Solo a través de la Iglesia católica hay salvación?

D esde que San Cipriano[1] dijera en el siglo III *"Fuera de la Iglesia no hay salvación"*[2], cristianos y no cristianos han tenido problemas con dicha afirmación. Los primeros porque lo han tomado como un acto de arrogancia por parte de la Iglesia católica al afirmar algo que Jesús no dijo de forma explícita cuando fundó su Iglesia, y los segundos, porque piensan que ellos encontrarán el camino a un más allá con su dios a través de sus creencias, así que se debe ignorar lo que cualquiera otra religión pueda decir a ese respecto.

Hoy el malestar sigue vigente. Algunos piensan que la afirmación es excluyente, intolerante y totalitaria rayando en el fanatismo. Otros simplemente rechazan la idea de una estructura organizada de hombres que pueda atribuirse el derecho de dictar las leyes que gobiernan la entrada al cielo cuando eso solo le corresponde a Dios. Otros simplemente no aceptan esta doctrina porque parten de la base que Cristo murió por el perdón de todos

---

[1] Obispo de Cartago entre el 249 hasta el 258.

[2] *"Extra ecclesiam salus non est"*. Epístola de Cipriano, ep 73,21.

los hombres, así que no nos corresponde hacer nada más, sino creer en Él y, en el mejor de los casos "portarse bien" (Este es uno de los pilares del protestantismo: *Sola fide*. Consideran que sólo la fe es necesaria para salvarse y niegan la necesidad de las buenas obras).

Veamos la siguiente analogía: una persona que comienza a experimentar signos de una gran dolencia, acude a un médico quien le ordena una serie de exámenes que le ayuden a encontrar la causa de los síntomas. Estos arrojan como resultado la presencia de una grave enfermedad que requiere atención inmediata. El médico le dice que van a seguir un tratamiento que a pesar de seguirlo al pie de la letra no garantiza su recuperación, pero que vale la pena intentarlo. Acude a un segundo medico quien sugiere seguir un tratamiento distinto, pero que tampoco le garantiza su recuperación. Acude a un tercero que básicamente le dice lo mismo. Finalmente encuentra uno que le ofrece un tratamiento que de seguirlo al pie de la letra, le garantiza su recuperación.

¿En manos de que medico se pondría este enfermo? ¿En los que ofrecen su mayor esfuerzo pero que no garantizan su recuperación? o ¿En el que garantiza la recuperación?

Entonces, ¿por qué el saber que existe una Iglesia que nos garantiza la salvación si seguimos sus enseñanzas no nos llena de un sentimiento de alegría, sino que por el contrario, lo ignoramos?

Claramente debe haber un malentendido.

Afortunadamente Jesús y sus apóstoles nos dejaron una serie de enseñanzas en el Nuevo Testamento que nos pueden ayudar a entender porque San Cipriano hizo ésta afirmación.

Lo que nos dicen las Sagradas Escrituras

Lo que nos dicen las Sagradas Escrituras es que en el cielo no hay solamente católicos. El "buen ladrón"[1] (Dimas) que estaba a un lado de Jesús en su crucifixión, ciertamente no era católico y sin embargo hoy está gozando de la vida eterna en el reino de Dios. Es más, San Dimas es considerado como el único santo canonizado por Jesús. Así que la afirmación que solo a

---

[1] La fiesta de San Dimas se celebra el 25 de marzo.

través de la Iglesia hay salvación, no quiere decir que en el cielo solo hay católicos como muchos piensan.

Cuando rezamos el credo, decimos *"...que por nosotros, los hombres, y por nuestra salvación bajó del cielo,..."*. Indudablemente Jesús ha muerto por todos los hombres para redimirnos, pero eso no implica que todos los hombres sean redimidos por Él, porque para salvarse hace falta otra condición además de la Gracia de Dios, a saber: que en ejercicio de nuestro libre albedrío aceptemos libremente esa Gracia. Jesús no se impuso ante nadie ni forzó a nadie a creer en Él, ni le impuso las manos a un incrédulo para que creyera en Él[1]. En Dios nada es mecánico ni automático.

"Dios que te hizo sin ti, no te justifica sin ti"[2]. Lo que la muerte de Cristo nos garantiza es que a todos los hombres[3] incluyendo al musulmán, al judío, al mahometano, al indio del amazonas y otros, en algún momento de su vida —desde la concepción hasta una fracción de segundo antes de la muerte— recibirán el ofrecimiento de su Gracia[4].

Jesús le dijo a Nicodemo *"El que cree en el Hijo de Dios, no está condenado; pero el que no cree, ya ha sido condenado por no creer en el Hijo único de Dios"* Juan 3:18. Así que ningún ser humano esta salvado ni condenado antes de su muerte. Como dijera el papa Pio IX *"nadie es condenado más que por su propia voluntad y contra la voluntad de Dios"*. Es contra la voluntad de Dios porque Él nos quiere salvos a todos *"...pues él quiere que todos se salven y lleguen a conocer la verdad"* 1 Timoteo 2:4.

---

[1] "Es uno de los capítulos principales de la doctrina católica, contenido en la Palabra de Dios y predicado constantemente por los Padres, que el hombre, al creer, debe responder voluntariamente a Dios, y que, por tanto, nadie debe ser forzado a abrazar la fe contra su voluntad. En efecto, el acto de fe es voluntario por su propia naturaleza [...] El hombre no puede adherirse a Dios, que se revela a sí mismo, a menos que, atraído por el Padre, rinda a Dios el obsequio racional y libre de la fe" *Dignitatis Humanae*, Numeral 10.

[2] San Agustín.

[3] Ver Carta a los Romanos 3:21-30.

[4] "Esto vale no solamente para los cristianos, sino también para todos los hombres de buena voluntad, en cuyo corazón obra la gracia de modo invisible. Cristo murió por todos, y la vocación suprema del hombre en realidad es una sola, es decir, la divina. En consecuencia, debemos creer que el Espíritu Santo ofrece a todos la posibilidad de que, en la forma de sólo Dios conocida, se asocien a este misterio pascual." Constitución Pastoral GAUDIUM ET SPES, Numeral 22.

En la última cena Jesús dijo: *"Esto es mi sangre, con la que se confirma la alianza, sangre que es derramada en favor de* **muchos**.*"* Marcos 14:24, *"Beban todos ustedes de esta copa, porque esto es mi sangre, con la que se confirma la alianza, sangre que es derramada en favor de* **muchos** *para perdón de sus pecados."* Mateo 26:27-28. Este **muchos** ya había sido profetizado por Simeón en la entrada del templo, cuando le dijo a María la madre de Jesús *"Mira, este niño está destinado a hacer que* **muchos** *en Israel caigan o se levanten."* Lucas 2:33. Jesús no murió por todos, sino por los **muchos** que aceptaron, aceptan y aceptarán su Gracia salvadora.

No basta con ser un buen budista, o un buen mahometano, o con ser un buen indio del amazonas para lograr la salvación, ya que si esto fuera cierto, la orden de Jesús *"Vayan por todo el mundo y predicad a todos el evangelio. El que crea y sea bautizado, obtendrá la salvación; pero el que no crea, será condenado"* (Marcos 16:15-16) seria superfluo, y lo peor; irrelevante. Nuestra prédica sería: *"Con lo que haces y sabes, estas salvado. Pero por si te interesa, te puedo contar de otra forma en la que también te puedes salvar, ¿te interesa?".*

¿Fue esto lo que nos enseñó Jesús? ¿Qué cada quien se quede en sus creencias y en sus religiones?

"Jesús vino a Galilea predicando el evangelio de Dios. «El tiempo se ha cumplido,» decía, «y el reino de Dios se ha acercado; arrepiéntanse y crean en el evangelio. »" (Marcos 1:14-15) ¿En que quedaría este mensaje? ¿Para quién estaría dirigido, si cada cual está bien en su propia creencia? Ese *"arrepiéntanse y crean en el evangelio"* que pregonaba Jesús, ¿no quiere decir que dejen de hacer lo que están haciendo y hagan lo que *yo* les estoy diciendo?

Sí Jesús fuera cualquier Camino, sí la *verdad* fuera cualquier creencia y la *vida* fuera cualquier forma honesta y pacífica de vivir, su enseñanza no hubiera sido otra cosa que el indiferentismo. Nunca se hubiera molestado en hacerles ver los errores a los escribas y fariseos como tantas veces lo hizo. Los fariseos no eran lo que hoy llamaríamos unas personas "malas", todo lo contrario, eran personas que hoy llamaríamos "buenas" que cumplían las leyes de su religión al pie de la letra.

La Iglesia

Jesús quiso que hubiera una Iglesia[1] y por eso la fundó *"Yo te digo que tú eres Pedro, y sobre esta piedra edificaré mi iglesia"* (Mateo 16:18) estando Él a la cabeza y actuando como salvador[2] *"Porque el marido es cabeza de la mujer, así como Cristo es cabeza de la iglesia, siendo Él mismo el Salvador del cuerpo"* (Efesios 5:23), cuerpo que lo constituimos todos *"Ahora bien, ustedes son el cuerpo de Cristo, y cada uno individualmente un miembro de él."*(1 Corintios 12:27). ¿Por qué molestarse en constituir una Iglesia sí por cualquier camino se obtuviera la salvación?

Cuando Jesús envió a sus apóstoles junto a otros setenta y dos discípulos a predicar su evangelio, dijo: *"El que los escucha a ustedes, me escucha a mí; y el que los rechaza a ustedes, me rechaza a mí; y el que me rechaza a mí, rechaza al que me envió."* Lucas 10:16.

La Iglesia es la fuente y el camino ordinario para la salvación querida por Dios al entregarle la autoridad para la administración de los sacramentos que Jesús instituyó y condicionó para gozar de la eternidad. Sé que algunas personas encuentran esto difícil de aceptar y hasta de creer. Hay quien sostiene que cómo ha de ser esto posible, si en la Iglesia hay corrupción y pecado. Otras lo encuentran injusto y otras simplemente no creen que sea así. Pero independiente de las muchas o pocas manchas negras que pueda haber en la Iglesia e independiente de la mucha o poca santidad que pueda haber en su interior, fue Jesús quien así lo quiso y si Jesús es el que nos salva, nos tenemos que salvar a su manera y no a la nuestra, así no nos parezca.

El hablar de un camino ordinario implica también la existencia de un camino extraordinario, aplicable para aquellos que todavía no les ha llegado ese evangelio que Jesús les ordenó a sus discípulos predicar. Al respecto nos dice el Catecismo de la Iglesia Católica en su numeral 847:

"Los que sin culpa suya no conocen el Evangelio de Cristo y su Iglesia, pero buscan a Dios con sincero corazón e intentan en su vida, con la ayuda de la gracia, hacer la voluntad de Dios, conocida a través de lo que les dice su conciencia, pueden conseguir la salvación eterna".

---

[1] Ver el capítulo I de la presente obra.

[2] "...porque la salvación viene de los Judíos" Juan 4:22.

Y en el numeral 1281 nos dice:

"Los que padecen la muerte a causa de la fe, los catecúmenos y todos los hombres que, bajo el impulso de la gracia, sin conocer la Iglesia, buscan sinceramente a Dios y se esfuerzan por cumplir su voluntad, pueden salvarse aunque no hayan recibido el Bautismo"

La existencia de ese camino extraordinario fruto de la inmensa misericordia de Dios y conocida solo por Él, no implica que cualquier religión o creencia sea un camino a la salvación.

Tampoco esto significa que la salvación del hombre queda reducida a la participación en estos sacramentos o a la simple vinculación de la persona a la Iglesia, ya que el mismo Jesús dijo: *"No todo el que me dice Señor, Señor entrará en el Reino de los cielos, sino el que hace la voluntad de mi Padre del Cielo"* Mateo 7:21-23.

Solo la Iglesia católica cuenta con los siete sacramentos, repito: Establecidos por Jesús, no por el hombre ni por la Iglesia, sino por Jesús mismo y que condicionó su recibimiento para su participación en su reino. Este es el camino que estableció Jesús y es el que la Iglesia enseña.

Veamos tres de ellos, que por su claridad en los evangelios nos pueden ayudar a entender por qué son condicionantes para la salvación y que su conjunto, solo los podemos encontrar en la Iglesia católica. Ellos son: el bautismo, la reconciliación y la eucaristía.

El bautismo

Una noche se presentó ante Jesús un hombre llamado Nicodemo, perteneciente al sanedrín y que aceptó que Jesús venia de Dios para enseñar *"porque nadie podría hacer los milagros que tú haces, si Dios no estuviera con él"* (Juan 3:2). Jesús le reveló la condición necesaria del bautismo para la salvación: *"Te aseguro que el que no nace de agua y del Espíritu, no puede entrar en el reino de Dios."* (Juan 3:5) Y por eso les ordenó a sus discípulos a predicar su evangelio a todas las naciones y a bautizarlos a todos: *"Vayan por todo el mundo y anuncien a todos la buena noticia. El que crea y sea bautizado, obtendrá la salvación; pero el que no crea, será condenado."* (Marcos 16:15-16)

Ciertamente no solo la Iglesia católica ofrece este bautizo, la mayoría de iglesias cristianas lo ofrecen y así lo reconoce nuestra Iglesia, siempre y cuando se haga cómo Jesús lo enseñó: *"bautícenlas en el nombre del Padre, del Hijo y del Espíritu Santo"* (Mateo 28:19).

Es claro entonces que el bautizo es necesario para acceder a la salvación para aquellos a los que el evangelio les ha sido anunciado y hayan tenido la oportunidad de pedir el sacramento.

El encuentro del apóstol Felipe con el etíope narrado por el evangelista Lucas en el libro de Hechos de los Apóstoles en su capítulo 8:26-40, nos resume esta doctrina:

> *"El Espíritu le dijo a Felipe: «Ve y acércate a ese carro.» Cuando Felipe se acercó, oyó que el etíope leía el libro de Isaías; entonces le preguntó: — ¿Entiende usted lo que está leyendo? El etíope le contestó: — ¿Cómo lo voy a entender, si no hay quien me lo explique? [...] Entonces Felipe, tomando como punto de partida el lugar de la Escritura que el etíope leía, le anunció la buena noticia acerca de Jesús."* Se hizo el anuncio del evangelio.
>
> *"Más tarde, al pasar por un sitio donde había agua, el funcionario dijo: — Aquí hay agua; ¿hay algún inconveniente para que yo sea bautizado?"* Se pidió el sacramento.
>
> *"Entonces mandó parar el carro; y los dos bajaron al agua, y Felipe lo bautizó."*

El perdón de los pecados

La quinta petición del Padrenuestro presupone un mundo en el que existe la ofensa. Ofensas entre los hombres y por consiguiente a Dios; *"En verdad os digo que en cuanto lo hicisteis a uno de estos hermanos míos, aun a los más pequeños, a mí lo hicisteis"* Mateo 25:40.

Desde los inicios de la historia de la humanidad, el ser humano ha creado una serie de leyes y normas de conducta que le permiten vivir en un orden adecuado. Cuando no se cumplen estas normas, la consecuencia es la culpa y el remedio es el castigo. La capacidad de sentir culpa fruto de la ofensa ejercida es fundamentalmente humana y comienza a desarrollarse durante la infancia. La historia de las religiones gira en torno a la superación de la culpa. Si nuestros primeros padres (Adán y Eva) no hubiesen desobedecido, hoy no existiría ninguna religión en el mundo porque no serían necesarias ya que viviríamos en perfecta comunión con el Creador.

Uno de los grandes aportes sociales del Judaísmo fue la introducción del concepto de la responsabilidad individual. El hombre antiguo se creía manipulado o usurpado por diferentes dioses que lo obligaban a hacer cosas que él supuestamente no quería. El Judaísmo nos reveló a un Dios único y verdadero, que nos dio un libre albedrio y nos hizo responsables de nuestros actos y de lo que le pase al prójimo: "*A cada hombre le pediré cuentas de la vida de su prójimo*" Génesis 9:5. El hombre pasó a ser responsable de sus actos y como tal, debe asumir las consecuencias de sus acciones. El pecado entre ellas.

El Judaísmo enseñaba que solo Dios podía perdonar los pecados; "*Entonces los maestros de la ley y los fariseos comenzaron a pensar: « ¿Quién es éste que se atreve a decir palabras ofensivas contra Dios? Sólo Dios puede perdonar pecados.»*" (Lucas 5:21). Así que Jesús siendo Dios, como Él mismo lo afirmó "*Yo y el Padre somos una sola cosa*" (Juan 10:30), podía también perdonar los pecados[1], cosa que hizo durante todo su apostolado público, como por ejemplo cuando estaba en la casa de Pedro y descolgaron a un paralitico por el techo, Jesús les dice a los escribas que estaban allí: "*El Hijo del hombre tiene poder en la tierra para perdonar los pecados en la tierra*" (Marcos 2:10).

Dado que todos somos pecadores, todos estamos en deuda con Dios[2]. Por eso Jesús incluyó en esa oración dirigida al Padre, "*Perdónanos nuestras ofensas*" (Mateo 6:12) que en la versión de Lucas se lee "*Perdónanos nuestros pecados*" (Lucas 11:1). Una vez más nos resalta la enseñanza que solo Dios puede perdonar los pecados (Marcos 2:7) tal y como nos lo mostro Jesús durante su paso por la tierra.

Jesús no se llevó ese poder consigo en su muerte y posterior ascensión al cielo, sino que lo delegó a sus apóstoles para que a su vez lo transmitieran a sus sucesores en la Iglesia:

"*Y sopló sobre ellos, y les dijo: —Reciban el Espíritu Santo. A quienes ustedes perdonen los pecados, les quedarán perdonados; y a quienes no se los perdonen, les quedarán sin perdonar*" Juan 20:22-23

Esa sucesión ininterrumpida hasta hoy, se ha conservado únicamente en la Iglesia católica. Con la reforma protestante del siglo XVI por el alemán

---

[1] Juan Bautista lo había profetizado en el desierto: "*¡Miren, ése es el Cordero de Dios, que quita el pecado del mundo!*" Juan 1:29

[2] En el capítulo XIV explique porque el pecado nos convierte en deudores de Dios.

Martin Lutero, nació una nueva iglesia que rompió con esa cadena de sucesión, cerrando las puertas a ese perdón que Jesús delegó a sus apóstoles.

El artículo 1470 del Catecismo de la Iglesia Católica, correspondiente al capítulo del sacramento de la reconciliación, dice:

> *"En este sacramento, el pecador, confiándose al juicio misericordioso de Dios, anticipa en cierta manera el juicio al que será sometido al fin de esta vida terrena. Porque es ahora, en esta vida, cuando nos es ofrecida la elección entre la vida y la muerte, y sólo por el camino de la conversión podemos entrar en el Reino del que el pecado grave nos aparta (cf 1 Co 5,11; Ga 5,19-21; Ap 22,15). Convirtiéndose a Cristo por la penitencia y la fe, el pecador pasa de la muerte a la vida "y no incurre en juicio" (Jn 5,24)."*

Así que éste perdón, expresión del amor de Dios para con su Iglesia, solamente ha llegado a nuestros días en la forma en que Jesús lo dispuso: a través de la Iglesia católica.

La Eucaristía

Cuando Dios instituyó la pascua, narrada en el libro del Éxodo, reveló la forma en que el pueblo de Israel se libraría de la muerte:

> *"...cada uno de ustedes tomará un cordero...Tomarán luego la sangre del animal y la untarán por todo el marco de la puerta de la casa donde coman el animal. **Esa noche comerán la carne**...Y la sangre os será por señal en las casas donde vosotros estéis; **y veré la sangre y pasaré de vosotros**, y no habrá en vosotros plaga de mortandad cuando hiera la tierra de Egipto" Éxodo 12:2-13*

Todas las religiones cristianas reconocen en esa sangre y en esa carne que salvaba de la muerte, una prefigura de Jesucristo que inmolado en la cruz, derramaría su sangre y entregaría su cuerpo para la salvación del mundo. Por esta razón el Nuevo Testamento se refiere a Cristo como el Cordero de Dios, ver Juan 1:29, Pedro 1:19, 1 Corintios 5:7, Apocalipsis 15:3 y Apocalipsis 22:1 entre otros.

Al igual que Dios pidió que se comiera la carne del cordero, Jesús condicionó la comida de su cuerpo y de su sangre[1] para poder participar en su reino:

> *"Yo soy el pan vivo que descendió del cielo; si alguno comiere de este pan, vivirá para siempre;* **y el pan que yo daré es mi carne,** *la cual yo daré por la vida del mundo. Entonces los judíos contendían entre sí, diciendo: ¿Cómo puede éste darnos a comer su carne? Jesús les dijo:* **De cierto, de cierto os digo: Si no coméis la carne del Hijo del Hombre, y bebéis su sangre, no tenéis vida en vosotros. El que come mi carne y bebe mi sangre, tiene vida eterna; y yo le resucitaré en el día postrero.** *Porque mi carne es verdadera comida, y mi sangre es verdadera bebida.* **El que come mi carne y bebe mi sangre, en mí permanece, y yo en él.** *Como me envió el Padre viviente, y yo vivo por el Padre, asimismo el que me come, él también vivirá por mí. Este es el pan que descendió del cielo; no como vuestros padres comieron el maná, y murieron;* **el que come de este pan, vivirá eternamente.**" *Juan 6:51-58*

De todas las religiones cristianas, solamente la católica puede ofrecer a sus fieles la carne y la sangre de nuestro Señor Jesucristo, ya que es la única que cuenta con los sacerdotes debidamente ordenados para llevar a cabo la transustanciación del pan y del vino en la carne y en la sangre de Jesucristo, que nos mandó a comer y a beber.

Otras religiones

Los argumentos acá expuestos son extraídos de las palabras de Jesús, por eso se puede decir que este es el único camino ordinario conocido. Es lo único que podemos decir con certeza, ya que expresan los deseos de aquel que entregó su vida por la salvación de nosotros.

Seguramente Usted se estará preguntando ¿Entonces el que nació en la china budista —por poner un ejemplo—, nació condenado, ya que él no va a ser bautizado dentro de la Iglesia católica, ni se va a confesar con un sacerdote católico, ni va a ir jamás a una iglesia católica a recibir la comunión? ¿Puede ser éste el plan de un Dios justo y amoroso cómo el que nos describió Jesús? Estas preguntas, que son totalmente validas, nos ponen ante tres escenarios posibles:

---

[1] Ya en el capítulo XI de la presente obra, expliqué porque nos resulta claro que Jesús estaba hablando de su cuerpo y sangre físicos y no simbólicos.

1. La persona conoce esta verdad e intenta con todas sus fuerzas, mantenerse fiel a ella.
2. La persona conoce esta verdad y por múltiples razones, decide ignorarla.
3. La persona no conoce esta verdad.

El camino ordinario de salvación revelado por Jesús aplica a las dos primeras personas, mientras que el extraordinario ha de cubrir a la tercera, tal y como lo aclara el apóstol san Pablo:

"De hecho, cuando los gentiles, que no tienen la ley, cumplen por naturaleza lo que la ley exige, ellos son ley para sí mismos, aunque no tengan la ley. Éstos muestran que llevan escrito en el corazón lo que la ley exige, como lo atestigua su conciencia, pues sus propios pensamientos algunas veces los acusan y otras veces los excusan. Así sucederá el día en que, por medio de Jesucristo, Dios juzgará los secretos de toda persona, como lo declara mi evangelio." Romanos 2:14-16

El Concilio Vaticano II a través de la declaración *"NOSTRA AETATE"* sobre las relaciones de la Iglesia con las religiones no cristianas, expresó su posición respecto a otras religiones:

"Ya desde la antigüedad y hasta nuestros días se encuentra en los diversos pueblos una cierta percepción de aquella fuerza misteriosa que se halla presente en la marcha de las cosas y en los acontecimientos de la vida humana y a veces también el reconocimiento de la Suma Divinidad e incluso del Padre. Esta percepción y conocimiento penetra toda su vida con íntimo sentido religioso. Las religiones a tomar contacto con el progreso de la cultura, se esfuerzan por responder a dichos problemas con nociones más precisas y con un lenguaje más elaborado. ... Así también las demás religiones que se encuentran en el mundo, se esfuerzan por responder de varias maneras a la inquietud del corazón humano, proponiendo caminos, es decir, doctrinas, normas de vida y ritos sagrados.
La Iglesia católica no rechaza nada de lo que en estas religiones hay de santo y verdadero. Considera con sincero respeto los modos de obrar y de vivir, los preceptos y doctrinas que, por más que discrepen en mucho de lo que ella profesa y enseña, no pocas veces reflejan un destello de aquella Verdad que ilumina a todos los hombres. Anuncia y tiene la obligación de anunciar constantemente a Cristo, que es "el Camino, la Verdad y la Vida" (Juan 14:6), en quien los hombres encuentran la plenitud de la vida religiosa y en quien Dios reconcilió consigo todas las cosas.
Por consiguiente, exhorta a sus hijos a que, con prudencia y caridad, mediante el diálogo y colaboración con los adeptos de otras religiones, dando testimonio de fe y vida cristiana, reconozcan, guarden y promuevan

aquellos bienes espirituales y morales, así como los valores socio-culturales que en ellos existen." Numeral 2.

Una cosa es el respeto por las otras religiones, el dialogo interreligioso, el reconocimiento de *"lo santo y verdadero"* presentes en otras religiones y el respeto por la conciencia ajena, y otra cosa es que cualquier religión salve a los hombres, porque solo en Jesús hay salvación; *"Y en ningún otro hay salvación; porque no hay otro nombre bajo el cielo, dado a los hombres, en que podamos ser salvos."* Hechos de los Apóstoles 4:12.

Capítulo XXXII

¿Seré fanático por practicar lo que me pide mi religión?

Usain Bolt tenía quince años de edad cuando soñó por primera vez en participar en unos juegos olímpicos. Este hombre nacido en Jamaica en 1986, ostenta hoy el título de ser el hombre más veloz que haya existido sobre la tierra. Recorre cien metros en 9.58 segundos.

Medallas de oro por los 100m, 200m y 4x100m en los juegos olímpicos de Pekín 2008 y Londres 2012.

A pesar de poseer una taxonomía inferior a la de otros corredores de fondo, Bolt ha logrado establecer sus marcas mundiales gracias a su extenuante entrenamiento físico y mental, acompañado de un enorme deseo *"...de no llegar en segundo lugar"*. Al romper el record mundial en los juegos olímpicos de Pekín 2008 le dijo a la prensa: *"Vine aquí a ganar [...].Ahora me voy a concentrar en los 200 metros. Vine aquí con la preparación bien hecha y voy a hacerlo"*.

Amante del baile y las fiestas, su deseo de mantenerse como el corredor más veloz del mundo, lo ha llevado a exigirse una vida de disciplina deportiva bastante excepcional.

Asiste seis días a la semana a sus rutinas de entrenamiento que comienzan con tres horas en el gimnasio para fortalecer sus músculos, seguido por varias horas en la pista donde ejecuta interminables sesiones de arranques y carreras de fondo.

Su dieta de más de cinco mil calorías diarias le provee la energía necesaria para poder cumplir cabalmente su rutina de preparación.

No creo que nadie se atrevería a catalogar como fanatismo la conducta de este corredor, ya que todos entienden que simplemente se trata de una persona con un deseo férreo de llegar en primer lugar en todas las carreras en las que participe.

San Pablo utiliza la figura de las carreras para ilustrarnos sobre la vida cristiana:

> *"Ustedes saben que en una carrera todos corren, pero solamente uno recibe el premio. Pues bien, corran ustedes de tal modo que reciban el premio. Los que se preparan para competir en un deporte, evitan todo lo que pueda hacerles daño. Y esto lo hacen por alcanzar como premio una corona que en seguida se marchita; en cambio, nosotros luchamos por recibir un premio que no se marchita."* 1 Corintios 9:24-25
>
> *"Por eso, nosotros, teniendo a nuestro alrededor tantas personas que han demostrado su fe, dejemos a un lado todo lo que nos estorba y el pecado que nos enreda, y corramos con fortaleza la carrera que tenemos por delante."* Hebreos 12:1

La palabra *fanático* según el diccionario de la Real Academia Española significa: *"Que defiende con tenacidad desmedida y apasionamiento creencias u opiniones, sobre todo religiosas o políticas. Preocupado o entusiasmado ciegamente por una cosa"*

La forma de vivir una religiosidad está influenciada por varios factores: El lugar de nacimiento y de crianza, la familia, la cultura que nos rodea, la sociedad, etc. Esto hace que el concepto de fanatismo adquiera significados diferentes según sea la persona que lo está definiendo.

En nuestros entornos familiares y sociales existen dos conceptos bastante aceptados para catalogar a una persona como fanática. Uno más benigno que el otro.

Veamos cuales son:

Exageración

Para muchos ojos, fanático es aquella persona que esta "exagerando" su devoción religiosa. Es decir que la persona que emite el juicio considera que la otra persona debería vivir su vida religiosa de una forma más moderada, más indisciplinada, más disimulada y con menor interés. Este juicio contiene un error, porque parte de la base que la vida religiosa y la vida diaria son dos actividades separadas, por lo tanto cabe razonar que las prioridades estarían mal repartidas.

Una persona que ejerce una religiosidad "informal", al margen de las instituciones religiosas y de sus milenarias tradiciones, encuentra exagerado cualquier desviación de su propio sentido del deber religioso. De lo que para él es "normal".

Resultaría interesante preguntarle a la persona que emite el juicio: ¿Cuáles son los parámetros, cual es la fórmula o que metodología se puede aplicar para determinar cuándo se trata de una exageración y cuando, según su criterio, se trata de "normal"?

Uno de los versículos más corto de toda la Biblia se encuentra en la primera carta de san Pablo a los Tesalonicenses, capítulo 5, versículo 17: "*Oren permanentemente*". Otras traducciones dicen: "*Oren en todo momento*".

¿Cómo puedo orar permanentemente? Haciendo que la vida misma sea una oración a Dios. No llevando una vida religiosa y una vida diaria separada, sino haciendo una sola vida en la que se busque hacer la voluntad de Dios las 24 horas del día los 365 días del año.

¿Qué fuerza puede existir en el hombre, que lo mueva a realizar una misma actividad las 24 horas del día los 365 días al año sin descanso? : El amor.

Cuando se ama profundamente, uno no se quiere desprender ni un minuto de la persona amada. Se busca su compañía. Se crea una necesidad que solo la otra persona puede llenar. Hay alegría y fortaleza. No importan los obstáculos que haya que superar para pasar tiempo juntos. Queremos conocer más de la otra persona. Ambicionamos una vida unidos hasta el final de nuestros días.

Nuestro amor a Jesús nos motiva a llevar una vida que se deja abrazar por su palabra, y que aunque fallemos miles de veces y traicionemos ese amor, sabemos que Él siempre sale al encuentro de ése hijo prodigo que decidió regresar a la casa del Padre.

"Yo sé todo lo que haces. Sé que no eres frío ni caliente. ¡Ojalá fueras frío o caliente! Pero como eres tibio, y no frío ni caliente, te vomitaré de mi boca." Apocalipsis 3:15-16

¿Cómo definir esos estados de *frío, caliente y tibio*?

Haciendo la comparación con un examen académico, frio sería la persona que saca la peor nota porque no presentó el examen, ya sea porque no lo quiso presentar, o porque no quiso estudiar, o porque llegó tarde y no tuvo tiempo de presentarlo. Claramente la persona no entiende la importancia de presentar el examen.

El caliente sería la persona que saca una extraordinaria nota resultado del esfuerzo en la preparación del mismo. Posee un genuino deseo de aprender, de honrar el esfuerzo de sus padres en costearle los estudios, del tiempo que le ha dedicado a asistir a las clases.

El tibio sería la persona que apenas le dio una mirada al material de estudio, y piensa que con eso es suficiente para pasar con la mínima nota el examen, ya que lo que importa es pasar.

El caliente recibe las felicitaciones de Dios por su buena nota. De otra parte, tiene la esperanza de que el frio entienda su obligación de estudiar y presentar el examen.

Pero la actitud mediocre del tibio, le genera nauseas.

El cristiano caliente siente en su corazón el profundo deseo de sacar la mejor nota en su examen diario de convivencia con su prójimo y en esto no cabe la palabra "exageración".

Intolerancia

Cuando en el ejercicio de la vida religiosa se llega a la intolerancia que no razona y que no produce dialogo, se cae en un fanatismo peligroso, en el que se puede alcanzar extremos dañinos.

La historia nos ha mostrado que las palabras que Jesús dirigió a sus discípulos en la última cena se han cumplido *"Los expulsarán de las sinagogas, y aun llegará el momento en que cualquiera que los mate creerá que así presta un servicio a Dios"* Juan 16:2.

Ciertamente existe una línea delgada que separa el genuino deseo de amar a Dios con todo el corazón, con toda el alma y con toda la mente; y el deseo de vivir la experiencia religiosa de manera destructiva honrando la visión personal que se tiene de ese dios que se defiende.

Esa línea es el fanatismo.

Cuando se cruza esa línea, sea una persona o un grupo, se producen una serie de trastornos psicológicos y sociológicos cubiertos por un tinte religioso, que desvirtúa por completo el verdadero mensaje cristiano de *"...Que se amen los unos a los otros. Así como yo los amo a ustedes, así deben amarse ustedes los unos a los otros"* (Juan 13:34).

El fanatismo se manifiesta como una entrega apasionada y desmedida a unas convicciones consideradas como absolutas y que, por lo mismo, hay que imponerlas a los demás de cualquier forma. El fanático es terco, intolerante y agresivo, inflexible e incapaz de dialogar, con una visión deformada de la realidad y una radicalización ideológica muy intensa.

El hombre auténticamente religioso no tiene una certeza total y absoluta de conocer la voluntad de Dios. El Misterio Divino nunca es totalmente comprensible o abarcable por el entendimiento y la voluntad humana, tan limitada e imperfecta.

La actitud fanática en cambio, intenta superar su creencia rechazando la fe y la confianza, renunciando a una entrega absoluta a Dios. El hombre se encarga de todo. El fanatismo anula la fe y maneja la incomprensión de la voluntad de Dios con una actitud de dominio y control, apropiándose de una verdad que le corresponde solo a Dios conocer.

Todo es relativo

Esta posición filosófica en la que todos los puntos de vista son igualmente válidos, ha penetrado nuestra sociedad de manera casi que contagiosa.

Con el avance de la ciencia y los medios de comunicación, las sociedades se han vuelto cada vez más pluralistas y han tomado distancia de la idea de que realmente existe el bien y el mal.

Existen varias clases de relativismo, pero los podríamos clasificar en tres categorías:

- El relativismo cognitivo: Afirma que toda verdad es relativa.
- El relativismo moral o ético: Afirma que toda moral es relativa al grupo social que la ejerce.
- El relativismo situacional: Afirma que la ética es dependiente de la situación en la que se aplica.

Quienes afirman que *"no existen verdades absolutas"* se contradicen a sí mismos, ya que si no existieran verdades absolutas, entonces esta frase tampoco podría ser tomada como verdadera. Es decir que sí existen verdades absolutas.

Los medios masivos de comunicación se han encargado de redefinir permanentemente el concepto de moralidad y decencia, la educación se ha tornado más liberal en su enseñanza, las leyes se están reescribiendo para legalizar lo que una vez fue inmoral, la política busca cada vez más hacer pactos con todas las ideas y costumbres con tal de ganar votos.

El relativismo ha penetrado tan profundo en nuestra sociedad, que si usted levanta su voz contra ese "todo se vale", será señalado como un fanático intolerante.

En ese amplio marco relativista en el que se desenvuelve el hombre moderno, se ha generalizado la práctica selectiva de la tolerancia respecto a ciertas cosas, pero no a otras. Los que podríamos llamar pecados "progresistas" son más tolerados que cualquier otro: La promiscuidad sexual, el aborto, la mentira "justificada", etc. Esto hace que la vida cristiana se vea más como fanatismo que como el estándar de vida que propuso Jesús.

El mal uso y entendimiento de la tolerancia, fortalece la posición relativista ya que quien la ejerce, se siente con el derecho de llevarla a los límites que más le convenga, rotulando como fanatismo cualquiera idea que se le oponga.

"Si el mundo los odia a ustedes, sepan que a mí me odió primero. Si ustedes fueran del mundo, la gente del mundo los amaría, como ama a los suyos. Pero yo los escogí a ustedes entre los que son del mundo, y por eso el mundo los odia, porque ya no son del mundo. Acuérdense de esto que les dije: "Ningún servidor es más que su señor." Si a mí me han perseguido, también a ustedes los perseguirán; y si han hecho caso de mi palabra,

también harán caso de la de ustedes. Todo esto van a hacerles por mi causa, porque no conocen al que me envió." Juan 15:18-21

El 16 de enero de 1982, el entonces papa Juan Pablo II se dirigió a los participantes en el congreso nacional del Movimiento Eclesial de Compromiso Cultural celebrado en el Vaticano, con estas palabras: *"Una fe que no se hace cultura es una fe no plenamente acogida, no totalmente pensada, no fielmente vivida"*.

El cristiano ha de trabajar para contribuir a generar una cultura cristiana de amor, donde se reconcilian las enseñanzas del Maestro con la vida del tiempo presente, donde ese llamado a *"...no ser del mundo..."* sino a ser extraterrestres entre los terrestres, sea la meta a conquistar.

Capítulo XXXIII

¿Por qué ser católico?

M onseñor Fulton John Sheen fue un arzobispo estadounidense que en 1930 comenzó su programa radial "The Catholic Hour" (La Hora Católica) y lo continuó por 22 años. Fue también el presentador de un programa televisivo llamado "Life is Worth Living" (La Vida vale Vivirla) que se llegó a transmitir por la cadena ABC desde 1951 hasta 1957. Es considerado el pionero de los medios masivos de comunicación como instrumento de evangelización en los Estados Unidos. El 28 de junio de 2012 el papa Benedicto XVI aprobó el decreto con el que se reconocen las virtudes heroicas de este Obispo, pasando a ser "Venerable Siervo de Dios" y dando así comienzo a su proceso de beatificación.

Una de las frases que él repetía con cierta frecuencia en sus programas era: *"No hay 100 personas en Estados Unidos que odian a la Iglesia católica. Hay millones que odian lo que piensan equivocadamente que es la Iglesia católica, que por supuesto es una cosa bien diferente".*

He tenido la oportunidad de participar en numerosas conferencias sobre diferentes temas de nuestra Iglesia, y por las preguntas y discusiones que se dan en torno a ellas, creo que existe una gran cantidad de católicos que lo son más por tradición, que por una firme convicción de pertenecer a la Iglesia fundada por nuestro Señor Jesucristo hace más de 2000 años.

No hablo de los católicos que solo participan de la Iglesia cuando llevan a bautizar, o a que reciban su primera comunión, o a casar, o a enterrar a sus hijos o el de algún amigo que lo invita al evento.

Tampoco hablo de los católicos que piensan que su religión consiste en "portarse bien", es decir: en no matar, no robar y no lastimar a nadie, y cualquier cosa adicional simplemente es que la Iglesia quiere "meterles miedo" y así "tenerlos controlados".

Hablo de los católicos que acuden regularmente a la misa, que acuden de vez en cuando a la confesión y que leen la Biblia esporádicamente. Lo que podría llamar un católico activo común y corriente.

Sí yo les preguntara a ellos ¿Por qué ser católico?, su respuesta expresaría, en el mejor de los casos tres razones: porque fui bautizado en ella, por la Eucaristía y por la Virgen María. Ante la pregunta, el proceso mental de estas personas es la de buscar lo que nos hace diferentes de las demás religiones, y para ellos la Eucaristía y la Virgen María, son los elementos más relevantes que nos diferencian. Si bien están en lo correcto, estas razones no las han ahondado como debe ser y hay que adicionar más razones a su lista.

Retornando a la frase del Monseñor Fulton Sheen, existe un enorme desconocimiento por parte de los católicos de lo que es nuestra Iglesia y del porque pertenecer a ella y no a otra.

El 9 de junio de 1979 el recién nombrado papa Juan Pablo II ofreció la misa en Nowa Huta[1], barrio industrial en su natal Cracovia en Polonia. En su homilía frente a cientos de miles de personas dijo *"De la cruz en Nowa Huta ha comenzado la nueva evangelización: La evangelización del segundo milenio.".* Esta evangelización no debería enfocarse en la evangelización de los indios africanos, ni a los musulmanes, ni a los protestantes. Su objetivo era la evangelización de los bautizados. De nosotros los católicos. Más ade-

---

[1] Nowa Huta fue concebida como ciudad sin Dios, una ciudad sin símbolos religiosos y sin iglesia. Los obreros, sin embargo, se rebelaron y se reunieron para erigir primero una cruz. Más tarde, después de enfrentamientos con los órganos estatales y las fuerzas del orden, surgió incluso una iglesia, que debe su existencia —como dijo el papa en su primera visita a Polonia— al sudor y a la resistencia de los obreros.

lante agregó: *"La evangelización del nuevo milenio debe fundarse en la doctrina del Concilio Vaticano II. Debe ser, como enseña el mismo Concilio, tarea común de los obispos, de los sacerdotes, de los religiosos y de los seglares, obra de los padres y de los jóvenes. La parroquia no es únicamente un lugar donde se enseña el catecismo, es además el ambiente vivo que debe actuarlo."*

Ya a la altura de esta obra, el lector habrá ampliado su conocimiento de lo que es nuestra Iglesia, habrá aumentado su confianza en la institución católica, habrá aclarado muchas dudas y espero, que habrá enterrado muchos de esos mitos y leyendas que nos llegan y que repetimos, sin detenernos a ahondar en ellos. Espero que su lista de las razones por las que debe ser católico y mantenerse como miembro activo de la Iglesia, sea más extensa que las tres razones que mencioné anteriormente.

San Roberto Belarmino

Este sacerdote Jesuita del siglo XVI fue un gran apologético que defendió fuertemente la doctrina católica durante la Reforma Protestante. Prolífico autor que escribió numerosas obras entre ellas dos Catecismos, uno explicado y otro resumido. También fue el director de la comisión que encargó el papa Clemente VIII para la publicación revisada de la Biblia Vulgata Latina, que es la utilizada hasta nuestros días.

Durante su sacerdocio escribió una lista de quince puntos que él llamó las *15 marcas de la Iglesia católica*. En el portal de internet www.corazones.org encontramos una síntesis de ellas:

1. **El Nombre de la Iglesia católica.** Su mismo nombre expresa que es la iglesia para todos. No está limitada para una nación o para un pueblo. Recuerde que católico quiere decir universal.
2. **Antigüedad.** Fundada por Jesucristo.
3. **Constante Duración.** La Iglesia ha conservado desde sus origines su teología, ritos y costumbres, fiel al deseo de su fundador y a los primeros cristianos.
4. **Extensa.** En cuanto al número de sus fieles y en cuanto a su cobertura universal.
5. **Sucesión Episcopal.** De forma ininterrumpida la sucesión de las ordenaciones se han dado desde los primeros apóstoles hasta nuestros sacerdotes presentes.

6. **Acuerdo Doctrinal.** Desde su fundación hasta nuestros días, la doctrina de la Iglesia se ha enseñado sin cambio alguno.

7. **Unión.** De todos los miembros entre sí y con una jerarquía claramente establecida cuya cabeza visible es el papa.

8. **Santidad.** La doctrina que proclama la Iglesia refleja la santidad de Dios y por lo tanto, busca la santificación de sus fieles.

9. **Eficacia.** A lo largo de toda su historia la Iglesia ha formado hombres que han alcanzado la santidad y ha inspirado a muchos otros a lograr grandes logros morales.

10. **Santidad de Vida.** Muchos de sus miembros han entregado sus vidas a la proclamación de las buenas nuevas del evangelio y han dado su sangre en la defensa de la verdad que proclaman.

11. **La gloria de Milagros.** Una Iglesia actuante donde ha tenido al más necesitado en su corazón y lo ha asistido en sus necesidades básicas.

12. **El don de Profecía.** Grandes padres de la Iglesia que inspirados por el Espíritu Santo, han interpretado las Escrituras y han guiado la Iglesia por el camino de la luz del evangelio que se proclama.

13. **La Oposición.** Sentimiento que la Iglesia levanta entre aquellos que la atacan en los mismos terrenos que Cristo fuera atacado por sus enemigos.

14. **El Triste Fin quienes luchan contra ella.** En cumplimiento de la promesa de Cristo en el sentido que las puertas del infierno no prevalecerían sobre su Iglesia.

15. **La Paz Temporal y Felicidad Terrenal.** Experiencia que viven todos aquellos que llevan una vida de acuerdo a las enseñanzas de la Iglesia y que defienden sus principios.

Tomando esta lista como referencia, quiero desarrollar algunos temas —listados sin ningún orden específico— que nos pueden dar más argumentos lógicos y tangibles de las razones por las cuales podemos estar seguros de estar en la verdadera Iglesia que fundó Jesús.

La Eucaristía

Por su enorme riqueza bíblica, teológica, simbólica, elegancia, respeto y por sobre todo por lo que ella representa, nuestra santa misa posee unas características que la distingue claramente de cualquier otro rito cristiano.

La misa a la que usted asiste tiene su origen completamente de la Biblia. Todas sus oraciones, las plegarias, el formato, las acciones del sacerdote y de los feligreses, las vestiduras del sacerdote y la de los que lo asisten, los cantos, la consagración, la entrada y la salida; son extraídos de las Sagradas Escrituras.

Su consistencia es otra importante característica[1]. No importa el lugar del mundo donde usted asista a la celebración, ni tampoco importa que no entienda el idioma en el que se está haciendo la celebración, usted siempre sabrá que está pasando y que va a pasar después[2].

La Eucaristía es el sacrificio de Cristo en la cruz. Nótese que no hablo en tiempo pasado. El misterio pascual, que fue profetizado cientos de años antes del nacimiento de Jesús por los profetas[3] y por el mismo Jesús[4], llegada su hora (Juan 13:1), Cristo vivió el único acontecimiento de la historia que no pasa, que es eterno. Cada vez que se celebra la misa en cualquier lugar del mundo, la pasión, muerte y resurrección de nuestro Señor Jesucristo se hace presente. Este "presente" no hace referencia a la acción de presentarse (El soldado se hizo presente ante su superior) sino al tiempo presente.

---

[1] Justino Mártir fue uno de los primeros apologistas cristianos quien falleció en 168 d.C. en la ciudad de Roma. En el año 155 d.c. dirigió una carta al entonces emperador romano Antonino Pío describiendo a los cristianos. En uno de sus apartes describe la celebración de la misa en estos términos: *"El día que se llama día del sol tiene lugar la reunión en un mismo sitio de todos los que habitan en la ciudad o en el campo. Se leen las memorias de los Apóstoles y los escritos de los Profetas. Cuando el lector ha terminado, el que preside toma la palabra para incitar y exhortar a la imitación de tan bellas cosas. Luego nos levantamos y oramos por nosotros [...] y por todos los demás dondequiera que estén, a fin de que seamos hallados justos en nuestra vida y nuestras acciones y seamos fieles a los mandamientos para alcanzar la salvación eterna. Luego se lleva al que preside el pan y una copa con vino y agua mezclados. El que preside los toma y eleva alabanzas y gloria al Padre del universo, por el nombre del Hijo y del Espíritu Santo, y da gracias largamente porque hayamos sido juzgados dignos de estos dones. Cuando el que preside ha hecho la acción de gracias y el pueblo ha respondido "amén", los que entre nosotros se llaman diáconos distribuyen a todos los que están presentes el pan y el vino «eucaristizados»"*

[2] En el capítulo XXVII se explicó los diferentes ritos de la Iglesia católica y de cómo el formato de la misa es una de las variantes presentes en cada uno de los ritos. Esta consistencia es dentro de cada rito.

[3] Isaías 53, 50:6; Salmos 22:12-19, 41:10, 69:22 y Zacarías 12:10, 11:12-13 entre otros.

[4] Mateo 16:21-28, 20:17-19 y Marcos 8:31 entre otros.

Nuestro universo está regido por el tiempo, por lo que todo acontecimiento pasa y es consumido por el pasado. No así los misterios pascuales. Como nos lo explica el catecismo en su numeral 1085:

> *"El misterio pascual de Cristo, por el contrario, no puede permanecer solamente en el pasado, pues por su muerte destruyó a la muerte, y todo lo que Cristo es y todo lo que hizo y padeció por los hombres participa de la eternidad divina y domina así todos los tiempos y en ellos se mantiene permanentemente presente. El acontecimiento de la Cruz y de la Resurrección permanece y atrae todo hacia la Vida."*

Es natural que nos resulte difícil de entender, ya que es un misterio, pero es importante entender que no es que la pasión, muerte y resurrección se repita en cada celebración de la misa, sino que estos acontecimientos se viven en tiempo presente en ella. Es como si la pasión de Cristo no tuviera pasado ni futuro, solo tiene presente.

Al ser en tiempo presente[1] esa última cena que Cristo celebró con sus apóstoles, es la misma cena que lleva a cabo el sacerdote al momento de la consagración, por eso cuando el sacerdote repite las palabras de Jesús con el pan en sus manos *"...esto es mi cuerpo..."* y con el cáliz en sus manos *"...esta es mi sangre..."* ese pan y ese vino se convierten en Su cuerpo y en Su sangre. (Ver el capítulo XI).

¿Qué hace que esto sea posible? El sacerdote. Él ha sido consagrado por un obispo que a su vez fue consagrado por un obispo, que a su vez fue consagrado por otro obispo, que a su vez fue... consagrado por alguno de los apóstoles que poseían la autoridad dada por Jesús para hacerlo: *"Y a ti te daré las llaves del reino de los cielos; y todo lo que atares en la tierra será atado en los cielos; y todo lo que desatares en la tierra será desatado en los cielos."* Mateo 16:19.

¿Y por qué lo hace? Por mandato de Jesús: *"Porque yo recibí esta tradición dejada por el Señor, y que yo a mi vez les transmití: Que la misma noche que el Señor Jesús fue traicionado, tomó en sus manos pan y, después de dar gracias a Dios, lo partió y dijo: «Esto es mi cuerpo, que muere en favor de ustedes. Hagan esto en memoria de mí.»"* 1 Corintios 11:23-24.

---

1 "se hace presente el único sacrificio de Cristo" (Catecismo de la Iglesia Católica # 1330)

¿Y para qué se hace? Para llevar al extremo nuestra participación en el amor de Dios que nos ofrece la vida eterna a su lado: *"El que come mi carne y bebe mi sangre, tiene vida eterna; y yo lo resucitaré en el día último. Porque mi carne es verdadera comida, y mi sangre es verdadera bebida. El que come mi carne y bebe mi sangre, vive unido a mí, y yo vivo unido a él."* Juan 6:54-56

Desde la Iglesia primitiva hasta nuestros días, de forma ininterrumpida se ha celebrado ese banquete del cordero, que como lo expresó Scott Hahn en su libro *"La Cena del Cordero"*, es el cielo en la tierra:

> *"De todas las realidades católica, no hay ninguna tan familiar como la misa. Con sus oraciones de siempre, sus cantos y gestos, la misa es como nuestra casa. Pero la mayoría de los católicos se pasarán la vida sin ver más allá de la superficie de unas oraciones aprendidas de memoria. Pocos vislumbrarán el poderoso drama sobrenatural en el que entran cada domingo. Juan Pablo II ha llamado a la misa "el cielo en la tierra"..."*

Esta experiencia celestial solo se puede vivir dentro de la Iglesia católica.

La Virgen María

El protestante alemán Max Yunnickel escribió un artículo para el periódico *Die Post* de Berlín en 1919 en el que decía:

> *"Hace mucho frío en la Iglesia Luterana. Tenemos que trabajar por calentarla un poco. ¿De qué manera? Trayendo a ella una Madre: María de Nazaret. Entonces nos hallaremos mejor. Volvamos a los cánticos a la Virgen María. Volvamos a buscarla y a traerla a nuestra casa"*

¡Como hace de falta la presencia de la madre en el hogar!

La experiencia de la maternidad determina una relación única e irrepetible entre la madre y el hijo. Aun cuando una mujer sea madre de varios hijos, su relación personal con cada uno de ellos es particular. Cada hijo es engendrado de una manera única e irrepetible. Cada uno es rodeado por aquel amor materno que forma y protege, que educa y guía. En el caso de María, esta experiencia toma una dimensión sumamente especial, ya que Dios le da vida a María para que María le de vida a Dios.

Como ocurre con todo ser humano, la crianza de Jesús, desde su infancia hasta su juventud, requirió la acción educativa de sus padres. Así Jesús contó con un modelo para seguir e imitar, y conoció por parte de María, ese amor incondicional y abnegado de toda madre por sus hijos. La que está dispuesta a todo por el bienestar de ellos. A sus 33 años, Jesús nos daría un ejemplo de ello.

Jesús en la cruz entregó su madre al discípulo amado: *"...dijo a su madre: —Mujer, ahí tienes a tu hijo. Luego le dijo al discípulo: —Ahí tienes a tu madre."* (Juan 19:26-27). En ese eterno presente de la pasión de Cristo, ¿quién es hoy ese discípulo que recibe a María cómo su madre? ¿No somos acaso tú y yo discípulos amados de Dios?

Una familia empieza por un padre y una madre, y se perfecciona con los hijos. Solo la familia de la Iglesia católica posee un Padre, una Madre y más de mil doscientos millones de hijos vivos y millones de millones más que ya han partido de este mundo y que también forman parte de nuestra Iglesia.

La oración

El 9 de diciembre de 1996, a las 7:30 a.m. de un lunes, en la fiesta de la Inmaculada Concepción, en la cripta de la Catedral de San Patricio en New York, el Dr. Bernard Nathanson recibió de parte del cardenal John O'Connor los sacramentos del bautismo, confirmación y comunión, incorporándose así a la Iglesia católica.

El Dr. Nathanson quien era conocido como *"el rey del aborto"* — personalmente dirigió alrededor de 75,000 abortos, incluyendo el de su propio hijo— pasó de ser el cofundador de la Asociación Nacional para la Revocación de las Leyes contra el Aborto (NARAL) y el director del Centro de Salud Reproductiva y Sexual que llegó a ser la mayor clínica abortista del mundo; a ser uno de los más importantes católicos defensores del derecho a la vida en los Estados Unidos.

Nacido en una familia judía, se declaró ateo en sus años universitarios. Desde el ateísmo fue el más grande promotor de la legalización del aborto. Lo industrializó y prosperó el negocio a través de sus varios centros de aborto en varias ciudades de los Estados Unidos. Luego se convirtió en un acérrimo enemigo del aborto y varios años después de estar batallando en las filas pro-vida se convirtió al catolicismo.

¿Qué hizo que este hombre se convirtiera del ateísmo al catolicismo?

En su libro autobiográfico "La mano de Dios", capítulo 15, nos cuenta sus razones:

"Asistí entonces, en 1989, a una acción de Operación Rescate contra Planned Parenthood *en Nueva York. ... La mañana del rescate era triste y fría. Me uní a la legión, de casi dos mil manifestantes, en el punto de encuentro de las calles 40s de Manhattan oeste, y continúe con ellos en el metro y a pie hasta la clínica que está entre la Segunda Avenida y la Calle Veintiuna. Se sentaron por grupos frente a la clínica, hasta llegar a bloquear las entradas y salidas de la clínica abortista. Empezaron a cantar himnos suavemente, uniendo las manos y moviéndose con un balanceo en la cintura. Al principio me movía por la periferia, observando las caras, entrevistando a alguno de los participantes, tomando notas agitadamente. Fue solo entonces cuando capté la exaltación, el amor puro en las caras de esa vibrante masa de gente, rodeados como estaban por centenares de policías de Nueva York.*

Rezaban, se apoyaban y animaban unos a otros, cantaban himnos de alegría y se recordaban unos a otros la absoluta prohibición de toda violencia. Era, supongo yo, la diáfana intensidad del amor y la oración lo que me asombraba: rezaban por los niños no nacidos, por las embarazadas confusas y atemorizadas y por los médicos y enfermeras de la clínica. Rezaban incluso por la policía y los medios de comunicación que cubrían el suceso. Rezaban los unos por los otros, pero nunca por sí mismos. ... Observé más adelante una manifestación en Nueva Orleans y otra en una pequeña ciudad al sur de Los Ángeles. Estaba conmovido por la intensidad espiritual de esas manifestaciones. ...

Pues bien, yo no era inmune al fervor religioso del movimiento pro-vida. ... Pero hasta que vi ponerse a prueba el espíritu en esas frías y tristes mañanas de manifestación —con los pro-opción lanzándoles los epítetos más cargados, la policía rodeándoles, los medios de comunicación abiertamente hostiles a su causa, los jueces federales multándoles y encarcelándoles, y los funcionarios municipales amenazándoles; y a pesar de todo se sentaban sonriendo, rezando tranquilamente, cantando, con rectitud y confianza en su causa y con un inextirpable convencimiento de su triunfo final—...

Y, por primera vez en toda mi vida adulta, empecé a considerar seriamente la noción de Dios..."

Dentro de la formación católica, desde niños aprendemos aquellas plegarias que nos abren a una relación con Dios, con la Santísima Virgen, con los ángeles y con los santos.

La oración del ángel de la guarda que nuestras madres nos rezaban todas las noches antes de dormir aun hace eco en nuestros oídos y continuamos rezándola a nuestros hijos. Más adelante nuestro repertorio se amplió en la medida que nos preparábamos para recibir los sacramentos de la comunión y confirmación. En muchos hogares ha existido la tradición de rezar el Santo Rosario en familia. Muchos países cuentan con la tradición de las novenas de navidad o la de los difuntos. Grupos y cadenas de oración existen por doquier. La Mariología introdujo una serie de oraciones a María como intercesora nuestra que son muy populares dentro de las familias católicas.

La Iglesia cuenta con un ciclo de oración diaria de un año completo que se conoce como *La Liturgia de las Horas*. Conocido desde el siglo VII cómo el Oficio Divino, el Concilio Vaticano II lo actualizó y lo simplificó. Obligatoria para los clérigos y las órdenes monásticas, muchos laicos las oran diariamente y son muy practicadas en varios países del continente americano.

Desde hace décadas el Sumo Pontífice de turno, ha pedido jornadas mundiales de oración por una determinada causa. A lo largo de todo el mundo y una determinada hora, la oración de millones y millones de católicos se alza para pedir por la causa.

Ya desde el primer capítulo del libro de Hechos de los Apóstoles —que nos narra cómo se formó nuestra Iglesia— se nos relata cómo los discípulos tenían la costumbre de orar: *"Todos ellos se reunían siempre para orar con algunas mujeres, con María, la madre de Jesús, y con sus hermanos."* Hechos 1:14

"Y eran fieles en conservar la enseñanza de los apóstoles, en compartir lo que tenían, en reunirse para partir el pan y en la oración." Hechos 2:42

"Todos los días enseñaban y anunciaban la buena noticia de Jesús el Mesías, tanto en el templo como por las casas." Hechos 5:42

La Iglesia católica, como ninguna otra, ha desarrollado en su máxima expresión, el valor y la importancia de la oración en la vida del cristiano haciendo eco de las palabras de Jesús a sus discípulos en el huerto de Getsemaní *"Manténganse despiertos y oren, para que no caigan en tentación. Ustedes tienen buena voluntad, pero son débiles."* Marcos 14:38.

Los sacramentos

Los sacramentos son los signos visibles de la gracia invisible de Dios para el bien espiritual del que los recibe. Al igual que los hombres usamos un lenguaje no verbal para comunicarnos, y que muchas veces resulta más efectivo que el verbal, los sacramentos serian ese lenguaje no verbal que nos comunican las gracias de Dios.

Solo los católicos reconocemos los siete sacramentos que Cristo instituyó. La mayoría de Iglesias protestantes aceptan el bautismo, otras la confirmación y otras pocas reconocen la presencia real de Cristo en la eucaristía pero no de la misma forma en que la conocemos los católicos (ver el capítulo XI).

Bautismo: Fundamento de toda la vida cristiana y que nos libera del pecado original, incorporándonos a la Iglesia y nos hace participes de su misión. Jesús confiere su misión a los apóstoles: *"Vayan, pues, a las gentes de todas las naciones, y háganlas mis discípulos; bautícenlas en el nombre del Padre, del Hijo y del Espíritu Santo,"* Mateo 28:19.

Confirmación: Perfecciona la gracia bautismal y nos refuerza nuestra filiación divina conferida por el bautismo. *"Al llegar, oraron por los creyentes de Samaria, para que recibieran el Espíritu Santo. Porque todavía no había venido el Espíritu Santo sobre ninguno de ellos; solamente se habían bautizado en el nombre del Señor Jesús. Entonces Pedro y Juan les impusieron las manos, y así recibieron el Espíritu Santo."* Hechos 8:15-17.

Eucaristía: Alimento de nuestra alma. Corazón y cumbre de nuestra vida cristiana. *"Jesús les dijo: Les aseguro que si ustedes no comen la carne del Hijo del hombre y beben su sangre, no tendrán vida. El que come mi carne y bebe mi sangre, tiene vida eterna; y yo lo resucitaré en el día último. Porque mi carne es verdadera comida, y mi sangre es verdadera bebida. El que come mi carne y bebe mi sangre, vive unido a mí, y yo vivo unido a él. El Padre, que me ha enviado, tiene vida, y yo vivo por él; de la misma manera, el que se alimenta de mí, vivirá por mí. Hablo del pan que ha bajado del cielo. Este pan no es como el maná que comieron los antepasados de ustedes, que a pesar de haberlo comido murieron; el que come de este pan, vivirá para siempre."* Juan 6:53-58

Reconciliación: Nos otorga el amor de Dios que reconcilia a través del perdón de los pecados. *"A quienes ustedes perdonen los pecados, les quedarán perdonados; y a quienes no se los perdonen, les quedarán sin perdonar."* Juan 20:23.

Unción de los enfermos: Busca sanar el cuerpo ante la enfermedad y el alma ante el pecado. *"También expulsaron muchos demonios, y curaron a muchos enfermos ungiéndolos con aceite."* Marcos 6:13. *"Si alguno está enfermo, que llame a los ancianos de la iglesia, para que oren por él y en el nombre del Señor lo unjan con aceite. Y cuando oren con fe, el* *enfermo sanará, y el Señor lo levantará; y si ha cometido pecados, le serán perdonados."* Santiago 5:14-15.

Matrimonio: Perfecciona con la Gracia de Dios el amor entre un hombre y una mujer, fortaleciéndolos para mantener la unidad a pesar de los problemas y para aumentar permanentemente la vocación de servicio mutua y hacia sus hijos. *"Las esposas deben estar sujetas a sus esposos como al Señor. ... Esposos, amen a sus esposas como Cristo amó a la iglesia y dio su vida por ella. ... El que ama a su esposa, se ama a sí mismo. Porque nadie odia su propio cuerpo, sino que lo alimenta y lo cuida, como Cristo hace con la iglesia, porque ella es su cuerpo. Y nosotros somos miembros de ese cuerpo. «Por eso, el hombre dejará a su padre y a su madre para unirse a su esposa, y los dos serán como una sola persona.» Aquí se muestra cuán grande es el designio secreto de Dios. Y yo lo refiero a Cristo y a la iglesia."* Efesios 5:21-32.

Orden Sacerdotal: Reviste a quien lo recibe de la Gracia para continuar la misión confiada por Cristo a sus apóstoles. *"Un día, mientras estaban celebrando el culto al Señor y ayunando, el Espíritu Santo dijo: «Sepárenme a Bernabé y a Saulo para el trabajo al cual los he llamado.» Entonces, después de orar y ayunar, les impusieron las manos y los despidieron."* Hechos 13:2-3. *"Y él mismo concedió a unos ser apóstoles y a otros profetas, a otros anunciar el evangelio y a otros ser pastores y maestros"* Efesios 4:11. *"También nombraron ancianos en cada iglesia, y después de orar y ayunar los encomendaron al Señor, en quien habían creído"* Hechos 14:23. *"Por eso te recomiendo que avives el fuego del don que Dios te dio cuando te impuse las manos"* 2 Timoteo 1:6.

El papado

Toda estructura ha de organizarse claramente para ejecutar exitosamente su misión. Las empresas, el gobierno, la familia, las hormigas. Hasta el crimen se organiza para potencializar al máximo su poder destructivo. Así también nuestra Iglesia se ha organizado desde sus orígenes. Jesús dejó creada una jerarquía al designar una sola cabeza para su Iglesia. Después de la llegada del Espíritu Santo en pentecostés, los apóstoles y discípulos continuaron desarrollando una organización en la medida en que la Iglesia se expandía. Empezaron por el diaconado:

"En aquel tiempo, como el número de los creyentes iba aumentando, los de habla griega comenzaron a quejarse de los de habla hebrea, diciendo

que las viudas griegas no eran bien atendidas en la distribución diaria de ayuda. Los doce apóstoles reunieron a todos los creyentes, y les dijeron: —No está bien que nosotros dejemos de anunciar el mensaje de Dios para dedicarnos a la administración. Así que, hermanos, busquen entre ustedes siete hombres de confianza, entendidos y llenos del Espíritu Santo, para que les encarguemos estos trabajos. Nosotros seguiremos orando y proclamando el mensaje de Dios. Todos estuvieron de acuerdo, y escogieron a Esteban, hombre lleno de fe y del Espíritu Santo, y a Felipe, a Prócoro, a Nicanor, a Timón, a Pármenas y a Nicolás, uno de Antioquía que antes se había convertido al judaísmo. Luego los llevaron a donde estaban los apóstoles, los cuales oraron y les impusieron las manos." Hechos 6:1-6

En la Carta a Tito vemos cómo se van ordenando presbíteros (sacerdotes) y obispos para hacerse cargo de la Iglesia:

"La razón por la que te dejé en Creta fue para que terminases de organizar los asuntos pendientes y para que nombraras presbíteros en cada ciudad, de acuerdo con las instrucciones que te di. El elegido ha de ser irreprochable, casado una sola vez; sus hijos, si los tiene, deben ser creyentes sin que puedan ser acusados de libertinos o rebeldes. Por su parte, el obispo, en cuanto encargado de administrar la casa de Dios, sea irreprochable. No ha de ser arrogante, ni colérico, ni aficionado al vino, ni pendenciero, ni amigo de negocios sucios. Al contrario, debe ser hospitalario, amante del bien, sensato, de vida recta, piadoso y dueño de sí. Debe estar firmemente anclado en la verdadera doctrina, de modo que sea capaz tanto de aconsejar en lo que respecta a la autenticidad de la enseñanza como de rebatir a quienes la combaten." Tito 1:5-9

Esta organización ha traído grandes e innumerables beneficios a la prédica del evangelio encomendada por Cristo. Un ejemplo de ello fue la conformación de la Biblia. Como vimos en el capítulo VII, la Biblia fue conformada en el concilio de Hipona en el año 393 d.C. y ratificada en el sínodo de Cartago entre el año 397 y 419 d.C. Es decir que el proceso tomó 26 años de principio a fin. A estos sínodos asistieron centenares de obispos provenientes de todas las latitudes donde ya existía la Iglesia. Resultado de esas deliberaciones salió el documento que enumeró los libros de la Santa Biblia. Por su parte, en 1534 Martin Lutero tomó él solo la decisión de enumerar los libros que conformarían la Biblia protestante.

Juan Calvino fue un teólogo francés considerado como uno de los padres de la Reforma Protestante que implantó sus ideas desde Suiza. En el prólogo de la edición francesa de 1545 de su libro *"Institución de la Religión Cristiana"* —uno de los pilares de la doctrina protestante— escribió:

"Y ya que estamos obligados a reconocer que toda verdad y doctrina legítima proceden de Dios, yo me aventuro osadamente a declarar lo que pienso de esta obra, reconociéndola como la obra de Dios en lugar de mía. A él, de hecho, la alabanza debida por ésta debe atribuírsele."

Es decir que él, autónomamente, declara que su obra es obra de Dios y que por lo tanto todo su contenido es doctrina divina y ha de obedecerse.

Todo en la Iglesia católica es colegiado, consultado, discernido, mesurado, calmado, inspirado, estudiado y ordenado. Precisamente por su estructura y organización.

El famoso científico judío Albert Einstein, premio nobel de física en 1921, concedió una entrevista a la revista *Time Magazine* que salió publicada en la edición del 23 de diciembre de 1940. En la página 40 se puede leer:

"Siendo un amante de la libertad, cuando llegó la revolución a Alemania miré con confianza a las universidades sabiendo que siempre se habían vanagloriado de su devoción por la causa de la verdad. Pero las universidades fueron acalladas. Entonces miré a los grandes editores de periódicos que en ardientes editoriales proclamaban su amor por la libertad. Pero también ellos, como las universidades, fueron reducidos al silencio, ahogados a la vuelta de pocas semanas. Sólo la Iglesia permaneció de pie y firme para hacer frente a las campañas de Hitler para suprimir la verdad. Antes no había sentido ningún interés personal en la Iglesia, pero ahora siento por ella gran afecto y admiración, porque sólo la Iglesia ha tenido la valentía y la obstinación de sostener la verdad intelectual y la libertad moral. Debo confesar que lo que antes despreciaba ahora lo alabo incondicionalmente"

Gracias a una Iglesia debidamente organizada es que hay una voz en Roma que se levanta para recordarnos ese Dios de amor, del cual el hombre busca tercamente alejarse, ignorarlo y hasta desaparecerlo.

Gracias a una Iglesia organizada, es que la Iglesia católica se ha abanderado, como ninguna otra, en la lucha contra el aborto, la desigualdad social, la lucha contra todo aquello que atente contra la dignidad del hombre. Es la que grita cuando el hombre mueve las barreras morales. Es la que se pronuncia cuando olvidamos el propósito al que estamos llamados. Es la que denuncia el deseo insaciable del hombre por el poder, por el placer y por el tener. Es la que hace un llamado de atención a todos los humanos y en especial a los gobiernos, para que cuidemos a nuestro planeta.

Gracias a una Iglesia organizada, es que la Iglesia ha logrado hacer toda la obra hospitalaria, educativa y asistencial en todo el mundo, en especial en esos lugares donde los gobiernos no tienen los recursos o no les interesan los menos favorecidos.

En la encíclica *"Evangelii Gaudium"* del papa Francisco, publicada el 24 de noviembre del 2013, se puede leer:

"Prefiero una Iglesia accidentada, herida y manchada por salir a la calle, antes que una Iglesia enferma por el encierro y la comodidad de aferrarse a las propias seguridades."

El santo pontífice lo plasmó de esta forma clara y directa, pero no es para nada una novedad dentro de la Iglesia. Por eso no faltará quien prefiera enumerar y concentrarse en los errores cometidos por la Iglesia en la ejecución de sus labores, que en sus aciertos. Resulta imposible construir toda la obra que ha hecho la Iglesia en sus más de 2.000 años de existencia sin causar accidentes, y seguramente los seguirán causando, porque la Iglesia está compuesta por hombres débiles y quebradizos, como el barro del que está hecho.

Antigüedad

Cuando se lleva a cabo una licitación pública para conceder un contrato de una determinada obra, se toma en cuenta los años de experiencia que posean las empresas que compiten por la adjudicación del contrato.

En nuestro consumismo diario ocurre lo mismo. Preferimos aquellas marcas y productos que poseen una larga trayectoria ya que nos brinda mayor seguridad de su calidad y respaldo sobre el producto.

La Iglesia católica fue fundada por Jesús en el año 33 de nuestra era. Más de veinte siglos de experiencia con aciertos y errores respaldan una trayectoria de evangelización que ninguna otra religión cristiana puede ofrecer.

Durante la Reforma Protestante del siglo XVI, surgieron en el transcurso de unos ochenta años, cuatro grandes divisiones: la luterana, la reformada, la anabaptista y la anglicana. Todas y cada una de ellas desarrolló su propia doctrina que negaba, modificaba, agregaba o anulaba las que había enseñado la Iglesia católica por más de 1,500 años. Con el tiempo la división continuó hasta nuestros días y de estas cuatro ramas, surgieron otras denominaciones. Según la *Enciclopedia Cristiana del Mundo* en su edición del 2001, tabla 1-5, volumen 1, página 16, existen más de 33,000 distintas denominaciones cristianas en 238 países. Esta estadística en la actualidad es mayor, ya que este número crece diariamente.

Veamos la antigüedad y fundadores de algunas iglesias:

Católica: Jesucristo en el 33.

Luterana: Martin Lutero en 1524.

Anglicana: El rey Enrique VIII en 1534.

Presbiteriana: John Knox en 1560.

Bautista: John Smith en 1609.

Metodista: Charles y John Wesley en 1739.

Unitaria: Teufilo Lindley en 1774.

Episcopaliana: Samuel Seabury en 1785.

Mormona: Joseph Smith en 1830.

Adventista del Séptimo día: Joseph Bates, James White, Ellen White y John Andrews en 1860.

Testigos de Jehová: Charles Taze Russell en 1879.

Pentecostal: William Seymour en 1906.

La Iglesia de la misericordia

Las narraciones de los evangelios nos permiten concluir que durante la vida de Jesús en la tierra, los hospitales no existían. Cuando Jesús llegaba a una ciudad o pueblo, los enfermos que Él curaba se encontraban en las calles o a en las entradas de las sinagogas, pero no en hospitales.

La atención por el pobre, el marginado y el necesitado, fue siempre una prioridad del Maestro que sus discípulos aprendieron y pusieron en práctica rápidamente, como lo atestigua el libro de los Hechos de los Apóstoles: "*Todos los creyentes estaban muy unidos y compartían sus bienes entre sí; vendían sus propiedades y todo lo que tenían, y repartían el dinero según las necesidades de cada uno.*"(Hechos 2:44-45). "*En aquel tiempo, como el número de los creyentes iba aumentando, los de habla griega comenzaron a quejarse de los de habla hebrea, diciendo que las viudas griegas no eran bien atendidas en la distribución diaria de ayuda.*" (Hechos 6:1)

En el capítulo XVII traté el tema de las finanzas de la Iglesia y de cómo nuestra Iglesia católica es la organización humanitaria más grande del mundo. No faltará el que enfoque su atención en los 31 millones de euros que se gastó el obispo de Limburgo, Alemania, Franz-Peter Tebartz-van Elst, en la construcción de la sede arzobispal y que le costaría la destitución inmediata por parte del papa Francisco. Pero si ponemos nuestra atención al papel y no a las manchas que hay en el, encontraremos una Iglesia que ha hecho por el pobre lo que no ha hecho ninguna otra organización en sus más de 2,000 años de historia.

La Iglesia católica ha construido en las grandes ciudades, pequeños pueblos y en los rincones más apartados del planeta; más hospitales, dispensarios, leprosorios, sidatorios, centros de atención para los enfermos crónicos, ancianos y minusválidos; escuelas, orfanatos, colegios, universidades, centros psiquiátricos, jardines infantiles, consultorios matrimoniales, etc. que cualquier otra institución religiosa o laica del mundo desde su fundación.

La Iglesia católica es de las primeras instituciones en brindar ayuda física y espiritual a aquellos damnificados que han sido afectados por tragedias naturales que azotan permanentemente a nuestro mundo.

Desde su fundación la Iglesia católica ha cobijado por igual a ricos y pobres, hombres y mujeres, blancos y negros, sanos y enfermos, santos y pecadores, letrados e iletrados, libres y presos, yendo muchas veces en contra de sistemas políticos, culturales y sociales que rechazaban esta igualdad.

El sacerdocio

Más de 700 años antes del nacimiento de Jesús, nuestro sacerdote actual fue profetizado por el profeta Isaías (66:18-21).

Estudian por más de siete años para completar su formación académica. Viven en medio del mundo sin ambicionar los placeres que disfrutamos los laicos que los rodean. Son miembros de cada familia de su parroquia pero no pertenecen a ninguna de ella. Poseen un corazón de oro para la caridad y uno de plomo para la castidad. Nos enseñan a perdonar ofreciéndonos el perdón de Dios. Están en servicio activo los 365 días del año, 24 horas al día atendiendo corazones afligidos. Poseen, como ningún otro ser, el poder de transformar el pan y el vino en el cuerpo y la sangre de Cristo.

El sacerdote católico expresa una santidad que lo distingue claramente del resto de los pastores, predicadores y evangelizadores de las iglesias protestantes y cristianas.

Desde Aarón que fue ungido por su hermano Moisés, hasta el nacimiento de Jesús, el sacerdocio se heredaba. Sin embargo Jesús es proclamado Rey y Sumo Sacerdote, no por herencia, sino por designio de Dios:

"En efecto, todo sumo sacerdote es alguien escogido entre los hombres para representar ante Dios a todos los demás, ofreciendo dones y sacrificios por los pecados... Es esta, además, una dignidad que nadie puede hacer suya por propia iniciativa; sólo Dios es quien llama como llamó a Aarón. Del mismo modo, no fue Cristo quien se arrogó la dignidad de sumo sacerdote, sino que fue Dios quien le dijo: Tú eres mi Hijo, yo te he engendrado hoy. O como dice en otro lugar: Tú eres sacerdote para siempre según el rango de Melquisedec." Hebreos 5:1-5

Jesús nombró a todos sus discípulos sacerdotes cuando les dijo en la última cena *"Haced esto en memoria mía"* Lucas 22:19, y ellos continuaron nombrando más sacerdotes mediante la imposición de manos[1], los que a su vez hicieron lo mismo sobre otros, que a su vez lo hicieron sobre otros, hasta llegar a nuestros diáconos, sacerdotes y obispos actuales.

La santidad

Las familias están llamadas a proveer a sus miembros todo lo necesario para crecer, madurar y vivir. No se puede crecer solo, no se puede caminar el camino de la vida solos, sino que crecemos en comunidad y caminamos con ella. Así es nuestra Iglesia católica, que nos provee de todo lo que necesitamos para alcanzar esa santidad que nos ordena Jesús *"Sean ustedes perfectos, como su Padre que está en el cielo es perfecto."* Mateo 5:48.

Las iglesias protestantes y cristianas enfocan su enseñanza en que sus miembros deben ser buenos. Pero no así nuestra Iglesia que va mucho más allá y nos enseña que debemos ser ¡santos! *"La Santidad no es el lujo de unos pocos; es un sencillo deber que tenemos tú y yo."*[2].

En la Iglesia católica podemos escuchar la Palabra de Dios completa, sin suprimir pasajes que nos resultan incomodos, o inconvenientes para ciertos estilos de vida contrarios al propuesto por Jesús. Las lecturas diarias que se leen en cada Eucaristía que es celebrada en cada iglesia católica del mundo,

---

[1] Hechos 6:6; 14:23, 1 de Timoteo 4:14; 2 de Timoteo 1:6

[2] Santa Teresa de Calcuta

no están a elección del celebrante, como ocurre en el resto de las iglesias cristianas, sino que fueron escogidas desde hace varios siglos y consignadas en El Leccionario[1].

Esta visión completa de la Palabra de Dios que nos ofrece nuestra Iglesia católica, es una característica única entre el resto de las iglesias cristianas que optaron por quedarse con solo un fragmento de ella.

Los milagros

San Agustín decía: *"Señor, que no necesite de milagros para creer en ti; pero que mi fe sea tan grande que los merezca"*

Como ninguna otra religión cristiana, es dentro de nuestra Iglesia católica donde encontramos un acervo probatorio de una gran cantidad de milagros documentados, atestiguados y analizados bajo el microscopio de la ciencia moderna.

La tilma de nuestra Señora de Guadalupe es uno de ellos. El 12 de diciembre de 1531 la imagen de la Virgen quedó plasmada en la tilma[2] hecha con fibras de maguey que llevaba el indio san Juan Diego. Actualmente se exhibe en la basílica de Guadalupe de la capital mexicana.

Con las técnicas modernas de ampliación de imágenes digitales, al hacerle un aumento de 2,500 veces al ojo derecho de la imagen de la Virgen, se puede apreciar el rostro de un indio (presumiblemente el de san Juan Diego). El tamaño de ese rostro es de un cuarto de millón de milímetro. Ni aun hoy en día con nuestras avanzadas técnicas, podríamos duplicar semejante fenómeno.

Desde el siglo XVIII se han hecho réplicas de la tilma y ninguna ha durado más de 20 años. Esta ya pasó los 500 años.

En 1785 accidentalmente cayó ácido muriático sobre una porción de la tilma y no sufrió daño alguno. Una pequeña aureola negra quedó como muestra del accidente.

---

[1] Como explique en el capítulo X, El Leccionario distribuye la totalidad de la Biblia en un ciclo que dura tres años.

[2] Las dimensiones de la tilma son 1.68 x 1.03 metros.

Sobrevivió a un atentado terrorista en 1921. Luciano Pérez depositó un arreglo de flores con una bomba en su interior a los pies del cuadro. La bomba destruyó todo a su alrededor, dejando intacta la tilma.

Hasta la actualidad varios científicos han realizado diversas pruebas para determinar el origen de la pintura y de la técnica empleada para plasmar la imagen, sin ningún resultado positivo.

Otra gran variedad de milagros eucarísticos[1] se han documentado a lo largo de los siglos, siendo tal vez el más importante el de Lanciano, Italia. Ocurrido en el año 700 cuando delante del sacerdote que celebraba la misa, la hostia y vino consagrados se convirtieron en carne y sangre fresca delante de los cientos de fieles que asistían a la Eucaristía.

Durante diez siglos se tuvieron expuestos en el cáliz y la patena original, y en el año 1713 se pasó a un ostensorio de plata que es donde se exhiben en la actualidad. La sola preservación del musculo y de la sangre por más de 13 siglos, es ya de por si un hecho extraordinario que la ciencia no ha logrado explicar positivamente.

En el campo de los milagros de sanación de enfermos hay miles de milagros documentados por la ciencia médica en todas partes del mundo y muy especialmente en los grandes centros de peregrinación marianos.

El Santuario de Nuestra Señora de Lourdes en Francia posee el único comité medico fuera del vaticano, con autoridad para pronunciarse sobre curaciones inexplicables. Este comité está conformado por un panel de veinte médicos de diferentes especialidades, procedentes de diferentes hospitales europeos y de una gran variedad de creencias religiosas[2].

El Comité Medico Internacional de Lourdes[3] (CMIL) se reúne una vez al año para examinar los casos más serios. Para que una curación sea reconocida como milagrosa debe cumplir con siete criterios. La enfermedad debe

---

[1] Los milagros eucarísticos son hechos extraordinarios en los que las especies pan y vino consagradas, adquieren la naturaleza de musculo cardiaco humano y sangre fresca humana.

[2] Por ejemplo el Doctor Alexis Carrel, premio nobel de medicina en 1912 y que siendo escéptico presencio el milagro de la curación de Marie Bailly (registrado como el "Expediente 54") en 1902. En sus últimos días de vida pidió la presencia de un sacerdote católico para que le aplicara los sacramentos.

[3] Fundado en 1947 y hasta la fecha ha certificado 66 milagros de un poco más de 7,000 sanaciones consideradas extraordinarias.

ser considerada grave con pronóstico fatal. Su origen debe ser orgánica (no una enfermedad mental) o ser el resultado de una lesión. Su curación no puede ser atribuida a un tratamiento en el que esté inmerso el enfermo y la curación debe ser de carácter repentina e instantánea. La reanudación de las funciones debe ser completa, sin convalecencias y de carácter duradera.

Por esta razón el CMIL toma muchos años en pronunciarse sobre un caso como milagroso, ya que el carácter de curación duradera debe poderse verificar.

La intercesión

Una de las grandes diferencias entre la religión católica y el resto de las denominaciones cristianas es el de la intercesión. Por ejemplo, la Iglesia Anglicana la considera "repugnante"[1].

En el Nuevo Testamento la palabra "intercesión" se usa en forma sinónima de la palabra "mediación".

"Intercesión" significa suplicar ante una parte en favor de la otra. "Mediación" es ponerse en medio de dos partes con el propósito de reconciliarlos.

Basados en esta diferencia semántica, los católicos asignamos la "mediación" a la acción de Cristo y la "intercesión" a la acción de la Santísima Virgen María, los ángeles y los santos.

Tanto en el Antiguo como en el Nuevo Testamento vemos ejemplos de esta práctica. La intercesión de Abraham por el pueblo de Sodoma narrada en Génesis 18:16-33 es un claro ejemplo de esta acción. La intercesión del centurión por su siervo enfermo que pide a Jesús que lo sane narrada por Lucas 7:1-10, es otro de los muchos ejemplos presentes en las Escrituras.

Quien ora por otro, está actuando conforme a la doctrina cristiana de la misericordia. Quien ora por otro, no está buscando su propio interés sino el de los demás.

---

[1] *"La doctrina romana respecto a la invocación de los santos es una cosa indulgente vanamente inventada, y sin base ni garantía en la Escritura, sino más bien repugnante a la palabra de Dios."* Artículo 22.

El diácono san Esteban —primer mártir cristiano— pidió perdón a Dios por sus perseguidores estando en vida terrena (Hechos 7:51-54), ¿no hará lo mismo cuando goza de la cercanía de Dios en los cielos? Recordemos que a los que nosotros nos referimos como muertos en la tierra, siguen vivos en otro lugar.

Al elevar nuestras peticiones a la Santísima Virgen, o a un determinado santo que llevó una vida terrenal con la cual encontramos cierta afinidad, o cuando acudimos a los ángeles; sabemos que no son ellos los que están en capacidad de concedernos lo que estamos pidiendo. Sabemos sin duda alguna que es Dios el único que ostenta el poder de otorgarnos las gracias que pensamos necesitar. A ellos les estamos pidiendo que unan sus oraciones al Santísimo con las nuestras, tal y como se narra en el Libro del Apocalipsis "*Y de la mano del ángel subió ante Dios el humo del incienso con las oraciones de los santos.*" 8:4.

La segunda parte del Ave María es nuestra petición a la Santísima Madre para que "interceda" por nosotros los pecadores ante su hijo, esperando que ocurra lo mismo que ocurrió en las bodas de Cana (Juan 2:1-11).

Aunque podemos siempre dirigir nuestras oraciones directamente a Dios, sin ningún intermediario, solo en la Iglesia católica encontramos este recurso tan extraordinario ausente en las otras iglesias.

63297301R00217

Made in the USA
Charleston, SC
29 October 2016